KB070584

예술가를 위한
정신분석과 창작
Psychoanalysis For Artists

예술가를 위한

정신분석과 창작

강창욱 저

Psychoanalysis For Artists

학지사

머리말

　정신의학은 사람들에게 맹인모상(盲人摸象) 격이다. 사람마다 관점과 의견이 다르다. 사람들은 정신의학과 일반의학을 완전히 구별하고 정신의학과 심리학을 구별하지 않는다. 정신의학에서는 임상진료는 한 부분에 지나지 않는 경우가 많다. 사실 정신의학은 소위 순의학과 인류의 학문이 겹친 것이라고 볼 수도 있다. 정신의학을 전공하면서 어느 의학보다 인간을 보는 관점이 넓어야 한다는 것을 깨달았다.

　뜻하지 않게 늦어서야 문학에 마음이 쏠리게 되어 더 많이 읽고 글도 쓰게 되었다. 문학을 하는 분들과 접촉이 잦아지면서 그분들의 배려와 정신분석에 대한 관심을 느끼고 그분들에게 어떻게라도 답을 하고 싶었다. 어떤 것이 그분들에게 재미있고 도움이 될까를 생각하였다. 정신분석은 그 기초과학만으로도 흥미 있을 것 같고 문학 창작과 연관성이 있다는 것을 깨닫고 이 책을 쓸 준비를 하였다. 정신분석가가 되는 것은 어려울지 몰라도 그 학문을 이해하는 것은 그렇게 어렵지 않다고 생각했다. 뿐만 아니라 정신분석의 기초는 재미있는 학문이라고 믿어 왔다. 이 책을 준비하는 사이에 나 자신도 더 많은 지식을 얻었다. 책을 쓰기 위한 준비는 늘

5

공부를 더 하는 것이다. 내 관심은 무엇보다도 정신분석을 이해하기 쉽고 배우기 쉽고 어떻게 해서 문예 창조와 연관이 되는지에 있었다. 이에 중점을 두고 어떻게 하면 재미있게 배울 수 있을까 하는 데 노력을 집중하였다. 어려운 우리말을 비켜 나가면서 전문용어를 친절하게 설명하려 애를 쓰고, 어떤 내용은 여러 곳에 되풀이하며 읽는 이의 마음속에 남게 하려고 노력하였다.

글을 쓸 때 늘 염려하는 것은 문장이 이해가 되는지, 또 내용이 진실한지, 읽기 쉬운지 하는 것들이다. 우선 원고를 누군가가 읽어 주었으면 한다. 아내는 내 글의 단점을 잘 알고 있기 때문에 일차 탈고에서 문장에 문제점이 있는 것은 우선 깔끔하게 정리를 해 주었다. 내용 검토는 시인 박이도 교수, 문학가 손지아 선생, 정신의학 전문의 안병환 선생에게 부탁을 했다. 모두 친절하게 도와주셨다. 그분들의 고견은 참으로 도움이 되었다. 그 은혜는 잊을 수 없다. 먼저 이 글을 써 보겠다고 시작하면서 동기동창이며 서울의대 정신과 과장을 역임하고 한국에서 처음으로 전통 정신분석가가 된 조두영 박사의 의견을 얻고자 하였다. 나의 정신분석에 대한 미숙함을 잘 아는 조두영 박사는 친절하게 정신분석에 대한 현 상황과 한국의 표준 용어 등을 지도해 주었다. 그 특혜는 참으로 구하기 힘든 것이다. 또 한 분의 고견을 꼭 듣고 싶었다. 한국상담대학원대학교 이혜성 총장에게 바쁘실 텐데 원고를 봐 주시기를 염치 불구하고 부탁드렸다. 쾌히 승낙하신 것뿐 아니라 격려까지 주셨다. 분명히 이 작업을 위해 노력하신 분들이 더 있을 것이다. 늘 내가 하는 문예 활동에 격려를 아끼지 않은 최연홍 시인, 한국일보 워싱턴지부 편집부 정영희 부장, 윤동주 문인회 회원에게 감사드린다.

마지막으로 이 책을 쓰게 된 제일 큰 동기를 말씀드린다. 내가 3년 전 수필로 등단했을 때 어찌 그것을 안 윤동주 문인회 회장 이병기 박사가 나를 회원으로 초대해 주셨다. 더 친해지기도 전에 주님 곁으로 가셨다. 그분은 나를 격려하시러 온 천사 같았다. 잊을 수가 없다.

2020년
강창욱

차례

제1장

서론
-정신분석과 창작-

정신분석(Psychoanalysis)은 정신요법의 한 유형으로, 지그문트 프로이트(Sigmund Freud, 1856~1939)가 시작하였다. 정신질환에 대한 학문이 의학의 범주에 들어온 것은 19세기 중엽이었다. 서양 의학의 아버지라고 불리는 그리스의 히포크라테스(Hippocrates, BC 460~BC 370)가 정신질환을 치료하는 한 방법으로 아이스쿨라피우스 신전을 정신치료소로 사용했다는 기록이 있다. 이는 역사상 처음으로 정신치료를 질병치료로 인정하고 인도적으로 치료한 기록이다. 4세기에 로마의 콘스탄틴 대제에 의해 기독교가 합법화되면서 기독교는 정신질환을 마귀들림이나 마귀의 속박이라고 하여 병으로 취급하지 않았다. 한때는 오히려 이슬람교 학자들이 정신질환을 질환으로서 관심을 가졌다. 모슬렘 학자 아비센나(Avicenna)[1]가 정신병을 병(病)으로서 관심을 보였다. 16세기경 유럽에서 정신질환 환자를 입원시키는 요양원이 설치되기 시작했다. 입원이라기보다 격리수용이라 하는 것이 옳다.

정신질환 환자들은 가족이나 사회에 불편한 존재였고 치료할 길이 없었기 때문에 격리할 수밖에 없었다. 17세기에 영국에서 처음으로 왕립 베들렘 정신요양소(Royal Bethlem Asylum)를 지어 병자들을 수용하기 시작하였다. 베들렘은 동물원 구경거리처럼 환자들을 수용한, 악명 높은 곳이었다. 19세기 중반부터 계몽사상과 인도주의의 영향으로 그런 요양소나 수용소들이 개선되기 시작하였다. 정신질환이 질

---

1   아비센나(Avicenna: 989~1037), 페르시아의 석학.

병으로 인정되면서부터 원인과 치유의 가능성을 발견하기 시작했고, 미국에서는 19세기 중반에 각 주(州)에 주립정신병원을 설치하였다. 의학의 발전과 함께 정신병 환자를 의학적으로 바라보며 이상행동을 병(病)으로 보기 시작한 것이다.

당시에는 증명되지 않은 수십 가지 방법으로 정신질환을 치료하고자 시도했지만, 신빙성 있는 정신치료라는 것은 없었다. 그리고 19세기 중엽에 프로이트의 '정신분석(Psychoanalysis)'이라는 학문이 발표되자 많은 관심을 가게 되었다.[2] 그 학설이 신빙성 있게 보였기 때문이다. 무엇보다도 정신질환을 병으로 보고 그 병리와 원인을 연구하는 길에 희망을 주었다. 그전까지는 철학과 심리학의 구별이 확실하지 않았고, 심리학을 형이상학적으로 막연히 추측했었다. 마찬가지로 정신분석도 의학보다는 심리학에 더 가까웠다. 그 시기에 정신의학(Psychiatry)이라는 의학적 학설로서 정신질환이 뇌(腦)의 질환, 즉 육체적·생리적 질환이라는 학설을 내어 그 것이 정신의학으로 형성되면서 의학의 주류에 흡수되기 시작했다. 에밀 크레펠린 (Emil Kraepelin, 1856~1926)[3]이 선도자였다. 이것이 의학의 주류에 들어서면서 오늘날의 정신의학으로 발전해 왔다.

정신분석은 계속 발전하였고, 20세기에 들어서면서 서양 사회에서는 정신분석을 쌍수로 받아들였다. 그 이유는 정신분석이 의학에서보다 인문학에서 더 열광적이었기 때문이기도 하다. 반세기 후에는 격차가 더욱 분명해졌다. 정신분석이 정신치료의 주류처럼 희망을 주었고 20세기 중반까지는 꽤 이용되었으나 한계가 보

---

2 정신의학이 의학의 한 분야로 일어난 것은 19세기 중엽 유럽에서였다. 프로이트의 정신분석은 심리학에 가까웠다. 정신의학을 의학의 본 궤도에 올린 것은 에밀 크레펠린이다. 그는 정신질환은 다른 육체적 질환과 같이 생리적으로 일어난다고 주장하고 『현대 정신의학』이라는 책을 펴냈다. 특히 조현병 연구와 치료는 아직도 그 첫 학설에서 멀리 벗어나지 않았다. 오늘날 프로이트는 알아도 크레펠린을 아는 사람은 정신과 의사 외에는 거의 없다.
3 처음으로 조현병(정신분열증), 조울증, 치매 등을 기록하였다.

였다. 심한 정신질환의 실질적 치료의 가능성이 증명되기 시작했기 때문에 의학에서는 차츰 정신분석이 뒷자리로 밀려가게 되었다. 1950년 후로부터는 정신질환 치료에 분명히 효과가 있는 약물이 속속 등장하기 시작했다. 반면 정신분석은 오히려 문학, 예술, 심리학, 철학, 사회학, 인류학에서 계속 받아들였다. 오늘날 정신분석 자체는 정신질환 치료에는 별로 쓰이지 않았지만, 정신분석은 계속되고 있다.

정신분석을 바탕으로 한 정신치료법(Psychotherapy) 혹은 상담학(Counseling)이 여러 변형으로 발전하여 정신(심리)치료에 이용되어 왔다. 그중 인지행동치료(認知行動療法, Cognitive Behavioral Therapy: CBT)는 임상에서 크게 인증을 받아 많이 사용되고 있다. 처음 창시자인 앨버트 앨리스(Albert Ellis, 1913~2007)의 강의를 듣고는 매우 합리적이라는 생각이 들었는데, 이를 합리적·정서적 – 행동치료(Rational Emotive Behavioral Therapy)라고 하였다. 학설이 CBT로 발전하여 정신분석과 달리 정신치료에 의식적 노력을 이용한 것이다. 예측한 대로 그로부터 실질적으로 효과가 있고 비교적 쉽게 배울 수 있는 합리적인 상담치료법이 발전해 왔다. 최근에는 소위 'Mindful Cognitive Therapy(MBCT)'[4]라는, 참선과 비슷하게 유념에 중점을 두고 명상하며, 특유의 정신집중과 인지치료법을 종합한 치료법이 이용되고 있다. 필자가 한국을 떠난 후 한국에도 많은 상담전문교육기관이 대학에 부설되고 있다. 서양보다 한 발 먼저 세워진 완전히 독립된 전문대학인 한국상담대학원대학교(Korea Counseling Graduate University)는 커다란 역사적 이정표가 아닐 수 없다.

정신분석은 인문학과 사회과학에서 더욱 환영받을 뿐만 아니라 영향력도 계속

---

4 이 글을 쓸 때 이것이 한국어로 번역되어 있는지 알 수 없었다. 심한 우울증을 예방하기 위해 고안한 심리치료법으로서 Mindful(유심이라는, 사물을 정시하는) 치료 방법이다. 마치 불교의 선도(禪道)와 기독교의 피정묵상(避靜默想) 같이 마음속을 꿰뚫어 보며 문제를 찾아내어 심리적으로 해결하는 치료법이다. 모리타 치료법(Morita Therapy)에 더 가까운 것으로 보인다.

유지되고 있다. 이것이 정신분석이 계속 발전하는 이유이다. 인문학에서 정신분석을 기초로 한 인간의 심리와 행동을 해석하려는 경향이 계속되면서 정신분석을 가장 많이 이용하는 분야는 문학과 창작예술이다. 특히 시작(詩作)에서는 즐겨 인용하고 그 연관을 이야기하지 않는 예술 분야가 없다. 이 책을 쓰게 된 이유가 여기에 있다.

문학의 획기적인 자유를 가져다준 정신분석

서구에서는 문학가들과 예술가들이 계속해서 정신분석을 공부하고 분석을 받고 있다. 정신분석은 20세기에 들어와 문학에 획기적인 자유를 가져다주었다. 문학 창작인들이 정신분석을 공부하기도 하지만 이에 관한 책도 많이 냈다. 정신분석에 내포된 인본주의적 세계관은 오늘날의 진보적 사상에 알게 모르게 깊은 영향을 끼쳤다. 철학적으로 볼 때 가장 중요한 역사적 현상이라 할 만하다. 기독교와는 극렬히 부딪쳤고 불교와는 소통하려는 경향을 보여 왔다.[5] 예를 들면, 오늘날 동성애 문제와 성전환 문제가 과감하게 토론되어 현 시점까지 이르렀다. 정신분석학적 세계관과 기독교와의 대립은 점점 더 깊어 갔다. 따라서 정신분석에서 시작해 일어난 정신치료와 상담학은 환영받고 점점 더 퍼져 나간다.

프로이트는 신경과(神經科)[6] 의사로서, 정신분석 학설을 정신질환 치료에 목적

---

5 Jakucho Sedouchi(瀨戸內 寂聽, 1922~)는 90대 여성으로서 일본 사회의 지도자, 국민의 스승, 국민의 양심 등의 칭호를 받는 여성이다. 『여름의 마지막(夏の終)』이라는 소설이 세상에 알려지면서 유명해졌다. 1963년에 일본의 첫 정신분석가로서 프로이트와 함께 공부한 정신분석가 Heisaku Kosawa(古沢平作, 1897~1968)의 마지막 환자였다고 한다. 그 후 불교에 귀의하면서 사회활동, 일종의 양심의 소리로 활약해 왔다. 이 이야기는 정신분석과 문학가, 사회학, 불교의 연관에 있어 아주 훌륭한 예로 볼 수 있다.

을 두고 연구하며 의학계에 발표하였다. 하지만 그의 업적을 크게 인정한 것은 의학계가 아니라 철학을 포함한 인문학계였다. 문학에서는 정신분석을 쌍수로 받아들였다. 인간의 감정을 전혀 새로운 각도로 자유롭게 관찰하고 이해하는 학설이기 때문에 인간의 감정을 연구하고 표현하는 모든 예술적·학술적 분야의 눈을 뜨게 하였다. 정신분석과 시작(詩作)의 공통점은 신기할 정도로 일치한다. 그 전까지 심리학은 독립된 학문이 아니었고 철학의 부속 학문이었다.[7] 프로이트는 소원했던 노벨의학상은 받지 못했으나 오히려 유럽의 대문학상인 괴테문학대상(Goethe Prize, 1930)을 받았다. 이 일로도 그의 학설이 인문학에 끼친 영향이 컸으며 문학을 위시한 예술계가 쌍수로 환영하였다는 것을 이해할 수 있다.

오늘날도 서양에서는 인문학, 특히 문학과 철학을 하는 사람 중 이 학설을 공부하거나 실제로 분석을 받은 사람이 상당히 많다. 문예인들이 정신적 고통을 치료해 보겠다는, 혹은 이해해 보겠다는 목적도 있겠지만, 무엇보다 정신분석이 창작과 깊은 관계가 있고 처음으로 인간의 감정을 공공연하게 전통적 구애를 받지 않고 자유롭게 파헤치면서 표현할 기회가 온 것이다. 예를 들면, 로런스(D. H. Lawrence, 1885~1930)는 현대의 성 개방을 주제로 소설을 써 유명해졌다. 그의 소설은 고루한 감정적 구속에서 해방을 선언했다. 그를 소설가로만 보는 경향이 있지만, 사실 그는 정신분석학자이다. 오늘날 한국을 포함한 선진국의 교육 이념이라든지 복지사

---

6 19세기 초까지만 해도 정신의학은 신경학과에 속해 있었고, 한국에서는 반세기 후에 정신과가 독립되었다.

7 심리연구나 정신연구는 고대에도 있었지만 대부분 철학자의 연구 범주에 속했다. 1879년에 독일 학자 빌헬름 분트(Wilhelm Wundt)가 처음 심리실험을 하기 시작했다. 유명한 예로, 스피노자의 『윤리(Ethics)』 3장은 인간의 감정도 자연현상이라는 토대로서 설명했다. "강한 감정은 약한 감정을 억누른다."라는 심리적 신경학적(Gate Theory) 생리의 토대로서 오늘날에도 인정받고 있다.

회 건설에 관한 학설이 흔히 사회주의 영향을 받았다고 여길지 모르나 더욱 자유롭고 진보적인 교육제도와 구조에 끼친 것은 정신분석의 영향이 훨씬 클 것이다.

보수적 기독교는 정신분석을 외면하였고 적대시하다시피 했다. 세계관의 차이 때문이다. 정신분석에서는 종교가 인간의 심리작용에서 나온 것이며 창조주니 신은 따로 없다고 단정했다. 종교를 미신 이상으로 보지 않았다는 것이 정신분석의 주장이다. 종교계는 또한 정신분석이 성(性)의 개방에 끼친 영향 때문에 전통적 도덕관을 해친다고 보고 적대시해 왔다. 인류학에서는 마거릿 미드(Margaret Mead, 1901~1978)[8]의 학설에 음으로 양으로 영향을 미쳤다. 정신분석이 진화론과 손을 잡고 인류학에 끼친 영향은 지대하다. 인류학자들은 정신분석이론을 진화론에 자유자재로 인용하고 있다.

프로이트 이후에 수많은 정신분석학자가 속출해 프로이트의 학설을 더 발전시키고 독자적인 학설도 많이 이루었다. 칼 융(Carl Gustav Jung, 1875~1961), 알프레드 아들러(Alfred Adler, 1870~1937), 메라니 클라인(Melanie Klein, 1882~1960), 로런스 큐비(Laurence S. Kubie, 1896~1973), 찰스 브렌너(Charles Brenner, 1913~2008) 등 수없이 많은 학자가 있지만 독특한 공헌을 하고 유명한 소수만 여기에 올렸다. 에리히 프롬(Eric Fromm, 1900~1980)과 함께 여섯 명의 저명한 정신분석학자들이 뉴욕에 윌리엄 알란선 화이트 정신분석 학원(William Alanson White Psychoanalytic Institute)을 세워 더 많은 정신분석가를 속출하게 한 공헌을 하였다. 서울대학교 의과대학 정신과 명예교수인 조두영(趙斗英, 1937~)박사가 여기서 수련을 받아 한국의 첫 전통적 정신분석가가 되었다.[9] 조두영 박사는 정신분석과 문학과의 관계를 연구한 저서 『프

---

8   그의 학설은 남녀동등권에 지대한 영향을 끼쳤다. 사모아 종족을 깊이 연구하며, 특히 성(性)의 성숙 연구로 뒷받침한 것이다. 그녀가 기독교인이면서 남녀평등에 지대한 영향을 끼쳤다는 것은 주시할 만하다. 그의 저서 중 『Coming of Age in Samoa』(1928)가 유명하다.

로이트와 한국 문학』을 이미 출판했다. 로런스 큐비 박사는 전의식(前意識, Preconscious)에 관한 연구를 해 문학과 예술의 정신작용 연구에 공헌했으며, 예술가, 특히 문학가의 심리를 누구보다 조리 있게 가르쳤다. 이분은 필자가 사는 곳(Towson, Maryland)에 있는 셰퍼드 프렛 병원(Sheppard Pratt Hospital)[10]에서 정신분석을 가르쳤고, 거기서 여생을 마쳤다. 이웃에 살다 보니 그분 덕을 보았다. 필자가 일하던 볼티모어(Baltimore, Maryland)가 소위 전통적 정신분석의 수호자 역할을 해 왔다. 프로이트를 위시해 수많은 정신분석학자가 정신분석과 창작과의 관계에 대해 저술하였다. 그 많은 작품을 다 열거하기에는 지면이 부족하다. 필자의 의도는 정신분석과 창작, 특히 시작과의 연관을 이해하기 쉽게 써 보려는 것이다.

프로이트가 쓴 논문은 미국에서 24권으로 집대성되었다. 1953년에 제1권이 출판되었고, 1974년에 마지막 제24권이 출판되었다. 이 책들은 알릭스 스타키(Alix Starchy, 192~1973)와 앨런 타이슨(Alan Tyson, 1926~2000)이 프로이트의 막내딸 안나 프로이트(Anna Freud, 1895~1982)와 협력해서 호가스 출판사에서 출판하였다. 이 광대한 글을 몇 페이지의 소책자로 줄인다는 것은 어불성설이다. 필자는 40년간 정신과 의사로서 활동하면서 정신질환에 대해 강의를 해 왔다. 최근 문학가들과의 만남에서 얻고 느낀 것이 많아 정신분석을 학문으로서, 교육적 부교재로서 쉽게 배울 방도가 없을까를 고민하다가 이 책을 쓰기로 했다. 창작 활동, 특히 문학 창작과 깊은 연관이 있으므로 기초 지식만이라도 이해하면 예술가와 문학가들, 특히 시인들에게 도움이 되리라 믿고 그들이 베푼 은혜에 보답하는 뜻으로 함께 토론해 보고자 한다.

9　정신분석을 아무리 공부해도 본인이 정신분석을 받지 않으면 분석가로 인정받지 못한다.
10　필자가 거주하는 메릴랜드에 민간인 경영 정신병원이 둘 있었다. 둘 다 저명한 정신분석학자가 있었고, 특히 셰퍼드 프렛은 더 유명하며 거의 정신분석의 보루 역할을 했다. 이 지역이 전통적 정신분석의 본거지처럼 여겨져 왔다.

무의식은 창작의 금광이다

'세 살 버릇 여든까지 간다.'라는 속담은 정신분석의 근본 원리를 잘 표현하고 있다. 우리는 그것을 알고 짐작할 수 있지만 그것이 어떻게 일어나는지 그 과정을 정신분석에서 볼 수 있다. 정신분석이론은 어릴 적 경험이나 심리 발달, 또 그것과 함께 오는 심적 상처가 성인이 되어 정신 구조 형성에 나타나 성격으로 표현된다는 것이다. 어릴 때 겪은 심리적 상처가 자라서 심리적 괴로움의 원인이 되기도 하며, 인생의 여러 부문에 영향을 준다는 것이 정신분석이론의 바탕이 된다. 정신적 결정론(Psychic Determinism)을 토대로 이루어졌다는 말이다. 또한 이 책에서 강조하고 싶은 것은 이 이론이 예술, 특히 문예 창작에 지대한 영향을 끼쳤고 연관성이 깊다는 사실이다. 정신분석이 창작에 지대한 영향을 끼친다는 것은 수많은 창작인의 생애와 그들의 작품을 관찰하면 뚜렷이 나타난다.

오늘날 우리는 이 사실을 다들 알고 있으며 당연시하지만, 정신분석이론이 처음 발표되었을 때는 새롭고 획기적이었다. 그렇다고 선천적 심리 구조의 발달을 전적으로 무시한 것은 아니다. 그것도 정신분석으로 해석할 수 있다는 것이 발견되었다. 프로이트는 정신분석이 과학적이라고 믿었다. 학설은 광대하며 논리적으로 보였기에 인정을 받았고 따르는 사람이 많아 정신분석학자(정신분석가)가 속출했다. 가장 놀라웠던 사실은 이 학설의 기초가 되는 결정적 학설이다. 이는 "의식(Consciousness)은 정신작동에서 예외이며 정신분석에서는 무의식(Unconsciousness)이 우리 행동의 대부분에 영향을 준다."라고 믿는 것이다. 무의식은 우리의 생각, 기억, 행동, 취미, 직업이나 배우자 선택 등까지 모든 것의 근원이 되기 때문에 인간에게 의식보다 훨씬 영향이 크며 인간의 모든 행동을 알게 모르게 장악한다는 것이 그 학설이다.

인류의 사회현상까지 장악한다면 얼른 이해가 가지 않을 것이다. 우리가 의식하는 부분은 우리 마음의 일부밖에 되지 않는다는 사실을 예를 들어 설명해 보자. 배가 고프니 샌드위치를 만들어 먹는다는 간단한 행동에도 빵의 종류, 속 재료, 빵의 온도, 맛, 영양 가치 등 모든 사소한 결정에 그 사람의 무의식 안에 간직된 수백 가지 기록이 영향을 준다. 스탈린이 러시아 국민에게 저지른 행동은 인간이 의식으로 이해하기 어려울지 모르나 그의 무의식에서 왜 그렇게 했는지 추측할 수 있다. 시의 짧은 한 연에도 기나긴 작가의 기억, 의도, 역경, 연유, 감정 등이 얽혀 있다는 말이다. 이 깊고 복잡한 심리를 단순한 말이나 행동으로 표현하는 것은 불가능하다. 그러나 한 사람의 상징적 표현과 은유로 표현해 전달할 수 있다는 가능성을 보면 창작에 포함된 은유의 힘을 이해할 수 있다. 이 은유를 분석하는 것은 마치 마음을 분석하는 것과 같다.

정신분석도 이 형상과 상당히 비슷하므로 정신분석 공부는 시작(詩作)의 이론을 이해하고 배우는 데 좋은 도구가 될 것이다. 정신분석의 학설과 예술 창작, 특히 시(詩) 창작과 작가의 무의식 내용이 창작적 의식으로 표현되는 것과 밀접한 관계가 있다는 말이다. 시인의 시작 재료 대부분이 무의식에 있다는 말이다. 이를 이 책에서 함께 고찰해 보려고 한다.

작가의 무의식이라고 했지만, 인류의 많은 공통된 무의식(Collective Unconsciousness)도 반영된다. 두 사람이 대화할 때 한 사람이 자기가 전하고 싶은 심정을 상대에게 정확히 전달할 수는 없다. 아무리 알맞은 말로 표현한다고 해도 어려울 때가 많다. 그 느낌이나 알쏭달쏭한 사념의 표현을 다른 형식으로 나타낼 수 있고 본심에 가깝고 아름답고 유연하게 표현할 수 있는 것은 역시 인간이 독특하게 간직하고 있는 창작력이다. 그중에서도 시가 가장 그것에 가까운 도구일 것이다. 상징과 은유의 힘 때문이다. 결국 간접적으로 소통이 가능하다. 간접적이지만 더 정확하고 본의에 가깝다.

여기서 본의라는 것은 반드시 의식적인 생각뿐만은 아니다. 자기가 표현하고 싶은 느낌을 표현하는 방법이 쉽지 않을 경우에 흔히 공감(Sympathy) 혹은 감정이입(Empathy)이라는 말을 쓴다. 정신분석 과정에서 넘쳐 흐르는 이 현상은 창작, 특히 시작으로서 인류에게 이루 말할 수 없는 영향을 주었다. 시는 복잡한 감정(정서), 때로는 어디서 왔는지 알 수 없는 감정, 즉 말로 표현하기 힘든 것을 표현한다. 작가는 어떤 감정을 독자에게도 동감하게끔 정확하고 적절하게 전달한다. 어디에서 왔는지 모른다는 것은 의식할 수는 없다는 말이며, 그것은 무의식에서 넘어온 것이라는 말이다.

여기서 창작이라는 말의 뜻을 오해할 우려가 있다. 창작이란 전에 없던 것을 만들어 낸다는 뜻이지만 정신분석이론으로 보면 이미 무의식에 있는 것들이 외부의 영향을 받거나 충돌해 일어난 것을 의식으로 적절하게 표현하는 것이다. 그러므로 전혀 새로운 것은 아니다. 즉, 의식은 모르고 있었지만, 무의식 속에는 그 표현의 근본적 이유(바탕)가 있다. 문예 창작은 전에 그런 것이 구성되어 발표되지 않았다는 말이며, 창작은 작가의 무의식의 영향을 크게 받기 때문에 그 창작이 나올 예상과 자료가 무의식에 있었다는 것이 정신분석이 주장하는 것이다.

구약성서 창세기에 '태초에 하나님이 천지를 창조하시니라.'라고 하였다. '무(無)에서 유(有)를 만들었다.'라는 말이다.[11] 하나님은 영원히 계셨다. 그렇다면 완전한 무(無)에서 유(有)로 형성된 것이라고 할 수 있을까? 기독교 신학에서는 이를 주님의 자존성(自存性, Aseity)으로 해결한다. 기독교에서는 우주 역시 하나님께서 창조하셨다고 한다. 그렇게 보면 이것도 역시 결정론적으로 표현한 것이 아니냐고 물을 것

---

11 creatio ex nihilo.

이다. 나무로 조각을 만들었다고 하자. 그 조각은 창작이지만 그 나무에는 그것이 나올 재료와 완성 작품이 될 모양이 이미 내포되어 있으므로 조각가는 그것을 만들었다기보다 거기서 찾아냈다고도 볼 수 있다. 레오나르도 다빈치(Leonardo da Vinci, 1452~1519)는 조각을 위해 가져다 놓은 큰 대리석 앞에 서면 자기가 만들 작품의 영상이 그 속에 보인다고 하였다. 창작은 창조의 신학보다 기독교의 예정론(豫定論, Predestination)과 흡사한 데가 있다. 요한복음 1장 1절은 "태초에 말씀이 계시니라, 이 말씀이 하나님과 함께 계셨으니 이 말씀이 곧 하나님이시니라."라고 말한다. 깊은 신학적·철학적 토론을 하자는 것은 아니다. 의도적 행동이 분명히 의식으로 일어나는 것으로 보일지라도 상당 부분은 무의식의 영향을 받기 때문에 창작이 과연 순수하게 새로울 수 있느냐 하는 질문을 하게 되는 이유가 여기 있다.

이 모두가 대부분 프로이트의 이론에서 나왔지만 그 후에 다른 정신분석학자들에 의해 정교하게 다듬어지고 변형되었다. 하지만 근본 학설에는 변화가 없다. 프로이트의 이론만으로도 근본적인 학설은 충분히 이해할 수 있다. 예를 들면, 프로이트가 깊이 파고 들어가지 않았지만 로런스 큐비의 전의식(前意識, Preconscious) 학설은 정신분석과 창작과의 관계를 설명하는 데 크게 공헌을 하였다. 시작법의 기본을 엮은 책 『시작 연습(The Practice of Poetry)』 첫 장의 제목은 '무의식은 금광(金鑛)과 같다'이다. 무의식적으로 글을 쓰는 연습을 강조한 것이다. 연과 연 사이를 잊지 말라고 강조했다. 미국의 유명한 작가 마리린 로빈슨(Marilyinne Robinson, 1943)[12]은 "요즘 시인들은 무의식에 있는 형용사밖에 쓸 줄 모른다."라고 했다. 무의식에서 나타난 것을 더 자유롭게 창작(시작)으로 표현한다는 말이다. 로빈슨은 "우리가 의식적

---

12 미국의 현대 작가. 약 20개의 상을 받고 『Gilead』와 『Housekeeping』이라는 두 작품으로 풀리처상도 두 번이나 받았다. 우리나라의 박경리상까지 받았다. 그녀는 기독교인으로 가끔 교회에서 설교도 한다. 『타임』의 '영향력 있는 100인'에 선정되었다.

으로 하던 일을 중단해도 우리 마음속의 무의식에서는 표면에 나타나지 않게 그 문제에 대해서 계속 작업하기 때문에 다음에 그것을 다시 의식에서 생각할 때 그 내용은 더욱 향상되어 나타난다."라고 했다. 이 말은 무의식의 작동을 잘 표현한 것이다. 무의식에서 새어 나오는 상념을 무시하는 창작인은 없을 것이다.

토론 형식으로 쓴 책이기에 문장이 반복되는 곳이 많을 것이다. 기억하고 알아 두면 쓸 곳이 많다는 점을 강조하기 위해서이다. 오랫동안 강의하던 습관 때문이 기도 하다. 지금부터 정신분석의 극히 기초적인 학설부터 시작하려 한다.

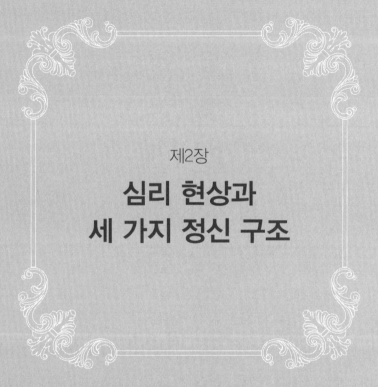

제2장

심리 현상과
세 가지 정신 구조

정신분석에서 심리 혹은 심리 상태라는 것이 무엇인가부터 이해할 필요가 있다. 문학에서 '행동'이라는 것은 생각을 말이나 글로 표현하는 것이다. 행동이란 아주 미미한 감정의 표현, 무심코 머리를 긁는 것처럼 상습적으로 혹은 무심코 하는 행동으로부터 크게는 직업, 결혼 상대, 취미의 선택, 정치적 결단 등 인생의 모든 중차대한 결정으로 표현된다. 그러한 결정의 대부분을 우리는 의식적으로 결정한다고만 믿는다. 그러나 사실 그 뒤에는 그럴 만한 행동이 일어나게 하는, 의식할 수 없으며 상당히 복잡한 이유가 따로 있다는 것이 정신분석학의 기본 학설이다. 그 요소들과 작동은 모두 무의식(無意識, Unconsciousness) 속에 있다는 것이다. **정신분석이란 이 '무의식'을 공부하는 것이다.** 그래서 '무의식의 학문(Science of Unconsciousness)'이라고 말할 만큼 무의식이 무거운 비중을 차지한다.

정신분석은 무의식의 학문이다

무의식도 의식과 같이 뇌의 뇌세포와 그 작동을 일으키는 심리적 조직과 거기에서 일어나는 기제(機制)들을 포함해서 말한다. 신경의학이 발달한 오늘날 모든 심리 현상이 뇌세포(腦細胞, Neuron)의 시냅스(接合, Synapses)에 존재하고 거기서 작동이 일어난다는 것을 알고 있지만, 마음을 얘기할 때는 아직도 손을 가슴에 댄다. 이는 마치 우리가 지구가 해를 중심으로 회전한다는 것을 알면서 '해가 뜬다, 해가

진다.'고 표현하는 것과 같은 관습이다. 서산으로 넘어가는 해는 여러 뜻과 느낌, 생각을 대신해서 표현한다. 우리는 해가 지구의 어느 방향에 있다고 표현하지 않는다. 이때 그 해를 보고 여러 느낌을 자아낸다는 것을 안다. 그 이유를 알 때도 있지만 모를 경우가 상당히 많다. 그러나 그런 것이 분명히 마음에서 우러난다는 것은 당연하다. 그것은 대부분 무의식의 어딘가에서 나오는 감정이기 때문에 그 이유를 확실하고 자신 있게 말할 수 없다. 그러나 우리는 그것을 보존하고 표현한다. '은유'라는 것으로 그것을 이해할 수도 있다. 그 과정을 분명하게 알지 못하더라도 믿어도 된다는 말이다. 그것이 무의식에는 존재하기 때문이다.

인간의 행동에는 우연이라는 것이 없다는 것이 정신분석의 근본 학설이다. 이 학설이 예정론(豫定論, Predetermination)과 흡사하다고 한 이유가 여기 있다. 무의식적이라는 말은 의식이 없이 일어나는 행동이 아니라 그 이유를 의식하지 않는다는 말이지 마음속에 아무것도 일어나지 않는다는 말이 아니다. **무의식이라는 것은 뇌 속에서 일어나는 작동이 있다는 표현이다.** 그러니 '무심코'라는 표현은 어불성설이다. 내가 일을 하면서 나도 모르게 콧노래를 흥얼거릴 때 누가 어디서 배운 노래냐고 물었다고 하자. 나는 전혀 그 노래를 어디에서 들었는지 기억이 없다. 몇 달 전에 어느 가게 앞에서 그 음악을 들었다는 것을 까맣게 잊고 있었다. 하지만 내 무의식 속에는 잠재하고 있었다. 이처럼 모든 행동(Actions), 생각(Thoughts), 감정(Emotion) 등을 일으키는 심리 현상에는 우리가 모를지라도, 의식하지 않더라도, 그 원인이 모두 무의식에 간직되어 있다. 그중 일부가 변형되어 의식에 나타나서 행동으로 표현되면 우리는 그것만 의식하고 보게 된다.

여기서 **'일부'**라는 말을 강조한다. 조그마한 행동을 일으키는 무의식 속의 그 기억과 무의식에 일어나는 작동은 복잡하지만, 그것이 의식(意識, Consciousness)을 거쳐서 나타나는 행동은 극히 작고 간단하다. 우리는 그것이 그 행동을 일으키는 전부인

32

것 같이 오해한다. 상당히 복잡한 무의식 속의 작동이 비교적 간단하고 단순하게만 행동으로 표현된다. 우리는 그 행동들이 의식적으로 표현되는 것만 믿고 그것이 전부라고 단정한다. 이 현상을 강조하고 설명하더라도 우리는 곧 쉽게 잊는다. 정신분석을 제대로 배우려면 정신분석을 받아야 이러한 사실을 더 확고히 믿고 이해할 수 있다. 정신적 기전을 설명할 때는 조심해서 강조해야 한다. 다시 정리하면, 의식적으로 혹은 능동적으로 하는 행동이나 생각을 분명히 의식하지만(내가 안다, 내가 본의로 했다, 나는 그렇게 생각한다) 상당 부분이 우리가 전혀 알지 못하는 무의식이라는 곳에서 시작하고 무의식의 영향을 받기 때문에 왜 자기가 그 행동을 이렇게 저렇게 했는지는 당연하게 생각할지라도 근본 이유를 모르는 경우가 많다. 물론 우리에게는 우리의 의식적 생각과 행동이 당연하게 보일지라도 그 진의를 물으면 흔히 정당화하며 변명 비슷한 해명을 한다. 인간은 자기의 행동을 설명할 수 없는 것을 아주 무서워한다. 정신 나갔다, 무심코 했다, 모르고 했다 등등의 변명은 쉽게 하지만 본인은 사실 두려워한다.

대부분의 행동은 의식적으로 조정할 수 있지만, 자기가 한 행동의 이유를 확실히 모를 때가 있다. 무의식에 있는 것이 의식을 거치지 않고 의식에 자국도 남기지 않고 나타날 때가 있다. "무의식적으로 한 행동이다."라는 말로 표현하는 것들이다. 가장 흔한 예가 영어권에서 말하는 소위 'Freudian slip'이라는 실어(失語) 혹은 실언(失言, Slip of Tongue) 같은 것이다. 은연중에 속마음을 무심코 드러내는 것을 말한다. 백악관 언론 담당 비서 션 스파이서는 양민 학살 보복으로 시리아를 로켓 폭격한 사안에 대한 기자회견 자리에서 "히틀러가 유대인을 학살한 것도 포악한 짓이거늘 이는 더욱 용납할 수 없다."라고 말했다. 얼른 한 기자가 "그러면 히틀러의 행동은 봐 줄 수 있다는 말이오?"라고 질문하자 스파이서는 혼비백산했다. 본심이 탄로 났기 때문이다. 실언의 좋은 예이다. 실언을 공부하면 정신분석을 받지 않고 정신분석을 이해하기에 안성맞춤이다. 실언은 무의식이 따로 있다는 좋은 증거이다. 뒤에 실착(失錯)을 토론하면서 더 자세하게 고찰할 것이다.

무의식이 있다는 증거는 또 있다. 실언과는 다른 형태로 무의식의 내용이 나타나는 것, 바로 꿈이다. 꿈에 나타나는 내용은 사실상 무의식의 원형에 더 가깝게 표현된다. 정신분석이란 무의식에 잠재해 있는 것을 추리해 내는 것을 말한다. 우리는 무의식을 알고자 해도 추리할 수밖에 없다. 인간은 이를 정확하게 알아낼 길이 없다. 설령 알더라도 표현할 길이 없다. 이 현상을 비유하는 예를 하나 들겠다. 수없이 긴 컴퓨터의 비트(bits)를 보고 그것이 무슨 뜻인지 알 길이 없다. 그러나 컴퓨터의 복잡한 기전을 지나면 우리가 알 수 있는 글이나 모양으로 나타난다. 거꾸로 'go'라는 말이 컴퓨터의 기억장치에 보존될 때는 다시 0100101011000100식 비트로 저장된다. 이 긴 0과 1의 나열을 'go'라고 변형해야 이해할 수 있다. 우리 마음의 내용이 뇌의 시냅스에 저장되는 모양과 비슷하다. 무의식과 행동의 연결이 이런 현상과 비슷하기에 예를 들어 보았다.

무의식에 있는 것은 우리가 늘 생각하고 느끼는 것이지만 우리가 의식하는 것 같이 논리적이고 이해하기 쉬운 형태가 아니므로 이해하기 어렵다. 그러나 추측은 할 수 있다는 것이 정신분석의 학설이다. 이것은 마치 시를 이론적으로 해석하려 들지 말라는 뜻과 비슷하다. 실제로 많은 시상(詩想, Ideas for Poem)이 무의식에서 일어나며 진실로 아름답게 표현된다. 보통 사람에게도 그런 상념이 상상이나 공상으로 나타난다. 보통 사람들은 거기서 끝이 나겠지만 시인은 이런 경험을 과감히 표현한다. 무의식에 쌓여 있는 기억이 어떤 형식으로 정리되어 있는지 혹은 조직적·규칙적으로 되어 있는지 알 길은 없다. 무의식의 기억이나 감정이 의식에 나타날 때 마치 시처럼 느낌만이 일어날 수 있다. 아기가 얘기하는 것처럼 문법이니 어순 같은 것도 없어 복잡다단하게 질서가 없는 것 같이 저장되어 의식적으로는 도저히 이해할 수 없다. 인공지능이 발달하고 또 승현준(Sebastian Seung) 교수의 'Connectome[1] 학술'이 성취된다면 아마 프로이트가 염원했던 것처럼 그의 이론이 과학적으로 증명되고 표현될지도 모른다. 현재로서는 그 내용은 추측으로, 상상으로, 시각적으로 이해할 수밖에 없다. 시각적인 표현도 우리가 이해할 수 있게 완전한 형태로 표현할 수도 없다. 추상적이고 모방적 그림으로 나타나기 때문에 무의식 속의 그것도 추측할 수밖에 없다. 하지만 때로는 추상적 그림이 더 강렬한 느낌을 주는 경우가 많다. 피카소(Pablo Picasso, 1881~1973)나 뭉크(Edvard Munch, 1863~1944)나 반 고흐(Van Gogh, 1853~1890)의 그림을 보고 느낀 것을 글이나 말로 표현할 수 있을까? 아무리 문장력이 좋아도 언어로는 한계가 있다.

무의식에 존재하는 내용은 우리가 의식적으로 생각할 때와 말로 표현하는 것과 다르다. 우리가 의식적으로 알 수 없는 형태로 존재하는 것처럼 꿈에서도 무의식 깊이 존재하는 소위 잠재적 꿈은 전혀 알 길이 없다. 아니, 우리가 사용하는 통상 언어로는 표현할 수 없다. 이것이 잠에서 깨기 직전에 번역[2]되어 우리가 이해할 수 있는 형태로 변형되어 나타나기 때문에 그 번역 전의 꿈의 내용을 짐작으로만 알 수 있다. 여기서 말하는 '번역'이 바로 필자가 강조하고 싶은 것이다. 그 **번역 기구가 시의 은유의 해석과 같은 것이다.**

인간은 고대로부터 무의식에서 일어나는 일을 표현하려고 노력해 온 것 같다. 여기서 무의식에서 일어나는 번역을 해석이라고도 말한다. **해석이란 해석하는 사람의 느낌과 환상일지 모르나 평범한 말로 표현할 수 없을 때가 많다.** 그것도 상당히 시

---

1 프린스턴과 MIT를 거쳐 Howard Hugh Medical Institute에 재직하고 있는 한국계 학자로서 인간 유전자의 게놈과 비슷하게 뇌세포를 매핑(mapping)할 수 있다는 'Connectome'라는 이론을 세웠다. 매핑이 되면 이론적으로 무의식도 매핑할 수 있다는 이론이다.
2 아직도 이 현상을 번역이라고만 표현할 수밖에 없다. 우리는 그 현상이 어떻게 일어나는지 모른다.

각적인 것을 언어로 표현하는 것이 정신분석의 대부분을 차지한다. 고흐의 그림을 보고 그 강렬한 느낌을 말이나 글로 표현하는 것은 불가능하다고 이미 지적했다. 그것마저도 변형되거나 추상적이거나 왜곡되어 있어 그것들을 다시 따로 해석해야만 그 뜻을 조금이라도 추측할 수 있다.

무의식 속에 있는 내용을 보통 마음으로는 받아들일 수 없다. 조금이라도 이해할 수 있게 변형할 필요가 있다. 이는 마치 보는 것도 무서운 어떤 것을 요리를 잘하면 먹을 수 있는 현상과 같다. 그 변형을 '분석' 혹은 '해석'이라고도 하고 '번역'이라고도 한다. 우리에게는 그렇게 기묘한 구조가 있다. 정신분석의 상당 부분을 차지하는 것이 이 기제를 공부하는 것이다. 우리의 정신건강과 창작에 없어서는 안 될 정신적(심리적) 기전이다. 뒤에서 더 설명할 것이다.

꿈을 해석할 수 있고, 꿈의 내용이 아직도 의식 속에 기억으로 남아 있을 때 무의식이나 전의식에 잠재한 심리 상태를 해석하는 데 도움이 된다. 정신분석 치료에서 꿈의 분석은 상당히 중요하며 가장 많이 이용한다. 이것은 은유의 해석과 같다. 꿈의 해석을 정신분석의 왕도라고 볼 수 있다. 오해를 막기 위해 하는 말이지만 우리가 보통 말하는 해몽(解夢)은 정신분석에서의 꿈의 해석과는 전혀 다른 것이다. 꿈처럼 어떤 생각이 무의식에서 의식으로 넘어가서 말이나 시각적 행동으로 표현될 때는 의식적으로 그것을 견딜 수 있고 이해될 수 있을 만큼 변화해야 한다. 정신분석 과정 중 꿈이나 무의식의 해석에 있어 중요한 것으로, 방어기제(防禦機制, Defence Mechanism)라는 것을 알면 이해가 될 것이다. 뒤에 자세히 공부할 것이다.

꿈은 내용이 이해되지 않을 경우가 많다. 무의식에 존재하는 기억이나 생각의 내용은 대개 시각적이라 의식이 그대로 받아들일 수 없을 정도로 이해하기 힘들고 복잡하다. 무섭고 충격적이고 파괴적인 경우도 있어 해석이 힘들다. 이 세상에서 큰 에너지를 일으키는 것들과 비슷할 때가 많다. 전기는 오늘날 없어서는 안 될 고마운 것이지만 처음 발전소에서 생산될 때의 그 힘은 너무도 강력해서 송전소의 변전기 같은 기구 없이는 근처에 가지도 못했다. 천둥, 원자력, 태양 등은 무섭게 파괴적이다. 이것이 여러 과정을 통해 약화하고 변화하면 우리에게 큰 도움이 되는 형태로 변하는 것과 비슷한 현상이다. 무서운 호랑이를 순하게 길들이는 것과 같다.

정신 구조의 파괴 혹은 심리적 파괴란 것은 조현병(調絃病, 精神分裂症, schizophrenia) 같은 상태를 가져와 정신 기능을 정상으로 작동할 수 없는 상태를 말한다. 자살을 가장 많이 동반하는 정신질환이 우울증이라고 알고 있지만 사실은 조현병에서 제일 많이 일어난다.[3] 인간에게 무의식이 적나라하게 표현된 상태가 심한 조현병과 같다. 이상한 행동, 이상한 말, 광폭한 행동, 자살, 타살과 같은 것이 일어나는 정신질환이 그런 것이다. 마치 우리 육체의 생리가 우리가 견딜 수 있게 조정되고 작동하는 것처럼[4] 무의식의 심리 상태도 우리가 견딜 수 있게 변형되어 안전하게 의식에 도달할 때는 소위 정상적인 생각과 행동으로 변화해 표현된다. 여기서 '안전하게'란 말은 '우리가 견딜 수 있고 이치에 맞게'라는 뜻이다. 우리 몸과 마음에는 복잡하고 미묘한 생리 현상이 일어나고 있으나 우리는 안전하며 정상적인 아주 작은 부분만 의식하며 살고 있다. 예를 들면, 우리는 혈압을 의식적으로 조정하지 못한다. 혈압을 의식하지 못한다. 정상 혈압 120에서 어떤 연유로 껑충 200으로 오른다

---

3 대개 우울증 환자가 자살을 많이 하는 것으로 알려졌지만 비율로 볼 때 치료를 받지 않은 조현병 환자의 자살률이 훨씬 높다.

4 우리는 헤아릴 수 없게 수많은 생리 현상이 기가 막히게 정밀하게 조정된다는 것을 의식하지 않고 살고 있다. 우리가 의식하는 생리 현상은 일부에 지나지 않는다. 예를 들면, 피가 어디서 만들어지고 얼마나 오래 살다가 죽고 무엇을 어디서 어떻게 하는지 전혀 모르고 산다. 여성들이 생리라는 말을 쓰지만, 그것은 수없이 많고 복잡한 생리 현상의 일부를, 그것도 표면적으로 알고 있을 뿐이다.

면 뇌출혈 같은 사고로 죽을 수도 있다. 우리는 이 혈압을 전혀 의식적으로 조정할 수도 없다. 혈압이 오르는지 내리는지도 의식하지 못한다. 인간은 이렇게 자기의 몸과 마음에서 일어나는 일도 모르고 어쩔 수 없으면서도, 마치 자기가 자신의 생리를 조정할 수 있는 것 같이 오해하며 살고 있다. 심리적으로 일부분이라도 이 오해를 풀자는 것이 정신분석이다.

이런 무의식의 현상을 아름답고 진실하게 표현하는 것이 있다. 그렇게 번역된 것을 우리는 감탄하고 즐거워한다. 그 하나가 '시작(詩作)'이다. 이런 현상을 승화(昇華, Sublimation)라고 한다. 사실 시작과 정신분석 중 어느 것이 더 이해하기 쉬운지는 알 수 없다.

무의식의 용감한 탐험가, 시인

다행히도 인간에게는 무의식의 현상을 우리가 견딜 수 있게 변형해 안전하게 의식할 수 있게 해 주는 기능이 있다. 이것을 정신분석에서는 **방어기제** 혹은 **정신기제**(精神機制, Mental Mechanism)라고 한다. 앞에서 말한 것 같이 전기로 치면 변전소요, 자동차로 치면 핸들과 브레이크와 변속기 같은 것이다. 이는 정신분석에서 발견한 참으로 기발한 학설이며, 재미있기도 한 학설이다.

그리스 신화나 셰익스피어의 희곡에서 재미를 느낀다면 무의식에 들어가 탐험하고 싶을 것이다. 문학가, 특히 시인은 이를 실천하기도 한다. 또 다른 방법으로 시상을 찾아 마음속 깊이를 탐험하고자 한다. 시인은 율리시스(Ulysses)와 같은 용기 있는 사람이다. 탐험을 추구하는 용감한 사람이다. 시인은 미지(未知)를 무서워하지 않는다. 시인은 때로 사람들이 잘 가지 않는 먼 곳에 가서 무엇을 찾아내려고 탐험을 한다. 또한 시인은 보통 사람이 가지 않는 곳까지 가서 무엇을 찾고 또 발견한 것이 있으면 이를 다른 사람에게 알리고자 한다. 그것도 아름답게 포장해서 표현한다. 프로이트는 무의식에서 일어나는 현상을 추측하고 설명한 것은 서양 고대 전설에서 일어난 이야기에서 착안했다고 하였다.

시를 읽으며 느낀 것이 하나 있다. 이해가 힘든 곳에서 흔히 은유나 비유(比喩, Simile)를 보게 된다는 것이다. 그것을 연상(聯想, Association)하고 추리해 나가면서 상상이 한없이 펼쳐지는 것을 느끼는데, 이것이 정신분석의 자유연상(自由聯想, Free Association)과 같은 것이다. 박이도 시인[5]은 「생명의 언어, 죽음의 언어」라는 논설에서 이렇게 말했다. "나의 시작 자아는 항상 새로운 세계를 동경한다. 가 보지 못한 세계를 동경한다. 보일 수 없는 미지의 세계, 미래와의 마주침을 고대한다. 이러한 것들을 시적 상상력이라고 한다."

창작을 염두에 두고 정신분석을 공부한다는 것은 시인이 보통 알려진 관광지가 아닌 미지의 땅에 가고 싶어 하는 것을 보면 이해할 수 있다. 이 탐험의 의욕은 무의식을 탐험하고 싶은 욕구의 대치이다. 이것이 바로 시상을 찾으려는 탐험이다. 니체(Friedrich Nietzsche, 1844~1900)는 그의 유명한 작품 『차라투스트라는 이렇게 말했다(Thus Spoke Zarathushtra)』를 이탈리아의 조그마한 어촌을 거닐다 착상했다고 하였다. 그는 가끔 목적이나 목표 없이 사람들이 별로 찾지 않는 이탈리아의 시골을 돌아다녔다고 한다. 마치 무엇을 찾으려고 탐험하듯 말이다. 그날은 구름이 끼어 침침한 날씨에 비가 올 듯했고 심신도 피로했다고 한다. 보통 사람은 그 시간에 그런 날씨에 그런 곳에 갈 생각을 하지 않을 것이다. 그러나 니체는 보통 사람

---

5 1938년 평안북도 선천에서 태어나서 경희대학교 국문과 및 동 대학원을 졸업했다. 1962년 한국일보 신춘문예에 당선되어 문단에 등장한 그는 『회상의 숲』『북향(北鄉)』『폭설』『바람의 손끝이 되어』『불꽃놀이』『안개주의보』『홀로 상수리나무를 바라볼 때』 등을 비롯해 수많은 시집과 시론집 『한국 현대 시와 기독교』와 논설집을 썼다. 현재 창조문예 주간으로 재직 중이다.

이 아니었다. 춘원 이광수는 『돌베개』에 수록된 「죽은 새」라는 단편에 '뒤 고개턱에 이르러서, 안 걸어 본 길로 가 보리라……'라고 써 내려갔다. 우리가 상상하기 어려운 죽은 새에 대한 공상을 엮은 글이며, 우리의 감정을 불러일으킨다. 이것이 바로 시인과 문학가가 무의식적으로 무의식의 세계를 탐험하는 것이다.

무의식의 힘은 크고 강력하고 유익하다

많은 창작이 정신분석의 방어기제를 이용한 이야기라고 해도 과언이 아닐 정도로 비슷하다. 문학 창작물, 특히 시와 수필을 읽으면 느낄 수 있다. 작가가 알고 그렇게 쓴 것인지 아니면 무의식에서 온 공상으로 쓴 것인지 알 수 없지만 그런 것이 보일 때마다 필자는 마치 어려운 진단을 한 것 같이 회심의 미소를 지은 적이 한두 번이 아니다. 독자도 이 책을 읽은 후에 창작물을 읽으면 그런 느낌이 오리라 믿는다.

무의식에서 일어나는 수없이 기묘한 현상, 그 틈에 있는 여러 요소, 그들의 관계, 갈등 등이 전혀 변형 없이 의식에 나타나면 의식적 심리 상태가 그것을 이해할 수도, 감당할 수도 없으므로 정신 상태가 균형을 잃고, 또 심하면 정신적으로 파괴되어 더는 정상적 행동을 할 수 없는 상태가 되어 버린다. 심한 정신병이 오거나 자살할 수도 있다. 원자력 잠수함에서 핵물질이 새어 나온다면 어떻게 되겠는가? 창조의 지혜로운 묘미에 감탄하지 않을 수 없다.

마음의 힘은 일본에서 일어난 후쿠시마의 쓰나미를 막는 힘과 같다. 영어권에서는 이 정신적 조화가 깨져 무서운 무의식이 돌출하는 조현병 같은 현상을 **정신적 파괴**(Mental Breakdown)'라고 적나라하게 표현한다. 우리말로는 '정신 나간 행동'이다. 아기가 엄마 젖을 빨다가 젖이 빨리 나오지 않는다고 젖꼭지를 물어 버린다.

엄마가 야단을 칠 것이고, 아기는 그 순간 엄마의 분노를 자기를 거절하는 것으로 여기며 공포에 질린다. 아기는 온 세상이 금방 없어질 것 같은 공포에 질려 울음을 그치지 못한다. 아무리 의식이 발달되지 않았다고 해도 엄마에게서 떨어진다는 것은 죽는 것과 마찬가지라는 것을 무의식으로나마 본능적으로 느끼기 때문이다. 젖꼭지를 2㎝ 정도 뽑아 낸 것뿐인데 그런 심한 반응이 일어난다. 다시는 이 아기가 엄마의 젖을 물지 않을 것이다. 젖이 잘 나오지 않으면 입술을 쩝쩝거린다든가 젖꼭지를 주물럭거린다든가 하는 애무로 대치한다거나 미소로 엄마의 분노를 무마한다. 아주 미숙하고 원초적인 심리적 작동(방어기제)이지만 상당히 유용한 기제이다. 물리적으로 젖꼭지는 아기 입에서 2㎝ 떨어져 있지만 정신적으로는 천리만리 떨어진 것 같은 강한 느낌이 온다. 이러한 상황에서 아기의 반응으로 오는 애무와 비슷한 행동을 무의식적으로 일어나게 하는 현상을 '**반동형성**'이라고 한다. 흔히 일어나는 방어기제이다. 도저히 알기 힘들고, 무섭고, 파괴적인 무의식의 어느 생각이 아주 유용하고 안전한 형태로 바뀌어 나타나게 하는 귀중하고 편리한 기제의 한 심리 현상이다. 무의식에서 우리의 정신건강을 지켜 주는 귀한 현상(기제) 하나를 예를 들어 보았다.

무의식과 거기서 일어나는 작동을 관찰하면 정신작용을 이해할 수 있다. 뿐만 아니라 시인이 심히 괴로운 심리 현상을 시로 표현했음에도 시를 완성하면 오히려 아름답게 보이는 이유까지 볼 수 있다. 무의식의 심리 현상이 미화된 문학 창작의 한 예이다. 손을 더럽히고 모양 없는 진흙에서 아름다운 도기가 나타나게 하는 도예가의 창작과 같다. 이런 현상을 **승화작동**(昇華作動, Sublimation)이라는 방어기제라고 한다. 이 두 예로 무의식에는 이렇게 쓸모 있고 기묘하고 유익한 현상을 일으키는 힘이 있다는 사실을 알 수 있다. 차츰 알아 가겠지만, 무의식의 힘은 크고 강력하고 유익하다는 것을 예를 들어 보았다. 점점 더 많은 재미있는 정신작동을 토론할 것이다.

앞서 예를 든 것처럼 공포에 질린 아기가 겪은 현상이 어른에게 온다면 심한 공포증이 와서 꼼짝하지 못하고 더 심하면 정신질환까지 온다. '파괴적'이라고 표현했는데, 카타토니(緊張症, Catatonia)라는 무서운 증상이 그런 것이다. 심한 조현병에서 일어나는 증상으로 몸이 갑자기 얼어붙어 미라처럼 완전히 경직되는 증상이다. 심한 공포에 질린 사람의 표정과 자세를 상상하면 짐작이 갈 것이다. 이때 몸을 움직이면 밀랍(Wax)처럼 굽거나 펴진다.[6] 정신은 완전히 마비된 상태이다. 참으로 무섭고 심각한 상태이다. 이런 증상은 무의식에 강력한 파괴적인 힘이 있다는 증거이며, 이를 예방하는 방어기제가 정신건강에 얼마나 필요 불가결한 작동인지를 말해 준다. 마치 심장이 쉬지 않고 뛰게 하는 것과 같이 우리의 정신세계에도 안전장치가 있다. 이런 현상을 시인들은 시로 표현한다. 무서운 예로, 자기가 가장 사랑하는 이를 오해해서 오는 공포를 그린 프랜시스 톰슨(Francis Thompson, 1859~1907)의 「천국의 사냥개(Hound of Heaven)」가 바로 그런 것이다. 에드거 앨런 포(Edgar Allen Poe, 1809~1849)의 「갈까마귀(Raven)」[7]에서도 볼 수 있다. 고흐의 수많은 그림 중에도 무섭고 괴로운 상상을 하게 하는 그림이 많다. 〈별이 빛나는 밤(The Starry Night)〉의 별들은 아름답게 반짝이는 수많은 별이 아니라 지구를 파괴할 것 같이 달려오는 유성과 같다. 강력하고 무서운 느낌을 준다. 그의 수많은 자화상도 평화로

---

6 이것을 상상할 때마다 구약성경의 두 구절이 생각난다. 창세기 19장 26절 "롯의 아내는 뒤로 돌아보고 소금 기둥이 되었더라."와 18장 12절 "내가 노쇠하였고……."가 그것이다. 영어나 히브리어로는 "내가 양초처럼 늘었는데 어찌……."로 표현되어 있다.

7 「천국의 사냥개」에서 주인공이 무섭고 무거운 발걸음 소리를 피해 달아나려고 하니 점점 더 어두운 곳으로 치닫게 되었다. 그러나 그 어두운 곳은 주인공을 살리려고 뻗친 주님의 손의 그림자다. 「갈까마귀」에서는 잊으려고 해도 잊히지 않는 사랑하는 여인을 생각하게 하는 것은 마치 유령처럼 나타난 갈까마귀였다. 아름다운 그녀를 상상했으면 될 것을 공연히 공포에 질렸다는 것이다.

운 그림이 아니다. 그러나 그것을 평화롭게 그리려는 노력이 보인다.

정신건강의 안전장치, 무의식

무의식에 축적되어 있으면서도 인식할 수 없는 기억이 의식에 나타나려면 수 많은 방어기제라는 안전망을 통과해야 한다. 그것이 의식으로 나타나기 바로 전에 정리해야 하는 정거장 역할을 하는 곳이 있다. 바로 **전의식**이다. 프로이트 뒤에 온 학자들, 특히 로런스 큐비 같은 학자가 그것을 확장해서 기술했다. 즉, 창작력이 독 특한 이유는 이 전의식에서 마치 마지막 작품을 아름답게 포장하듯이 독특한 미를 첨가해 무의식의 사고와 감정이 의식에서 표현되게 하기 때문이라는 것이 그 학설 이다. 물론 정신분석에서는 이것을 믿는다. 정신분석을 받은 창작인도 믿는다. 이 학설은 학설이라기보다 논리적이다.

이 학설을 뚜렷이 보여 주는 임상 증상이 있다. 정신분석이 아니면 이해하기 어 렵지만 흔한 증상으로 '전환증'이라 한다. 의학적인 내용을 담고 있지만 정신분석 을 이해하는 데 편리한 예이기 때문에 이야기해 보고 한다. 프로이트는 어디서 무 의식과 그곳에서 일어나는 현상을 알아냈을까? 또 어떻게 이를 증명할 수 있었을까? 프로이트는 히스테리전환증(轉換症, Hysterical Conversion Reaction)[8]을 공부하면서 자기의 이론을 확신했다고 한다. 그는 육체적으로 온 이상 증세, 특히 신체 일부가 마비되는 것은 환자가 도저히 견딜 수 없는 갈등 혹은 아픈 기억과 감정을 억압해서 의식하지 못하게 하려는 무의식의 정신기제임을 발견했다. 그러나 망각 혹은 억압(抑壓, Repression)이라는 심리작용을 이용해 원래의 무섭고 괴로운 감정을 마음(무의식)속에 깊이 억눌러 심리적으로는 괴로워하지 않게 되지만, 그 값을 다르게 치러야 한다는 원칙을 발견하였다. 그 값이 원래의 감정보다 훨씬 덜 괴로운 신체 증상으로 나타나는 것이다.

예를 들면, 환자가 누구를 죽이고 싶다는 무의식적 감정이 있다면 그것은 용납되지 못하는 감정이기 때문에 무의식에서 나오지 못하게 억눌러야 할 것이다. 그 대신 그 값으로 오른팔에 마비가 온다. 오른팔을 쓰지 못하면 그런 포악한 행동을 하지 못하게 되며, 그 마비는 그런 감정을 가진 죄의 값으로 벌을 받는 셈으로 이중적 혜택이 된다. 그 값을 치른다는 것은 어떤 충격이 무의식에서 일단 일어나면 그 목적이 달성되어야 한다는 말이다. 이것은 인간이 만든 고대 수메르와 바빌로니아의 형법의 원칙에서 온 것과 같다.[9] 무서운 갈등은 의식에서는 잊혔지만, 무의식에서는 계속 나타나려고 하니 원래의 갈등 대신 비교적 안전한 신체 현상으로 표현

---

8 육체적인 병 없이 팔이나 다리 같은 신체 일부가 마비되는 것, 몸의 어느 부분이 마비된 것처럼 감각이 없어지거나 눈이 머는 것, 말이 들리지 않는 것 등의 증상이 일어나지만, 일반 진찰로는 전혀 원인을 찾을 수 없다. 이는 완전히 정신적 문제로 몸의 생리 기전에 병을 일으키는 것이다. 모든 진단 방법을 동원해도 전혀 원인을 찾을 수 없다. 요즘은 흔히 'Conversion Reaction' 혹은 'Conversion Disorder(전환질환)'라고 한다. 과거에는 참 많았지만, 점점 그런 병을 보기가 힘들다. 이 병은 심리적 문제이기 때문에 문화와 사회질서의 변동이 그 빈도에 영향을 준다.

9 동태복수법(同態復讐法, Lex Talionis). 눈에는 눈, 이에는 이. 고대 형법으로, 도둑의 손을 자른다든가 눈을 빼는 것 같은 범행에 해당하는 벌을 주는 것이다.

되는 것이 히스테리 전이(Conversion Hysteria) 증상이다. 심적 고통이 육체적 고통보다 훨씬 더 견디기 힘들다. 사람들은 몸이 견디기 어려울 정도로 아프면 의사를 찾을 것이다. 그러나 마음이 심히 아프면 누구에게 말하기를 꺼려 하며 자학을 하거나 자살까지 기도한다. 누구도 그렇게 심한 괴로움을 고칠 수 없다고 믿기 때문이다. 정신적 괴로움이 육체적 괴로움보다 훨씬 심하므로 이런 정신적 기전이 있다는 것은 인간에게 다행스러운 일이다.

전환 히스테리(Conversion Hysteria)는 **전치**(轉置, Displacement)라는 방어작동(정신작동, Defence Mechanism) 때문에 일어나는 현상이며, 이는 정신분석을 설명하기에 편리하다. 어떤 한 증상 대신 다른 증상을 택하는 정신기제를 말한다. 간단히 설명하면 힘들거나 무서운 것을 견디기 쉬운 증상으로 바꾸는 것을 말한다. 이처럼 질병 중에 증상이 의학적으로 진단할 수 없을 만치 신체 일부분이 마비되는 것은 흔한 증상이다. 이런 질병은 의사들을 당혹하게 한다. 신체 마비, 간질, 맹안 등의 증상이 일어나지만, 그 원인을 물리적으로나 화학적으로 찾을 길이 막연하다. 얼른 보면 진단이 쉬운 보통 신체질환 같다. 진단을 잘하는 의사는 곧 그런 환자를 정신과 의사에게 의뢰한다.

프로이트는 이런 질환을 연구하기 위해 프랑스 파리에서 신경학자 샤르코(Jean-Marie Charcot, 1825~1892)를 찾았다. 그에게 최면술을 배우면서 육체 일부가 마비된 환자들이 최면술로 마비된 팔을 잠시나마 쓸 수 있고, 히스테리 시각장애인의 시력을 잠시라도 되돌아오게 하는 것을 목격했다. 그 관찰을 통해 마음속 어느 곳에 의식하지 못하는 심리 현상이 일어난다는 것을 확신했다. 그것이 바로 무의식의 존재였다. 그 현상을 본 프로이트는 더욱 자신의 이론에 자신감이 생겼다. 연구에 박차를 가하게 된 계기가 된 것은 말할 나위도 없다.

무의식의 갈등이 얼마나 견디기 힘든 것인가는 종교적 의례로 자학(self flagellation)

을 보면 알 수 있다. 이는 육체적 고통이 정신적 고통보다 견디기 쉽다는 좋은 예가 된다. 젊은 여자 중에 흔한 자학의 예로 '커터(Cutter)'라는 말이 있다. 환자가 심적으로 괴로울 때 자기 팔목을 칼로 긋기도 하고 찌르기도 한다. 신체적 고통으로 정서적 고통을 견디려는 행동이다. 심리학을 한 철학가들은 오래전에 이 현상을 알았다. 약 500년 전에 스피노자[10]는 강한 감정 혹은 감각은 그보다 약한 감정이나 감각을 억누른다는 심리 작동을 주장했다. 후세에 신경학에서 이를 '게이트설(Gate Control Theory)'이라고 했다. 강한 통증이 약한 통증을 지배한다는 학설이다. 가려운 곳을 긁는 것은 그 생리현상을 이용한 것이다. 프로이트는 또한 전환 히스테리 환자는 정신분석을 받아 원인이 되는 무의식 속의 갈등을 안전하게 이해하면 치유될 수 있다는 것도 확신했다.

정신분석에 의하면 무의식에서 일어난 현상과 증상이 일어나는 과정 그리고 그 관계가 생각(마음, 정신) 속에서 일어난다는 가정하에 그 현상의 근원을 찾아 바르게 해석하여 근본 이유를 이해만 해도 그 문제가 풀린다. 분명히 원인이 되는 갈등을 이해만 하면(알았다고만 해도) 치유가 된다는 말이다. 환자가 '아하, 그것이었구나!' 하며 확실히 이해하는 순간 마음속에 심한 감동적 현상이 일어난다. 순간적이며 대개 견딜 수 있을 정도의 감정의 동요가 있다. 그런 현상을 **해제 반응**(解除反應, Abreaction)이라고 한다. 불교에서 정진해 그 인간이 갖는 고통의 이유를 발견했을 때 경험하는 해탈(解脫)과 같은 것이 아닐까 추측한다.

정신분석을 이해하기 위해 좀 더 자세히 예를 들어 얘기해 본다. 어떤 연유로

---

10 바뤼흐 스피노자(Baruch Spinoza; Benedito de Espinosa, 1632~1677): 유럽의 근대철학과 계몽의 씨를 심은 철학자이다. 그의 대작 『윤리학(Ethics)』에서 밝힌 심리적 학설이 있다. 강한 감정은 약한 감정을 억눌러 나타나거나 느끼지 못하게 한다는 것이다. 그것은 오늘날 '게이트 통제학설(Gate Control Theory)'이라는, 신경에 전달된 강한 자극은 그보다 약한 자극의 전달을 억제한다는 학설이다. 흔한 예가 가려운 곳을 긁는 것이다.

아버지를 죽이고 싶다는 증오와 공상, 선생이 미워 총으로 쏘고 싶다는 공상, 사모님과 관계를 하고 싶다는 끔찍한 공상이나 욕구, 원한 등은 본인이 의식할 수 없을 정도로 무섭거나 의식적으로는 도저히 용납되지 않을 감정이다. 그런 생각에서 오는 죄책감은 생각하기도 무섭고 감당하지 못할 것 같다. 우리 무의식 속의 기제나 힘으로 그 생각들을 무의식 속으로 억눌러 묻어 버릴 수 있다. 이런 감정이 일어나는 순간 본인은 처음에는 잠시라도 그런 생각과 환상을 완전히 부정해야만 마음을 안정시킬 수 있기 때문이다. 그것이 바로 우리가 가진 아주 묘하며 유익한 심리 현상 중 **'억압'**이라는 심리기제이다. 그런 무섭고 용서받지 못할 생각과 감정을 마치 없었던 것처럼 무의식 속에 밀어 넣어 가두어 버리는 것이다.

감당하지 못할 생각을 없앨 길은 없다. 의식하지 못하게 할 수밖에 없다. 무의식은 억압이 있어야만 존재할 수 있다. 무의식 속의 생각, 기억, 감정 등 그 무엇이 어떤 연유로 무의식에서 의식으로 다시 나타나려고 하면 그 원형은 너무도 고통스럽기 때문에 견딜 수 있는 다른 양상으로 나타나게 해야만 나올 수 있다. 마치 풍선에서 공기를 약간 빼 주면 덜 팽팽해질 것이요, 차바퀴에 기름을 치면 잘 굴러갈 것이요, 무게를 줄이면 짐을 지기 쉬울 것이요, 뜨거운 것은 찬물로 식히면 마시기 쉬울 것이요, 날것으로 먹기 힘든 것은 요리하면 먹을 수 있는 것 같이 억압된 무서운 생각과 욕구는 의식이 감당할 수 있게 변형해야만 의식할 수 있다. 그렇게 변한 것이 심리적으로 견디기 쉬운 증상으로 나타나며, 그중 육체적 증상이 감정적(느낀) 증상보다 비교적 견디기 쉽다고 했다. 그렇기 때문에 히스테리 전이 현상이 아주 흔히 일어나는 증상이다.

원래의 생각과 전혀 다른 생각으로 나타날 수도 있다. 노이로제(神經症, Neurose, Neurosis) 증상으로, 불안감, 우울증 등으로도 나타난다. 임상적으로 우울증이나 불안증이 고통스러울지 모르나 무의식 속에 잠재하고 있는 갈등에서 오는 원형보다는 훨씬 참기 쉽다. 이렇게 혹독하고 무서우며 견디기 어려운 감정을 억누르고 변형하여 표현되게 하는 기전들의 대부분이 앞에서 예를 든 방어기제이다.

대부분 견디기 힘든 생각은 **갈등**(葛藤, Conflict)에서 일어난다. 갈등이 변형되지 않고 나타나면 심한 정신질환이 올 수 있다. 노이로제부터 심하면 조현병까지 나타난다. 최근 동서를 막론하고 자살이 화제이고, 이에 대한 기사가 많다. 스트레스나 우울증을 주원인으로 보지만 자살을 제일 많이 일으키는 정신질환은 역시 조현병이다. 대중은 멀쩡했던 사람이 자살하면 관심이 많지만, 조현병 환자가 자살하는 것에는 별 관심이 없다. 온 세계 사람들이 알 만한 미국 대갑부의 자손 중 한 사람이 자살을 했을 때도 세상이 별 관심을 두지 않는다. 그 사람들은 조현병 같은 심한 질환이 있었기 때문이다. 우리 사회의 가장 아이러니한 현상은 인권이니 평등을 강조하며 싸우고 유명인이 자살하면 언론이 떠들썩하지만 정신병 환자가 자살을 하면 별로 관심이 없다. 심한 정신질환은 마치 자폭(自爆)을 자초하는 것 같은 행동을 하게 한다.

시대를 이끈 정신분석

소설가들은 정신분석 공부가 앞에서 예를 든 정신분석의 심리 현상을 토대로 한 아기자기한 심리적 수수께끼를 공상적으로 풀어 나가는 데 도움이 된다고 말한다. 이것은 마치 그리스의 신화를 엮거나 푸는 것과 같다. 심리 현상과 문학 창작이 깊은 연관이 있다는 것은 알려진 사실이다. 문학 창작 대부분이 이런 심리 현상을 토대로 한 이야기이다. 작가가 알게 모르게 이런 현상을 작품과 이야기에 내포하기 때문에 작가의 심리 현상이 창작의 근본이 될 수 있다. 이런 심리 현상은 객관적 해석만으로는 이해하기 힘들다. 실제로 작가로서 그들의 상상에서 이 깊은 마음의 현상을 받아들이고 이해하였다면 창작에 적용하지 않을 수 없을 것이다.

『한여름 밤의 꿈(A Midsummer Night's Dream)』은 셰익스피어의 가장 유명한 작품으로, 이 작품을 토대로 한 수많은 유사 작품이 오페라, 연극, 소설, 관현악, 시 등 여러 창작예술 형태로 만들어졌다. 이야기는 그리스 신화를 토대로 하였는데 인간이 갈구하는 호기심을 공상으로라도 풀어 주기 때문에 관심이 많고 유명해졌을 것이다. 이 작품은 감당하기 어려운 감정을 유머러스하게 이야기로 풀어 준다. 이런 전설적 이야기 속에서 많은 정신분석적 기제를 공상적으로 그린 것을 볼 수 있다. 프로이트는 자신의 정신분석 학설이 셰익스피어의 작품과 그리스 전설에서 많은 아이디어를 얻었다고 공개적으로 밝힌 바 있다.

무의식과 전의식에서 일어나는 여러 심리 현상과 기억은 대개 가시적(可視的, Visual)이다. 소리 없는 사진이나 그림이나 무성영화를 말로 표현하기는 힘들겠지만, 은유나 상징적으로 번역하면 시로는 기묘하게 표현할 수 있다. 그리스 신화, 셰익스피어의 창작, 북유럽의 전설 등에서 얻어 온 인간 심리를 기술한 것을 보면 짐작할 수 있다. 동양의 선사 전설도 알게 모르게 이런 현상으로 표현되어 있다. 그러나 이것을 설명하는 것은 언어이다. 그 언어 표현은 상당히 기술적이라야 한다. 눈에 보이는 산천을 그리기는 쉬울지 모르나 말로 표현하려면 기술이 필요하다. 그래야 이해하기도, 감정이입도 쉽다. 그러나 시인과 같은 문학 예술가는 원래의 모양에 상당히 가깝게 표현할 수 있다.

어느 민족이든 신화와 전설이 있다. 신화나 전설에는 우리가 알고 있는 옳고 그른 것, 상식적으로 이해가 되는 도덕관념이 다른 형태로 복잡하게 엮어져 있다. 창작인, 특히 문학가는 일반 사회의 전통과 사상보다 늘 앞서간다는 것은 주지하는 바이다. 문학가가 사회적 심리를 앞서 이끌어 가자면 그들이 우리의 흥미를 자극하고 우리에게 새로운 사상을 갖게 하면서 소통과 대화를 해 나가야 한다. 오늘날 우리가 괴이하게 생각하는 전설이 고대 전설에서 나올 수 있었다는 것은 고대 인류가 그렇게 상상했기 때문이고, 또 그것이 그 당시에 그런 일이 일어날 수 있다고 믿었기 때문일 것이다. 고대 도덕관은 고착되어 있지 않았다. 근현대적 도덕관은 불교와 기독교가 그러했듯이 전설적 시대 이후에 일어났다. 문학가들은 근대에 와서 도덕이라는 족쇄에서 독자들을 해방하려는 것 같이, 마치 혁명가처럼 도덕 이전의 순진한 인간의 심리를 묘사하려고 애쓴 것이 보인다. 문예부흥은 고대 전설적 역사를 다시 불러와 새로운 눈으로 문학과 예술을 재조명하게 하는 혁명이며, 이는 사회질서와 도덕을 재조명하는 계기였다.

19세기에 기어코 인본주의(人本主義, Humanism)[11]라는 말까지 일어났다. 이 말이 신학자에서 나왔다는 것은 주지할 만하다. 즉, 혁명가처럼 인류 전체를 다시 바라보는 계기가 되었다. 우리가 아는 수많은 혁명가 중 문학을 선호하지 않은 사람이 없다. 그 표본으로 20세기에 가장 유명한 두 혁명가 체코슬로바키아의 바츨라프 하벨(Václav Havel, 1936~2011)은 문학이 본기였다. 중남미의 혁명가로 유명한 체 게바라(Che Guevara, 1928~1967)도 다작 작가였다. 그들은 창조적 문예, 소설, 시, 수필, 오페라, 회화에서 자유를 찾았다. 어찌 그것이 혁명에 영향을 주었을지는 상상해 볼 중요한 과제이다. 북국의 고대 전설에서 엮어진 바그너(Richard Wagner)의 〈니벨룽겐의 반지(Der Ring des Nibelungen)〉가 왜 유명하며 우리의 흥미를 한없이 돋우는지, 왜 오르페우스(Orpheus) 같은 그리스의 전설적 얘기로 이야기를 꾸며 연극이나 영화, 오페라로 만드는지 생각해 보면 이해가 갈 것이다.

역사의 흐름이 인간의 심리작용을 상당히 변화시켰다. 특히 도덕관념의 변화

---

11 인본주의(Humanism)라는 말은 프리드리히 니트함머(Friedrich Immanuel Niethammer, 1766~1848)라는 철학가이며 신학자에 의해 처음 만들어졌다.

는 더 컸다. 기독교가 유럽에서 일으킨 도덕적 표준은 인간의 욕구를 구속했고, 도스토옙스키(Fyodor Dostoevsky, 1821~1881)의 『죄와 벌(Crime and Punishment)』을 읽을 때는 마치 도덕적 문제를 해결하기 위한 정신분석의 한 기록을 읽는 것 같다. 프로이트가 그것을 여기저기에 응용한 것을 보면 그럴 만도 하다. 억압되어 온 원시적 도덕과 자유를 다시 찾으려는 인간의 심리가 사회에 반영된 변천(變遷)과 영고(榮枯)는 철학의 역사에서도 보이지만 문학이 늘 앞서서 다가올 사회와 도덕의 선지자 역할을 했다.

철학가의 글을 읽으면 철학가라고 해야 할지 문학가라고 해야 할지 모를 때가 많다. 조선시대(1600년)에 서양의 종교, 기독교가 중국을 거쳐 들어오면서 글(성경의 번역)이 먼저 도착했다. 함께 온 서양의 기독교 사상이 종교보다는 먼저 조선의 소설, 야화에 영향을 주었다. 잘 알려진 『춘향전』이나 『홍길동전』이 기독교의 영향을 받고 '구원'이라는 관점에서 인간이 선망하는 그 힘이랄까 자유에 대한 염원이 표현되어 있다는 설[12]을 보면 인간이 깊이 간직한 소원, 공상, 상상을 문학적으로 표현한 것은 어느 사회에서나 볼 수 있는 보편적인 인간의 심리라고 볼 수 있다.

그리스 신화에서 얻어 온 이야기를 정신분석학을 거쳐 다시 원래의 이야기와 같은 형태로 돌아가 정신분석의 학설을 설명하고 거기서 다시 심리작용에서 일어나는 것을 극적으로 엮어 희곡 문학에 인용해서 만들어진 예술 작품은 수없이 많다. 대개 서양 창작에서 많이 보인다. 사르트르(Jean Paul Sartre, 1905~1980)나 카뮈(Albert Camus, 1913~1960)는 보통 작가보다 이런 얘기를 더 많이 쓴 것으로 알려져 있다. 소설 『채털리 부인의 사랑』(1928)이 출판되자 세상이 놀랐고 출판을 금지까

---

12 소재영, 권영태, 한승옥, 조규익(1990). 기독교와 한국 문학. 대한기독교서회.

지 했지만, 경악은 금방 사라졌다. 작가 로런스는 정신분석을 깊이 공부하고 무의식에 대한 책까지 출판했다. 한국에서 1954년에 정비석(鄭飛石, 1911~1991)의 소설 『자유부인』이 서울신문에 연재되었을 때 세상은 떠들썩했다. 그것이 4·19 혁명을 일으키게 한 불씨라고 말한 사람이 있을 만큼 영향이 컸다. 여기서도 글과 혁명을 연결했다.

이렇게 정신분석은 인간 심리의 문학적 표현에 상당한 자유를 부여했다. 고대 그리스에 있었던 자유를 되찾게 했다고 보는 것이 나을지도 모른다. 도덕적으로 용서될 수 없는 근친상간 이야기는 고대로부터 현대까지의 작품에 널리 표현되었다. 더 공공연히 표현된 것은 근대이지만 우리는 아직도 주춤할 때가 있다. 이 현상은 서양의 근현대 작가들은 정신분석에 대한 지식이 상당하고 이에 동감하기 때문에 주저하지 않고 기술한다는 것이다.

창작인들은 창작 과정에서 상징, 은유, 비유 등을 많이 쓴다. 정신분석에서도 많이 쓰는 도구이다. 이는 우연의 일치가 아니다. 정신분석으로 다시 발견했을 뿐이다. 심리적으로 개방된 오늘날 그런 얘기는 다반사가 되어 버렸다. 앨프레드 히치콕(Alfred Hitchcock)과 우디 앨런(Woody Allen)은 정신분석학의 덕을 톡톡히 본 작가들이다. 최근 맨부커 번역상을 받은 한강의 『채식주의자』를 읽으면서 정신분석학에서 많은 것을 인용한 소설이라는 생각이 들었다. 정신분석에서 용기를 얻은 것이 아닌가 했다. 서양에서는 이미 비슷한 이야기를 작품에서 수없이 볼 수 있다. 20세기만 해도 약 30편의 작품이 근친상간을 내포한 이야기로 엮여 있다. 윌리엄 포크너(William Falkner)의 『The Sound and Fury』, 고어 비달(Gore Vidal)의 『Two Sisters』 등은 우리가 모르는 사이에 출판되었지만 큰 폭풍 없이 지나갔다. 『채식주의자』는 내용이 너무도 노골적이라 한국에서 어떻게 이런 소설이 나왔을까 의아해하지 않을 수 없었다. 몇 년 전만 해도 마광수는 이 문제로 법적 질타를 받았다. 그가 성(性)적 문제를 감추거나 독자가 암시적으로 상상하게 하지 않고 왜 직접 노골적으로 표현했을까 몹시 궁금했다. 문학적 가치가 반드시 거기에서만 나올 이유는 없었을 것이다.

서양에서 이미 오래전에 이런 소설이 나왔고, 더욱 성공할 수 있었던 것이 모두 정신분석 덕택이었다는 사실은 자타가 인정하고 있다. 그러나 필자가 본 신문기사[13]는 20세기 후반의 한국에서 성에 대한 표현의 자유는 상상하기 어려웠고, 20세기 말 한국 문학이 사회적 압박을 받은 것이 마치 19세기 말의 유럽에서 일어났던 성도덕에 대한 압박과 반항이 충돌했을 때와 흡사해 보인다고 쓰고 있다. 당시 서양에서 이 문제를 해결하려는 정의의 사도처럼 나타난 것이 정신분석이다. 한국 사회에서 정신분석이 가져온 인본주의 사상이 늦게 응용되었다는 것은 사실이다. 거의 한 세기나 늦었다고 추산하니 놀라지 않을 수 없다. 당시 사회가 너무도 도덕적으로 억압받고 있었고 거기에서 해방되어야 한다는 생각에 불을 붙인 것이 바로 정신분석이다. 정신분석적 철학이 한국 사회에 얼마나 영향을 끼치는지 추측하려니 아직도 주춤하고 있지 않은가 하는 느낌이 먼저 온다. 인내와 억압과 반성이 고래의 도덕이었다면 정신분석은 마음을 더 자유롭게 하며, 참는 것이 반드시 도덕적이 아니라는 풍조를 일으켰다. 너무 참으면 병든다는 이미지를 제시한 것이 정신분석이다. 성적 욕구를 너무 참으면 신경증, 즉 노이로제가 온다는 것은 흔히 믿어 온 정신분석의 이야기이다.

---

13 2017년 9월 6일 한국일보 B2면에 '즐거운 사라 마광수 세상과의 불화 마감하다'라는 제목의 기사는 마치 1928년에 『채털리 부인의 사랑』 때문에 세상이 떠들썩했던 사건이 떠오른다. 결국 문학의 판정승으로 해결되었던 사건이다. 반세기 이상 지난 후에 한국에서 비슷한 사건이 있었다. 기사에서 보는 것처럼 마광수 작가의 성 개방을 사회는 매장하려 하였다. 그러나 대부분의 창작인은 거의 손을 들어주었다. 마광수는 우울증에 시달리다가 자살로 생을 마감했다. 마광수의 이야기를 읽으면 이 책에 내포된 상당히 중요한 부분이 설명된다.

동서양을 막론하고 보수적 도덕과 질서는 인간의 행동과 사상에 발목을 잡고 있었다. 서양에서 계몽사상이 고개를 들고 일어나던 19세기는 소위 빅토리아 여왕 시대의 도덕관(Victorian Moral, 1839~1901), 즉 성에 대한 심한 구속이 영국의 보수사 상의 마지막 발악처럼 지배했다. 결혼한 부인이 남편에게 "여보, 나 임신했소."라 는 말도 못하고 부인이 피로로 졸도하는 시늉을 하여 임신한 것을 암시해야만 했 던 억압된 시대였다. 한국에서도 이유 없이 구토증이 오거나 배가 불러 부정하기 힘들 때쯤에서야 임신한 것을 표현할 수 있었다는 것과 비슷한 얘기이다. 이 때문 에 일어난 한 현상은 많은 학자나 예술가, 유명 인물들이 이런 사회적 압박에서 해 방되기 위해 새로운 철학을 내어놓는 것이었다. 또 신학계에서는 소위 자유신학이 란 것이 일어나면서 재래의 도덕관보다 인간의 본성을 더 중시하려는 운동, 인본 주의 풍조가 일어났다. 물론 다윈의 학설을 쌍수로 받아들였던 것은 충격적인 현 실이었다.

정신분석이 자유주의와 인도주의의 인본사상에 불을 붙인 큰 역할을 했다는 것은 입센(Henrik Ibsen, 1828~1906)의 『인형의 집(A Doll's House)』(1879)이 극장에서 개봉되었을 때였다. 여성의 사회적 위치를 다시 생각하게 하면서 사회적 물의를 일으켰다는 것이다. 바로 이럴 때 프로이트의 정신분석이 싹트기 시작했다.[14] 프로 이트의 학설이 합리적이며 당시의 사회문제의 해결책을 가져올 것 같은 징조가 보 였다. 그것이 문학에 끼친 영향으로 성(性) 개방이 커다란 문학적 소동을 일으켰다. 한때 구미에서 얼굴을 붉혀 가며 읽었던 소설 『채털리 부인의 사랑』이 과감하게 출 시될 수 있었던 것은 그러한 풍조 때문이었다. 물론 처음에는 출판 금지까지 당했

---

14 연극 〈인형의 집〉에서 노라가 사모했던 의사 이름이 랭크(Dr. Rank)이다. 유명한 정신분
    석학자 오토 랭크(Dr. Otto Rank)는 프로이트 다음으로 유명한 정신분석학자이다. 이 우
    연의 일치는 흔히 분석 생도들의 입에 오른다.

지만. 로렌스가 또 하나의 소설 『아들들과 애인들』과 함께 「무의식의 환상과 정신 분석과 무의식」이라는 논문도 함께 쓴 것을 보면 얼마나 무의식에 대한 학문이 문학적·사상적 자유를 일으켰는지 짐작할 수 있다. 그 후 계속 개방적 사상, 여성의 성도덕 개방, 특히 재래의 부조리한 도덕적 관습에 반해 해방하려는 운동이 정치적으로, 사회적으로 퍼져 나가면서 구미의 사회 전체에 영향을 끼쳤다. 인권운동의 일환인 인권옹호단체(Civil Liberty Union) 같은 조직도 우후죽순처럼 일어났다.

요즘의 소설, 연극, 영화나 시들은 더욱 과감하게, 거침없이 개방된 성에 대한 과제를 실었다. 모든 예술계에 아방가르드(Avant Garde) 운동이 일어났고, 이는 인간의 무의식에 오래 존재해 있던 그 무서운 고래(古來)의 숨 막히게 억압되었던 도덕관을 상징하는 초자아(Superego, 礎自我)[15]에서 해방되려는 것을 당연시하는 추세이며, 문예사조라고 볼 수 있다.[16] 진보적인 사회는 초자아라는 정신 조직에 반항하는 현상으로서 혁명적이고 우리의 사고를 변형(진보)했기 때문에 우리는 그 원형을 이해하기조차 힘들어지고 있다고들 주장한다. 이 변화 과정에 우리나라 문학의 변화도 지대했다. 이인직, 이광수, 홍명희, 최남선, 김동리 등은 기존 문학과는 딴판인 언문일치로서 한글 문학의 새로운 혁명을 일으켰다. 한자를 중시하는 유교적 봉건사상에서 해방되려는 것이다. 우리나라도 글은 양반만이 쓰는 것이요, 천인이라는 표적은 글을 몰라도 된다고 여겼다. 무지 무식이 천인의 증표였다. 글을 배우려는 사람에게 벌을 주고 죽이기까지 했다. 글이라는 것은 힘, 자유, 평등이라는 뜻으로서 도저히 당시 양반들이 받아들이기 어려운 힘이 있었기 때문이다. 소설에서

---

15 무의식 구조의 세 요소 중 하나로, 도덕을 관장한다. 말하자면 무의식의 양심이라고 보면 될 것이다.

16 한자에서 한글로 넘어온 시기에 흔한 주제가 연애였던 것을 기억할 것이다. 예를 들면, 춘원 이광수의 현대 소설 『무정』『유정』『흙』『사랑』 등이 있다.

남녀관계가 서양식 풍조로 표현되었고, 당시에 받아들이기 힘든 남녀관계인 '연애'라는 말도 보편화되어 갔다. 지금은 상상하기 어렵겠지만 그 당시에는 새로운 현상이었다.

한국의 근대문학이 해낸 것은 언문일치와 배우기 쉬운 언어를 재창조한 것이다. 그런 변화가 계몽임이 틀림없다. 공부한 사람들은 언문으로 쓴 글을 도외시했다. 1917년에 매일신보에 소설 『무정』이 연재되자 한국의 지식인이 무지한 사람들이 읽을 한글(언문)로 된 소설을 읽었다. 이것이 한국의 사회 계급이 무너지기 시작한 징조였다. 미국을 다녀온 김활란과 모윤숙이 한국 여성에게 여성 자유와 인권 성장의 씨를 심어 주었다. 윤동주의 생각과 느낌을 그의 시에서 이해하려면 당시 사람들의 정신세계가 어떠했는지, 인간의 원초적 본능이 어느 정도 용납되었는지 그 정도의 지식이 있어야 했을 것이다. 그러면서도 억압과 아름다움의 대결이 완연히 보인다. 『춘향전』이나 『홍길동전』 같은 이야기는 전통적 사회에 대항하는 이야기라는 것은 부정할 수 없다. 근래에 마광수의 기사를 읽고 그의 시련에 대해 좀 더 공부하면 인간의 심리적 압박, 그 기전과 사회적 반항 같은 것을 이해할 수 있을 것이다.

반항을 물리적 대항으로 표현한 것이 아니라 창작, 즉 붓(펜)이라는 강력하면서도 아름다운 무기로 대항하였고, 그것이 뚜렷한 사회운동의 발단이 된 셈이며, 펜이 어느 무기보다 훨씬 힘이 셌다는 것을 인정하지 않을 수 없다. '펜이 칼보다 더 강하다.'는 금언이 옳다는 것을 재조명한다. 이런 것이 모두 정신분석이 앞장서서 가져온 변화일 것이다.

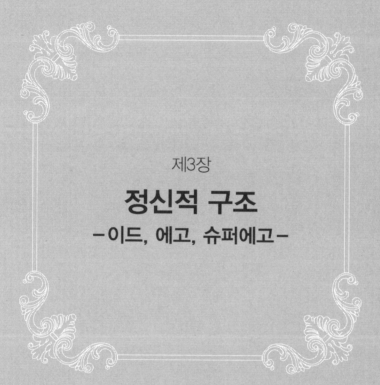

제3장

정신적 구조

– 이드, 에고, 슈퍼에고 –

정신분석 학설에 의한 정신적 구조와 기제를 본격적으로 토론하겠다. 우선 알아야 할 구조부터 얘기해 보려 한다. 읽으면서 이 구조들과 창작과의 관계를 상상해 보면 재미있을 것이다.

사람은 태어나 성숙하면서 온갖 갈등을 겪는다. 태어날 때는 여느 생물과 마찬가지로 본능밖에 없다. 영국 황태자나 무숙자(無宿者)에게서 태어난 아이나 다르지 않다. 그렇다면 인간의 근본적·원초적 본능이란 무엇일까? 그 답은 다른 생물과 다름이 없는 종족 보존(種族保存, Preservation of Species) 본능과 그것을 위한 개체 보존(個體保存, Self Preservation) 본능이다. 오늘날의 유전학을 받아들이지 않는 기독교의 성경에도 하나님께서 아브라함에게 주는 상(賞)이 그의 후손이 바닷가의 모래만치 많을 것이라고 했다. 그 외에도 이스라엘 종족의 보존을 성경에서 강조할 만치 귀중한 은혜라는 것이 바로 그것을 말한다.

인간은 태어나자마자 각자 처한 독특한 환경에 의존해야만 한다. 그러나 처음엔 개체와 환경을 구별하지도 못한다. 아기는 태어나면서 엄마나 엄마와 같은 보호자의 보호와 영양 공급 없이 혼자서는 전혀 영양을 취하지 못하고, 애초에는 젖과 젖이 붙어 있는 엄마라는 개체와 자기 몸도 구별하지 못한다. 아기는 완전히 그 환경에 의존해야만 한다. 이인일체(二人一體) 환경의 도움 없이는 생존하지 못한다. 그런 관계에서 처음부터 보존과 의존의 관계가 분명하며 모든 것이 다른 동물처럼 무의식적·생리적·관계가 일어나는 것이 아니므로 보호자(엄마)의 의식과 의존자(아기)의 무의식적·생리적 욕구가 반드시 저절로 화합되지 않는다. 아기가 본능적으로 살려고 하는 생리적 욕구의 목적을 달성하기 위해서는 힘이랄까 능력(Energy)이 필요하다. 그것은 본능적인 힘 혹은 본능적인 충동(Impulse)이라고도 할 수 있다.

철학자들은 오랫동안 이에 관한 학설이 분분했다. 쇼펜하우어(Arthur Schopenhauer, 1788~1860)는 이것을 "생의 의욕 혹은 의지(Der Wille zur Leben)"라고 했다. 니체는 "힘을 향한 의지(Der Wille zu Macht)"[1]라고 했다. 프로이트가 이들의 영향을 받았음은 여러 문헌에 표현되어 있다. 프로이트는 '리비도(Libido)'라는 것이 인간 본능의 근본적 힘이라는 이론을 세웠다. 철학자들 사이에는 힘(생존의 본능), 프로이트는 성욕(번식의 본능)에서 근원을 찾았다. 여하튼 아기의 욕구 충족을 위한 충동(원동력)은 막무가내로 이기적이다. 살기 위해서는 물불을 가리지 않는 미세한 생물과 다르지 않다. 그 근본적 힘을 리비도(Libido)라고 했고, 정신분석을 공부하면 왜 그런 이름으로 표현했는지 알 수 있다.

리비도라는 용어는 성욕(性慾, Sexual Desire)이라는 말과 같다. 이것은 성인이 말하는 성교를 갈구하는 것만을 말하는 것이 아니라 정신분석에서는 종족 보존을 위한 충동을 뜻한다. 그것을 종족 보존의 본능으로 볼 때 고등동물에서는 원천이 성욕과 같으므로 그 이름에 대한 변명이 필요하지 않다고 보았다.

프로이트는 성인의 성욕과 비등한 욕구가 아기에게도 있다고도 했다. 그것을 만족시키려는 충동이 있다고 했다. 이 학설은 충격적이 아닐 수 없다. 보수적 사회가 경악하지 않을 수 없었을 것이다. 오늘날 많은 인류학자는 이 학설과 다윈(Charles Darwin, 1809~1882)의 진화론을 확고히 믿고 있다. 따라서 심리적 성욕과 육

---

1   인간의 근본 의욕을 쇼펜하우어는 살려고 하는 것이라 했으며, 니체는 힘을 기르는 것이라고 했다. 이드가 주저하지 못하고 욕구 충족을 위해 싸우는 모양은 마치 니체의 힘에로의 욕구처럼 보인다.

체적인 성욕의 구별이 필요 없다는 것이 결론이다.

심리학적으로 리비도는 심리 작동의 모든 에너지의 근원이다. 우주가 탄생했을 때 빅뱅이 일어나면서 에너지가 돌출했다. 그것은 우주의 모든 에너지의 출발이다. 이 에너지가 우주의 삼라만상을 작동하게 한다. 그와 함께 아기도 그 에너지를 가지고 태어나며 그것이 바탕이 되어 생(生)을 유지한다. 그렇게 생을 유지하고 발전시키는 원동력을 프로이트는 **리비도**라고 했다. 이 에너지는 항상 발동하며 늘 목적을 향해 달려가려 한다. 마치 시동을 건 자동차의 엔진처럼, 발전소의 발전기처럼 인간의 모든 생리는 자동으로 24시간 계속 작동한다. 현미경으로 보이는 미생물이 쉬지 않고 움직이는 것과 같다. 이 현상은 우주가 탄생한 후 우주는 한 번도 정지하지 않고 계속 무엇을 향해 움직이고 있다는 말이다.

우리는 그 근원을 분명하게 알지 못하더라도 살아 있는 한 늘 그 힘은 목표를 향해 의식적으로나 무의식적으로 전진한다. 우리의 행동 전체는 하나하나에 목적이 있다. 우리가 의식하지 않지만, 무의식이 그것을 알고 하나하나 조정하고 있다. 이 목적을 향한 힘은 대부분 순조롭게 진행하지만 그렇지 않을 때도 있다. 때때로 갈등이 일어나기 때문이다. 무엇에 부닥칠 때가 있다는 말이다. 가고 싶은 방향에 걸림돌이 있으면 불만이 일어난다. 거기서 생리적 불만족이 일어난다. 이 모두가 궁극적 행동에 영향을 미친다. 지구에 태풍이 있고 지진이 있듯이 심리 현상에서 보면 심리 충동이 갈등을 일으키거나 갈등에 부딪힌다. 인간의 성장과 번식이 늘 순조롭지만은 않다. 본능이 원하는 대로 되지 않는다. 원하는 것과 환경이 잘 절충되면 다행이지만 그렇지 않을 때 갈등이 생긴다. 이것은 외부뿐만 아니라 마음속에 있는 다른 요소와도 갈등을 일으킨다. 우리가 어느 정도 의식적으로 갈등을 볼 수 있을지는 몰라도 이것은 무의식 속에서 훨씬 많이 일어난다. 인생은 그리 평탄하지 않다는 말이다. 물론 우리가 의식할 수 있는 갈등은 일단 의식적으로 해결하려고 한다. 우리가 처해 있는 환경에 따라 우리 판단에 따라 싸우기도 하고 포기하기도 하며, 어떻게 하든 절충하며 해결하려고 한다. 그러나 무의식에서는 일어나면 무의식의 결정에 맡길 도리밖에 없으므로 이해하기 힘들며 예측할 수도 없고 맘대로 조정할 수도 없다. 이런 현상을 **무의식의 갈등**이라고 한다. 무의식의 심리 현상이 복잡해지는 큰 이유이다.

무의식 세계의 구조

그러면 구조를 하나씩 공부해 보자. 인간이 겪어야 하는 첫 갈등은 무엇일까? 인간이 태어나면서 시작되는 무의식 세계의 구조(Structure)라고 할까, 장치(Apparatus)라고 할 수 있는 것을 **이드**(Id)[2]라고 한다. 아주 중요한 첫 단어이니 꼭 알고 익혀 두어야 한다. 정신분석을 조금이라도 아는 사람은 다 아는 것이다. 이는 바로 생존의 본능적 충동의 본체라고 할 수 있다.

극히 작은 미생물에게는 이드에 해당하는 충동밖에 없다. 그 원천의 작동을 일으키는 에너지를 '리비도'라고 한다. 여기서 짚고 가야 할 것은 리비도의 특징이다. 앞에서 말했듯이 리비도는 만족을 위해서 잠시도 쉬지 않는다는 것이 원칙이다. 우주의 탄생과 영원한 움직임과 같다고 했다. 이드는 갓난아기에게 처음 생기는 심리 현상이므로 원시적이며 갓난아기의 행동을 완전히 장악한다. 생존만이 최상의 목적이다. 이 세상의 그 무엇도 아랑곳하지 않는다. 따라서 성숙한 인간이 볼 때 그것은 이기적이고, 공격적이고, 전혀 참을성이라고는 없는 정신 상태의 근본

---

2   이드를 본능이라고 하지만 우리가 이해하는 본능 이상으로 형상화한 표현이기 때문에 이 책에서는 그냥 이드라고 표현했다. 이 단어를 원어대로 쓰기로 한다.

현상이다. 완전히 유아독존이다. 욕구 충족의 본능밖에 모르는 미생물과 별로 다를 것이 없다. 엄마 젖까지도 처음에는 자기 몸에 소속된 것인 줄로 안다.[3] 심리적으로 볼 때 아기는 무의식이라는 것을 만들어 거기서 살게 된다. 그러나 아기가 자라면서 너무 욕심을 부리고 이기적이면 누군가가 그것을 금기(禁忌)하며 그 금기에 반항할 경우 여러 형태의 반응 혹은 벌을 받는 경험을 차츰 맛보게 된다. 이것이 처음으로 아기의 무의식 영역에서 일어나는 새로운 심리 상태로서 성장(成長)의 발아(發芽)가 된다. 즉, 처음으로 이드에서 한 발짝 나아가서 새로운 무의식 속에 무엇이 일어난다.

아기가 처음 욕구 충족에 저지를 받는 것은 젖을 완전히 만족할 만큼 먹지 않았는데 엄마가 젖꼭지를 빼 버릴 때이다. 아기는 처음으로 자기의 의지대로 되지 않는 경우가 있다는 것을 경험하며 그런 것이 있다는 것, 즉 자기에게 속하지 않은 다른 힘이 있다는 것을 경험한다. 이것은 성장(성숙)으로 전진하는 커다란 첫 경험이고 첫 발걸음이다. 또한 자기라는 개체와 주위 환경과 분별을 알게 되는 첫 신호로서 첫 이정표이기도 하다. 따라서 이 새로운 현상에 적응하려니 이드만으로는 도저히 살아남을 것 같지가 않아 이드를 조정하거나 자제하며 처한 환경에 적응할 수 있는 다른 그 무엇이 필요해진다. 그렇게 해서 생겨나는 것이 바로 **에고**(Ego)이다. 다윈의 진화론에 의하면 필요한 것이 있으면 생리적으로 그것을 해결할 기능과 기구가 일어난다.

이것은 마치 나무의 씨를 심으면 처음에는 땅속의 수분과 영양을 섭취해 자라다가 땅속에서만 살 수 없으므로 순이 난 다음에는 잎으로 바깥 수분과 태양을 받아가며 살아가야 하는 새로운 방도가 일어나는 것과 같다. 이드에서 에고가 생겨

---

3   우리말로 버릇없다, 용심꾸러기다, '싸가지가 없다' 등의 심히 미숙한 상태를 말한다.

나는 것이 나뭇가지에서 잎이 솟아 나오는 현상에 비유할 수 있다. 초기의 어린 에고는 이때부터 어떤 행동을 용서하며 어떤 행동은 금한다는 것을 배우고 이드와 자기 자신에게 가르치기 시작한다. 처음에는 엄마의 영향, 즉 엄마의 가르침이 가장 클 것이다. 엄마가 아기에게 보여 주는 행동에서 아기의 에고가 그것을 배운다. 이러한 순서로 에고가 이드를 조금씩 조정한다. 이를 배워 시험(test)해 가면서 허용되는 행동이 무엇이며 금하는 행동과 조심해야 하는 행동이 무엇인지를 구별하기 시작한다. 참으로 중요한 생존을 위한 성장의 출발이다.

에고는 처음에는 엄마, 그리고는 다른 성숙한 가족에게서 배우며 형성되어 간다. 에고는 아기가 알맞은 행동을 하게 유도해 나가며 엄마뿐만 아니라 바깥세상과의 충돌을 피하게 하는, 절충 역할도 한다. 아주 원시적인 이드의 충동이 적나라하며 이기적이고 공격적이며 파괴적으로 나타나지 않게 하려면 에고에게 이드를 조정할 도구가 필요해진다. 그렇게 하여 나타나는 새 도구들이 소위 **방어기제**이다. 이드가 전혀 변형되지 않고 에고의 조정을 받지 않으면 파괴적이며 수용될 수 없는 이드의 충동은 강하게 저지받아 생명체가 자폭[4]하게 마련이다.

에고가 이드를 조정할 수 있는 도구들은 무의식 세계에서 필요한 곳에 적절히 쓰인다. 이 학설은 다윈의 학설을 이해하는 데 참으로 도움이 된다. 즉, 필요한 곳에 출장한다고 형용할 수 있다. 예를 들어, 갓난아기가 가장 일찍 쓰는 방어기제 중 하나가 **동일시**(同一視, Identification)이다. 엄마의 어떤 행동을 배워서 엄마가 하는 것처럼 따라 하면 엄마에게 더 사랑을 받고 엄마로부터 자기가 원하는 것을 얻을 수 있다는 것을 감지하기 때문에 아주 필요하며 적절한 작동이다. 이것은 엄마와 자

---

4   인간이 심리적으로 자폭한다는 말은, 심한 정신질환(조현증 같은)이 일어난다는 말과 자
    살을 한다는 말이다.

기가 같은 혹은 닮은 존재가 된 것처럼 환상(imagination)하는 것과 같다. 이런 초기의 심리 현상은 실존한다. 아기가 이렇게 한다, 저렇게 한다는 것은 아기의 의식적 행동이 아니다. 내 것이 될 때까지 처음에는 이렇게 흉내를 내는 것만으로 해결한다. 이 모든 것은 인간의 많은 생리 현상처럼 무의식에서 일어난다.

아기가 자라면서 욕구 충족을 달성하려고 하면 용서되는 행동과 용서되지 않는 행동이 차츰 구별된다. 처음에는 엄마, 다음은 다른 가족, 다음은 가족 아닌 다른 사람들, 더 성숙하면 자신의 환경과 사회에서 보는 도덕, 법, 질서, 종교에서 배우게 되고 분명한 상벌의 적용을 차츰 알게 된다. 그것이 한 구조(요소)가 되어 엄하게 바른 행동을 가르치며, 하라는 명령을 지키지 않으면 안 될 정도로 확고한 기구가 되면 **슈퍼에고**(超自我, Superego)라는 것이 된다. 이것은 무의식에 존재한다는 것을 다시 강조한다. 엄마와 아빠뿐만 아니라 사회 조직, 유모, 유치원이나 학교 선생님, 교회 목사님, 재판관, 경찰관 등등 사회질서를 지키는 직책을 가진 사람들로부터 지켜야 할 규율을 배워 그것이 무의식의 요소로서 자리 잡고, 그 개체가 이드의 충동으로 나쁜 행동을 했을 때 본능적으로 징벌의 위협을 느끼게 하는 기구, 즉 양심 같은 것이 된다. 심리적 벌은 현실의 벌보다 더 무섭다. 아무리 사회적 지위가 높고, 부유하고, 자신이 있는 사람이라도 슈퍼에고의 힘과 영향은 누구라도 같다. 강약이 다를 뿐이다. 개체의 무의식 속에 자기의 행동을 감시하며 상벌을 담당하는 이 기전은 참으로 엄하다. **무의식의 양심**(Unconscious Conscience)이라고 할 수도 있다. 마치 무의식에 속하는 십계명(Decalogue)과 무의식의 육법전서 등과 같은 것이다. 슈퍼에고는 꼭 벌만 주는 것이 아니다. 어떤 경우에는 이 세상에서 가장 무서운 사람보다 더 무섭다. 잘하는 행동은 칭찬과 상을 줄 것이요, 금하는 행동을 할 때는 벌을 주는 분명한 기전을 가지고 있다.

이드, 에고, 슈퍼에고의 삼각관계

이드, 에고, 슈퍼에고를 설명했다. 무의식에 이드, 에고, 슈퍼에고가 완성되어 자리를 잡으면서 성숙한다. 잘못할 때 벌을 받으면 아기는 거기에서 무엇이 금하는 행동인지 허용되는 행동인지를 배운다. **이드**는 욕심이 많고 이기적이기 때문에 하고 싶은 대로 하려고만 한다. 극히 이기적이고 충동적이며 본능적이라는 말로도 표현한다. 이드는 그런 행동을 저지하려는 슈퍼에고의 구속을 처음에는 반항하려고 시도한다. 이런 이기적인 충동을 슈퍼에고가 가만히 보고 있지만은 않는다. 이드는 철이 없어 하고 싶은 것, 갖고 싶은 것, 치고 싶은 욕구들이 늘 기회를 본다. 한편 **슈퍼에고**는 늘 이드를 감시한다. 따라서 이드와 슈퍼에고는 자주 충돌하게 마련이다. 둘 사이의 관계는 늘 팽팽하다. 이것은 역사상 인간이 한없이 겪어 온 사실과 별로 다르지 않다. 법을 만든 지배자와 자유를 원하는 피지배자의 충돌은 인간의 역사에서 줄줄이 보이는 사건이다.[5] 서쪽 역사의 고대 문헌 『길가메시(Gilgamesh)』의 서사시[6]에도 인간이 지켜야 할 것이 무엇인지부터 먼저 나온다. 그보다도 이전인 BC 2380경에 메소포타미아의 수메르니 아카디안 제국에서도 법 혹은 법 같은 것이 있었다. 왜 문화의 발상에서 이런 것부터 먼저 출현할까. 기독교의 십계명도 그런 것이다. 이스라엘 사람들이 이집트로부터 해방되자 제일 먼저 필요했던 것이 십계명이었다. 중국의 사서삼경 같은 유교의 윤리 문헌도 모두 그런 것이다. 대부분이 질서와 질서를 지키는 법 혹은 규율과 그것을 지키지 않을 때

---

5 쉽게 볼 수 있는 것은 마키아벨리(The Prince and the Discourse: Niccolo Macvhiavelli: 1469~1527)이다.
6 고대 수메리아(Sumeria)의 서사시로서 역사상 처음으로 해독할 수 있는 문학작품이다. 특기할 것은 사회질서와 상벌이 기록되어 있다는 사실이다.

벌을 주는 법이 따른다. 즉, 사회와 정치구조, 문화와 도덕, 종교 등이 일어나는 현상과 다를 것이 없다. 그중에서도 다른 사람을 해치고 싶은 욕망이 가장 심한 벌을 받는다. 즉, 인류의 인구가 증가하고 농경 사회로 한곳에서 집단으로 살려고 하니 질서가 필요했다는 것은 알 만한 사실이다.

예를 들어 본다. 배가 고파서 무엇이 먹고 싶지만, 점심시간이 되지 않았다고 하자. 이때 이드와 슈퍼에고 사이를 중재하는 혹은 갈등(알력)을 방지하는 역할을 하는 에고는 이드에게 배가 고프더라도 좀 더 기다리라고 한다. 그것이 성숙한 에고다운 권유이다. 그때 옆자리에 있는 아이가 과자를 먹고 있다. 그 과자를 뺏고 싶지만 그럴 수도 없고, 훔칠 수도 없으니 거기서 오는 불만족으로 괴로움과 갈등이 일어날 것이다. 이것을 해결할 필요를 아는 에고는 이드에게 좀 더 참으라고 권유한다. 이때 참는 것이 슈퍼에고의 칭찬을 받는 '욕구 충족의 지연(慾求 充足 遲延, Pleasure Delay)'이라는 현상이다. 이 현상은 아기가 처음으로 엄마의 젖을 원함에도 엄마가 주지 않을 때 참아야 하는 현상과 같다. 처음으로 배우는 성숙의 첫발 디딤이다. 이는 성격 성장에 아주 중요한 출발점이다.

에고는 슈퍼에고가 무섭다는 것을 알기 때문에 미리 이드의 욕구를 조정하려고 여러 방어기제를 적용한다. 보수적인 사회에서는 슈퍼에고의 힘에 의한 사회적 질서를 추구할 것이다. 서양에서는 중세의 교회, 빅토리아 여왕 시대의 도덕관념, 동양의 유교적인 도덕관념 등이 그런 것이다.

오늘날의 진보적 사회는 에고[7]를 대두시켜 좀 더 부드럽고 융통성 있는 해결을 추구하려고 하며, 에고를 더 성숙시켜 에고에게 더 큰 힘을 주고 이드를 달래기도

---

7 자신을 표현하는 말도, 에고 자신이나 자만을 표현하는 말도 에고라고 표현되지만 전혀 별개이다.

하지만 더욱 자유와 능력을 주어 슈퍼에고를 쉽게 감당할 능력이 길러지기를 원한다. 에고의 중재로 슈퍼에고의 독재적이며 폭군 같은 억압의 힘을 조율하려는 것이기도 하다.

진보적 사상의 주장은 공정한 사회다. 여기서 공정하다는 말은 슈퍼에고의 힘이 너무 포악하므로 에고나 이드가 견딜 수 있게 그 억압을 줄이려는 것을 두고 하는 말이다. 따라서 이드를 더 윤허하는 경향이 나타난다. 이 관계는 우리 사회에서 가장 많이 역설하는 교육의 방향과 사회구조의 개혁, 인권 성장 같은 사회운동에서 볼 수 있다. 군국주의, 독재주의 사회에서는 슈퍼에고에 해당하는 기구가 강력하고 이드를 꼼짝하지 못하게 하며 에고의 이용이 미약하다. 에고가 마치 슈퍼에고를 대행하는 역할을 하는 것 같이 보인다. 성숙한 민주주의 사회나 사회주의 사회에서는 에고의 역할이 커야 한다. 원시 사회에서는 이드의 힘이 전부라 아무도 개인의 행동을 막지 못한다. 그저 이드끼리 싸우고, 갖고 싶은 것을 뺏으려고만 하고, 강한 이드가 약한 이드를 억누르려고만 할 것이다. 문명사회의 가정이나 학교의 교육, 법과 질서, 종교, 교육 등은 에고를 성숙시키는 것을 목적으로 한다. 앞의 예를 다시 보자면 배가 고파 친구가 가진 과자가 먹고 싶을 때 "그 과자 내게 좀 나누어 주면 안 되겠니?" 하는 말과 행동은 이드가 원하는 것처럼 무조건 뺏는 행동과는 다른 새로운 수단과 행동이다. 이렇게 이드와 슈퍼에고 사이를 절충해서 아무도 타격받지 않고 해결되게 하는 수단이 에고의 목적이요, 의무이다. 에고는 거절을 받아들일 수도 있다. 욕구를 지연할 수도 있다. 사회가 인정할 만큼 성숙한 심리를 말한다. 에고의 능력은 가정과 사회에서 배운다.

이드, 에고, 슈퍼에고의 관계는 마치 우리가 사회의 갈등에서 매일 보는 우여곡절과 같이 서로 부딪히며 쉬지 않고 밀고 당기는 현상에서 볼 수 있다. 한 사람에게서 에고가 성숙했다는 말은 그 사람의 인격 성숙을 말하며, 상하관계를 융통성 있게 잘 다스리는 원활한 성격이 발달한 것을 말한다. 이 현상은 인류의 역사에서 강조하고 또 강조하지만 늘 이드와 슈퍼에고 간 갈등으로 인한 우여곡절과 풍파로 목적을 완성하지 못하고 복잡한 역사만 만들어 나간다. 인간은 이 세 기구가 원활하고 평화롭게 절충되는 이상향(理想鄕)을 영원히 추구한다. 누가 감독하지 않아도, 법이 눈앞에 보이지 않아도 이 세 구조가 적당히 관계를 맺으면 한 사람의 성격이 형성된다.

성숙한 인성을 만드는 에고

다시 정리하면, 인격이 성장하면서 무의식 속에 이드가 크게 자리 잡은 사람은 철이 없고 이기적일 것이며 폭력적이어서 철없고 버릇없는, 자기밖에 모르는 유치하고 이기적인 사람이 될 것이다. 이는 반사회적 행동을 하거나 반사회적 성격을 가진 사람이 가진 성격이다. 이런 사람은 생각할 여지도 없이 다른 아이가 가진 과자를 폭력을 쓰더라도 빼앗을 것이다. 교도소에 가면 이런 사람을 많이 본다. 반대로 슈퍼에고가 무의식에 크게 자리 잡은 사람은 엄격하면서, 철저히 법을 준수하고, 조금도 불법적이거나 비도덕적이거나, 질서를 어길 줄 모르는 사람이 될 것이다. 융통성이 없고 심하면 주눅 들거나 딱딱한 사람이 될 것이다. 배가 고파 죽었으면 죽었지 그 아이의 과자를 탐내지 못한다. 강박적인 성격이 있는 사람에게서 흔히 보인다. 원만한 인격을 갖춘 사람이란 이드와 슈퍼에고 사이를 잘 조정하고 중재하는 에고가 크게 자리 잡은 사람이다. 인성이 원만하고 높은 사람들과 낮은 사람들과 다 잘 지내고, 법을 잘 지키면서도 필요한 것을 다 해내는 원만한 인격을 말한다. 부드러운 말로 그 과자를 쉽게 한마디로 얻을 수 있는 성격을 말한다.

우리가 지향하는 성숙한 인성, 원만한 성격, 좋은 사람이라고 칭찬받는 사람은 에고가 무의식 속에 크게 자리를 잡은 사람을 말한다. 이런 사람은 노이로제를 겪을 경우가 비교적 적다. 흔히 '에고가 크다'고 하면 자신이 있고 자만이 있는 사람을 말한다. 이것은 정신분석의 에고와는 뜻이 다르다는 것을 다시 강조한다.

이드, 에고, 슈퍼에고, 이 세 구조가 엎치락뒤치락 얽히고설키면서 온갖 우여곡절을 겪으면서도 우리의 정신을 비교적 안정하게 한다. 사실 이 안정은 참으로 기적이다. 이 세상에 많은 기적 같은 자연현상을 보고 우주선에서 광대한 천체의 세계를 보고 탄복할지라도 무의식 속의 정신 기전만큼 신기한 것은 어디에서도 볼 수 없다. 늘 줄타기를 하는 것 같으면서도 우리는 그 위험을 모르고 산다. 이해하기 힘들지라도 이만큼이라도 이해할 수 있게 학설을 만들어 낸 것은 기적에 가깝다. 많은 희곡과 소설은 이들의 아기자기한 관계에서 일어나는 상호작용을 이야기하는 것이다. 특히 그리스 신화, 길가메시 서사시, 삼국지, 니벨룽겐의 반지, 북유럽의 신화, 힌두 전설 등을 살펴보면 이런 삼각관계의 현상을 볼 수 있다.

시는 오묘한 현상을 아름답게 표현하기 때문에 플라톤(Plato)은 시가 가장 우리의 정서를 잘 표현하는 언어라고 했다. 오늘날의 소설과 희곡은 이 세 구조 사이에 일어나는 아기자기한 갈등과 해결을 기초로 엮은 것이 대부분이다. 전설적인 이야기라고 하지만 인간의 깊은 마음속을 오묘하고 신기하게 표현했다는 것이 놀랍다. 전설이 인간의 정신 구조와 그 기전을 훨씬 솔직하게 표현했다. 그 전설의 이야기들은 아직도 우리 문화의 여기저기에 깊이 배어 있다. 정신분석을 공부한 뒤 옛이야기를 읽으면 '아하!' 하는 느낌이 더욱 자주 일어나며 그것을 이해할 수 있다. 요즘 보는 드라마니 소설은 이 현상이 다시 진하게 표현되어 가는 것 같다. 표현의 자유 때문일 것이다.

제4장

정신 기능

-이드, 에고, 슈퍼에고 사이의
역동적 상호관계-

이드, 에고와 슈퍼에고를 공부하였으니 그들 사이의 상호 간에 일어나는 역동적 기능, 외부와 일어나는 역동적 기능(Mental Mechanism)을 관찰하기로 한다. 이 기능 전체는 한 사람의 성격에 나타나며 전체의 구조와 기능의 양상이 정해진다. 그 기전의 작동이 성인이 되어 거의 고정되면 그것을 성격(性格) 혹은 인격(人格, Personality)이라고 한다. 이 모든 현상의 출발점은 역시 이드이다.

이드는 근본 목적인 욕구 충족이라는 목표를 향해 힘을 다해 한없이 질주하려고 하며 늘 기회를 엿본다. 역학적으로 표현하면 이해하기 쉬울 것 같아 물리학 공식을 인용해 본다. 힘과 목표와 방향을 합한 물리학에서 말하는 벡터(Vector)[1]로 설명하면 쉬울 것이다. 프로이트는 벡터처럼 심적 에너지가 어떤 목표에 집중하는 것을 '카텍시스(Cathexis)'[2]라고 이름 지었다. 가장 간단한 예는 갓난아기는 엄마 젖 카텍시스에 총집중한다. 아기의 모든 노력(힘)은 엄마의 젖(목표)에 집중한다는 말이다. 좀 자란 후에는 대소변을 함으로써 좋은 기분을 느낀다. 거기서 오는 쾌감에

---

1   Vector=Force × Direction: 크기로만 나타낼 수 있는 물리적 힘이 아니라 그 힘과 방향을 합친 것으로, 주로 화살표(→)로 표현한다.
2   Cathexis를 '주의집중'이라고 번역할 수 있다. 정신분석에서는 영어 표현을 그대로 쓰는 것이 나을 것 같다. 물리적으로 표현하면 이해가 잘 될 것이다. 원래 정신적 에너지는 이드에서 발생한다. 이드는 그 욕구를 충족시키려는 노력을 쉬지 않는다. 그 본능의 에너지가 어떤 대상을 향해 욕구 충족을 위해 집중적으로 투입될 때 혹은 투자될 때 그것을 카텍시스라고 한다.

무의식적 관심이 집중되면 성기나 항문에도 카텍시스가 집중된다고 표현할 수 있다. 성인 남자가 한 여인에게 깊이 사랑에 빠졌을 때 그 남자의 사랑의 카텍시스가 그 여인에게 집중된다고 표현할 수 있다. 셰익스피어의 『햄릿』에서 오필리아는 햄릿에 카텍시스가 총집중되어 있었다. 그래서 그것이 거절되자 그녀의 정신세계에서 죽는 길밖에 남지 않았다고 여길 만큼 심적 카텍시스는 힘이 상당하다. 황진이의 「청산리 벽계수야」도 좋은 예이다. 마치 재산을 한 곳에 투자했다가 몽땅 잃고 절망해서 자살하는 것과 같다. 그래서 이 현상을 비유로써 '감정적 투자(感情的 投資; 情緖的 投資; 心理的 投資, Emotional Investment)'라고 표현하기도 한다.

이드, 에고, 슈퍼에고의 갈등

카텍시스가 제대로 유용하게 융통성 있게 알맞게 집중된다면 다행이지만 그렇지 못하면 이드, 에고, 슈퍼에고 세 조직 사이에 갈등이 올 수 있다. 갈등으로 카텍시스가 방향을 잃거나 본의 아닌 곳으로 향하면 화산처럼 돌출구와 돌출의 기회를 찾는다. 갈등이 해소되지 않으면 그것이 무의식에 갇혀 있지 못하고 의식으로 나오려는 충격 때문에 지구의 지각이 움직여 용암이 분출하고 지진이 일어나듯 심리적으로 심한 불안을 유발한다. 심할 경우 화산이 폭발하듯 정신이상이 올 수 있다. 심한 불안에서 심한 우울증, 더 심하면 조현병까지도 일어날 수 있다. 이는 정신분석이라는 기전으로, 정신분석에서는 부동의 학설이다.[3] 오늘날 우리가 알고 있는 뇌 생리 현상에서 이런 병리 현상이 있다는 것은 부정할 수 없다. 즉, 정신분석으로

---

3 심한 불안이 올 때 생리적으로 일어나는 현상이 아드레날린 증가이다. 이것이 지속되면 뇌하수체가 쉬게 되므로 뇌의 시상하부(Hypothalamus)가 수축해 뇌신경 전달물질이 줄어들며 우울증이 온다. 이것은 항우울제를 쓰면 재생된다는 것을 발견했다.

보는 병리와 뇌신경에서 일어나는 현상이 동시에 일어난다는 사실은 잘 알려져 있다. 뇌 질환이 있으면 카텍시스를 응용할 능력이 저하되기 때문에 심한 정신질환을 가져올 수 있다. 해부학(조직학)적으로나 생리적으로 뇌 조직의 병 때문에 정신질환이 일어났다고 해서 무의식의 갈등이 영향을 주지 않는다는 것이 아니다. 육체의 피로로 잠이 들었을 때도 꿈은 피로와 관계없이 무의식에서 일어나는 것은 잠재기억의 표현이라는 말이다. 간밤에 너무 피로해서 잠이 깊이 들었는데 꿈속에서 어떤 것을 보았다고 할 때 마치 그 피로로 인해서 깊이 잠든 것과 그 꿈의 내용과 관계가 있는 것 같은 암시가 있다. 하지만 피로로 깊은 잠이 들어 꿈을 생생하게 꾸지만, 그 꿈의 내용은 무의식에 잠재한 것에서 일어난다는 말이다.

말은 이렇게 하지만 무의식에서 일어나는 어떤 현상도 직접 알아낼 길은 없다. 정신분석으로는 추측할 길이 있다는 것이 정신분석의 천재적인 학설이다. 보통 일어나는 인간의 행동에서도 무의식의 존재와 그 기전을 추측할 수 있다. 그 추측을 합리화할 수 있지만 확실한 증거는 아니다. 어떤 실수로 한 무의식적 실언(失言, Freudian Slip)에서 그런 현상을 볼 수 있다. "선생님 말씀 저도 동감입니다."라고 표현할 것을 "선생님 말씀 저도 똥감입니다."라고 한다든가 주먹으로 손바닥을 '탁' 치면서 억지 미소를 짓고 아주 감정적으로 "감~사합니다."라며 비꼬아서 말하는 것은 무의식에서 한 방 치고 싶으면서도 말로는 친절한 척하는 무의식의 기전을 보여 주는 좋은 예이다. 물론 본인은 이 자가당착을 전혀 깨닫지 못한다. 그것이 뚜렷이 보인다는 사람도 사실은 추측할 수밖에 없다. 정신분석학자가 강연할 때 청중은 표현된 실착을 많이 보았기 때문에 그 내용을 의식적으로 볼 수 있는 줄 오해한다. 실언한 본인은 전혀 의식할 수 없다. 누가 그의 본의를 얘기하더라도 본인은 부정한다. 그러나 본인이 자발적으로 협력하여 분석에 참여하면 진실에 가까운 추측이라도 할 수 있다. 이런 현상은 연극을 하는 사람처럼 고의로, 의식적으로 하는 행동과 구별해야 한다. 이 주제는 뒤에 더 자세히 공부할 기회가 있을 것이다.

무의식에서 행동으로 나타나는 과정은 여러 창작에 나타나지만 우리는 그것을 표면적으로 말이나 글, 그림으로 나타내는 길밖에 없다. 상용하는 말로는 어느 정도 한 부분은 표현할 수 있을 것이다. 하지만 상당 부분 은유나 상징으로 표현할 수밖에 없다. 무의식에서 의식으로 나타나는 경로가 복잡하며 상용하는 언어로는 표현할 수 없기 때문이다. 이런 경우 시는 참으로 중요한 도구이다. 쓰는 사람과 읽는 사람 사이에만 통하는 대화이므로 다소 한계는 있다. 그 한계는 분석가와 피분석가 사이에만 일어나는 대화에서 나타나는 것과 같다. 이 현상은 마치 시인과 독자 사이에 일어나는 공감, 동감, 감정이입 같은 것이다. 그래서 정신분석을 받으려면 어느 정도 학식이 있어야 하고 문학적 능력(Literary inclination)이 있어야 한다. 은유를 인정하고, 이해할 수 있어야 한다는 말이다. 왜 문학가들이 정신분석을 선호하며 정신분석을 쉽게 이해하는지 짐작이 갈 것이다.

우리는 정신분석의 기초를 공부하고 있다. 가끔 중복되는 곳은 중요하다는 의미이며, 복습하는 데 도움이 될 것이다. 특히 기초가 중요하다. 기초는 자주 되풀이하면 도움이 된다.

우리 정신의 안전장치, 방어기제

심리적 원동력인 리비도는 마치 빅뱅(Big Bang, 우주 창조)처럼 이드의 발생과 함께 일어나며 시간이 지나면서 슈퍼에고의 제약에 따라서 에고의 조정으로 절충하면서 여러 심리 현상을 일으키며 진행(성장)한다. 그 진행 과정에서 욕구불만과 같은 갈등이 일어나기도 하고 그 때문에 방향이 바뀐 카텍시스의 힘이 행동으로 나타나려고 할 때도 있다. 다행히도 그것은 사회적으로 허용되는 양상으로, 본인이 정신적으로 다치지 않고, 의식을 통해 안전하게 표현될 수 있게 도와주는 작동이 있다. 이러한 안전 기전을 보면 마치 소설이나 전설을 읽는 것 같다.[4] 용감한 용사가 곤궁에 빠진 주인공을 돕는 이야기같이 이 현상은 배울수록 재미있다. 백마의 기사(White Knight)니 홍길동 같은 구원의 손길이라고 할까. 소설이나 희곡과 드라마의 줄거리에는 권선징악(勸善懲惡)이 많다. 그런 이야기에서 정신기제를 응용한 것이 많이 보인다. 이를 방어기제 혹은 정신기제라고 한다.

왜 방어기제라고 하나? 무엇으로부터 방어한다는 말인가? 불안(Anxiety)으로부터 방어하는 것이다. 정신분석에서는 모든 심리 문제는 불안에서 일어난다고 본다. **불안**은 사소한 것에서, 심하면 인간을 파괴할 수 있는 심한 정신질환을 가져오는 것까지 정도의 차가 크다. 여기서 파괴라는 것은 인격의 파괴, 즉 정신의 파괴이다. 그 사람에게 심한 정신질환이 일어나 그 사람이 인간으로서 제대로 행동을 할 수 없게 된다. 이는 뇌신경과 생리학적으로도 증명되어 있다. 심한 불안은 모든 파괴적인 정신 상태의 불씨이다. 이드의 충동이 너무 강해 용납되지 않으면 그 힘(카텍시스)을 줄여야 한다. 에고가 이드의 힘을 줄이거나 변형하거나 방향을 바꾸어서라도 무마해야 한다.

이 안전장치 같은 기전을 발견한 것은 기발한 정신분석 학설이다. 아주 초보적이고 간단한 예를 먼저 들고 이야기를 진행해 본다. 실제로 원수같이 미운 사람을 한 방 치고 싶은데 무의식적으로 자기도 모르게 미소를 지으면서 칭찬을 한다. 이 행동은 무의식 속 깊이 있는 참 의욕과는 정반대로 표현된 것이다. 상대를 공격하면 거기서 오는 결과로 인해 해로운 심리 현상이 불안을 일으킬 것이므로 그것을

---

4 한국의 드라마, 옛 할리우드 영화 등은 이 작동을 자유자재로 이용하는 것같이 보인다.

방지해야 한다. 괴로운 결과를 방지하는 것이다. 이때 방어작동이 그 역할을 담당해서 안전하고 불안을 방지할 행동을 해 주는 것이 방어기제이다. 방어기제 중에서 가장 흔히 사용되며 유용한 방어기제가 앞에서 예를 든 소위 반동형성이다. 실언과 같은 행동이 일어나게 하는 것 또한 흔히 일어나는 안전망이다. 코미디언이 무대에서 하는 고약한 표현은 평소에는 말하지 못할 내용이다. 하지만 코미디라는 핑계로 고약한 생각 혹은 무의식 속에 있는 갈등을 유머라는 것으로 슬쩍 표현해 버려 파괴적인 충동을 약화한다. 2016년 도널드 트럼프가 미국 대통령으로 당선되자 한없이 많은 코미디가 쏟아져 나왔다. 본인을 한 방 치고 싶거나 욕설을 퍼붓고 싶은 마음을 언론의 자유니 유머라는 수단을 빌려 표현한다. 최근에 미 정신의학협회(American Psychiatric Association)의 몇 회원이 트럼프에게 정신질환 증상이 있다는 발언을 했다. 상당히 공격적이며 위험하고 미숙한 생각이다. 평소에 의사가 공공연하게 살아 있는 사람에게 환자와 치료사라는 공식적 관계없이 병명을 붙였다면 부적절한 정도가 아니라 부덕하며 불법이다. 이런 행동은 코미디언의 행동보다 더 유치하다.

　이런 기제의 현상을 이론화하는 것은 문학평론가가 해야 할 것 같다. 코미디 같은 작품이 기교 있게 창작이라는 가면으로 표현되면 사회는 모르고 웃고 지나가 버린다. 요즘 소위 언론 윤리(Journalistic Ethics)가 불투명해진 탓인지 그 윤리적 경계가 분명하지 않게 되었기 때문인지 무의식에서 일어나는 방어기제를 거치지 않은 이드의 행동을 바라보는 것 같을 때도 있다. 소설이나 영화에서 이야기를 즐기는 만큼 저속한 뉴스를 보는 것을 취미로 삼는 것을 본다. 이는 마치 에고가 약해지거나 피곤한 틈을 타서 이드가 슈퍼에고를 피할 수 있었다는 것이 사회현상으로 나타난 것처럼 보인다. 얼른 보면 진보적인 사회는 무슨 형태로든 억압에서 벗어나려는 것 같이 보인다.

인간의 마음에서 억압하는 장치는 역시 슈퍼에고이다. 문예 부흥 이후에 서양에서는 계몽사상이 속속 받아들여지면서 줄곧 슈퍼에고를 약화하거나 이에 반항하는 사상이 일어나 그 현상이 아직도 계속되고 있다. '적나라하다'라는 표현은 방어작동을 그치지 않은 이드가 하는 행동이나 언어가 바로 나타나는 현상을 말한다. 전에는 입에 담지 못할 말을 가볍게나마 하게 되었다. 코미디언이 하는 말(표현)에 관객이 박장대소를 하는 이유는 과거에 금기시되었던 농담 속의 뜻을 죄책감 없이 표현할 수 있는 코믹이라는 방패막이와 웃음이라는 반동 현상으로 불안을 방지해 주기 때문이다. 소위 언론의 자유는 어느 정도가 현실이며, 어느 부분이 해석 혹은 번역한 부분인지 모를 때가 많다. 박장대소는 불안의 정반대 현상이다. 이는 전형적인 반동형성이다. 코미디언처럼 농담을 능숙하게 하는 사람은 그런 현상을 터놓고 하지만 이 유머를 듣고 웃을 수 있는 사람, 즐길 수 있는 사람은 이 유머를 듣고 이드의 충동(도널드 트럼프를 한 방치고 싶은 욕구)의 힘을 유머(내가 악의로 하는 게 아니야 혹은 나는 아니야)라는 반동형성 기제를 이용해서 방출하기 때문이다.

우리가 하는 모든 행동, 말, 글쓰기, 움직이는 동작, 꿈 등은 방어기제 중 하나를 거치게 마련이다. 이런 현상이 의식에서 일어나는 것 같지만 실제로 무의식에서나 전의식에서 일어난다. 즉, 이 현상을 추측할 수는 있어도 확인할 길은 없다. 실제로 사회학자들의 딜레마가 여기 있다. 일국의 대통령에 대한 막말이 난무하는 것을 지켜보면서 이를 어떻게 해석할 것인지 복습 삼아 숙고해 볼 만하다고 여겼다. 상당히 많은 사람이 사회적으로 알려진 사람 중에 자기가 미워하는 사람을 정해 놓고 증오를 표현하는 것을 보면 그 이유가 상당히 미숙하며, 그 이유를 설명하기 어려워한다. 그 목표가 안전한 대치인 것은 거의 틀림없다. 독자는 누구에 대한 감정의 대치인지 연습 삼아 생각해 볼 만하다.

간단한 언어행동에도 길고 복잡한 무의식의 여정이 있다

대부분의 행동을 의식적으로 표현하므로 우리는 그것을 알고 하는 행동이라고 믿는다. 그러나 그 행동이 표현되기까지 우리 정신 속의 상당한 경로와 기전을 의식할 수 없으므로 그 과정을 생략하고 행동이 일어나기 직전에 남은 마지막 종착점에 도착한 기억만을 의식한다. 우리가 한 행동에는 그것을 이행하기까지 무의식의 긴 여정이 있었다는 말이다. 설령 금방 생각한 것을 행동으로 옮기지만 그것은 전광석화처럼 빠른 속도로 무의식의 영향을 거쳐 나온 것이다. 우리 몸이 24시간 무의식적으로 움직이는 것과 같이 우리의 마음속, 즉 뇌신경에서 일어나는 현상도 늘 무의식적으로 작동한다. 하지만 우리가 의식하는 것은 아주 자그마한 일부분에 지나지 않는다. 이것은 영화를 만드는 과정에 비유할 수도 있다. 영화 한 편을 만들려면 첫 고안에서 제작을 거쳐 작품이 완성될 때까지 온갖 요소를 거쳐야 한다. 그 결과로 나온 최종 완성품을 우리가 즐기는 것과 같다. 전쟁 영화 5분간의 장면을 만드는 데 얼마나 많은 연구와 준비가 필요하며, 수많은 사람의 노력과 연습을 거쳐 나왔는지를 상상하면 짐작이 갈 것이다. 영화 〈아마데우스〉를 제작하는 과정을 담은 기록 영화를 보았다. 10초가량 등장하는 짧은 한 장면에 등장하는 수십 명에게 18세기 의장을 입혀 당시의 유럽 장터를 표현했다. 배경 건물 등은 말할 나위도 없고, 준비하는 데만도 상당한 인력과 자료, 시간이 들었을 것을 짐작할 수 있었다. 이와 같이 간단한 언어행동에도 길고 복잡한 무의식의 여정이 있다. 유머 또한 즐길 수 있는 과정은 무의식에서 일어나는 길고 복잡한 과정이므로 그것이 표현되기까지의 과정을 다 알 길은 없다.

무의식에서 일어나는 생각이나 느낌이 몸과 마음에 계속해서 무의식적으로 영향을 주는 것은 말할 나위도 없다. 그 과정을 알아내는 방도가 정신분석이다. 꿈도 마찬가지이다. 우리가 기억하는 꿈은 긴 여정의 끝에 우리가 의식할 수 있게 꿈에서 깨기 직전에 번역된 짧은 부분만이다. 시인이 작품 속에서 한 한마디 말은 독자에게 길고 수많은 연상을 일으킨다. 때로는 시인이 원한 해석이 아닐지 모르나 어떤 독자에게는 길고 긴 과거사까지도 엮어져 나온다. 그 시인이 그렇게 연상해 쓴 시를 읽고 동감하기까지 읽는 사람의 심적 여정도 그러하다. 이 과정은 정신분석을 하는 과정과 비슷한 데가 많다. 이 현상은 정신분석의 기본 도구인 연상을 설명하면서 다시 이야기할 것이다.

제5장

정신분석과 창작

시인이 작품에 '어머니'라는 단어를 썼다고 하자. 그것을 읽는 순간 독자에게 어머니에 관한 모든 기억이 한꺼번에 몰려나올 것이다. 어머니가 그립다. 어머니의 따뜻한 품이 기억난다. 어머니가 해 주신 밥상이 생각난다. 어머니가 야단하시던 것을 기억한다. 어머니가 김 매실 때 머리에 쓰신 수건의 색깔이 생각난다. 학교를 다녀왔을 때 "얼른 손 씻고 방에 올라가거라. 밥상 가져올게." 하신 목소리가 메아리처럼 들릴 것이다. 어머니의 치마폭 냄새가 그립다. 그 사이사이에 있는 감정은 기억과 함께 저장되어 여기저기 그 시의 나머지 부분을 나비처럼 날아다니며 새로운 느낌을 자아내기도 할 것이다.

어머니에 대한 의식적·무의식적 기억을 간단히 이야기한 것이지만, '어머니'라는 명사 하나, 즉 시어에는 그것의 몇 십 배, 몇 백 배 되는 무의식에 저장된 어머니와 관계 있는, 독자가 평생 기억하는 감정이 내포되어 있다. 그것이 시인이 나타내고 싶은 감정이며, 또 그것이 독자의 마음에 메아리를 일으키면 성공한 시가 될 것이다. 그뿐만이 아니다. 그것으로 해서 일어나는 연상은 그곳(고향, 시골 고향, 피난 갔을 때 빌린 부산의 단칸방)과 그것에 따른 얽힌 감정(행복했던 느낌, 미안했던 느낌, 슬펐던 느낌, 후회되는 느낌, 분노 등), 헤아릴 수 없이 많은 느낌이 순식간에 일어나 읽는 사람의 마음속에서 얼른 정리되지 않더라도, 그중 가장 강력한 느낌은 독자의 마음을 차지해 오래 남을 것이다. 감정이입(Empathy)이니 공감(Sympathy)이니 하는 말로 이를 표현할지 모르나 그 표현도 읽는 사람 마음의 극히 일부분에 지나지 않는다.

시를 읽는다는 것은

독자에게 그 시가 왜 그리 좋으냐고 물으면 그는 답하고 싶은 말의 십 분의 일, 백 분의 일밖에 표현하지 못할 것이다. 한 단어에서 한 구절에서 수많은 현상을 끌어내는 것은 연상으로, 끄집어낼 수 있는 기억과 감정의 상당한 부분이 무의식에 잠재해 있기 때문이다. 잠재해 있는 기억과 거기에 딸린 정서를 시 한 줄이 불러일으킨다. 이런 현상이 정신분석이 이용하는 가장 중요한 기전과 거의 같다. 2004년에서 2006년까지 미국의 계관 시인이었던 테드 쿠저(Ted Kooser, 1949~)는 이 많은 연상을 일으킬 수 있는 명사 하나가 시 전체의 무게가 될 수 있다고 하였다. 시에 표현된 은유들을 합하면 정신분석과 시를 쓰고 읽는 것을 거의 같은 심리 과정으로 볼 수 있다.

시를 읽는 것은 꿈을 해석하는 것과 비슷한 점이 많다. 우리는 연상을 하면서도 별로 그것을 의식하지 못하는 경우가 많다. 읽고 난 후에 의식에 남은 감정밖에 아는 것이 없다. 그러나 그 시를 읽으면서 일어난 연상의 상당 부분이 무의식이나 전의식에서 일어나기 때문에 읽은 사람이 금방 알 수는 없을지라도 조금만이라도 마음속 깊이 남아 있다는 것을 알고 노력하면 그 느낌이나 기억이 사라지기 전에 어느 정도 의식으로 다시 안전하게 끌어올릴 수 있을 것이다. 그것은 대부분의 느낌이 무의식으로 다시 들어가 버리기 전에 전의식에 남아 있을 가능성이 있기 때문이다. 이 발견은 로런스 큐비의 학설이다. 시와 정신분석과의 연관은 왜 낭만기의 시인들이 정서적 심리 문제, 특히 우울증이 많았는지, 또 그것이 그들의 시에 얽혀 있는지를 짐작할 수 있는 한 근거이다.

정신분석은 연상으로 은유를 해석하는 것이고, 시는 은유를 만들어 독자에게 연상하도록 하는 것이라고 볼 수 있다. 따라서 시를 읽는 사람은 은유를 마치 정신분석을 하듯이 풀어 나간다. 좋은 시를 읽는다는 것은 마치 자가 정신분석을 하는 셈이다. 미국의 교도소에서 시작(詩作)을 재소자들의 교육 목적으로 이용한다. 정신분석에서 방어기제를 해석해서 무의식 속의 무엇(욕구 충동, 갈등)이, 어떻게(어떤 방어작동), 어떤 행동으로나 증상(의식에 나타나는)으로 나타나게 되었는지 그 과정을 추리해 내는 것이 분석치료이다.

이 과정이 발견되었을 때 환자에게 일어나는 현상이 있다. '해제 반응'이다. 그 문제가 해결되는 종착역이며, 그것이 바로 치유가 되었다는 뜻이다. 이 순간에 그 환자는 처음의 그 갈등에 의한 욕구나 충동이 발생한 순간과 같은 경험을 한다. 짧은 순간이지만 그때 있었던 감정과 비슷한 정서적 동요를 경험한다. 이것으로도 충분히 정신분석의 효력을 인정할 것이다. 시를 읽는 사람이 시를 읽으면서 이와 비슷한 경험을 했다면 천금을 주고도 사지 못하는 희열이 올 것이다. 옛 신라의 선비들이 포석정에서 한잔하고 거나할 때 시를 읊으며 시로 대화를 하면서 가끔 무릎을 '탁' 치는 희열의 모습을 상상해 보면 그것이 해제 반응 같은 감정이 일어난 것이 아닐까 하는 공상을 할 수 있다.

처음으로 갈등이 일어났을 때 있었던 견딜 수 없었던 감정이 무섭고 광폭했더라도 분석을 받고 해제 반응을 겪을 때는 훨씬 견디기 쉬워진다. 그것을 이제는 의식으로 정리할 수도 있기 때문이다. 처음 일어났을 때는 견디기 어렵고 고통스러웠지만, 그 무의식의 과정이 이해되면 훨씬 감당하기 쉽다는 말이다. 딱 맘에 맞는 시 한 편 한 구절을 읽고 십 년 묵은 체증이 내린 듯 마음이 편해졌다면 몇 개월 받은 정신분석의 효과에 버금갈 것이다.

서양에서는 임상 증세가 심하지 않은 사람도 정신분석을 받는다. 물론 목적은 다양하겠지만 인문학, 특히 문학을 하는 사람에게서 종종 보는 현상이다. 어떤 작가는 공공연하게 정신분석을 받았다고 고백한다. 아니, 자부한다. 그들의 작품에서 그들이 정신분석을 받았거나 공부했다는 것이 상당히 보인다. 창작인에게는 전혀 이상할 것이 없다. 정신분석적으로 보면 정도의 차이가 있을지라도 불안이 없는 사람은 없기 때문이라는 논리가 여기에 있다. 키르케고르가 인간의 모든(정신적·종교적) 괴로움은 원초적 불안(Angst)에서 왔다고 주장한 것처럼 종래의 분석가들은 노이로제가 없는 사람이 없다고 단언했다. 정신분석을 받고 덕을 보지 않은 사람이 없다는 말이다. 문학가들이 정신분석을 받는 목적의 하나는 방어기제에 의해 변형된 심리 현상을 거꾸로 심리적으로 추리해 나가는 기술을 배우려는 데도 목적이 있다고 본다.

정신분석에서는 약물치료를 피한다. 창작인들은 우울증이나 불안이 있을 때 정신분석을 치료로 택한다. 약물치료로 우울증과 불안증을 쉽게 해소할 수 있을지 모르나, 창작력이 떨어진다고 한다. 창작인들이 정신치료를 받는 중에 치료가 잘 되어간다고 여길 때쯤 치료를 중단하는 것을 자주 보았다. 어느 한 작가가 실토하기를, 정신치료를 받고 증상은 가시는데 글이 안 쓰인다고 했다. 이런 절필감(絶筆感, Writer's Block)은 작가가 가장 싫어하는 것이며, 작가를 괴롭힌다. 앞에서 얘기했듯이 시를 읽는 것과 정신분석을 받는 것이 비슷하다면 문학가가 분석을 받고 싶은 것을 이해할 수 있다. 요즘은 인지행동치료(認知行動治療, Cognitive Behavioral Therapy)를 잘하는 치료사나 정신분석가 혹은 정신분석적 치료사를 찾을 길밖에 없다. 물론 자살하고 싶을 만큼 심하면 약물치료로 일단 고비는 넘긴 후에 심리적 치료[1]를 계속해야 한다. 요즘은 전기치료가 발달해서 응급으로 이용되므로 급한 대로 응급 시기만 지나면 다시 심리치료로 계속할 수 있다.

---

1 약물치료, 전기치료, 수술 등을 제외한 대화를 주로 하는 임상치료로서 정신분석, 정신분석적 심리치료, 인지치료, 상담치료 등을 통칭한다.

꿈의 언어를 채집하는 창작인들

생각과 행동은 언어로 표현할 수 있다. 따라서 정신분석으로 그것을 어느 정도 이해할 수 있다. 꿈도 말로 표현할 수 있지만 꿈은 시각적이기 때문에 무슨 뜻인지는 그대로 표현하기 어렵고, 표현할 길이 없을 때가 많다. 상징적인 것도 많으며, 꿈에서 본 것의 의미를 알아야 한다. 꿈은 분석이라는 과정을 통해야만 알 수 있는 경우가 많다. 꿈의 언어라고 할 은유 같은 상징을 알아야 한다. 정신분석 과정에서 무의식을 방문했을 때 그 복잡하고 무섭기도 한 경험은 마치 태풍의 한가운데로 진격하는 것과 같다. 회오리 속에서 얻은 색깔, 모양, 말과 글의 의미 등 수많은 쪽지 같은 이미지를 채집해 그것으로 시를 쓰고, 책을 쓰고, 그림을 그릴 때 사용할 수 있는 사람들이 바로 창작인이다.

창작인은 괴로울 때 일어난 것들을 잊으려고만 하지 않는다. 쓸모가 있다고 할까, 유용하다고 보기 때문이다. 즉, 그 괴로움을 표현하려고 한다. 비교적 채집이 고통스럽지 않을 때라도 결국 대부분이 상징으로 채집된다. 그 상징을 풀이하면 고통스러울 수도 있다. 이런 경험은 신비스럽고, 화려하고, 귀한 자료가 아닐 수 없다. 창작인은 이런 것을 반드시 분석하지 않고 창작에 상징과 은유로 표현하기 때문에 고통을 겪지 않고 해결할 수 있다. 정물화에서 시간의 흐름과 움직임이 보이고, 어떤 감정이 일어났다면 그 작가는 성공한 것이다.

무의식의 느낌과 꿈은 모두 시각적이다. 그것들을 언어, 즉 글로 표현한다는 것은 참으로 어렵고 참으로 힘든 창작이 아닐 수 없다. 그러나 시인은 은유로서 모양과 색깔을 빌려 표현하는 기교가 있다. 시인들의 기묘한 표현, 미술가의 기묘한 그림과 색 등이 그런 것이다. 필자가 〈햄릿〉 영화의 마지막 장면, 즉 아름다운 오필리어가 자살해 시냇물 위로 떠내려가는 장면 뒤에서 그 맑디맑은 물 위에 낙엽 하나가 살포시 떨어지는 것을 보고 눈물을 참을 수 없었던 것이 기억난다.

꿈의 역할은 다양하고 유익하다

정신분석을 어떻게 하느냐 하는 질문에 가장 쉬운 답은 꿈을 분석하는 것이다. 정신분석에서의 꿈의 해석은 보통 말하는 해몽(解夢)과는 다르다. 옛부터 우리는 해몽을 아주 중시했다. 프로이트도 이를 중시해 집중적으로 연구한 것은 이해할 만하다. 그리스 신화는 온통 꿈 얘기 같으며 구약성서의 두 유명한 영웅, 다니엘과 요셉은 꿈 해석 때문에 적국에서 인정받았을 뿐 아니라 이스라엘 민족의 영웅이 되었다. 꿈의 해석이 국운을 좌우했다는 것과 마찬가지로 꿈의 의미를 무시할 수 없다는 것이 또한 정신분석이다. 이 시대에 성경 같은 이야기가 현실적으로 있을 수 있을까? 이 질문에 당당하게 확신하고 답할 수는 없다. 다른 곳에서도 이야기하 겠지만 체코슬로바키아가 프라하의 봄이라 칭하는 시민혁명으로 공산권 지배하에 서 해방되었을 때 초대 대통령으로 추대된 바츨라프 하벨(Václav Havel, 1936~2011)은 혁명의 주동자였다. 창작, 꿈, 정치적 힘의 연관성은 다니엘과 요셉처럼 성경에 있 는 역사적 사실에서도 보인다.

하벨은 희곡과 수필로 활약하던 문학가였다. 문학가가 한 나라를 뒤집어 대통 령이 된 것을 보면 시나 꿈을 해석하는 것과 비슷한 데가 있다. 그리스 신화 대부분 이 꿈에서 일어나는 일로 엮인 이야기와 같다. 셰익스피어의 작품 중 가장 유명하 면서 많이 번역되고 그리스 신화를 모두 모은 것 같은 작품이 『한여름 밤의 꿈』이 다. 프로이트가 여기서 정신분석학설에 많은 아이디어를 얻었다고 한 것은 우연이 아니다.

시를 읽으며 어떤 정서가 마음에 와 닿을 때 왜 그러한지를 꼭 알고 싶다면 그 이유를 다시 해석해야 한다. 그것은 그 시와 우리의 심리가 연결되어 일어난 현상이기 때문이다. 이때 우리는 그것을 상상하고 그 상상은 앞에서 말한 것 같이 대개 시각적 환상으로 일어난다. 화가는 큰 문제없이 즉각 그것을 그림으로 나타낼 것이다. 특히 현대 화가들의 추상화는 꿈을 그냥 그대로 나타낸 것 같다.

꿈을 꿀 때마다 여러 정서를 가질 수 있지만, 그 이유를 모를 때가 많다. 무서운 꿈에서 깨어나면서 땀에 흠뻑 젖는 경험 혹은 첫사랑을 꿈에서 만나 나도 모르는 사이에 휘파람을 불며 화장실로 갈 때 부인에게 들킬까 싱거운 미소를 짓는다면 자기가 왜 그러는지 얼른 이해하기 어려울 것이다. 그러나 이 행동을 분석하면 쉽게 이해할 수 있다. 젊은이들의 몽정이 꿈을 꾸면서 왔다면 그러려니 하겠지만 왜 그때 그 꿈을 꾸었는지는 알 길이 없다. 그러나 우리가 이해할 만한 것은 많은 경우에 꿈에서 일어나는 것이 우리의 생리를 자극하기 때문에 꿈의 현상에 영향을 준다는 것이다. 무엇이 성적 자극을 주어서 몽정을 했다면 그때의 꿈은 벌써 번역된 이차적인 꿈일 것이다. 그러나 성감을 일으킨 꿈을 꾸었기 때문에 몽정이 일어났다면 그것은 거의 욕구 만족의 꿈이기도 하다. 그때 그의 기분(감정)에 따라 그것이 소원성취일 수 있겠지만 그것이 금기의 꿈이었다면 공포나 불안의 원인이 되기도 할 것이다. 성교해서는 안 될 사람과 꿈에서 성적 행위를 하고 몽정까지 했다면 공포와 불안이 올 것이다. 무의식의 한 내용과 생리적 자극이 얽혀 일어나는 현상은 여러 가지로 해석할 수 있다. 이런 경우 그 이유를 꼭 밝히고 싶다면 대개 추측으로 그 전날 경험한 일 혹은 근간에 일어난 일을 기억에서 정리해 추측할 수도 있다.

꿈은 일상생활의 문제를 풀어 주는 역할을 한다. 우리에게 소원이 있을 때 "그것이 내 꿈이다!"라고 표현한다. 흑인 지도자 마틴 루터 킹 목사의 "내게는 꿈이 있다!(I have a dream!)"는 역사적 부르짖음이다. 예측하지 않았던 좋은 일이 있을 때 우리는 그런 경험을 꿈같다고 한다. 소원풀이의 예로, 케쿨레(August Kekulé,

1829~1896)의 벤젠의 화학 공식 발견, 뭉크의 그림 〈절규〉, 포의 시 「갈까마귀」는 대표적인 것이다. 최근에 한국의 고고학자 임학중(국립진주박물관) 박사는 선사시대 한국의 배(목선)의 유적을 찾았을 때 꿈에서 그 위치를 찾았다고 거듭 강조했다. 이렇게 꿈은 다양하며 유익한 역할을 한다.

정신분석에서 가장 많이 쓰는 것이 **꿈의 해석**(Dream Analysis)[2]과 **자유연상**이다. 정신분석 혹은 분석치료를 한다는 것은 대부분 이 두 방법을 두고 하는 말이다. 꿈의 해석은 피분석자(환자)가 꿈에서 본 것을 이야기하면서 자유연상을 하면 분석가의 도움으로 피분석자(환자)가 정신기제의 과정으로 일어난 내용을 해석해서 그 문제의 갈등이 일어난 경과를 찾아낸다. 분석가가 돕는다는 것은 피분석자(환자)가 질서 없이 생각나는 대로 자기 생각을 연결해 나가는 자유연상을 분석가의 개방형 질문(Open-ended questions)으로 암시를 이용하면서 무슨 생각이 드는지 생각나는 대로 계속하라고 부추기는 것이다. 분석가는 어떻게 하든 피분석자(환자)의 연상을 자유롭게 거리낌 없이 표현할 수 있게 해 주려 노력한다. 비유를 통해 설명하자면 포도주를 한 잔하고 거나할 때 아무리 무질서하더라도 자유롭게 공상하는 것과 같다. 이런 기술을 터득하기 위해 정신분석을 철저하게 배우고 자신이 정신분석을 받아야 하는 것이 정통적인 정신분석 교육이다.

우리는 대화에서도 상대의 이야기가 분명하지 않으면 그것을 캐고 들면서 설명을 원한다. 정신분석에서는 그 반대이다. 연상의 자유는 시상을 구하는 데 상당히 도움이 된다. 그것이 바로 시상을 찾는 첩경으로 보기 때문에 연상이 흐르는 대로 자유롭게 따라가는 것이 정신분석이요, 시상의 추구이다. 시를 읽고, 무엇을 읽

---

2 꿈을 꿀 때 나타나는 내용 대부분은 거의 설명하기 힘든 괴이한 현상이다. 꿈이 우리가 이해할 수 있는 상태로 변형되는 것 혹은 꿈을 언어로 표현할 수 있게 되는 것은 꿈에서 깨어나는 순간에 언어 형태로 변형(번역)이 되기 때문이다.

고 무엇을 느꼈다는 것이 밝혀질 때 독자는 희열을 느낄 것이다. 정신분석에서는 환자와 분석가가 동시에 동의하게 되는 것과 상당히 비슷하다. 정신분석 경로에서 이렇게 극적으로 어떤 정신 상태 혹은 느낌이 오는 것은 대개 임상 증상이 해결될 때이다. 대개 그 순간에 그 갈등이 일어났을 때와 유사한 감정적 격동을 느낀다. 이것은 마치 시를 읽는 사람이 시인이 말하고 싶은 느낌을 알고 시인과 같은 느낌이 왔을 때와 같다. 이 환자에게 갈등이 처음 일어났을 때는 그 감정을 견딜 수 없어 노이로제가 왔지만, 이제는 그것을 견딜 수 있게 된다. 이것은 마치 시를 읽은 사람에게서 일어나는 희열과 같다. 그리운 것을 대치로 얻었다는 것과 같다. 옛 선비들이 시를 읊고 무릎을 '탁' 치는 희열과 같은 것이라고 이미 말했다. 오랫동안 해결하고 싶은 문제가 어느 날 꿈을 꾼 뒤 잠에서 깨었을 때 그 답이 머릿속에 환히 나타나는 현상이 그런 것이다. 그때의 기분은 형용하기 힘들고 누구와 나누기도 어렵다. 해제 반응에서 오는 희열과 같은 만족함이 그런 것이다. 사랑하는 사람과 가슴이 아프도록 헤어지기 싫지만, 그것을 심리적으로 해결하려고 할 때 김소월은 「진달래꽃」을 엮어 심리적으로 해결한 것으로 추측할 수 있지 않을까?

또한 정신분석이란 피분석자(환자)가 분석을 받을 때의 심리 상태가 시상을 구하거나, 다른 예술적 창작의 아이디어를 얻기 위해 숙고하거나, 선(禪)의 묵상(黙想), 피정묵상(避靜黙想), 비몽사몽(非夢似夢), 공상(空想) 등 마음에서 일어나는 모든 생각을 거침없이 일어나게 하는 것과 같다. 요즘 흔히 쓰는 정신치료인 인지행동치료(Cognitive Behavioral Therapy)와는 정반대이다. 선도(禪道)는 목적을 위해 방해하는 사념을 막거나 없애는 것이 기본이다. 불교의 선도가 유행했던 일본의 정신분석학자들은 정신분석과 선도를 융합하고자 노력했다는 것은 이해할 만하다. 요는 정신집중을 방해하는 것을 피하려는 것이 최신 정신치료의 목적이라면 정신분석은 정신 과정을 자유롭게 하자는 것이다. 포도주를 한 잔하고 거나한 상태도 그 범주에 속할 것이다. 그렇게 함으로써 분석가의 협조로 그 내용을 분석, 해석하는 것이라고 상상할 수 있다. 그래서 이것을 '자유연상'이라고 한다.

　이 모두를 말이나 글로 표현하기 힘들다. 가장 가깝게 표현할 수 있는 것이 시와 그림이라고 볼 수 있다. 창작인에게 전의식에서 일어나는 현상은 참으로 귀중한 것이다. 여기서 창작의 씨가 가장 많이 보이기 때문이다.

창작인의 참으로 자유로운 연상

　꿈을 자유연상으로 해석할 때 쓰는 흔한 방법이 **상징의 해석**과 **은유의 풀이**이다. 이런 것을 비유(比喩, Analogy; Trope), 비유적 표현(Figure of Speech), 상징(Symbol), 유사(類似, Similitude), 우화(偶話, 諷刺, Allegory, Parable), 추정(推定, Supposition), 인격화(人格化, Personification) 등으로 세분하여 해석하는 도구로 이용한다. 이것이 창작 예술가가 정신분석에 관심이 많은 이유 중 하나이다.

　정신분석을 잘하려면 상징적으로나 은유로 나타난 의식이나 무의식의 현상이 알기 쉽게 현재 일어난 행동이나 심리 상태(생각과 느낌)에 어떻게 들어맞으며 연관되는지를 해석해 내어야 한다. 시작(詩作)에서는 시상을 찾으려고 이와 같은 방법을 쓰고, 정신분석을 하는 사람은 이런 방도로 무의식의 의미를 해석하려고 한다. 정신분석을 하려면 시인과 같은 생각(想念)이 서슴없이 일어나야 한다. 보통 사람에게는 황당무계한 상징의 해석으로 보일지 모르나 시인, 화가, 정신분석가에게는 찾고 싶었던 금은(金銀)같이 귀한 것이다. 그래서 방어기제와 상징에 관한 공부를 해 가면서 정신분석을 공부하면 시인과 같은 창작인들에게 신기하게 느껴지는 것이 있을 것이요, 도움이 되리라 믿는다. 문학가들이 정신분석에 관심이 많은 이유가 이런 것 때문이다. 또한 시인들이 무의식의 존재를 금광과 같다고들 한 이유이다.

시인에게는 다반사로 일어날 것이고, 방어작동을 의식하든 하지 않든 이런 작업을 거의 자동으로, 아니 본능적으로 이용할 것이다. 해석하면서 발견한 미(美)와 선(善)을 누구와 나누려고 하며, 잊지 않고 자기 이외의 누구에게 공헌하고 싶은 의욕이 함께하면 그것이 승화작동이다. 이것이 가장 중요하다. 불교에서 보살과 가톨릭의 수사가 하는 정진의 목적은 자기 자신의 해탈뿐 아니라 중생을 구제하는 것이다. 이런 현상과 노력은 시인이면 누구든지 가지고 있다. 괴롭거나 무섭거나 분한 심리적 갈등이 무의식에 자리 잡으면서 그런 감정이 의식으로 나오려고 할 때 시인이 그것을 시로 표현하면 그 작품은 원래의 감정이 숨겨져 있더라도 마지막으로 나온 작품은 동떨어지게 아름답다. 말하자면 원래의 감정을 선화한다 혹은 미화한다는 말이며, 진실은 버리지 않고 그대로 내포되어 있게 한다는 것이다.

승화작동과 반동형성이 흔히 동반하는 곳이 창작이다. 김소월의 「진달래꽃」처럼 읽는 사람은 반드시 말로 표현하지 않더라도 그것을 느낄 수 있다. 좋은 시에서는 그런 것이 보인다.

나 보기가 역겨워

가실 때에는

말없이 고이 보내오리다.

영변(寧邊)에 약산(藥山)

진달래꽃,

아름 따다 가실 길에 뿌리오리다.

가시는 걸음걸음

놓인 그 꽃을

사뿐히 즈려 밟고 가시옵소서.

나보기가 역겨워
가실 때에는
죽어도 아니 눈물 흘리오리다.
- 김소월

읽는 사람도 시를 통해 자신의 갈등을 무의식적으로 처리할 수 있다. 어떤 사람은 어떤 시를 마치 약을 정기적으로 먹듯이 읽고 또 읽는다. 치유의 효과가 있기 때문이라 추측하지 않을 수 없다. 아픈 마음을 토닥거리는 것이다. 말할 나위 없는 일거양득이다. "시인은 시로서 자기를 치유하려고 하지만 또한 읽는 사람의 마음도 치유한다는 것은 많은 시인뿐만 아니라 정신의학을 하는 사람도 말했다."[3] 이런 현상을 정신치료에 사용하는 것 중에 미술치료법(Art Therapy)이 있다.

앞에서 얘기했지만, 미국의 교도소에서 마약중독자, 폭행을 일으키는 정신질환 환자들을 치료하기 위해 시를 가르치는 치료법도 있다. 시인의 창작이 심리치료에 도움이 되고 그의 시가 읽는 사람의 마음도 치료할 수 있다면 이는 수도사의 정진과 다르지 않다. 기독교인은 스스로의 구원도 목적이지만 전도를 무시하지 못한다. 수없이 많은 유명 시에서 이러한 예를 볼 수 있겠지만 이런 얘기를 할 때마다 떠오르는 시가 몇 있다. 프랜시스 톰슨의 「천국의 사냥개」가 그것이다. 늦게나마 발견한 윤동주의 「참회록」을 자주 읽고 싶은 이유가 여기 있다. 황진이의 「태평가(太平歌)」와 정몽주 어머님의 「백로가(白鷺歌)」를 보면서 이 시인들의 생을 아는 사

---

3 조두영(1999). 프로이트와 한국문학. 일조각. 52쪽.

람이면 그 시가 어찌 쓰였는지 그때의 감정을 이해할 수 있다. 우리가 좋아하는 애송시라는 것이 그런 것이다.

이들 문장 속에서 보이는 글은 정신의학 전문가의 측면에서 볼 때 마치 항우울제(Antidepressant)나 항불안제(Anxiolytic)와 같은 역할을 하는 것처럼 보인다. 어떤 작가는 우울할 때는 거의 강박적으로 작품을 쓴다. 버지니아 울프(Virginia Woolf, 1882~1941)가 그리 하였다고 한다. 아니면 우황청심환 같다고나 할까. 자기가 가장 좋아하는 차(茶) 한 잔이라고도 할 수 있을 것이다. 이런 작품을 읽는 독자들은 그런 것을 이해할 수 있을 것이다. 아름다운 시 한 편을 읽으면서 마음속에 향기로운 차 한 잔을 마시고 싶다는 느낌이 있었다면 분명 그 시 속에 차 향기가 있었다는 말이다. 증오를 일으키는 감정으로 괴로운 마음에서 그와 반대로 평온한 감정을 자아내는 글을 보면 이 뜻을 이해할 것이다.

셰익스피어가 『햄릿』에서 한 말이 생각난다. "모든 인간에게 한 쌍의 귀를 주라, 허나 소리는 적게 주라." 알렉산더 포프(Alexander Pope, 1688~1744)의 "실수는 인지상정이지만 용서는 천상의 은혜이다."란 말, 괴테(Johann Wolfgang Goethe, 1749~1832)의 "사랑은 이상적이고 결혼은 진실한 것이다."라는 등의 명언을 보면 음양이 분명하고 밝은 것이 좋고 유용하다. 다시 말하면, 심층에 잠재하는 이기적이고, 야박하고, 괴롭고, 아픈 이드가 가진 마음을 시로 아름답게 바꾸어 꾸미는 것이 시인의 본기(本紀)이다. 이것이 바로 에고의 승화작동이다. 이별의 슬픔에서 미를 자아내는 기교와 용감하게 인간 심리의 심층을 들여다보는 것이 가능하게 표현되어 있는 예가 김소월의 「진달래꽃」이다.

필자는 윤동주의 시를 승화의 표본으로 뽑고 싶다. 수많은 시가 그렇겠지만 짧은 시 경험 때문에 필자가 아는 예만 올릴 뿐이다. 아마 필자의 뜻을 이해하는 시인이면 많은 예를 들 거라고 믿는다.

윤동주의 시를 자세히 보면 슬프면서 아름답다. 그의 시를 우리는 태연히 즐긴다. 눈물은 반드시 슬픈 표현만이 아니다. 감격하는 감동의 표현이기도 하다. 기적을 보고 눈물이 나는 경우처럼 말이다. 시인의 작품 활동이 은연중에 자가 치료를 할 수 있다는 것은 유명 시인들의 시를 읽고 그들의 생을 들여다보면 느낄 수밖에 없다. 앞에서 말한 몇 사람만 해도 필자의 뜻을 짐작할 것이다.[4] 지하의 동굴을 탐험하는 동영상을 감명 깊게 본 적이 있다. 전설에서 지하를 암흑과 지옥, 지하의 감옥 등으로 표현하는 것은 동서고금을 통해 통용되어 왔다. 그러나 이 탐험가들이 조명등을 이용해 천연색으로 담아 온 영상은 참으로 아름다운 것들이었다. 그 어둡고 깊은 지옥이라고도 불리는 땅속에서 자신이 가져간 조명등으로 형용하기 어려운 아름다운 정경을 포착해서 그것을 재생해 표현하는 탐험가들의 정성은 우리를 놀라게 한다. 여기서 중요한 것은 '조명(照明)'이라는 말이다. 암흑의 지하를 조명이라는 도구로 그 암흑 속에 감추어진 아름다운 것들을 밝혀내는 것은 마치 시인이 본 괴롭고 어두운 감정을 '시'라는 감정의 조명 도구로 아름답게 표현하는 것과 같다. 앞에서 표현한 것을 다시 말하자면 무서운 강풍을 정면으로 부딪치면서 얻어 온 색, 모양, 소리를 창작의 자료로 쓰는 것이 창작인의 본기이다. 창작인은 이런 경험을 고의로 찾아다닌다.

---

4   섬나라 영국 시인 중에 유명한 시인들의 시와 그들의 정신 상태를 보면 우울증과 불안증을 겪은 시인이 상당히 많다. 그중에서도 잘 알려진 시인은 콜리지(Samuel Tayler Coleridge)이다. 그는 영국 시단의 낭만기의 거장이었다. 그는 영국의 시단에 기념비적 위치에 있다. 그러나 그는 평생을 우울증과 투쟁했다. 어느 학자는 그가 조현병을 앓았다고 했다. 그의 무의식이 비교적 큰 변형 없이 시로 나타나지 않았을까 하는 추측을 할 수 있다.

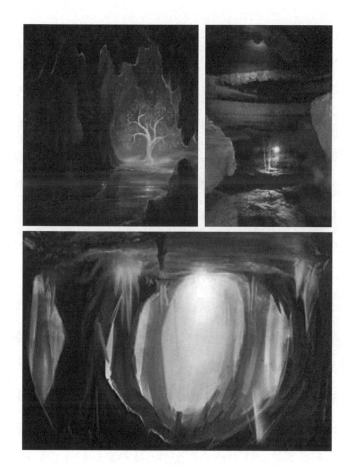

창작에서 의식적 노력이 작품을 마무리하는 데 중요한 것은 당연하다. 그것이 창작인의 기술이다. 그것은 학습으로도 가능하다. 그러나 창작력의 뿌리는 역시 알기 힘든 무의식의 깊은 곳에서 시작한다. 창조적 영감, 의욕, 충동은 무의식에 잠재하고 있다는 말이다. 이것은 전의식에서 작동이 시작되지만, 전의식의 역할을 무의식의 역할과 구별하기는 힘들다. 이런 점에서 창조란 발명과 같다. 무의식에 잠재해 있는 것을 전의식을 거치면서 새로운 양상으로 형성해 그것을 의식에 있는 도구를 이용해 표현한다고 할 수 있다. 물론 이 도구란 작가의 재능을 말한다. 창조란 새것을 만든다는 것이다. 그러나 무(無)에서 만들어 내는 것이 아니라는 것을 다시 한번 강조한다.

마음속에 알려지지 않던 것을 창조적으로 표현하는 것이 예술적 창조라고 한다. 플라톤은 인간의 삶의 근본 목적은 선(善)을 성취하는 것이며, 그러기 위해 미(美)를 추구해야 한다고 했다. 로런스 큐비는 정신분석은 마치 과학(심리학)과 예술을 연결하는 다리 역할을 한다고 했다. 특히 자유연상은 정신분석과 예술적 창조에 가장 중요한 심리 현상이라고 했다. 그 도구의 대부분이 상징과 은유의 작동이라는 것은 이미 지적했다. 무의식에서 어떤 기억이나 생각이 전의식으로 넘어갈 때도 상징이며, 그것이 전의식을 거쳐 의식에 넘어갈 때 작가는 의식적으로 은유를 사용하기도 한다. 의식에서 만들어 내는 창작의 내용은 우리가 이해할 수 있어야 하므로 아무리 해석이 힘든 은유라도 결국은 우리가 알 수 있게 표현되어야 한다. 그것이 창작의 마지막 단계이다.

흥미로운 것은 창작에서는 마치 무의식의 심층에서 일어나는 꿈과 같이 여러 상징이 압축되어 표현되어 있다고 한다. 따라서 그 작품은 조심스레 풀어야 할 것이다. 우리가 어떤 작품에서 어찌하여 그 작가의 무의식에 잠재한 내용이 표현되었는지 추측하기는 어렵지 않다. 그것은 대개 그 작가의 독특한 기법이나 내용이 마치 손도장을 찍어 놓은 것처럼 작품을 만들어 내기 때문이다. 그 작가에게는 독특한 기술로 그의 잠재적인 것을 이해하기 쉬운 새로운 모양으로 나타내는 기술이 있다. 그 기술을 가진 사람들을 우리는 작가라고 한다. 이 부분에 대해서는 간결하게 설명했지만 로런스 큐비의 『Neurotic Distortion of the Creative Process』라는 자그마한 책자를 권하고 싶다. 물론 이 제목에 대해서 나온 정신분석적 저서는 수없이 많지만 읽고 이해하기 쉬운 것을 고르기는 힘들다.

창작인의 자유로운 연상을 위하여

창작은 자유로워야 한다. 동서를 막론하고 재래식 교육은 무의식과 전의식에서 나타나려는 생각을 억제하고 선생(어른)이 가르치는 질서에 따라서 판에 박힌 규율에 따라 과학을 배우고 예술을 배운다. 이렇게 배운 것으로 노래를 부를 수 있을지는 몰라도 작곡은 힘들다. 전통사회에서 어른이 되면서 자연스러운 표현이 사라지고 판에 박힌 생각의 노예가 된다. 상당히 많은 창작인과 천재적 과학자들이 전통적 교육을 중단하고 자기가 추구하는 길을 따라간다. 아인슈타인도 그리하였고 빌 게이츠도 학업을 중단했다. 로버트 프로스토도 학업을 중단했다. 사회질서나 규율을 지키고 싶은 것과 창작하고 싶은 것은 전혀 다른 길일 수 있다. 사회의 질서를 강조하는 사람들이 창작인들에게 눈살을 찌푸리는 이유가 여기에 있다.

창작인들이 좀 이상해 보인다는 말은 그들은 노이로제 같은 전의식이 쉽게 표현되기 때문이 아닌가 한다. 창작인치고 공부 잘한다, 성적이 좋다, 우등생이라는 말을 듣는 사람은 별로 들어 보지 못했다. 머리가 좋을지라도 성적은 별로일 것이다. 그 이유는 전의식에 나타나려는 창작적 생각을 자유롭게 받아들이려면 그만한 용기가 있어야 하며 규칙이나 규율에 억압되지 않아야 하기 때문이다. 21세기 과학의 발전, 특히 인공지능 때문에 새로운 산업혁명(4차 산업혁명)에 적응할 수 있는 교육은 자유로이 생각할 수 있는 능력을 가르치는 것이라고 한다. 많은 교육자가 강조하는 사실이다. 창조적 생각이라는 말과 창작적 생각을 구별할 수 없다.

정신분석의 자유연상은 연상할 때 참으로 자유롭게 아무런 속박을 받지 않아야 한다. 이것은 창작인의 연상과 거의 같은 것이다. 사회적 규율이나 형식의 속박을 받지 않아야 한다는 것은 문법 같은 언어의 규칙까지도 무시할 수 있어야 할 정도를 말한다. 포도주 한 잔한다, 비몽사몽간이라고 표현하는 것도 이런 정신 상태를 말한다. 창작인은 제약을 무서워하지 않아야 작품을 창출할 수 있다. 선생이 가르친다는 것은 이럴 때 작품을 만들어 내는 기술을 말하는 것이다. 창작적 이데아는 창작인만이 가진 것이다. 창작의 정신기제와 정신분석의 과정은 거의 같다는 것을 설명하고자 했다. 필자는 이것은 마치 오월의 청청한 날 정자 밑에 팔베개를 하고 누워 뭉클한 흰 구름을 초점 없이 쳐다볼 때 눈꺼풀이 사르르 힘을 잃어 가는 그때 그 순간과 같다고 상상한다.

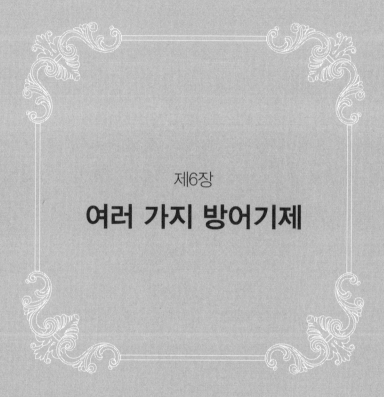

제6장

여러 가지 방어기제

방어기제가 있고, 그것이 믿을
만하다고 생각하는 이유는 프로이트가 스스로 발견한 이 기제들을 이용해서 무의
식 속의 문제를 풀었고, 그 후 많은 분석가의 경험과 치유에서 같은 현상을 보고 확
인했기 때문이다. 이것을 '**정신기제**'라고도 한다.

　이 기제들은 참으로 기발한 발견이다. 이 기제들을 이해하면 인간의 모든 행동
(말, 생각, 믿음, 창작, 등)을 이해하게 되고, 재미있고 신기한 것들을 볼 수 있다. 뿐만
아니라 이 기제들을 공부해 두고 상상하며 하나하나 연습하면 창작에도 도움이 될
뿐 아니라 재미도 있다. 많은 시인이 '무의식은 시작(詩作)의 보고'라고 한 것이 그
때문이다. 즉, 이 무의식의 기제들을 배우면서 일어나는 상상은 창작에 쓰일 금싸
라기 같은 것이라는 말이다. 일상생활에서 일어나는 행동도 무의식의 어느 현상에
서 온 것인지, 어떻게 온 것인지를 상상하면서 또 왜 그런 것이 일어나는지를 보면
전에는 몰랐고 이해하지 못했던 이유를 깨닫기도 한다. 그 사실들이 무의식에는
이미 저장되어 있었다는 것을 깨닫는다면 신기할 것이다.

　어떤 행동의 표현과 그 행동을 하고 싶은 욕망과의 관계를 설명하는 데 이 기제
들은 참으로 기발하며 유용한 도구이다. 우리 마음속에서 의식적으로 자유롭게 생
각하고 거기서 맘먹은 것을 행동으로 옮기는 것도 완전히 자유의지(의식적)로 행한
다고 믿는다. 그것은 추측일 뿐이다. 정신분석을 하면 그 진의를 알 수 있다. 우리
는 진실한 마음을 그대로 표현하지 않는 경우가 참으로 많다. 우리의 행동은 사회
적으로 상당히 저지되고 사회의 규율에 따른다. 어떤 학자들은 기억의 착오라고

하지만 정신분석으로 자세히 보면 그 이유를 이해할 수 있다. 배가 고파 눈앞에 있는 음식이 먹고 싶다. 그러나 내 것이 아니므로 먹을 수 없다. 내 행동을 방해하는 것은 길고 긴 역사적·사회적·도덕적·심리적 이유 등이 있기 때문이다. 간단한 행동이 일어나게 하는 혹은 금지할 수 없는 조건을 우리는 별로 생각하지 않고 산다. 이러한 길고 복잡한 것을 해석하면서 발견한 심리적 기전이 방어기제이다. 방어기제의 발견과 해석은 기발할 뿐만 아니라 놀라운 발견이 아닐 수 없다.

프로이트는 정신분석 학설의 대부분이 그리스 신화와 셰익스피어의 희극, 소네트에서 발견할 수 있고, 거기서 얻은 아이디어에 기초를 두고 일어났다고 고백했다. 그 작품들은 대개 서사시(敍事詩, Epic Poetry)이다. 사실 파고 들면 북유럽의 신화, 인도의 신화, 한국의 신화 등 모든 문화권의 전설과 신화에서 비슷한 전설과 근원을 찾아볼 수 있다. 그것은 인류가 갈등을 해결하려는 이야기 같다. 이는 또한 인류 문화의 변천과 함께 인류의 심리에 역사의 흐름과 함께 발전하며 만들어지고 인류의 마음속에 담긴 현상이므로 동서의 차이가 별로 없다고 한다. 칼 융의 집단 무의식(集團無意識, Collective Unconscious)과 전형(典型, Archetype)이라는 학설에서도 보여 준 것과 같이 동서양의 고대 전설에 공통한 얘기가 그려져 있고, 전 세계 인류의 무의식에 공통한 것이 있다는 말이다. 즉, 인류 전체의 깊은 무의식 속에는 근본적으로 거의 같은 정신 현상이 작동하고 있다.

그리스 신화에서 인용한 정신 현상 중 하나인 오이디푸스 콤플렉스(Oedipus Complex)를 창안한 것만으로도 그것을 이해할 수 있다. 오이디푸스의 전설과 비슷한 것, 특히 근친상간에 관한 역사적 사실과 전설은 많은 문화권의 전설에서 볼 수 있다. 서양 사람의 정신 기전에서 발견한 이 현상이 동양 사람에게도 적용된다. 여기서 토론할 정신기제는 어느 문화권에서도 적용이 된다. 한국에서도 정신분석이 더 알려지고 활용되기를 바란다. 그러면 이제 정신기제 혹은 방어기제가 어떤 것인지 하나씩 공부해 보기로 한다.

억압

우리의 정신 내용(기억)은 대부분 무의식에 존재한다. 거기에 있으면서 쉽게 나올 수 없으므로 정신건강이 보호된다. 그러나 거기에 그렇게 있게 하려면 상당한 힘이 있어야 한다. 무의식에 그 모든 내용과 기억을 보존하는 힘이 바로 억압(抑壓, Repression)이라고 해서, 작동 그대로의 이름이다.

억압은 무의식에 작동하는 아주 근본적이며 반드시 있어야 하는 기제이다. 이는 말할 여지가 없다. 의식이 감당하지 못할 심리 현상이나 기억, 갈등 등을 의식에 나타나지(표현되지) 못하게 하려면 마음속 어딘가에 가두어 두어야 한다. 무의식이 무의식인 이유가 의식해서는 안 될 것이기 때문이다. 따라서 억압은 우리 정신건강을 보존하는 근본 기제이다. 물론 보조적으로 별로 해가 없는 기억도 공존하기도 한다.

이 억압된 내용이나 기억이 의식에 안전하게 나타나는 길은 꿈과 방어기제를 거치는 것이다. 이것이 우리의 생각과 행동의 근본적인 정신작동의 순서이다. 그 내용을 인위로 알아볼 수 있게, 즉 추측할 수 있게 하는 것은 정신분석뿐이다. 전설과 성경에서 표현한 사탄으로 용이나 레비아단(악어처럼 생긴 마귀, Leviathan) 같은 괴물을 지하 감옥에 가둔다는 것과 비슷한 표현이다. 이것은 의식이 알건 모르건 무의식이 알아서 의식에서 용납되지 못할 위험한 욕구 충동, 갈등 등을 무의식에 가두어 나가지 못하게 하는 기제이다. 위험하다는 이유는 무의식에만 있어야 할 그것이 전혀 방어기제를 거치지 않고 행동으로 직접 표현되거나 의식에 나타나면 심한 정신질환을 가져올 수 있는 파괴적인 힘이 되기 때문이다. 정신적 파괴(Mental

Breakdown)는 표현하기 힘들 정도로 심한 정신병을 일으킨다는 뜻이라고 이미 얘기했다. 증상 혹은 질환이 짧게 왔다가 지날 수도 있고 만성질환이 될 수도 있다. 땅속에 갇혀 있는 마귀가 나오거나, 지각이 부서져 지구의 내핵(內核)이 폭발하면 이 세상에 무서운 파괴를 가져온다. 마찬가지로 사람에게 무의식에 있는 내용이 안전망(방어기제) 없이 튀어나오면 그 인간은 정신적으로 자폭하게 된다. 이 현상을 이렇게 강조해 가며 설명하는 글을 읽어 본 적이 없다. 필자는 이런 현상으로 일어난 아주 극심한 정신질환을 무수히 보았다.

한편 의식적으로, 고의로 어떤 욕구나 생각을 지우려고 할 때 그것을 무의식에 보내어 억압할 수도 있다. 이것을 '**의식적 억제**(抑制, Suppression)'라고 한다. 우리가 머리에서 불쾌한 생각이나 기억을 지우고 싶거나 생각하기 싫을 때 애써 의식에서 지우려고 노력하는 현상이다. 대부분은 일시적이다. 훈련소에서 신병들에게 "잘 들어라. 오늘 이 시간부터 너희 어머니는 없다. 내가 너희 어머니다. 고향 생각을 머리에서 지워라."며 가르치는 훈육관의 첫마디 같은 것이다. 방해되는 생각을 잠시 지운다는 말이다. 의식적으로나 고의로 괴롭거나 무서운 생각을 의식에서 지우려는 것이다.

대부분 이런 생각은 심히 포악하거나 파괴적이지 않다. 가끔 우리는 스스로 고개까지 흔들면서 속으로 '아니야, 안 돼.' 하며 어떤 생각이나 욕구 충동을 마음에서 지우려 한다. 가장 흔한 예가 "난 몰랐어. 난 못 들었어. 난 못 봤는데, 난 알기도 싫어."[1] 하며 괴로운 생각을 지우려고 노력하는 것이다. 대개 술을 마시거나 잠을 실컷 자고 나면 그것이 성취될 수 있다. 견디기 힘든 생각과 감정을 의식적으로 무의식에 억압하는 것이다. 그러나 얼마나 그것이 성공할지는 알 길이 없다.

---

1   Three Wise Monkey; 三匹の猿; See no evil, hear no evil, speak no evil.

승화

승화(昇華, Sublimation)는 가장 능률적이고 고상하며 창조적인 작동이다. 싫고 무섭고 용납하기 어려운 욕구 충동이나 괴로운 기억을 여러 모양으로 인간 사회에 유익한 것으로 변형하여 표현되게 하는 것을 말한다. 파괴적인 무서운 생각이나 기억을 아름답고 쓸모 있는 형태로 의식에 가져와 표현하는 기제이다. 가장 좋은 예가 창작인의 창작 활동이다. 시인의 시, 화가의 그림, 사진작가의 작품 등은 그 좋은 예가 되겠다. 창작인이 우울증 같은 괴로움을 겪을 때 그들은 작품을 만들어 낸다. 자신에게도 도움이 되겠지만 무엇보다 그 작품의 혜택을 받는 사람은 독자나 관람자이다. 악한 행동으로 중형을 받은 사람이 성직자가 된다는 것도 그 좋은 예이다.

이런 예는 수없이 많다. 잘못을 뉘우치고 사회에 도움이 되는 활동이 이 범주에 속한다. 과거에 어떤 용납되지 못할 욕구가 일어났을 때 그것을 억압하고 그 대신 남을 돕는 자선적인 행동을 하는 것, 슬프고 괴롭고 증오에 시달릴 때 그것을 아름다운 시로 표현하는 것 등이다.

이때 창작인에게 돌아오는 자가 만족은 무의식적이다. 이 모든 현상이 자기도 모르게 무의식적으로 일어난다. 그렇게 해서 생산되는 작품은 많은 사람에게 아름다운 감동을 주며 남에게 도움이 되는 이타적(利他的, Altruistic) 현상이 된다. 프로이트는 정신분석의 궁극적(최상의) 목표가 노이로제를 해결하고 난 후에 이타적 생각과 행동(Altruism)이 성격에 나타나는 것이라고 했다. 심리학에서 이타적 심리와 행복과 정신건강은 양방향성(兩方向性) 상관관계가 있다는 것은 잘 알려져 있다.

문인들, 특히 시인에게 우울증이 많은 것은 알려진 사실이다. 그러나 이들은 그 괴로움을 단지 비관적으로 표현하지 않고 누구를 탓하지 않고 누구나 읽으면 좋은 창작으로 표현한다. 의식적으로 그렇게 하는지는 몰라도 이 과정에서 자가 치유되기도 한다는 것은 알려진 사실이기 때문에 그렇게 추측할 수도 있다. 괴로운 것을 아름답고 고상하게 하는 승화하는 정신기제는 창작인 대부분이 가지고 있다. 반 고흐, 버지니아 울프, 에드거 앨런 포 등은 전형적인 예이며, 프랜시스 톰슨, 솔제니친(Aleksandr Solzhenitsyn), 네루다(Pabulo Neruda), 파스테르나크(Boris Pasternak)와 함께 우리나라의 윤동주, 이상, 김소월 등 헤아릴 수 없이 많다. 그들은 모두 심한 심적 고통, 특히 우울증을 겪었다. 그러나 아름다운 작품을 만들어 내어 세상 사람에게 오히려 은혜를 베풀었다. 비관이나 증오로 작품을 색칠하지 않았다. 가끔 작품에서 그들의 심정을 엿볼 수는 있지만 그것보다 아름다움이 훨씬 큰 폭으로 나타나 있다. 역사 속의 작가뿐만이 아니다. 필자가 접하고 이 글을 쓰게 된 동기를 일으켜 준 시인들을 포함한 많은 예술가에게서 볼 수 있었다.[2] 기독교인이 심한 고역을 겪으며 선교 활동을 하는 것과도 같은 현상이다.

승화 작동은 인간에게 그들이 가진 아름다운 감정을 되살려 살아가는 목적을 보여 주는 역할을 한다. 플라톤의 말을 다시 끄집어낸다. 인간의 최상의 목적은 선이며, 그것을 달성하기 위해 미를 추구하며 살아야 한다는 그의 철학은 승화 작동에 꼭 맞는 말이다. 필자는 성직자의 사역은 자신의 구원과 인간 전체의 구원을 위한 정진과 같으며 예술 창작인도 마찬가지라고 본다.

---

2 필자가 늘 이런 경우의 예를 들 때 프랜시스 톰슨의 「천국의 사냥개」와 에드거 앨런 포의 「애나벨리(Annabellee Lee)」, 「갈까마귀」를 이야기한다. 특히 필자는 이 시, 「갈까마귀」를 밤에 찾아온 무서운 손님이라는 생각을 지울 수 없다. 그러나 이것은 결국은 애절한 그리움을 표현하려는 강조임이 역력하다.

합리화

우리가 의식적으로 우리의 주장을 내세우기 위해 어떤 사건을 합리화하는 것을 말하는 것이 아니다. 표현이 비슷할지라도 여기서 말하는 합리화는 무의식 속에서의 합리화(合理化, Rationalization)이기 때문에 우리는 양심의 거리낌을 느끼지 않는다. 즉, 우리는 그 작동을 전혀 의식하지 못한다. **합리화**는 어떤 갈등이나 용납되지 않은 생각을 그럴듯하고 경우에 맞을 것 같은 생각으로 바꾸는 작동이다. 모임에서 한 친구만 초청하지 않았는데 나중에 그 친구가 그 이유를 물었다. "자네 부인이 파티를 싫어한다고 해서"라고 변명 같은 합리화하는 말을 하지만 본인은 늘 그 친구에게 증오심이 있었기 때문에 명단에서 무의식적으로 빼 버린 것이다. 이것은 무의식에서 오는 행동이라는 것을 강조한다. 친구에게 증오를 품는 것 같은 갈등은 흔하지는 않지만, 가끔 일어나면 괴롭다. 그것을 억누르고(억압하고) 있자니 그 행동이 무의식적으로 나타날 수 있다. 그때는 합리화 같은 작동을 거쳐야만 견딜 수 있다. 합리화는 오늘날 정치가들이 다반사로 의식적으로 하는 변명에서 너무도 자주 본다. 때로는 그 사람들이 아주 태연히 하는 말, 즉 합리화한 말을 참으로 믿는 게 아닌가 하는 의심이 갈 때가 있다.

다시 한번 강조하면 정신분석에서의 합리화는 무의식에서 일어나기 때문에 합리화하는 본인이 전혀 모를 때만 적용된다. 이 현상은 노이로제가 심하지 않더라도 평소에 자주 일어난다. 임상 생활을 할 때 이런 현상을 너무 많이 보았다. 필자에게는 분명히 보이나 그 장본인은 전혀 의식하지 못하고 있을 때는 측은하기도 했다. 때론 그러한 현상은 다른 사람들에게 거짓말로 보일 수 있기 때문이다.

전치

전치(轉置, Displacement)는 어떤 심리적 이미지에서 전체가 부분으로 혹은 한 현상이 다른 현상으로 바뀌는 것을 말한다. 즉, 감당할 수 없는 생각이나 기억이 감당할 수 있는 이미지나 증상으로 바뀌는 작동을 말한다. 예를 들면, 돋보기를 쓴 사람과 아주 불쾌한 갈등이 있고 난 뒤로 돋보기를 쓴 사람이 싫고 피하고 싶다. 그 경우 본인은 왜 그런지 모른다. '어쩐지 싫어.'라는 표현과 같은 것이다. 그다음으로 그 미운 사람 대신 돋보기만 싫어지는 현상이 일어나기도 한다. 그것이 사람을 증오하는 것보다 정신적으로 훨씬 편하기 때문이다.

임상에서 자주 보는 현상은 의사들이 많이 보는 히스테리전환반응(轉換反應, Hysterical Conversion Reaction)이다. 전환적 맹안(Conversion Blindness), 전환적 무언증(Conversion Mutism), 전환적 마비(Conversion Paralysis) 등 임상적으로 그런 증상이 일어날 가능성은 크다. 팔다리같이 능동적으로 움직일 수 있는 수의근 마비가 가장 흔하다. 능동적으로, 의식적으로 움직일 수 있는 육체적 동작이 마비되는 것이다. 이러한 현상은 이해하기 쉽다. 표현이 분명하기 때문이다. 그런 환자를 보면 고통스러운 표정이 없다.[3] 신체적 장애에 당연히 함께 와야 할 정서가 따르지 않는 것만으로도 진단할 수 있다. 그 환자는 이를 마치 당연하게 받아들인다.

이런 임상 질환은 일반 진찰 방법으로는 도저히 이해할 수 없는 육체적 장애이기 때문에 기술이 있는 정신과 의사의 치료로만 나아질 수 있다. 전쟁터에서 군인의 오른손 인지에 마비가 오는 것은 전쟁 중에 꽤 흔하게 볼 수 있는 현상이다. 이

---

3 'La Belle Indifference'라고 하여 심히 고통스러운 증상이 있는데도 전혀 괴로운 표정이 없는 증상을 말한다. 종합병원에서 정신과 의사가 흔히 성공적으로 정신적 문제와 증상을 찾을 수 있게 돕는 증상이다.

는 진단이 비교적 쉽다. 그 병사는 총의 방아쇠를 당기는 것, 즉 사람을 죽이는 것이 너무도 무서워 아예 무의식의 작동으로 손가락 하나를 마비시켜 버리는 것이다. 물론 무의식 속에서 일어나는 일이다. 알고 보면 그 병사의 무의식 속에 살해 의욕이 있었고 무의식에서 적을 총으로 쏘는 것과 자기가 증오하며 살해하고 싶은 사람을 쏘는 것이 구별되지 않기 때문에 일어나는 현상이다. 훈련소에서 사격 연습을 할 때는 전혀 문제가 없었다. 이 모든 것이 무의식에서 일어나기 때문에 본인은 그런 현상과 관계를 전혀 의식하지 못한다.

진단은 쉽지만 치료는 상당히 힘이 든다. 가끔 최면술 치료만으로도 치유될 수 있다. 임상적으로 아미탈 면접(Amital Interview)[4]이라는 방법이 있는데, 진정제로 의식을 마비시키고 마치 최면술 대화처럼 환자와 대화하며 병의 원인을 찾거나 치료를 시도해서 성공하기도 한다. 필자도 몇 사례를 보았기 때문에 그 몇 증례(症例)를 이 글 끝에서 토론하려고 한다. 종합병원에서는 이런 환자를 자주 볼 수 있으며, 대부분은 치유가 되었다. 필자에게 독특한 치료법도 생겼다. 이해하기 힘들어 알쏭달쏭한 정신의학의 가치를 더욱 인정하는 데 공헌을 한 셈이다. 정신분석과 최면술의 중간쯤 되는 소위 점진적 근육 이완(Progressive Muscle relaxation) 치료법을 많이 이용했다.

---

4   아미탈(Amital)이란 페노바르비탈의 일종으로, Sodium Pentothal을 말한다. 주사를 놓으면 환자가 의식을 잃지만, 대화를 할 수 있다. 가끔 환자들이 수술 목적으로 마취를 했는데도 대화를 할 수 있다. 마치 깨어 있는 것 같이 대화를 한다. 이때 환자도 모르는 억제된 비밀을 실토하는 때도 있어 'Truth Serum'이라는 별명까지 붙었다. 이런 방법으로 무의식을 캐낼 수도 있다. 정신분석가가 아니면 절대 사용해서는 안 된다. 정보국에서 비밀리에 쓰여 왔다는 이야기도 있다.

동일시

　　동일시(同一視, Identification)는 무의식에서 일어나는 어떤 욕구나 충동을 의식적 행동으로는 도저히 표현할 수 없을 때 그 욕구와 충동을 억제하고 그런 충동을 맘대로 표현할 수 있는 어떤 사람과 자기를 같은 사람같이, 즉 마치 이인 동체처럼 행동하는 것을 말한다. 이는 흉내 내는 것이 아니라 무의식으로 일어나기 때문에 본인은 전혀 모르고 하는 행동이다. 영화배우나 연극배우처럼 의식적으로 흉내 내는 것이 아니라 무의식적으로 표현된다. 제2차 세계대전 때 독일에서 히틀러를 무심코 흉내 내는 것이 유행이었다고 한다. 가장 흔하며 대표적인 예는 역시 사내 아이가 아버지를 닮으려고 할 때 무의식적으로 하는 행동이다. 의식적으로 흉내 내는 것이 아니고 본인은 자기가 왜 그렇게 하는지를 전혀 모른다.

　　필자는 가끔 외손자와 전화 통화를 하면서 사위와 얘기하는 줄 착각할 때가 많다. 손자와 사위의 목소리를 구별할 수 없기 때문이다. 우리는 가끔 우리가 존경하며 사랑하는 사람을 모방해서 행동한다. '무심코 흉내 낸다.'라는 말이 그런 표현이다. 그런 행동이 보인다고 말해 주면 대부분 부정한다. 만약 작가가 동일화하게 되면 그가 존경하는 선배 작가를 모방할 수 있다. 그런 일이 표절로 보일 때가 있겠으나 이 행동은 무의식에서 일어나기에 표절은 아니다. 하지만 의심을 받을 가능성이 크다. 참으로 억울할 때가 있다. 평론가에게는 보일지라도 작가 본인에게는 무의식에서 일어난 일이기 때문에 보이지 않는다.

　　대부분의 동일화는 본인이 숭상하면서 따르고 싶은 사람과 동일화하기 때문에 본인에게 유익하다. 어느 시작 지도서에서는 아예 처음부터 좋은 시와 유명한 시를 의식적으로라도 흉내를 내어 쓰라고 권유한다. 무엇이든 잘 배우려면 모방이 효율적이다. 동일화는 무의식적으로 일어나는 현상이다. 그렇기 때문에 작품이 완성되면 기쁘겠지만 그것이 모방적이었다는 사실을 알게 되면 괴롭기도 할 것이다. 거의 정상화된 동일화는 어린아이가 엄마나 아버지의 흉내를 무의식적으로 내면서 행동이 동일화되어 간다. 목소리니 눈짓이 닮는 것을 보고 유전적이라고 하는 학자도 있고, 그렇게 보는 사람들이 많다. 반드시 그렇지는 않다. 아이가 습관적으로 쓰는 속어나 격언처럼 부모를 닮아 표현하는 것은 흔한 동일화라는 것을 부정하지 못할 것이다.

　동일화는 드물게 성인에게는 병적으로, 비정상적으로 나타나지만 어린아이에게는 좋은 성숙의 과정이기도 하다.[5] 아이러니하게도 자기가 죽이고 싶도록 증오하는 사람을 흉내 낼 수도 있다. 이것은 그 충동이 나타나지 않게 방지하기 위한 무의식의 안전장치로써 쓰이는 방어기제이다. 이 현상은 미운 사람을 본받고 싶은 일종의 반동형성과 비슷한 데가 있다. 미운 사람을 닮는 것처럼 괴로울 때는 없다. 이것은 증오를 금하려는 슈퍼에고의 벌과 같은 것이다.

합일화

　합일화(合一化, Incorporation)란 자기가 원하거나 부러워하는 인격을 자기 것처럼 만들어 그것이 본인의 성격에 그대로 나타나게 하는 것을 말한다. 다시 강조하지만, 이는 의식적으로 행하는 것이 아니고 무의식에서 자기도 모르게 일어난다. 처음에는 동일화했던 것을 차츰 합일화하면 그것이 고정되어 성격이 되어 버리는 것이 흔한 경로이다. 처음 동일화했던 그 심리가 성격으로 표현되기 시작할 때 그 순

5　앨프레드 히치콕의 유명한 영화 〈사이코〉는 병적 동일화를 이용한 영화이다. 히치콕과 우디 앨런, 두 영화의 대가는 정신분석학을 자유자재로 응용해 영화를 제작했다.

서는 일단 어떤 대상과 자기를 동일시한 뒤 그것을 합입(合入, Introjection)이라는 과정으로 자기 것으로 만들어 버린다. 동일시 – 합입 – 합일화 순서를 거치면 결과적으로 그것이 자기 것으로 고정되어 성격으로 표현된다. 이 순서는 어릴 때부터 서서히 조금씩 일어난다. 이 과정은 은근하면서 절묘하게 나타난다. 때로는 아주 극적으로 짧은 시간에 망상처럼 나타나 자기가 그 실재 인물인 것처럼 행동하며 병적으로 표현되는 예도 있다.

이 현상이 히틀러의 독일에서 유행처럼, 전염병처럼 일어났었다. 오늘날의 강력한 미디어 때문에 일어나는 모방범죄(Copycat) 또한 그런 현상이다. 이 현상과 전환 히스테리가 동시에 일어난 괴이한 유행성 정신질환을 뉴스에서 본 적이 있다. 미국 중부의 한 고등학교에서 마치 국지적 유행병처럼 한 반 학생 모두에게 토사(吐瀉)가 났다. 대장균 전염병이 가끔 국지적으로 전염되기 때문에 정부는 전염병이 퍼진 것으로 단정하고 온갖 검사와 조치를 단행했지만, 전혀 근거를 잡지 못했다. 결국 집단 전환 히스테리에 의한 증상으로 단정하게 되었는데, 이런 경우가 미국에서 몇 번 있었다. 이를 악용할 수도 있다. 사이비 종교 같은 절대 복종을 요구하는 단체에서 흔한 일이다. 누구의 행동을 똑같이 모방한 후 완전히 자기 것으로 되어 버리게 하는 현상이다. 즉, 모방에서 한걸음 더 나아가 그 모방이 자기 것으로 되어 버리게 한다.

비슷한 현상으로 스톡홀름 증후군(Stockholm Syndrome)이 있다. 납치된 사람이 납치한 사람을 믿고 따르며 좋아하게 되어 한 편이 되는 현상이다. 정확히 동일시는 아니지만 비슷한 현상이다. 다시 강조하건대 이 모두가 무의식에서 일어나기 때문에 본인은 전혀 의식하지 못한다.

반동형성

반동형성(反動形成, Reaction Formation)은 아주 흔한 현상이다. 또한 상당히 유익한 현상이다. 이 현상은 인간의 심리가 얼마나 창의적인가를 알려 준다. 무의식 속의 생각, 소원, 욕구 충동 등이 현실적으로 받아들여질 수 없을 때 그와 정반대로 용납되고, 때로는 칭찬을 받을 만큼 좋은 생각, 충동, 소원 혹은 행동으로 바뀌어 표현된다. 간단한 예로 죽도록 미운 사람을 만났는데 오히려 아주 반가운 사람을 만난 것과 같은 행동을 한다. 만약 두 사람의 관계를 오랫동안 잘 아는 사람이 보면 그런 행동이 가짜 행동으로 보일 수도 있을 것이다. 그러나 본인은 전혀 그것을 의식하지 못한다. 완전히 무의식으로 태연하게 나타나기 때문에 본인도 전혀 모르고 행한다. 무엇을 하는 척하는 것이 아니다. 무의식에서 나온 행동임을 강조하고 강조하지만, 주변 사람은 그것이 의식적이고, 고의라고 본다. 참으로 가슴 아픈 오해이다. 예의상 행하는 가식을 말하는 것도 아니다.

기독교와 불교에서 말하는 '원수를 사랑하라.' '자비'라는 말은 이런 것을 마음속으로 길러 무의식적으로 표현되게 살라는 말과 같다. 신약성경 야고보서 2장 14절 "내 형제들아 만일 사람이 믿음이 있노라 하고 행함이 없으면 무슨 이익이 있으리오."라는 말씀은 믿으면 행동이 변한다는 뜻이다. 의식적으로 하는 것 같이 보이는 행동은 남이 보기 때문에 하는 것처럼 보인다. 그러나 이 가르침은 행동을 할 때는 왼손이 모르게 하라는 말과 같다.[6] 한 영상에서 사자가 노루 새끼를

---

6 이 대목은 기독교 교리와 정신분석이 일치하는 것처럼 보인다. 칼뱅의 학설에 의한 중생(salvation)은 무의식에서 일어나고, 야고부스 아르미니우스(Jacobus Arminius; 1560~1609)의 중생은 의식적으로 선행을 노력해야 한다는 주장이 생각난다. 기독교의 '원수를 사랑하라.'는 당연히 미워해야 할 사람도 사랑으로 대하라는 말이다. 이것은 기독교 교리가 정신분석의 기제를 알며, 가능성이 있다는 것을 알고 있다는 말이기도 하다.

추적해 잡는 것을 보았다. 곧 잡아먹을 것 같더니 자기 새끼 다루듯 하는 것을 보고 기대했던 것의 정반대 현상 같아 문득 반동형성의 좋은 예가 아닌가 하는 생각이 떠올랐다. 반동형성은 인간에게만 있는 것이 아니라 동물에게서도 일어나는 현상이라는 느낌을 주었다. 새끼 노루에서 일어나는 페로몬(Pheromone) 때문일 것이다.

페로몬에 대해 잠시 이야기하고 지나려 한다. 임산부의 순산과 모유의 생산을 증진하는 옥시토신(Oxytocin)이 이런 사랑의 호르몬이라는 학설이 있다. 이 호르몬은 애정을 표현하게 하는 내분비물질이라고 추측되었다. 본능적인 사랑을 표현을 하는 생리적 기전이 있다는 얘기이다. 모든 짐승의 모성애는 분명하다. 돼지고기를 먹는 인간은 돼지를 애완동물로도 기르기도 한다.

사랑이라는 감정과 정반대되는 감정으로 증오가 있다. 증오의 발생은 원시적 행동으로 보면 다른 짐승을 잡을 때 반드시 일어나야 한다. 그래야만 사냥을 할 수 있기 때문이다. 그러나 인류 사회에서는 증오보다 사랑을 선택하라고 권유한다. 무의식에서 이런 행동이 마치 의식적으로 행하는 것처럼 보이게 하라는 것을 말한다. 증오를 표현할 형편이 되지 않으면 무의식은 얼른 그것을 방어하려는 기전을 끄집어내려고 한다. 이때 가장 인정받기 쉬운 것을 무의식에서 선택한다면 그것이 반동형성이다.

반동형성은 쉬울 뿐 아니라 칭찬이라는 상까지 받을 수 있으므로 아기는 일찍 반동형성을 배운다. 또한 유용하기 때문에 자주 쓴다. 물론 아기가 의식적으로 할 능력은 없을 것이니 이 현상은 무의식의 작동을 잘 보여 주는 행동이다. 아기의 행동을 보면 무의식을 볼 수 있다. 엄마가 말로 역설하지 않아도 아기는 어떤 행동이 친한 표현이고 사랑하는 행동이라는 것을 무의식으로 알고 있다. 다시 예를 반복하면 아기가 불만족 때문에 엄마 젖꼭지를 물었을 때 받은 벌이 너무 무서워 그다음부터는 젖꼭지를 무는 대신 젖꼭지를 애무한다. 이것은 우리 사회의 종교에서 도덕을 가르치면서 권유하는 행동이기도 하다. 동서를 막론하고 권선징악(勸善懲惡)을 장려하는 사회에서는 상 받을 기제이다. 미국 사회에서 흑인 혐오가 점점 사라지면서 흑인과 백인 사이의 결혼이 늘어난 것은 좋은 예이다. 흑백혼합학교가 법으로 정해진 것은 정책적으로 장려하는 진보 사회에서 일어나는 현상이다. 그러나 여기서 우리가 토론하는 반동현상은 무의식에서 일어나기 때문에 칭찬받을 행동이 너무 노골적이라고 해서 그 원인이 고의적인 것이 아닐까 속단해서는 안 된다. 이 모든 현상은 무의식에서 일어난다는 것을 다시 일깨운다. 이런 현상이 천성적으로, 생리적으로 가능성이 있으므로 사회적으로, 종교적으로 교육하는 것이 무리가 아님을 상기시킨다.

독실한 기독교인, 특히 선교사에게서 이런 현상이 흔히 보인다. 오해를 방지하기 위해서, 그리고 중요한 기제이기 때문에 다시 이야기한다. 처음에는 그들이 고의로 노력을 많이 하여 선행을 하는 줄 알았는데 자세히 관찰하니 그들의 행동이 완전히 무의식적임을 알게 되었다. 그들의 기독교적 선행이 자연스럽다는 말이다.[7] 이 이야기를 하면서 필자는 속으로 웃는다. 기독교 생활에서 정신분석학 이론의 실증을 볼 수 있다는 생각이 들었기 때문이다. 이런 현상이 정신분석의 세계관을 제쳐 놓는다면 노력으로 성경에서 가르치는 것을 충분히 이행할 수 있다는 증거로 보일 수도 있다는 말이 된다. 루터(Martin Luther)와 칼뱅(John Calvin, 1509~1564)의 학설에 의하면 기독교의 구원은 믿음으로만 이루어진다(Sola Fide). 믿음이 있으면 성경이 가르치는 선한 행동이 따라오게 마련이라는 개혁 신학의 가르침[8]과 반

---

7   신약성경 야고보 2장 14절: 내 형제들아 만일 사람이 믿음이 있노라 하고 행함이 없으면 무슨 이익이 있으리오.

대로 성경이 가르치는 선한 행동이 믿음과 함께 따라야 한다는 아르미니우스주의(Arminianism)의 쟁론은 계속되고 있다.

크리스천의 선행이 의식적인지, 무의식적인지를 판별할 길이 없다. 이 기제는 프로이트의 설과 루터의 설이 거의 일치하는 것으로 보여 신기하다. 한편 기독교 교리를 설명하려는 칼뱅의 신학을 표현한 TULIP에서 T는 Total Deprivation(선행의 박탈)이라는 의미이다. 즉, 주님의 구원 없이는 인간은 전혀 주님이 인정할 수 있는 선행을 할 수 없다는 신학이다. 그렇다면 구원 없이는 자동으로 인간의 무의식적 반동형성으로 선행이 일어날 수 없다는 말인가 하는 의문이 따른다. 따라서 아르미니우스의 설로 의식적으로 혹은 심리적으로 선행을 하는 것이 믿음의 증표라는 것이 프로이트의 정신분석에 더 가까운 것이 아닌가 한다.

정신분석이 완전하게 이루어질 수 있는가? 인간이 노이로제를 완전히 이길 수 있는가? 이 질문에 프로이트는 정신분석의 완성은 성격이 완벽한 이타주의(利他主義, Altruism)적 성격이 되는 것이라고 했다. 그렇다면 정신분석의 궁극적 목적은 불교와 기독교와 공통점이 있다고 보아야 하지 않을까? 인간에게 천성적으로 이런 방어기전이 있다는 것은 종교학자와 철학가들이 토론할 쟁점이 아닌가 한다.

대리형성

정서적으로 자기가 갖고 싶은 귀한 대상(Object, 對象)을 심리적으로 받아들일 수 없을 때 다른 대상으로 대치하는 작동으로 고상한 결과를 가져올 수 있다. 나는 누

---

8 기독교 교리에 성 토머스가 얘기한 합동공로(Congruent Merit)라는 말이 있다. 이는 예수 그리스도의 십자가 희생으로 거기서 오는 공로와 신자의 착한 행동이 함께 죄를 사하므로 의롭게 된다는 섭리이다.

나가 너무도 좋다. 연정이 있는 것 같다. 어느 모임에서 누나처럼 그림 잘 그리는 여성을 만났다. 그날부터 나는 그림 그리기 공부를 하였다.' **대리형성**(代理形成, Substitution)은 용납될 수 없는 감정을 정서적으로 용납될 뿐 아니라 흔히 그 이상의 가치가 있는 고상한 것으로 대치하는 현상으로 나타난다. 이 현상은 창작에서 흔히 보이며 작가들이 자주 쓰는 기제이다. 물론 작가 자신도 모르게 무의식적으로 이용한다. 작가들이 고의로 작품의 인기를 끌려는 것 같기도 하다. 쉽게 공감을 일으키기 때문일 것이다.

한국의 드라마뿐 아니라 대중 영화 같은 흥행 작품에 정신분석의 방어기제를 이용한 이야기를 많이 볼 수 있다. 극적인 이야기에서 이런 현상이 일어나리라는 것을 예측할 수 있는 경우가 허다하다. 그런 것이 보이는 탓에 이야기가 어떻게 풀릴 것이라고 미리 얘기하다 꾸중을 들을 때가 많다. 사랑이나 증오 같은 감정을 바로 표현하지 못할 대상(목표)이 있을 때 그 대리 대상을 찾는다. 작가는 쉽게 그 대상을 작품 창조로 대치할 수 있다. 아니, 이렇게 만든 창작이 당연한 것 아닌가 하고 상상도 한다. 이 현상은 정신분석학자나 필자보다 문학가나 희곡 작가들이 더 잘 알 것이다. 사랑하는 사람이 멀리 떠났다면 새로운 사랑의 대상을 찾을 수도 있겠지만 그 대신 시작이나 그림 그리는 데 열중하는 것 같이 목표를 바꾸는 것도 그런 현상이다. 이런 일을 가까이서 목격하면 금방 대리형성 작동이 일어난 것을 이해할 수 있다.

이런 현상은 무의식에서 일어난다는 것을 다시 강조한다. 정신분석을 조금만 공부해도 쉽게 볼 수 있는 현상이다. 대리 목표에 집중하고 싶은 감정이 무의식에서 일어나기 때문에 본인은 모른다. 가까이서 보는 지인들이 짐작할 수 있을지 모르지만 본인은 그 현상을 전혀 의식하지 못한다. 때로는 그 대리 대상이 너무도 원래의 대상과 다르므로 본인도, 제삼자도 전혀 추측할 수 없다. 정신분석을 하지 않고는 알 길이 없다.

소설이나 영화에서는 그 대리가 이해될 만큼 작품의 전개로 해석할 수 있게 진전된다. 하지만 수필이나 산문, 시에서는 독자가 상상해야 하므로 전혀 이해하기 힘든 전환도 볼 수 있다. 이런 경우 평론가도 어리둥절하겠지만 현명한 평론가는 그 현상에서 자기가 왜 그 이유를 찾기 힘든지 알고자 노력을 달리할 것이다. 만약 기회가 있어 작가에게 묻는다면 그 작가는 어리둥절할 것이다. 그 작가도 전혀 이상하게 여기지 않았기 때문이다. 이런 경우에는 분석을 받지 않고서는 이해하기도, 추측하기도 힘들 것이다. 물론 추측도 평론가나 독자의 특혜이지만 말이다. 정신분석을 받았거나 공부한 작가는 그 이유를 찾기 쉽고 그런 작동을 의식적으로 능수능란하게 이용할 것이다.

대리형성과 비슷한 표현은 시에서는 너무도 자주 쓰여 표현된 글이 대리형성인지 은유인지 알 길이 없다. 상징은 더욱 해석이 힘들 때가 있다. 그러나 대리형성은 무의식에서 일어나며 고의로 쓴 은유와 상징과는 다르다. 그러나 독자는 알 길이 없고 만약 동감이 절실하다면 작가의 마음을 추측할 수는 있을 것이다. 정신분석을 할 때는 대리형성을 늘 찾으려고 하므로 은유와 상징을 판에 박힌 듯이 해석해서는 안 될 것이다.

퇴행

무의식에서 일어난 충동이 성숙한 사람으로서는 도저히 해서는 안 될 유치한 행동으로 나타날 때 그 행동이 마치 고의로 보일 것이다. 하지만 본인이 태연한 것을 보면 그것이 무의식에서 시작된 행동임을 짐작할 수 있다. **퇴행**(退行, Regression)은 무의식적으로 하는 유치한 행동을 말한다. 얼마 전 유명한 할리우드의 한 미녀 배우가 소위 달러 스토어라는 싸구려 가게에서 물건을 훔치다 적발된 사건이 보도되었다. 이름난 여배우로서 여간 위험한 행동이 아니다. 아무리 생각해도 본인도 저항하기 어려웠던 강박적 행동으로 볼 수밖에 없다. 퇴행성 행동의 좋은 본보기이다. 어릴 때 친구들과 장난삼아 가게에서 조그마한 물건을 훔치던 행동을 어른이 되어서도 충동적으로 행한다. 누가 봐도 이해가 되지 않는 것이, 유명한 배우가 돈이 없어 그럴 리는 없으며 장난삼아 한다고 해도 너무 위험한 모험이다. 그런 장난이 무슨 재미가 있을지 이해가 되지 않는다. 이해하기 힘든 행동이지만 자세히 관찰하면 꽤 흔한 행동이다.

가끔 미디어에는 이해하기 힘든 기사가 등장한다. 유명 인사가 상상하기 힘든 유치한 행동을 한다. 퇴행성 행동은 술에 취하면 잘 나타난다. 사회적으로 중직에 있는 사람들이 가끔 어처구니없이 낭떠러지에 떨어진다. 가끔 어른들이 아이처럼 행동할 때 고의로 아이들과 놀아 주기 위해서가 아니라 자기도 모르게 진정으로 아이처럼 구는 철없는 행동을 본다. 심한 고통을 겪는 남편이 마치 아기가 된 것처럼 부인에게 어리광을 부린다거나 짜증을 부리는 경우도 그런 예가 되겠다. 심하면 어른이 아기처럼 몸을 쭈그리고 누워 엄지손가락을 입에 물고 쪽쪽 빨며 무서움에 질린 것 같이 행동할 수도 있다.[9] 과격한 불안이나 공포 때문에 일어나는 경우가 일반적이다. 비교적 정상적인 행동으로는 어른들이 사탕이나 아이스크림을 빨며 먹는 모양이 꼭 아이들이 하는 행동 같을 때가 있다. 대부분 그런 사람은 자기도 의식하는 것처럼 주위를 흘깃흘깃 쳐다본다. 이런 행동은 반의식적인 행동이지만 그 순간에는 자기가 대중이 있는 광장에 있다는 것을 무의식적으로 부인한다.

---

9   앨리 맥그로(Ali McGraw)와 라이언 오닐(Ryan O'Neil)이 주연한 영화 〈로미오와 줄리엣〉의 한 장면에 백화점 가구상에서 한 여자가 갑자기 공포증이 와 상품 침대에 아기처럼 쪼그리고 누워 손가락을 빠는 유명한 장면이 있다.

퇴행과 부정(不定, Denial)이 함께 오는 셈이다. 자기가 그것을 알지라도 그 행동을 거부할 수 없기 때문이다. 이런 현상은 주변에서 자주 본다. 뒤에 '실착'이라는 제목에서 퇴행에 대해 더 토론할 것이다. 흔히 그런 행동을 유치하다고 하면서도 그냥 지나칠 때가 많다.

한편, 병적으로 나타나는 극단적인 경우가 있다. 조현병에서 오는 것으로 **카타토니**(緊張狀態, Catatonia)[10]라는 증상이다. 이는 극단적 퇴행 증상이다. 마치 금방 태어난 아기 같은 행동을 하는데, 때로는 아기보다도 더 미숙하며 성숙한 자율적 행동이 완전히 사라진다. 어른이 엄마 배 속에서 태어나기 전에 취한 태아 자세를 하며 완전히 수동적 행동밖에 하지 못한다. 과거에는 꽤 흔했던 현상으로, 태아 자세(Fetal Position)라고 부른다. 잠을 잘 때 어른에게 일어난다. 무심코 손가락을 입에 넣고 잠자는 것을 흔히 볼 수 있다. 간단히 말하면 어른이 아기 같이 행동하는 것이다. 주위에 무심코 손가락을 입에 물고 있는 어른을 본 적이 있는가?

투사

투사(投射, Projection)는 자주 보는 정신질환 증상의 하나이지만, 병이 없는 사람에게서도 가끔 이 현상이 보인다. 자기가 받아들일 수 없는 충동(욕구)이 일어날 때 그로 인해 일어난 과실을 다른 사람에게 뒤집어씌워 탓하는 현상이다. '이 행동은 나에게서 나온 것이 아니고 저 사람 때문에 일어났다.'며 밀어붙이는 현상으로 책

---

10 카타토니(Catatonia, 긴장성 경직)는 우리말로 번역하는 것보다 영어 그대로 쓰는 것이 좋을 것 같다. 몸이 완전히 빳빳하게 굳어 전혀 움직이지 않으며 마치 초나 엿 같아져서 몸을 굽히면 굽힌 그대로 있게 된다. 그래서 초(밀랍: Wax)처럼 손으로 주물러 어떤 모양이라도 만들 수 있다는 뜻에서 초의 유연성(Wax Flexibility)이라고 한다. 때로는 팔을 수직으로 올리면 그대로 몸이 굳어 한없이 그 모양을 유지한다.

임 전가 같은 현상이다. 이도 완전히 무의식에서 일어나기 때문에 의식적으로, 고의로 책임 전가하는 것과는 전혀 다르다. 본인은 실제로 다른 사람이 저질렀다고 믿는다.

여기서 말하는 것은 본인이 자기의 생각과 충동을 진실로 확고히 믿는 것이다. **투사**는 흔히 임상적으로 편집증(偏執症, Paranoia) 혹은 편집적 망상(偏執的 妄想, Paranoid Delusion)으로 나타난다. 이는 법정에서나 정치가들이 고의로 책임 전가하는 것이 아니라 장본인이 전혀 자기의 생각이 어디에서 왔는지도 모르고 그것을 완전히 진실로 믿는 것이다. 아기가 넘어졌을 때 그 아기를 달래려고 하면 마치 형 잘못 같이 형을 마구 때리는 행동은 간단한 예이다. 철없는 아기 같다고 웃고 말 일이지만 실은 그것이 투사 현상이다. 아이가 하는 행동은 웃고 넘길 수 있을지 모르나 이런 현상이 어른에게 일어나면 큰 문제이다. 병일 수 있기 때문이다.

어느 나라든 정치 상황을 보면 늘 상대에게 책임 전가하는 데 급급해 본 문제를 해결하지 못한다. 그것은 고의로 하는 전형적인 정치가의 행동이다.[11] 너무도 노골적인 경우는 병적으로 보일 수도 있다. 병적인 경우는 무의식에서 일어나는 현상이기 때문에 더욱 철저하게 자기가 주장하는 것이 옳다고 진심으로 확고하게 믿는다.

'까마귀 날자 배 떨어진다.'라는 속담이 있다. 투사는 참으로 까마귀가 배를 떨어트렸다고 믿는 것을 말한다. 영화 〈뷰티풀 마인드(Beautiful Mind)〉에서 존 내시 교수가 하는 행동은 전형적인 망상이다. 망상의 원초적·무의식적 정신작동은 아주 뚜렷한 투사 현상에서 온다. 심한 경우 살인까지 한다. 망상으로 인한 적개심이 그 상대를 사살하는 결과를 가져오는 경우가 종종 일어난다. 가끔 뉴스에서도 본다.

---

11 마키아벨리(Machiavelli) 현상. 정치적 편의를 도덕 이상으로 취급하는 현상에서 그렇게 하는 이유를 현실과 다른 것에 탓하는 것을 말한다.

망상으로 저지른 범죄를 용서하는 법까지 만들어졌다.[12] 이 증상은 너무도 끈질겨 치료도 힘들고 그런 법이 나올 만도 하다.

투사가 성격으로 나타나기도 한다. 그런 사람은 한 번 의심하면 놓지를 않는다. 사물을 보이는 대로 인식하거나 판단하지 않고 늘 숨어 있는 다른 이유가 있다고 의심한다. 질병이 아니고도 흔히 볼 수 있는 현상이다. 보통 한국 사람들이 말하는 '의처증'이니 '의부증'이 그런 것이다. 물론 심한 경우, 증거를 보여 주어도 믿지 않을 때는 임상 문제로 보아야 할 것이다. 재미있는 이야기를 하나 예로 들어 본다. 어떤 사람이 부친이 사망했다고 해도 끈덕지게 믿지 않았다. 의사를 불러 주사기로 피를 뽑아도 피가 나오지 않는 것을 보고도, "산 사람도 피가 뽑히지 않을 때가 있구나!"라고 했다는 얘기는 망상이 그만큼 완강하다는 걸 보여 준다.

지금까지 얘기한 방어작동은 에고의 성숙에 따라 선택이 다르다. 성숙한 사람은 고상하며 그 뜻이 이해될 만한 승화 현상이나 반동형성 등을 이용할 것이요, 유치하고 미숙한 사람은 퇴행이나 투사 같은 것을 사용할 것이다. 지금까지 성숙한 기제에서 시작해 미숙한 기제 순서대로 이야기해 왔다. 이런 계층을 이야기하는 이유는 미숙한 작동은 심한 정신질환에서도 자주 일어나기 때문에 그런 작동이 보이면 주시해야 하기 때문이다. 미숙한 기제를 많이 쓸수록 사회에 적응하기 힘들다. 법의 신세를 진다거나 정신의료원의 혜택을 받아야 하는 예가 많다.

---

12 영국의 McNaughton의 판례와 미국의 Durham 판례는 불가항력적 충동(不可抗力的 衝動; Irresistible Impulse)이라는 원칙을 적용한 법으로써 망상 환자의 충동은 피할 수 없다는 판례의 적용을 말한다. 이 문제는 너무도 심각하므로 다른 증세보다 더 신중하게 다루어야 한다.

저항

지금부터 배우는 기제는 평소에 일어나는 현상이 아니고 분석치료 중에 일어나는 현상이다. **저항**(抵抗, Resistance)은 정신분석을 하는 중에 무의식의 현상을 찾아가는 길에서 길이 막혀 분석이 되지 않을 때 대개 환자(피분석자)의 무의식이 분석을 방해하는 현상이다. 정신분석가가 가장 어려워하는 현상이다. 이 경우는 대개 분석 중에 충격이 너무 심해·도저히 견디기 힘들 것 같아 환자의 무의식이 분석의 진행을 거부하는 데서 온다. 따라서 분석가는 이것을 알아내어 이 길을 잠시 피해 환자가 견딜 수 있을 때까지 분석을 미룬다.

분석 도중에 분석가와 피분석가 사이에 전이(轉移, Transference) 현상이 일어날 때가 있다. 환자의 무의식에서 그가 어렸을 때 중요한 인물(가장 흔한 예가 아버지이다)의 어느 특징을 분석가에게 투사한다. 아니면 분석가의 어떤 특징을 중요한 인물의 특징으로 대치(Displacement)해 무의식에서 그 대상을 향한 증오나 분노가 일어날 때 분석가의 노력에 협력을 거부한다. 마치 아버지가 미워 아버지를 거역하는 것처럼.

잠시 환자의 무의식에서 분석가가 아버지로 보여 아버지에 대한 감추어진 증오가 일어나 분석 과정을 거절하는 현상이다. 반대로 환자가 그 대치 인물(분석가)을 사랑하게 되면 그 감정이 분석을 방해하기도 한다. 분석가가 듣고 싶은 말만 하려 하고 진실한 생각은 얘기하지 않는다. 듣기 좋거나 유익한 말 같지만 실제로 아무 소용없는 얘기이다. 환자의 얘기가 진실이 아니고 아부하는 것과 같다. 분석가는 분석이 너무 쉽게 된다고 좋아할 것이 아니라 왜 이렇게 갑자기 쉬워졌는지 궁금해해야 한다. 마치 환자가 아양을 떠는 것 같기도 하고 조롱하는 것 같기도 하다. 실제로 분석가를 사랑하지만 이것도 분석가의 노력에 저항하는 현상이다. 정신분석에서 피분석자(환자)는 분석가를 철저히 믿어야 하는데 잠시 이 믿음에 제동을 건 것 같은 현상이다. 이럴 때 분석가는 이 환자가 심한 괴로움을 겪고 있다는 것을 알아야 하므로 잠시 분석 과정에 소강 상태를 유지해야 한다. 그렇게 해서 전이에서 풀려날 때까지 기다려야 한다. 기술이 있는 분석가는 그것도 분석으로 해결하려고 하지만 기다리는 것이 첩경이다.

이 현상은 분석이 아닌 일반 의료 치료 과정에서 의사와 환자 사이나 상담치료에서 상담사와 내담자 사이에서도 일어날 수도 있다. 분석가나 상담자는 이런 것을 금방 감지해 피할 길을 찾아야 한다. 이는 실력의 성숙에 달렸다. 이 사실을 모르는 사람은 그냥 넘어가며 치료가 잘 되는 줄로만 믿고 지나친다. 치료가 너무 쉽게 될 때는 이 현상을 의심해 봐야 할 것이다. 환자(내담자)가 너무 협조를 잘하는 것 같이 보이면 잠시 이 현상을 생각해 보아야 한다는 말이다.

필자는 환자의 유혹에 경계해야 할 때가 많았다. 물론 환자가 고의로 하는 행동이 아니고 무의식에서 오는 전이 현상에서 오는 감정이다. 그래서 이런 환자에게 그런 환상이 불필요하다, 소용없다, 피해야 한다는 것을 암시해야 한다. 환자가 치료사를 무의식으로, 노골적으로 유혹하려고 할 때 흔히 일어난다. 환자가 너무 빨리 상담자 맘에 쏙 들게 치료가 진행되면 한번쯤 생각해 볼 문제이다. 그 현상을 환자에게 직설하면 그는 곧 떠나 버린다. 환자의 무의식에서 일어나는 것은 환자가 스스로 말하게 두어야 한다. 이 현상 자체도 곧 분석을 해야 한다. 그것이 환자를 위한 치료이다.

꿈

꿈(夢, Dream)은 잠잘 때 자동적으로, 생리적으로 일어나는 현상이다. 꿈은 정신분석의 도구로서 상당히 중요하기 때문에 별도로 16장에서 자세히 설명하기로 한다.

환상

환상(幻像, Fantasy)은 누구나 경험하는 현상이다. **환상**이란 실제로 현실에 존재하지 않은 것을 마음속에서 만들어 내는 것을 말한다. 모든 창작에 없어서는 안 될 기전이며 고의로 이용한다. 누구나 환상은 한다. 정신분석에서는 자연스럽게 일어나는 환상까지도 분석해 그 환상을 만든 이유를 분석한다. 마음속에서 욕구가 쉽게 허용되지 않을 때 환상으로 대치해서 욕구를 충족하는 것은 흔한 현상이다. 의식적으로 환상하여 무의식중의 욕구가 만족되기도 한다. 이는 꿈이 우리의 욕구를 만족하게 하는 것과 상당히 비슷한 현상이다. 다른 점은 꿈은 대개 무의식의 작품이지만, 환상은 의식적 작품이라는 것이다. 이러한 환상적 욕망의 충족을 우리는 은유로서 '꿈'이라고도 표현한다. 누가 환상을 하면서 무엇을 갖고 싶다고 하면 옆에서 "꿈꾸지 마시오." 하는, 반 농담으로 하는 말이 바로 그런 이유 때문이다.

꿈과 환상과 욕구 만족은 너무도 얽혀 있어 정신분석 과정에 자주 나타난다. 하지만 조심해야 한다. 창작인은 환상 없이는 창작할 수 없다. 환상에서 우리는 이야기를 만들어 내지만, 그것을 분석해 무의식의 근원을 추측하기도 한다. 예술 작품을 분석하면 상당히 많은 작가의 본의나 무의식의 욕구를 이해할 수 있다.

고착

고착(固着, Fixation)은 주로 심리적 성장 중에 일어나는 현상으로, 어느 지점에서 어느 부분 혹은 전체의 심리적 성숙이 정지해 더 이상 성장하지 않는 것을 의미한다. 물론 그것은 성격으로 나타난다. 반드시 성격 전체를 말하는 것은 아니다. 성격 중에서 어느 부분이 미숙하면 어느 지점에서 그 부분만 고정될 수도 있다. 우리가 무심코 보는 것은 참으로 많다. 한 예로, 다 큰 어른이 막대사탕(lollipop)을 소리가 나게, 그것도 남들 앞에서 쪽쪽 빠는 모양은 볼썽사납지만 그 사람은 쾌감을 느낀다. 왜 그런지는 설명이 필요 없을 것이다.

표면으로 보이지 않을지 몰라도 사회적으로 권력이 센 고위층 인물이 집에 가면 부인에게 꼼짝 못하고 굽실거리는 경우가 허다하다. 이런 것은 대중화되어 있어 별로 병적으로 보지 않겠지만 어떤 동작은 심해 병적으로 보지 않을 수 없다. 부인에게서 벌을 받는 것, 부인에게 어리광을 부리는 것은 좋은 예이다. 이런 행동은 무의식적으로 하는 행동이다. 의식적이라면 계속하지 못할 것이다. 신체적·생리적 현상으로 가장 흔한 현상이 습관성 변비가 있다. 심한 습관성 변비는 육체적으로 표현된 증상이지 육체적 질환이 아니다. 심리적 문제가 육체적 증상으로 나타나는 것이다.

수의근에 일어나는 질환은 앞에서 이야기했다. 가끔 수의근이 없는 장기에서도 무의식의 영향으로 이상한 현상이 일어난다. 불안 때문에 심장 박동이 빠른 것은 흔한 현상이며, 위산과다증 혹은 변비, 정반대로 설사도 그러하다. 불안증 혹은 강박증이 있는 사람에게 많다. 어떤 사람은 아기처럼 무심코 손을 빠는 습관이 있다. 고착 현상의 예는 이루 말할 수 없이 많으며, 평범치 않은 습관에서 흔히 볼 수 있다. 손톱을 심하게 짧게 깎는다든지, 무심코 손가락을 빤다든지 하는 아이들이 하는 유치한 행동을 성숙한 어른이 한다. 성격 성장에서 어떤 부분이 고정되어 더 성숙하지 못한 것이 그런 현상이다. 우리말로는 미숙한 행동이 보인다고 표현할 수 있다.

격리

격리(隔離, Isolation)는 임상에서 상당히 중요한 현상이다. 다소 이해하기 어려울지 모른다. 어떤 현상이나 사건이 에고에 의해 용납되지 않을 정도로 무섭거나 위험할 때 그것과 함께하는 감정을 그 사건에서 분리해 독립시켜 견디기 쉽게 하는 것을 말한다. 어떤 연유로 심히 괴로운 경험을 했을 때 그것과 함께 일어난 심히 불편한 감정만을 그 사건에서 따로 분리해 마치 유배를 보내는 것 같은 현상이다. 슬픈 이야기를 신문에서 읽는 것처럼 남의 일로 여기며 그 사건과 함께 오는 감정을 무시하는 현상이다. 다시 강조하지만 이것들은 모두 무의식에서 일어나는 현상이기 때문에 본인은 전혀 모르고 있다.

길에서 자동차에 치어 한 중년 남자가 심하게 상처를 입는 것을 보았다고 하자. 그때 상처를 입은 그 남자의 모습이 기억나지 않는다. 그 중년 남자가 아버지를 연상시켰기 때문이다. 이것을 '**감정의 격리화**(隔離化, Separation)'라고 한다. 어떤 일어난 사건이나 상태에서 그에 딸려온 감정만을 분리해서 억압한다는 말이다. 어여쁜 여자를 보고 아주 점잖은 척하거나 그 여자를 낮추어 비하하는 행동은 그 여자를 보면서 일어나는 애욕을 억제하려고, 혹은 애욕이 일어날 것이 무서워 당연히 따라와야 할 감정을 아예 무시해 버림으로써 되레 비하하거나 매력이 없어 무시하는 듯이 행하는 행동이다. 여자에게 가는 성욕을 억제해 버리면 점잖게 행동하는 것만 보인다지만 그것은 고의로 참는 정도밖에 되지 않는다. 직장에서 남자 상사가 매력 있는 여직원을 못살게 구는 사건은 자주 듣는 얘기이다. 성적 충동 같은 용납되지 않은 감정을 아예 무시해 버림으로써 오히려 비하하거나 무시하는 것이다. 이런 행동은 모두 무의식에서 일어나며 본인은 의식하지 못하기 때문에 아주 태연하게 행동한다. 요즘 사회문제로 일어난 '미투(Me Too)' 현상 때문에 직장에서 격리 문제가 더 심해지지 않을까 하는 상상이 필자에게 닥쳐왔다.

결벽증(潔癖症, Mysophobia)은 무의식에서 합당하지 않은 욕구와 함께 오는 감정과 그에 따르는 죄책감을 씻기 위해 일어나는 감정이 의식적 행동으로 나타나는 현상으로, 손을 씻고 또 씻는 행동이 그런 것이다. '난 잘못이 없어! 난 잘못이 없어!' 하는 것을 행동으로 표현하는 것이다. 흔한 증상이다. 상사가 부하직원을 못살게 굴고 난 후 화장실에 가서 손을 한참 씻고 또 씻는다. 본인은 그 이유를 모른다. 창작에서는 흔히 본다. 셰익스피어의 희곡 『맥베스(Macbeth)』에서 맥베스의 부인이 피 묻은 손을 강박적으로 씻으며 자기 눈에 보이지 않는데도 마치 자기 손에 피가 묻어 있는 것처럼 느끼고 씻고 또 씻는 행동은 그런 예이다.[13] 결벽증의 심정을 참으로 잘 표현한 예이다.

결벽증에서 오는 이런 현상은 주의해서 보지 않으면 깨닫지 못하겠지만 비교적 흔하다. 역사적으로 빌라도가 예수의 처형을 선고한 뒤 손 씻는 장면과 같이 과거 유럽의 여러 나라에서 이런 관습이 있었다. 대개 판사나 왕이 죄인에게 사형선고를 하고 난 뒤에는 반드시 손을 씻는 척하는 관습이다. '내가 사형선고를 했지만 내 탓은 아니야!'라는 상징적 행위로 죄책감을 씻어 내어 분리(격리)하는 행동이다. 격리에서 오는 증상은 노이로제에서 자주 볼 수 있다. 필자는 임상 경험에서 이런 환자를 수없이 만났다. 손의 피부가 벗겨질 정도로 심한 경우도 보았다.

---

13 맥베스 부인이 이때 한 말이 있다. "아! 이 몹쓸 피!(Ah! Damn Blood!) 대양의 물을 다 써도 내 손의 피는 씻을 수 없을 것이다." 이 감정은 심한 강박증의 전형적인 집착이다.

상징화

어떤 대상이 무의식에서나마 자기가 받아들일 수 있는 중립적 현상으로 나타나는 것 중 하나가 **상징화**(象徵化, Symbolization)이다. 일반적 상징(Universal Symbols)은 우리가 늘 하는 대화와 연설, 건축물, 예술 작품 등에서 사용되고 있다. 때로는 그 상징에 당시 상황에 별로 관련 없는 것이 표현되면 거기에는 무의식적인 뜻이 담겨 있을 가능성이 크다. 상징화가 간단히 설명되는 이유는 자주 볼 수 있으며 의식적으로도 자주 쓰기 때문이다. 문예 창작인, 특히 시인이 늘 이용하는 현상이다. 어떤 이야기 전부를 상징화하여 과감하게 창작할 수도 있다. "맥베스 부인 같이……"라는 표현은 맥베스 이야기 전체의 어느 부분을 응용해도 좋다는 상징이 된다. 상징화와 은유는 때로 잘 구별되지 않는다. 그것들을 응용하는 이유는 거의 같다. 우리가 매일 쓰는 언어에도 상당히 많은 표현이 상징적이다. 지구가 자전하고 태양을 중심으로 공전하고 달이 지구를 공전한다. 그러나 아직도 우리는 '해가 떴다. 해가 졌다. 해가 서산으로 넘어갔다.' '달이 중천에 있다.'라고 표현한다.

문학 창작인이나 미술가는 흔히 상징을 도구로 많이 쓴다는 것은 다 아는 사실이다. 상징과 시인과의 관계만 설명해도 책 한 권이 될 것이다. 한 전설을 완전히 상징으로 창작한 소설도 있다. 정신분석에서는 실체나 실제로 일어난 사건보다 상징으로 표현하면 그 이야기에서 오는 감정이 중성화되기 쉬우므로 표현을 쉽게 또 안심하게 할 수 있다.

창작과는 반대 현상으로 보이지만 상징을 형성하는 그 자체가 창작이기도 하다. 상징은 또한 심한 고통을 줄 것 같은 감정이나 충동을 상징화해서 표현해 그 충동을 약화하는 역할을 한다. 우리가 다 아는 김소월의 시 「진달래꽃」에서 '가시다'가 잠시 어디로 가는 것인가 아니면 영원히 떠나는 것인가는 '영변의 약산'에서 한 고개를 넘어가는 상징적 표현으로 짐작할 수 있다. 바로 고개 넘어서인지, 아주 먼 곳을 말하는 것인지, 영원히 간다는 것인지 설명하지 않아도 느낄 수 있다. 상징에 관해서는 별도로 자세한 예와 함께 설명하기로 한다.

　예술과 상징은 거의 병행하기 때문에 정신분석, 상징, 창작과의 관계와 종교와 상징의 관계, 영적 상징 등은 백과사전만큼 방대하다. 여기서는 이 정도로만 얘기한다.[14] 스위스의 정신분석학자 칼 융의 『상징에 대한 책자(Books of Symbolism)』는 백과사전적이다. 상징은 더욱 확실하게 이해할 필요가 있기 때문에 뒤에서 별도로 더 토론할 것이다.

---

14 라파엘(Raphael)의 바티칸 제자관의 유명한 벽화 〈아테네 학원〉에 나오는 인물들은 모두 역사적으로 알려진 사람들이다. 한가운데 앞으로 걸어오는 두 사람 중 왼쪽이 아리스토텔 레스이고 오른쪽이 플라톤임은 유명한 상징의 예이다. 아리스토텔레스는 인지를 하늘로 향하게 하여 천장의 아름다운 그림(하늘)을 가리키고 오른쪽의 플라톤은 인지로서 수평으로 앞을 가리킨다. 즉, 끝없는 미래를 상징한다. 두 역사적 철학가가 간단한 상징으로 그들의 철학을 표현한 것이다.

증상형성

증상형성(症狀形成, Symptom Formation)은 어떤 충격이나 무의식 속의 갈등이 육체적·정신적 증상으로 나타나는 것을 말한다. 육체적 증상일 경우 **전환**(轉換, Conversion)이라 한다. 히스테리 망각과 히스테리전환증(轉換症, Conversion Hysteria)에서 간단히 얘기했지만, 육체적으로는 가장 흔한 증상이 팔이나 다리를 움직이는 수의근(능동적으로 움직일 수 있는 근육)이 마비되는 것이다. 누구를 총으로 쏘아 죽이고 싶은 무의식의 욕구가 방아쇠를 당기는 손가락을 마비시키거나 경축(痙縮)이라는 증상으로 전환하는 경우가 있다는 예를 들었다. 오른쪽 인지가 굳어 못쓰게 되는 병으로, 전쟁터에서 군인에게서 흔하다. 전쟁터의 스트레스 때문에 자기가 그 전쟁터에 온 것에 증오감이 왔거나 총을 쏘면 죽이지 않아야 할 사람에게 총알이 갈 것이라는 공포와 연결되어 무의식이 그것을 막기 위해 나타내는 갈등이 상징적으로 딱 맞게 나타나는 증상이다. 총을 못 쏘게 되면 하기 싫은 행동을 하지 않아도 되기 때문이다. 덤(이차성 이득)으로 제대를 명 받아 집으로 보내지는 득도 있을 수 있다. 신체의 질환이 변명을 해 주는 셈이다.

한 병사가 적군과 외진 곳에서 서로 총을 조준하며 만났을 때 총을 쏘지 못하고 몸 전체가 경직되는 현상은 가끔 전쟁 영화에 나타난다. 이런 현상은 시나리오 작가에게는 극적으로 인간의 심리, 그것도 정신분석적으로 표현하고 싶은 것들이다. 손가락 마비는 손가락 힘줄의 염증으로 오는 탄발지(彈發脂, Trigger Finger)와 구별하기는 쉽다. 필자는 종합병원 정신과 의사로 일하면서 이런 현상을 수없이 보았다. 이런 환자는 모두 필자가 해결해야만 했다. 쉽게 치료할 수 있었던 몇 사례를 책 마지막에서 토론할 것이다.

해리

해리(解離, Dissociation)는 성격 일부분이 전체 성격에서 분리되어 별개의 독립된 성격으로 형성되어 전혀 다른 사람이 하는 행동처럼 보이는 현상이다. 원래의 성격과 해리된 성격 사이를 왔다 갔다 하며 자주 바뀌어 번갈아 가며 나타나기도 한다. 이것은 성격 전체나 일부를 의미한다. 성격의 해리가 지속하면 다중인격(多重人格, Multiple Personality)이라고 한다. 지금 미국의 정신과 의사, 심리학 치료사나 상담치료사들이 자주 보는 증상으로, 대개 외상 후 스트레스장애 때문에 온다. 현대 학설로서는 어릴 적 받은 상처, 특히 성적 외상(Sexual Trauma)을 당한 여성에게 많이 일어나며, 주로 짧은 시간에 일어난다고 한다.

예를 들면, 잠시 먼 곳을 다녀왔다. 다녀와서는 전혀 기억하지 못한다. 어릴 적에 하던 행동을 무의식적으로 되풀이한다. 그러고도 스스로 다른 사람처럼 한 행동을 기억하지 못한다는 것은 독특하지만 흔한 일이다. 심한 경우 완전히 다른 사람으로 변해 전혀 다른 사람으로서의 행동을 표현한다. 다른 곳에 아파트를 다른 이름으로 사서 들어가 살기도 하여 그 가족은 그를 찾으려고 온 세상을 뒤진다. 다중인격처럼 두서너 성격이 교대로 나타나는 예도 있다. 유명한 로버트 스티븐스의 소설 『지킬 박사와 하이드 씨』는 좋은 예이다. 그 책이 발간되었던 그해에 영국에서는 마치 유행병처럼 여성에게 이러한 현상이 많이 보였다는 얘기가 있다. 이는 노이로제 증상이며, 모방 노이로제(Mimetic Neurosis)라고도 부른다.

한때 미국에서도 그러했다. '시빌(Sybil)'이라는 실제 인물의 얘기로 연극, 영화와 소설로 많이 표현되었다. 그 당시에는 모르는 사람이 없을 정도였다. 또 재미있는 현상은 유명인, 특히 배우 중에 그런 증상이 있는 사람들이 많다는데 직업상 다른 인물로 연기를 하다 보면 현실에서 맡은 배역처럼 행동할 수 있다고들 추측한다. 근년에 감정의 표현과 괴로운 과거를 들추는 것이 자유로워졌기 때문이 아닌가 한다.

이런 것은 모두 무의식 때문에 일어나기 때문에 본인은 다른 성격으로 출연한 것을 전혀 모른다. 설령 그런 현상이 있었다는 것을 알지라도 전혀 다른 사람이라고 우긴다. 소설, 특히 추리소설에 자주 이용되는 현상이다. 소설가들은 이런 현상을 재미있어 하며 작품에 자주 이용한다.

부정

부정(否定, Denial)은 사실을 단순하게 믿지 않는 경우를 말한다. 고의로 부정하는 것이 아니다. 본인은 전혀 부정하는 것을 의식하지 못한다. 지극히 사랑하는 아내가 병원에서 사망했다는 소식을 듣고서도 친구 집에 가서 카드놀이를 한다. 남편이 병원에서 사망했다는 소식을 들은 부인이 병원으로 달려가다가 갑자기 아무 일이 없었던 것처럼 태연히 백화점으로 들어가 비싼 드레스를 서슴없이 산다. 이런 현상은 전형적인 예이다. 거의 망상에 가깝다. 노벨상 수상 작가 카뮈(Albert Camus, 1913~1960)의 『이방인(The Stranger)』은 그 대표적 작품이다. 한 아랍인을 사살하기 전에 어머니의 죽음을 알면서 거기서 오는 감정을 완전히 부정하는 행동으로 창녀집으로 간다. 이는 어머니가 죽었다는 것, 인생의 허무함을 부정하는 것이다. 이런 이유를 정신분석을 응용해서 상상해 보면 재미있는 소설이 창작될 것이다.

맥베스의 강박은 부정의 강박적 행동이라고 할 수 있다. 이 현상도 일상에서 상당히 자주 본다. 이런 현상을 토대로 한 통속극은 허다하다. 이것이 의식적 부정과 너무 흡사하기 때문에 부정은 무의식적으로 하는 행동이라는 것을 강조한다. 주로 심적으로 도저히 받아들일 수 없는 상황에 대한 부정이 가장 흔하다. 울면서 '아니야, 아니야' 하며 사랑하는 사람의 사고나 죽음을 극적으로 부정하는 표현은 거의 의식에 가깝다.

죄인이 법정에서 범행을 부정하는 것은 완전히 의식적인 것이다. 무의식의 부정도 상당히 흔한 현상이며 때로는 거의 의식적으로 하는 행동처럼 보일 때가 많다. 부모나 친지를 살해하고 증거가 뚜렷한데도 딱 잡아뗄 수 있다. 영화에서 가끔 보는 장면이다. 그 무의식의 충격이 조금이라도 새어 나오면 자살 같은 행동을 할 위험이 있다. 대개 근친 살해나 치정 살인 사건에서 흔히 일어난다. 그 이유는 상상할 수 있을 것이다. 자기의 증오와 살해 의식은 너무도 무서워 스스로도 상상할 수 없기 때문이다.

압축

압축(壓軸, Condensation)은 무의식 안에서 두 개 이상의 몇 가지를 합해서 하나로 만드는 현상이다. 일차 과정(一次的過程, Primary Process)이라는 심리 현상에서 흔히 쓰이는 작동이다. **일차 과정**이란 아주 원시적이고 미숙한 논리의 전개를 말한다. 압축은 깊은 무의식에서 일어나는 현상이며 일상생활에서는 거의 볼 수 없다. 통상 이용하는 약자, 부호, 기호, 관용구나 숙어와 비슷하지만, 그런 것과는 전혀 다르다. 편의상 말을 압축하는 것과는 전혀 다르므로 압축된 말은 이해하기 어렵다. 압축 과정은 아주 어린 아기에게서 흔히 볼 수 있다. 경험 있는 정신분석가라야 이를 이해할 수 있다. 대한은 대한민국이다. 교구는 교회의 구역이다. 압축이란 자타가 다 아는 고의로 편의상 공용하기 위해 고의로 단축한 용어를 말하는 것이 아니고 무의식으로 말이 압축되는 것이다.

'팀장'이라고 하려다 '친장'이라고 말이 튀어나왔다고 하자. 미운 팀장에 관해 얘기하는 순간 친구의 죽음에 관한 기억이 무의식에서 새치기해 들어와 나온 표현이

친장장(친구의 장례식과 팀장)으로 변형되어 나왔다고 하자. 친구의 죽음과 미운 팀장에 대한 감정을 이기지 못해 힘들게 무의식에서 나온 표현이다. 처음에 의도했던 말과 비슷하지만 전혀 다른 표현이다. 이것을 꼭 해석하라면 '이 미운 팀장이 오히려 친구 대신 죽었으면 좋았을 것을' 하는 무의식의 환상이 갑자기 팀장을 부르려는 순간에 나온 것이다.

사람들이 얘기하면서 이상한 발음을 할 때가 많다. 단어의 일부분 중에 흔히 압축과 함께 섞이는 말은 주로 성기, 성교, 공격적 행동 같은 것이다. 코미디언들이 재치 있게 실언처럼 하는 말이 유머이다. 하지만 말이 되지 않는 말을 뱉어 낼 때 관중이 '와~' 하고 폭소를 터뜨린다. 그때 코미디언이 '내가 뭐랬는데 웃느냐.'고 우스개로 물으면 관중은 또 그 말에 폭소한다. 이 과정을 글로 쓰면 아무 의미가 없지만, 그때의 분위기는 일차 과정을 용인하기 때문에 무슨 말을 해도 웃게 마련이다. 그 말들에는 일차 과정에서 보는 압축이 다분히 내포되어 있다.

요즘은 언어의 압축이 마치 지능 수준을 나타내는 것처럼 말이 나오면 금방 압축해 버린다. '카카오 톡'은 '카톡', 남자친구는 '남친', '내가 하면 로맨스고 남이 하면 불륜'이라는 '내로남불' '갑툭튀'는 '갑자기 툭 튀어나온 것 혹은 사람', '혼죽'은 '혼자 죽는다' 등을 들으면 꼭 압축 같다. 압축이지만 이것들은 고의로 지어낸 말이기 때문에 정신분석에서 말하는 무의식에서 일어나는 압축이 아니다. 무의식의 압축이 유행할 수도 있다. 요즘 전자 메시지뿐 아니라 대중 미디어에서 너무도 압축어가 많아 혼란스럽다.

압축을 신조어(新造語, Neologism)라고도 한다. 필요에 따라 새로운 단어를 지어 낼 수 있다. 그런 것은 정상이다. 그러나 심한 조현병에서는 환자 스스로 말을 지어내어 마치 상용어처럼 태연히 사용한다. 조현병이 발병하면 정신작동이 심하게 퇴행하기 때문에 아기가 하는 말처럼 맘대로 만들어서 하기도 한다. 환자가 무의식의 일차 과정에서 오는 현상을 현실로 믿기 때문이다. 논리의 퇴행이라고도 볼 수 있다. 조현병의 한 특징은 언어의 표현이 논리적이 아니고, 횡설수설(gibberish) 하며 신조어를 섞고, 어떤 때는 말을 뛰어가며(Telegraphic Words) 하므로 마치 모스부호(Morse)로 "뚜 뚜뚜 뚜 뚜 뚜뚜뚜……." 하며 비밀통신을 보내는 것과 같이 들린다. 이것 또한 무의식의 존재를 증명하는 좋은 예가 된다.

예를 들면, "아빠 뒷 죽어 죽어 가 엄 엄마 뒷……." 같이 하는 말이다. 추측하기도 힘들다. 이상한 방정식 같은 것을 만들어 진짜로 수학 교수가 쓴 것처럼 술술 써 내려가며 심오한 우주를 발견했다고 고집하는 사례도 적지 않다. 〈뷰티풀 마인드〉의 존 내쉬 교수는 실제로 그의 수학 방정식으로 노년에 노벨상을 탔다. 그 방정식은 그가 조현증 발작이 일어나기 전에 만든 것이고 조현병이 발작한 후 치료가 시작되기 전에 많은 수학적 표현(방정식)과 소위 학문적 지식이라고 믿은 것을 열거한다. 그것은 모두 일차적 현상이었다. 이상(李箱)의 시를 보면 모두가 그런 일차 과정으로 보인다. 필자가 주립 정신병원에서 연수를 받을 때 수많은 조현병 환자가 쓴 작품이 그런 것들이었다. 그런 것을 볼 때마다 곧바로 이상의 시가 떠올랐다. 환자들이 이상한 물리학 방정식 같은 것을 그려 그것이 우주가 생긴 원리를 해석하는 방정식이라고 내밀며 그것을 봐 달라고 한없이 조르는 것은 흔한 일이었다.

물론 이 행동은 망상과 일차 과정이 합쳐진 증상이며, 일차 과정을 잘 표현한 예들이다. 이런 행동은 심한 정신질환이 있는 사람들의 언어나 행동에서 무의식 세계의 존재를 보여 주는 좋은 예이다. 이상은 신조어와 시라는 가면 뒤에서 논리를 무시하고 표현했다. 필자가 '분명히 보인다.'라는 표현을 하려다 순간 섬뜩했다. 자기도 모르게 그 시의 일차 과정에 빠져들어 가는 것 같았기 때문이 아닌가 한다. 이런 시를 보면 이 시인이 무서운 곳을 다녀온 것 같다. 마치 무의식의 심층을 다녀온 것 같다.

13명 하오는로드 레이스를 ahhae.

(길은 막 다른 골목 하오 저렴한 가격입니다.)

첫 번째 놀라움은 무서운 시나리오입니다.

심지어 무서운 시나리오가 두 번째 궁금하다.

셋째 심지어 끔찍한 시나리오를 의아해.

제4조 또한 그 끔찍한 시나리오를 의아해.

제5조 또한 그 끔찍한 시나리오를 의아해.

제6조 또한 그 끔찍한 시나리오를 의아해.

제7조 또한 그 끔찍한 시나리오를 의아해.

여덟 번째 경이 심지어 무서운 시나리오.

제9조 또한 끔찍한 시나리오를 의아해.

제10조 또한 그 끔찍한 시나리오를 의아해.

제11조 그 무서운 시나리오를 의아해한다.

제12조 또한 그 끔찍한 시나리오를 의아해.

제13조 또한 끔찍한 시나리오를 의아해.

13인의아해는 무서운아해와무서워하는아해와그렇게모였소(다른사정은없는것이

차라리나았소).

좋아, 그중 단 한 사람 ahhae 무서운 ahhae.

그중 두 멤버가 좋아, 심지어 무서운 ahhae을 ahhae.

좋아, ahhae ahhae 무서워 심지어 그들 가운데 두 멤버.

그중 좋아, 심지어 한 사람이 ahhae 겁을 ahhae합니다.

(하오 적합한 방법, 심지어 뚫린 골목)
(13)사람들은 도로가 아닌 인종 ahhae 모든 권리를 hayeodo.

이 시는 제목도 모른다. 이상의 시 모음에서 본 한 편이다. 일차 과정으로 엮은 것 같이 보인다. 존경하는 표현과 '해라'의 표현이 막 섞인 것을 보면 조현병 환자가 하는 이야기 같다. 여기서 심오한 그 무엇을 찾으려는 것은 별 도움이 되지 않을 것 같다. 이 시가 왜 출판되었는지 궁금하다. 유명한 작가도 횡설수설할 때가 있다. 정신질환이 있거나 정신분석을 오래 받으면 그런 현상이 일어날 수도 있을 것이다. 그런 문장을 그럴듯하게 혹은 멋있게 해석할 때도 있겠지만 그런 노력의 동기에 의심이 갈 때가 있다. 이 시가 얼마나 심오한지는 모르겠으나 필자에게는 조현병 환자의 글로만 보인다. 글이 일차 과정의 표현 같기 때문이다. 화가들의 그림 또한 그런 현상으로 나타날 수 있다. 웹사이트에 들어가면 예를 볼 수 있다. 다음의 그림들은 조현병 환자들이 그린 것이다.

그림은 필자가 50년 전에 처음 본 어느 조현병 환자가 그린 그림이다. 제일 앞에 있는 것은 환자의 병이 오기 바로 전의 것이고, 마지막 것은 병이 심했을 때의 것이다. 무의식의 내용을 방어기제를 거치지 않고 나온 그대로 그린 것이다. 조현병 증상은 무의식이 그대로 표현되는 것이다. 그러니 조현병 환자들이 왜 발작이 일어나는지 짐작할 것이다. 이런 현상을 조현병 환자의 무의식의 풍선이 터졌기 때문이라거나 아니면 의식의 담벼락이 무너졌다고 자주 표현했다. 조현병 환자가 아니더라도 이와 비슷하게 무의식에 있는 것들이 다소 변형되어 예술 작품으로 표현되어 미(美)의 표현이 현저하면 그것은 창작이 된다.

정신분석 과정으로 나타나는 것을 언어나 글로 표현할 수도 있다. 이 과정은 창작의 과정과 다르지 않다는 것을 말한다. 무의식의 표현은 방법과 경로에 따라 창작과 동등하다는 것을 말한다.

제7장

정신분석 방법의 기초

지금까지 설명한 정신분석의
여러 심리적 기구와 기제가 쓰이는 양상을 정신분석에서는 정신생리(精神生理,
Psychophysiology)라고 하지 않고, 정신병리(精神病理, Psychopathology)라고 한다. 이
세상 사람 모두가 병자라는 말인가? 이 과정을 신경증과정(神經症 過程, Neurotic
Process)이라는 말로도 표현한다. 정신분석뿐만 아니라 모든 정신치료에서 발견
된 이런 기제를 얘기할 때도 이 모두를 통틀어 그렇게 말한다. 그 이유는 정신병
의 병리를 설명하는 것과 정상적 정신을 설명하는 것이 구별되지 않기 때문이다.
정상적 정신기제와 병적 정신기제가 구별되지 않기 때문이라는 말이다.

어떤 사람들은 정신분석에서는 정상심리라는 것을 정의할 수 없다고 단정한
다. 정신분석을 하는 전문분석가들은 정상이라는 말을 정의하지 않는다. 정신분석
을 해서 치료가 된다 하더라도 완치라는 말을 꺼려 한다. 프로이트는 "정신분석의
완치가 어떤 것이요?"라는 질문에 답하기를 '건전한 이타심(Altruism)'이라고 했다.
이 대답은 마치 종교나 도덕적 가르침과 같다. 즉, 고통은 누구에게나 있고 누구나
치유를 갈구하며 살고 있다. 종교가 있어야 할 필요성은 인간은 모두 고통받고 있
기 때문이라고 한다면 정신분석과 불교와 기독교가 소통할 수 있는 이유를 짐작할
수 있다. 정신분석의 주목적은 불안을 초래한 심리적 갈등이 일어난 이유를 찾아
내는 것이다.

정신분석이 가장 효력이 있는 임상 질환은 소위 신경증(神經症, 노이로제, Neurose[1],
Neurosis)이다. 노이로제가 일어나는 기전은 정상적인 심리 상태에서도 계속 일어

나기 때문에 누구라도 어느 정도는 가지고 있다. 오늘날 이 병명은 공적 진단명에서는 없어졌다. 너무도 광범위하고 정상과 비정상이 구별되지 않기 때문이다. 많은 예술가는 노이로제가 자기에게 있다는 것을 당연시하고 고통을 받으면 그것을 이기려 하기보다 고통을 겪어 보겠다는 것 같은 행동이 보일 때가 있다. 오늘날에는 과거의 노이로제에 포함되었던 양상을 여러 개의 임상 병명으로 분리해 버렸다. 그 반대로 정신분석에서는 많은 정신질환을 노이로제의 범주에 합해 버린 경향도 있다. 신경증은 환자에게는 괴롭고 발병 기전이 의사와 환자에게는 이해되지 않을지 모르나 정신분석을 하면 그럴 만한 이유가 찾아진다는 것이 정신분석의 학설이다.

모든 정신질환의 근본 병리는 무의식의 **불안**에서 시작한다. 원래의 심한 불안에서 괴로움이 덜 심한 것까지 모두를 통칭한 병명이다. 즉, 정신분석에서는 불안이 모든 증상의 근본 증상이라고 본다. 분석은 불안의 근거를 찾아내는 것이다. 주로 심리적 갈등이 근본 이유이다.

인류의 근본적인 문제, 불안

불안(不安, Anxiety; Angst)과 공포(恐怖, Fear)의 두 감정(무서운 느낌)에서 마음으로나 몸으로 느낌은 같을지 몰라도 원인은 전혀 다르다. 공포에서는 그 원인이나 이유(근원)를 인식할 수 있지만, 불안에서는 그 이유를 의식적으로 전혀 알 수 없다.

---

1 독일어지만 영어 표현보다 더 많이 쓰인다. 이 표현은 또 신경질적인 사람에게 붙이는 다소 농이 담긴 표현이기도 하다. 필자도 노이로제를 정의하기 힘들다. 임상 의사는 증상이 분명해야 진단할 수 있으며, 치료를 생각할 수 있다. 노이로제는 범위, 범주가 너무 넓어 정의하기 힘들다.

다시 말하면, 심한 공포감이 있을 때 그 이유를 알면 공포라고 하고, 그 이유를 모르면 불안이라고 한다. 불안은 원인이 무의식에 있다는 말이다. 그러나 일반적으로 불안과 공포를 구별하지 않고 쓰는 경우가 많다. 아이가 학교에서 돌아올 시간에 오지 않을 때 엄마가 불안해한다는 말은 아이에게 무슨 일이 일어났을까 하는 두려움이 일어났다는 말이다. 길을 잃었을 때의 느낌을 불안이라고 할 수 있다. 반면 불안한 감정을 임상적으로 볼 때 그 근원을 정확히 알 수 없을 경우 그런 불안을 노이로제의 불안이라고 한다. 서양 언어에는 비교적 구별되어 있다. 영어에서 'Anxiety'라면 불안, 'Fear'라고 하면 두려움(공포), 무서움이라는 표현이다. 독일어로 'Angst'라면 불안을 말하고, 'Fuchs'라고 하면 공포로 구별할 수 있다.

불안은 정신분석에서 모든 병적, 비정상적인 심리 상태의 근원으로 보기 때문에 중요하다. 다른 곳에서 지적했지만 많은 철학자도 불안이 심리적으로나 영적으로 인류의 근본적인 문제라고 주장한다. 키르케고르(Søren Kierkegaard, 1813~1855)는 인류의 모든 정신적 문제와 영적 문제의 근본은 불안(Angst)이라고 했다. 불안을 'Anxiety'라고 영어로 표현하는 것과 'Angst'라는 독일어로 표현하는 것을 정확히 말하자면 다소 차이가 있다. 영어로 'Anxiety'는 느낌만을 표현하고 또 염려한다는 뜻도 된다. 그러나 Angst는 불안한 심리를 표현하기도 하지만 인간의 존재에 대한 철학적 불안, 신학적 불안을 표현하기도 한다.[2]

---

2   키르케고르는 구약성경 창세기 22장 3절에서 주님께서 아브라함을 시험하려고 하실 때, 그 시험의 날 새벽에 일찍 일어났다고 했다. 이삭을 스스로 죽여야 하는 Angst 때문에 잠을 자지 못해서 그랬다는 설을 내놓았다. 자식을 사랑하는 것과 주님의 명령에서 오는 이 갈등은 인간이 짊어져야 할 근본적 불안(Angst)의 시초라는 말이다. 프로이트가 이 학설을 모를 리 없었을 것이다.

정신분석의 과정과 방법

우선 정신분석 과정에 대한 물리적 요소를 얘기해 본다. 환경부터 이야기하자면 방음이 잘 되어 있고 적당한 온도를 유지하는 방에 환자가 편안한 자세로 긴 의자(Couch)에 눕게 한다. 주로 환자는 눈을 감는다. 때로는 의미 없는 한 곳을 쳐다본다. 분석가는 환자의 머리맡에 앉아 환자가 전혀 볼 수 없도록 한다. 방은 자극이 없는 침침한 광선만으로 유지한다. 방음으로 바깥에서 오는 자극이 없게 하여 환자의 마음에서 우러나오는 생각만 존재하고 정신이 다른 곳에 가지 않게 해 준다.[3] 주말에 늦잠을 자고 단꿈을 꾼 후 잠에서 살며시 깨어났을 때 포근한 이불에서 일어나기 싫은 그런 기분을 상상하면 정신분석을 하기 좋은 환경과 상태와 비슷하다고 할 수 있다.

정신분석은 주로 대화로 이루어지지만 우리가 아는 정신상담 혹은 심리상담과는 다르다. 정신분석 과정에서는 분석가와 환자가 서로 마주 보지 않는다. 환자가 편안하게 누워 눈을 감거나 천장을 보며 환자에게 마음에 우러나는 것을 아무 거리낌 없이 모두 얘기하게끔 부추긴다. '아무 거리낌 없이'라는 말은 보통 대화에서 지키는 여러 행동, 예의, 말의 순서, 억양 등등을 완전히 무시해도 좋다는 말이다. 이것은 혼자서 아무도 없을 때 하는 독백처럼 머리에 떠오르는 모든 생각을 거침없이 말하게 한다. 듣는 사람(분석가)은 상대로부터 어떤 말이 나왔으면 하는 기대를 하지 않아야 한다. 말하는 사람(환자)은 상대가 알아듣건 말건 하고 싶은 대로 말한다. 분석가는 상담과 달리 이것저것을 확인하려고 환자의 말을 차단하거나 따지는 질문을 피해야

---

3 불교에서 선(禪) 정진을 할 때 정신집중을 위한 독특한 자세와 환경이 있는 것과 흡사한 점이 많다.

한다. 더 자세히 듣고 싶으면 "그래서요?" 정도로 더 이야기하라는 암시를 준다.

마음속에 우러나는 생각이 전혀 무서움 없이, 제약 없이, 주저함 없이, 거리낌 없이, 서술법의 제약 없이 자유롭게 나와야 한다. 이것도 시를 쓰는 것과 비슷한 점이 있다. 문법이니 시제니 접속사니 말의 순서에 신경 쓰지 않고 떠오르는 것을 먼저 말하는 것이다. 문법이나 토시 같은 것에 신경을 쓰지 않게 말한다. 때로는 횡설수설하는 것 같을 때도 있을 것이다. 분석가가 하는 것은 대부분 환자가 한 말에 대해서 더 깊이 들어가 자유롭게 연상해 나가게 하는 데 목적이 있으므로 아무리 말이 되지 않고 앞뒤가 맞지 않더라도 기다렸다가 적기에 약간의 힌트를 주어 방향을 살짝 바꾸게 한다. 될 수 있으면 환자가 그것을 스스로 찾아내게 하도록 최선을 다해야 한다.

오월의 청명한 날 정자나무 아래에서 자기가 가장 좋아하는 시를 읽다가 책을 가슴 위에 놓고 잠시 눈을 감으면서 졸음이 오려고 할 때 온갖 환상이 떠오른다. 이때 가끔 지저귀는 새소리마저도 자장가 같아 몸과 마음이 노곤하게 이완한다. 이때는 이전에 전혀 생각하지도 않았던 추억이 살며시 나타났다가 안타깝게 달아나 버리기도 할 것이다. 이때 얼른 수첩을 꺼내어 잠시 왔다가 가 버린 그 추억(상념, 환상)을 적어 둔다면 시인에게 그것은 금보다 귀중할 것이다. 이때 그의 마음속에 떠오르는 것은 어느 정도 무의식이 반영되었을 가능성이 있다. 이는 심리상담보다는 오히려 선도(禪道)나 피정묵상(避靜默想, Meditation)에 더 가까울 것이다. 선도에서는 어떤 목표를 두고 생각하거나 어떤 자극 때문에 생각하게 하는 그 모든 것을 피하고 마음속에 아무런 거리낌 없이 나타나는 상념이 이끌어 가는 대로 마음을 지우라는 말을 하고 또 한다. 이것은 마치 무의식의 어느 생각이 자유롭게 아무 제어 없이 나타나게 하려는 것과 같다. 정신을 어느 곳에 집중하는 오늘날의 상담학과는 전혀 다른 방법이다.

불안의 심리학, 정신분석

분석가는 어떻게 하든 환자를 도와 자유롭게 환자의 마음에서 일어나는 모든 생각을 계속해서 얘기하도록 해 주며 때로는 중요한 무의식의 요소(충격, 욕구, 갈등 등)를 종합해 분석가가 은근히 생각해 보았느냐 하는 식으로 암시해 보기도 한다. 이때 생각의 방향을 바꾸지 않게 조심해서 다루어야 한다. 이것이 분석가의 기술이다. 그런 것이 나타날 때는 방어작동을 그쳤을 가능성이 있으므로 적재적소에서 질문해야 한다. 이 기술은 분석을 받아야 체득할 수 있다. 만약 그것이 자기가 지금 추구하는 불안과 관계가 있다고 추측하고 거기서 더 깊이 파고들어 가는 순간 갑자기 감정에 충격적 느낌이 왔다면 지금까지 파고들어 온 길이 맞았다는 것이다. 그리고 그 문제(주로 심적 갈등)는 해결될 가능성이 있다는 징조이다. 그것이 옳은 해석(분석)이면 그 순간의 현상을 해제 반응이라고 한다.

이 순간 처음 그 갈등이 일어났을 때 갈등에 의한 충동에서 온 심한 충격적인 감정(주로 불안)이 순간적으로 일어날 수 있다. 그러나 이때는 그 강도가 많이 줄어든 상태이다. 분석을 통해 그 이유를 알았기 때문이다. 알았다는 뜻은 그 기억이나 충동이 의식에 들어와도 안전하다는 말이다. 분석가가 옆에서 도와줄 수 있다는 안도감도 역할을 한다. 그것은 약하지만 대개 공포를 느끼는 불안이다. 물론 그 느낌 뒤에 따라 오는 희열은 금상첨화이다. 정신분석을 '불안의 심리학(Psychology of Anxiety)'이라고도 할 수 있는 이유가 여기 있다. 즉, 불안의 원인을 찾아내는 것이 치료 과정이다.

정신분석을 하는 조건이나 규율도 있지만 자세한 이야기는 여기에서 피하려 한다.

제8장

자유연상

정신분석에서 가장 많이 이용하는 도구가 자유연상(自由聯想, Free Association)이다. 문자 그대로 자유롭게 연상하는 것을 말한다. 시인이 시상을 찾을 때, 화가가 화상을 찾으려고 할 때, 작곡가가 이미지를 찾을 때 하는 심리작용과 상당히 비슷하다. 이를 공부하면 재미도 있고 배울 것도 많을 것이다.

전혀 연결되지 않은 것 같은 기억 속의 생각

인간이 자기의 모든 행동, 생각까지 포함한 것을 의식적으로 통제하려는 것은 본능이다. 그렇게 할 수 있다고 믿는다. 행동이나 생각을 능동적으로 통제하지 못하게 되면 불안하다. 우리는 "정신 똑바로 차려라."는 말을 들으며 자랐다. 법칙과 규율을 따르라는 말을 삶의 지침처럼 듣고 자랐다. 자기의 행동이 안전하다는 보장이 되어야 한다는 말이다. 정신분석에서는 환경과 분석가가 안전을 보장한다. 모든 생리 현상은 대부분 의지와 통제에 간섭 없이 자유로이 진행된다. 우리가 능동적으로 배울 수 있는 한 부분이 자유연상이다.

자유연상이란 전혀 연결되지 않은 것 같은 기억 속의 생각이 마음속에서 거침없이 일어나지만, 처음에는 본인도 그것들이 얼마나 유용한 자료인지 무슨 의미가 있는지 모를 때가 많다. 흔히 그런 상태를 부질없고 근거 없는 공상이라고 무시해 버린다. 그러나 정신분석과 창작을 할 때는 이것이 금과 옥과 같이 귀하며 중요하다. 우리가 통제를 하지 않고 마음속에서 상념이 거침없이 일어나게, 즉 연상이 자유롭게 일어나게 할 때 자유연상이라고 한다.

인간은 늘 안전하고 자기가 통제할 수 있는 능동적 행동을 중시한다. "정신 차려!" "똑바로 해!" "조심해!" 하는 것은 옳다고 배운 행동이다. 그러나 이런 것에서 예술적 창작이 나올 수 없다. 연상도 일어날 수 없다. 창작인은 훨씬 자신에게 자유를 주어 통제니 금기를 무시하더라도 연상이 자유롭게 마음속에서 일어나게 하려고 노력한다. 연상하다 보면 전에 상상하지도 못한 것이 나타날 때가 많다. 정신분석에서나 시인이 시상을 찾을 때는 대부분 상상이 현실과 관계없는 생각들로 일어나고, 말의 순서, 연결, 문법, 구두점 같은 것 없이 일어난다. 일반인에게는 쓸데없는 공상이나 몽상으로 여겨질지 모르나 그것들은 작가나 분석가가 찾으려는 귀한 시상과 정신분석의 실마리의 씨 밭이 된다.

자유로운 연상을 돕는 법

이런 것들은 시각적인 경우가 많다. 창작인은 그런 것을 무시하지 않기 때문에 그 생각을 완전히 자유롭게 마음속에서 펼쳐지게 두면 자유로운 연상이 된다. 비몽사몽(非夢似夢), 목표를 정하지 않은 명상과 묵상, 선도의 묵상과 같다.[1] 꿈같기도 한데 꿈은 아니다. 앞에서 말했지만 오월의 청청한 날 갓 푸르른 정자나무 아래 누워 팔베개하고 시를 읽다가 잠이 사르르 올 것 같아 책을 가슴에 얹고 청정한 하늘에 둥둥 떠 있는 희디흰 뭉게구름을 쳐다보면서 온갖 공상과 상상을 맘속으로 자

---

1   필자가 정신의학을 공부하고 임상 생활을 하고 있을 때 선도(禪道)를 수박 겉핥기로 배운 적이 있다. '마음을 열어 비운 후에 들어오는 것들을 챙겨라.'는 가르침은 자유연상과 비교하지 않을 수 없었다.

유롭게 들어오게 하는 것과 같은 상태이다. 시인이나 피분석가에게 금쪽같은 이런 상태를 인간 사회에서는 별로 중하게 여기지 않는다. 비생산적이고 소득 없는 태도로 본다. 이런 행동을 하면 곧 "게으르다" "꿈 깨!" 혹은 "잠 깨!"라고 한다. 그래서 환자에게 그렇게 하게 한다는 것이 쉽지 않다. 공상은 자유롭게 거리낌 없이 할수록 유용하다.

정신분석가는 환자가 연상을 자유로이 하게 도우며 마치 흩어진 점들을 마음대로 연결(Connecting dots)하여, 혹은 퍼즐 조각을 맞추듯이 뜻을 찾을 때까지 도와서 거기에서 의미를 찾게 한다. 도와준다는 것은 대개 소극적으로 암시하는 정도로 환자의 마음을 이끌어 가는 것은 아니다. 여기서 '환자의 마음대로'라는 뜻은 중요하다.

연상은 목표를 향한 집중이 아닌 상념이다. 환자가 길을 찾아야 한다. 환자가 이야기할 때 될 수 있으면 간섭이나 설명하지 않아야 하고, 해명을 요구하지 않아야 한다는 것을 다시 강조한다. 아무리 이야기에 질서가 없어 보이더라도 따지지 않아야 한다. 환자에게 머리에 떠오르는 것이 아무리 괴이하고, 말로 설명하기 힘들고 때로는 입에 담기 힘든 생각이고 이해하기 어려운 말이라도 100% 계속해서 말하라고 해 전혀 관계가 없고 연결이 안 되는 것조차도 모두 얘기하게 부추겨 준다. 때로는 환자가 횡설수설하는 것 같기도 하다. 독자가 시인에게 이렇게 쓰시오, 저렇게 표현하시오, 할 수 없다는 말과 같다.

처음에는 이 방법부터 훈련을 받아야 한다. 그렇게 할 수 있으려면 환자는 조심성이랄까 옳은 단어를 찾으려는 노력, 문법적으로 조리 있게 말하려는 것에 신경을 쓰지 않아야 한다. 이것이 시상이나 그림의 이미지(畫像)를 상상하며 찾는 것과 같다. 그래서 자유연상이라고 한다. 그러기 위해서는 환자가 될 수 있는 대로 이완하게 해 주어야 한다.

상대가 자기가 하는 말을 알아듣든 말든 따지지 말아야 하므로 정신분석을 받은 사람들에게서 가끔 이런 것이 습관이 되어 무심코 말을 할 때 횡설수설하거나 결례를 하는 것처럼 보일 때가 있다. 공상이나 상상할 때 그것이 시각적인 모양, 색깔로 나타날 때 그것을 말로써 표현하기가 힘들 것이다. 이런 것도 주저하지 않고 말하도록 부추겨야 한다. 분석가의 질문은 완전히 개방형 혹은 주관의 질문(Open-ended Questions)이다. 얘기하면서 환자는 무심코 연결(聯想, Association)을 찾으려고 하므로 그것이 무의식 속의 현상과 연결되거나 일치하면 그것을 더 집중적으로 파헤치게 암시를 주면서 간간이 그리고 은근히 격려하며 흥미가 있다는 신호를 주면서 돕는다. 영어로는 "So?" "And then?" "Uh, hum?" "Well?" 등으로 이야기를 계속하라는 암시를 한다. 우리말로는 "네……." "그렇군요?" "그래서요?" "아하!" "으흠!" 정도일 것이다.

격려의 신호는 사람마다 다르므로 환자가 자연스럽게 분석가의 행동을 배워야 할 때가 많다. 작가의 연상은 고요한 곳에서 잘 일어난다. 예외로 아주 시끄럽거나 많은 사람이 한꺼번에 와자지껄하면 전혀 집중할 수 없으므로 그 소리들을 의식적으로나 무의식적으로 차단할 수도 있다. 광화문 네거리 건널목에서 시상이 떠오를 수도 있다는 말이다. 저명한 김기태 시인이 한 말이다.

복습 겸해서 더 얘기한다. 때로는 연상이 이론적으로나 문법적으로 아주 이상할 때가 있다. 예를 들면, "당신 집에 대해 얘기하세요?"라고 하면서 "당신의 집에 대해서, 당신의 집이 어디에 있고, 집이 얼마나 큰지, 거기 누가 사는지" 등 방향을 암시하는 질문은 피한다. 분석가는 집이 어떤 상징을 뜻하는지 알기 때문에 추구하는 토를 더 달아 준다. 다시 말해서, 분석가는 "그래서?" "그래요?" "그러면?" 식으로 또 영어로는 "Go on." "So?" "And then?" "Ah, Hum?" 등 지금 하는 말을 그냥 생각나는 대로 계속하라는 암시로 종용한다. 될 수 있으면 억양을 줄이고 말을 더 끄

158

집어내고 싶다는 어감으로 표현한다. 환자에게 집이 무의식 속에 어떤 의미를 지니고 있는지를 캐물어 가려는 것이다.

자유연상을 진행하려면 전혀 생각에 방해가 되는 것이 없어야 한다.[2] 분석가가 때로는 전혀 관련이 없는 것 같은 엉뚱한 말을 던지지만, 그 연결은 환자가 찾아야 하므로 쉽게 찾을 수 있는 말로 해야 한다. 시를 읽을 때는 접속사나 서술이 없이도 감정이 나타난다. 그것은 읽는 사람의 마음속에 있는 것과 연결되어 새로운 감정을 일으키게 하는 자유연상과도 같다. 시인에게 창작 의도나 목적을 강요할 수 없고 문법이 어떠니 문장 순서가 어떠니 하며 독자의 자유연상을 방해할 수도, 옳다 그르다 간섭할 수도 없다. 시를 읽는 독자에게 시인의 창작 의도와 목적을 강요할 수 없고 시인은 독자의 자유연상을 간섭할 수도 없다. 시인의 은유가 독자들의 자유연상을 통해 새롭게 해석된다고 해서 누구를 탓할 수도 없다. 의미를 만들어 내는 것은 창작인이 아닌 독자이기 때문이다.

독자는 창작인에게 부담을 주지 않아야 한다. 고흐가 사람들이 호응하는 그림을 그렸더라면 단번에 부자가 되었을 것이다. 화상(畫商)이었던 동생 테오도 고흐의 그림을 한 점도 팔아 주지 못했다. 창작인은 이렇게 자유를 원하며 지키려 한다. 자유연상도 이만큼의 자유를 유지해야 한다. 필자는 가끔 정신분석의 발전이 없었더라면 그의 그림이 그렇게 유명해졌을까 하는 생각을 한다.

환자와 분석가 사이에 오가는 대화를 보면 마치 그리스 신화를 읽는 것 같다. 이를 시에 비유하면 누가 시인이고 누가 독자인지 구별이 되지 않을 만큼 모호할 때가 있다. 옛 성현들이 시어(詩語)로 대화를 하는 것도 그 때문일 것이다. 시인들

---

2 시인이 시상을 떠올리려 할 때 상상을 방해하는 상념이 없어야 한다. 필자는 시끄러운 것은 더욱 정신이 한곳으로 쏠리지 않게 한다고 본다. 하지만 정신분석은 소리의 방해가 없어야 한다.

이 시를 쓰면서 독자와 이런 대화를 무의식적으로나 공상으로 혹은 의식적으로 하지 않을까 상상이 된다. 시인이 시로 던지는 암시(은유, 상징, 비유 등)는 읽는 사람이 자유연상을 하는 것 같이 상상하게 하는 암시이며, 돕는 것이다.

고전에 보면 선비나 귀족이 약주를 나눈 뒤 나무 밑에서, 정자에서, 물가에서 시를 대화처럼 주고받으면서 즐겼다. 자기의 뜻이 제대로 전달되었다고 여기면 무릎을 '탁' 친다. 시인의 환희이다. 신라의 포석정(鮑石亭)은 그런 예이다. 조그마한 시내 같은 것을 만들어 물이 흐르게 하고 술잔을 띄우면서 술잔이 자기에게 돌아올 때까지 시 한 수를 짓는 놀음이 있었다. 그 잔을 드는 사람이 답시(答詩)로 응해야 한다. 이런 놀이에는 '지화자' 같은 표현으로 박자를 맞추어 부추긴다. 아무 방어나 긴장 없이 얼큰한 기분으로 시로써만 느낌을 상상하였다는 이야기일 것이다. 아무도 아무것도 따지지 않는다. 이런 의사와 감정의 소통은 분석 과정과 별로 다르지 않다. 신라의 선비들이 이렇게 태평스럽게 지내며 마치 딴 세상에 살듯이 세상 돌아가는 것을 무시했으니 망할 수밖에 없었을 것이다. 분석할 때도 이렇게 거리낌이나 방어의 염려가 없어야 한다. 아무리 불안이 많은 사람도 그 시간만은 불안과 멀어질 수 있다. 분석가의 역할은 불안을 막는 보안관과 같다는 의미라고 이미 지적했다.

그리스 신화의 오르페우스는 음악과 시의 신이며 그 자신이 저승(지옥, Underworld, Hades)을 내왕하였다. 이 전설을 현대화하여 영화로 꾸민 것이 장 콕토(Jean Cocteau)의 〈오르페〉이다. 오르페가 저승에서 오는 모스 신호를 자동차의 라디오에서 듣고 시상을 구현하며 신기해하면서 즐겼다. 이 이야기에서 저승(이승과 다른 세상)과 이승은 오직 시로만 소통할 수 있다. 거기에 흡수된 주인공은 이승과 저승의 경계인 거울을 들락날락한다. 이것은 마치 거울 속의 무의식(저승)과 바깥의 의식(이승) 사이의 경계를 들락날락하며 저승에서 얻은 시상을 이승에서는 시로 표현하는 것 같다. 이는 무의식과 의식의 소통으로 적합한 것은 시어(詩語)라는 말과 같은 표현이다. 이때 가장 많이 쓴 것이 은유였다. 모스부호는 은유와 마찬가지로 풀어서 해석해야 한다. 이 영화가 나왔을 때는 정신분석이 유행하던 시기였다.

루이스 캐럴(Lewis Carroll)의 환상동화 『이상한 나라의 앨리스(Alice in the Wonderland)』는 무의식의 환상을 분석하는 데 참으로 좋은 자료가 된다. 앨리스만이 공상할 수 있는 공간에서 일어나는 것을 하나하나 상징적으로 풀어 보면 앨리스와 앨리스의 환경과의 관계가 상징적으로 표현되었음을 알 수 있다. 작가는 그것을 하나하나 시(詩)로 표현했다. 이 환상적 혹은 꿈 이야기 같은 동화는 이 이야기에 나오는 대화와 상징으로 봐서 정신분석 과정을 상상하는 데 좋은 작품이다. 정신분석을 토대로 한 작품이 많지만, 정신분석을 토대로 하지 않은 작품, 특히 시나 산문시에서 정신분석을 배울 수 있는 것이 많다. 어느 시에서 얻은 예를 필자 나름대로 써 본다면 다음과 같다.

마당에 높이 서 있는
나이 먹어 앙상하고 울퉁불퉁한
미루나무 가지
마지막 잎을
훌쩍 보낸다.

아들을 멀리 보내며
엄마의 소매에서 훌쩍 끄집어낸
손수건처럼
          …… (중략) ……

늦가을의 마지막 나뭇잎이라는 은유에서 수많은 연상을 꺼낼 수 있다. 이 시인은 이것을 시인이 가진 독특한 기술로 처리한다. 누구나 마지막 잎이 나뭇가지에서 떨어지는 것을 보고 이 생각 저 연상을 안 할 사람이 없을 것이다. 그 많은 연상 중에서 그때 그 시인이 고른 것이 엄마였다고 하자. 엄마가 막냇자식을 멀리 보내는 장면일 것이다. 시인은 그 이유를 알지만, 독자는 독자대로의 연상으로 그 은유와 암시에서 더 많은 연상을 마음속에 그릴 수 있다. 이와 비슷하게 정신분석 과정에서 환자와 분석가의 대화를 예로써 상상해 본다.

환자: 오늘 새벽에 꿈을 꾸었어요.

분석가: 그래요.

환자: 늦가을이었어요.

분석가: ……

환자: 우리 집 뒷마당에 키 큰 미루나무가 있어요.

분석가: ……

환자: 마지막으로 하나 남은 잎이 꼭대기의 불뚝불뚝하고 앙상하고 굽은 가지에 겨우 매달려 있었어요. 희끗희끗한 것이 내가 보자마자 겨우 달랑 붙어 있던 것이 뚝 떨어지더니 아래로 팔랑팔랑 내려오다가 그냥 없어져 버렸어요.

분석가: ……

환자: ……

분석가: 없어졌다고요?

환자: 난 왜 꿈에서 무엇을 주시하면 금방 없어지는지?

분석가: 왜 주시하려고 했을까요?

환자: 엄마를 보는 것 같아서……

분석가: 엄마를······?

(대화는 계속된다.)

환자: 엄마는 자주 손수건으로 눈물을 훔치는 습관이 있어요. 좋은 일이건 궂은 일
      이건 간에.

분석가: 가을 나뭇잎, 엄마, 손수건, 눈물을 훔친다······.

환자: 늘 아쉬운 일이 있으면 엄마 손수건이 생각나요.

분석가: ······.

환자: 엄마는 내가 유학을 갔을 때 돌아가셨는데 엄마의 유언대로 한동안 제게는
      아무도 그 소식을 알려 주지 않았어요.

이 대화에서 얻은 것을 토론해 본 후에 시를 쓰는 사람이라면 어떤 시가 나올지 관찰해 보면 자유연상과 은유(혹은 비유)가 정신분석에 어떤 역할을 하는지, 시작(詩作)에서는 어떻게 작용하는지 짐작이 갈 것이다. 또한 흥미로울 것이다.

완전히 정신의 자유를 주고 연상을 거침없이 하려면 환자[3]의 자세도 전혀 불편함이나 긴장이 없어야 한다. 프로이트는 나름대로 그러한 장치를 고안해서 서양 사람들이 낮잠 잘 때 쓰는 소파(Couch)를 이용했다. 영어권에서 농담으로 'Lying on the Couch(소파에 드러눕는다.)'라고 하면 정신분석을 받는다는 말이다. 그 후에는 정신분석을 받아야 할 만큼 정신이 좀 이상하다는 빈정거림이 되기도 했다. "저 친구 카우치에 누워야겠군!"이라는 농담을 가끔 듣는다.

필자는 프로이트가 고안한 소파가 셰익스피어의 『한여름 밤의 꿈』에서 얻은

---

3   여기서 환자란 병이 있건 없건 간에 분석을 받는 모든 사람을 말한다. 이는 마치 정신분석학에서 Psychophysiology(정신생리학)와 Psychopathology(정신병리학)를 구별하지 않는 것과 흡사하다.

착상이라고 상상했다. 물론 이 이야기에서 정신분석학의 아이디어도 얻었을 것으로 추측한다. '한여름 밤의 꿈'이라고 한 것은 마치 이 한여름 밤의 상상이 달콤한 꿈속에서 이뤄진 것 같다고 보았기 때문일 것이다. 즉, 평안한 잠 아니면 비몽사몽간에 일어난 상상이라고 보면 피분석가를 그런 상태로 이끌어 가게 하는 편안한 자세가 필요함을 추측해 고안해 냈을 것이다.

무의식과의 소통

자유연상이나 꿈을 해석하는 것은 상징과 은유의 해석(분석)이 많이 쓰이는 과정이다. 춘원 이광수가 1938년에 일경(日警)에 의해 동우회(同友會) 사건으로 수감되었다. 그는 폐병(결핵)이 심해 경성제대 부속병원에 입원하였다. 병원에서 제자 박정호는 이광수가 신열로 혼수상태에서 횡설수설하는 것을 보고 마치 시를 읊는 것 같다고 느꼈다. 그는 곧 그것을 받아쓰기 시작했다. 그것을 모아 정리해서 출판한 것이 춘원의 걸작 『춘원시가집(春園詩歌集; 博文書館)』(1938)이다. 박정호는 춘원이 가장 괴로웠던 시기에 스승의 곁에서 마치 치료사처럼 간호했다. 그리고 병상 머리맡에서 혼수상태에 있는 춘원의 말들을 받아 적었다. 그것이 정신분석가가 환자의 횡설수설 같은 자유연상을 기록하는 것과 흡사했을 것으로 상상이 된다(다음 2번째 그림 참조).

『시작 연습(The Practice of Poetry)』[4]에서는 시작을 연습(실습)하는 것은 건축 공사장의 비계와 같다고 표현했다. 건축이 완성되었다고 생각하고 이것을 치워 버리면 훌륭한 시만 남아 보일 것이다. 이것이 여태껏 영상으로만 보이던 것이 글로 나타

---

4 Harper Collin(1992). *The Practice of Poetry, edited by Robin Behn and Chase Twichell.*

나는 것이며 그 순서가 '무의식과의 소통'이 되는 길이라고 한다. 또 '이는 시인의
자서전과 발명이 연결되는 길'이라고 필자가 하고 싶은 말이다. 창작은 창작인의
무의식이 씨 밭이라는 말이다.

제9장

상징

정신분석 과정에서 은유와 함께 많이 이용되는 것이 상징(Symbolism)이다. 정신분석에 대한 심리작용을 더 이야기하기 전에 정신분석에서 흔히 쓰고 우리가 알아야 할 만한 상징의 예를 몇 가지 들고 지나가기로 한다.

정신분석의 유용한 도구, 상징

분석가는 환자의 행동과 하는 말을 주시하고 그들의 행동이나 말에서 실언, 유머, 망각, 실수, 분실, 질환[1] 등에서 무의식적 의미를 찾아야 한다. 그러나 프로이트는 꿈의 해석이 가장 효율적 분석이라고 하였다. 따라서 꿈에 나타나는 상징과 은유의 해석을 중요시하였으며, 그 뜻이 여러 사람 사이에 비교적 일치한다는 것을 알아내었다.

정신분석에서 보는 꿈의 상징은 동서양에서 하는 해몽의 상징과는 다르다. 서양에서의 상징은 동양의 상징과 다른 점이 많고, 이 상징의 예는 서양에서 정신분석가들이 채집한 것이다. 이것이 한국 사람들의 무의식에서 발견된 상징과 같을지는 모르겠다. 상징은 문화권에 따라 조금씩 그 의미가 다를 것이다. 그러나 칼 융

1　좀 이상할지 모르나 정신분석에서는 환자가 감기가 걸려도 무의식중의 이유가 있는 것으로 해석한다.

은 인류에 공통된 상징과 상징의 의미가 있다고 하였다. 서양 정신분석에서 쓰는 상징의 예를 몇 가지 살펴보기로 한다. 옮겨 온 목록이라 영문으로 표기한다.

Symbols(상징)	Latent Meaning(잠재 의미)
House(집)	Human body(인체)
Smooth fronted house(정면이 미끈한 집)	Male body(남성 인체)
House with balconies(발코니가 있는 집)	Female body(여성 인체)
King and queen(왕과 왕비)	Parents(부모)
Little animals(작은 동물)	Children(아이들)
Children(아이들)	Genitals(성기)
Playing with children(아이들과 장난하는 것)	Masturbation(자위)
Beginning a journey(여행을 떠난다)	Dying(죽음)
Clothes(옷)	Nakedness(나신)
The number three(3)	Male genitals(남성 성기)
Bath(목욕)	Birth(출생)
Elongated object[긴 물체(뱀, 연필 등)]	Penis(남자의 성기)
Balloon, airplane(풍선, 비행기)	Erection(발기)
Woods and thickets(숲)	Pubic hair(음모)
Room(방)	Woman(여자)
Suite of room(스위트룸)	Brothel or harem(홍등가)
Box(상자)	Uterus(자궁)
Fruit(과일)	Breast(유방)
Climbing stairs or ladder(층계/사다리를 오름)	Sexual intercourse(성교)
Food(음식)	Knowledge & Award(지식과 상장)
Devil(악마, 마귀)	Emotion or wish(감정 혹은 행동의 방향)

앞서 열거한 것은 상징적 물체이다. 꿈에서 일어나는 몇 가지 상징적 현상의 예도 들어 본다.

- **짐승**: 현실적으로 일어나고 있는 자기의 심리 조직을 상징하며 자연과도 연결되어 생존과 연관이 된다. 따라서 공포나 폭력적 감정을 상징한다.
- **아기**: 나타나는 그냥 그대로 아기를 갖고 싶은 감정을 상징한다. 때로는 아기처럼 사랑받고 싶은 감정을 뜻하며 새로운 시작과 같은 의미로도 상징된다.
- **쫓김**: 어느 문화권에서나 흔한 꿈이며 위험을 뜻한다고 짐작이 갈 것이다. 이럴 때 누가 쫓는지를 분석해야 한다.
- **옷**: 우리가 어떻게 남에게 보였으면 하는가를 상징한다. 물론 내가 더럽고 다해진 옷을 입고 있었다면 자신을 매력이 없는 사람으로 여긴다는 뜻이다.
- **옷을 갈아입음**: 자기의 생애에서 중요한 것을 바꾼다는 것으로 상징된다. 예로, 종교를 바꾼다, 직장을 바꾼다는 등의 뜻이다.
- **십자가**: 물론 종교를 의미할 것이다. 때로는 균형을 상징하기도 하고 죽음 혹은 인생에 있었던 어떤 것의 종결을 상징하기도 한다.
- **시험**: 자기의 능력을 상징할 것이다.
- **가까운 사람의 죽음**: 변화를 상징하며 근래에 사랑하는 사람이 죽었다면 마음속으로 단념 혹은 최종 정리를 하려는 것이다.
- **낭떠러지에서 떨어짐**: 아주 흔한 꿈인데, 이는 대개 무엇인가를 포기한다, 어떤 상황을 조정하지 못한다, 성공한 줄 안 것이 실패한다는 상징이다.
- **기계가 고장 남**: 자신의 실력에 대한 불안한 상징이다.
- **머리카락**: 성교와 상당히 관계가 있다고 한다. 여자의 머리카락을 만지는 것은 애무나 성교를 의미한다.
- **손을 씻음**: 죄를 사하려는 것이다.

이렇게 예를 들었지만, 그것이 나타나는 순서와 다른 상징과의 연결은 역시 분석가의 기술에 달렸으며, 시인의 예술적 실력과 상통하는 것이 아닐까 한다.

"나는 내 그림을 꿈꾸고, 내 꿈을 그린다." 고흐는 이 한마디로 얼마나 꿈이 창작인에게 중요한 역할을 하는지 표현했다. 꿈을 가장 흔히 상징하는 것이 푸른 하늘에 뜬 구름이라고 한다. 필자는 습관적으로 구름을 보면 반드시 무엇을 상상한다.

정신분석 과정 사례 분석

정신분석 과정에서도 보통 환자와 의사 사이에 있어야 할 진찰과 치료에 관한 계약을 한다. 일단 절차가 끝나면 환자는 조용한 방에 편안하게 누우면서 정신분석을 시작한다. 분석가는 환자가 문을 열고 들어오는 순간부터 거의 행동 일체를 세심하게 관찰한다. 옷차림, 인사 등 모든 것을 관찰한다. 절차를 아주 간단히 설명하고 나면 대화에 들어간다. 대부분 환자에게 얘기하게 한다. 분석가는 가능한 환자가 하는 말을 듣고 가능한 한 대화의 방향을 지적하지도 말고 반응도 간단히 한다. 사실 반응을 보여 주지 않는 것이 바른 길이다. 분석가가 환자의 머리맡에 앉아 환자가 분석가의 얼굴 표정을 볼 수 없게 한다. 얼핏 보기에는 환자가 독백하는 것 같다. 그 상호 간의 행동을 예로 상상해 본다. 언제든지 환자가 먼저 말을 시작하게 암시를 준다. 이것은 분석가가 대화의 방향을 결정해 주지 않는다는 말이다. 다른 예를 하나 더 들어 본다.

"오늘 새벽에 꿈을 꾸었어요." (환자가 말문을 연다.)

"으흠." (알았으니까 계속하라는 반응이다.)

"알 수 없는 꿈이었어요."

"으흠." (알았으니 계속하시오.)

"누이 집에 가는 길이었어요."

"……."

"누이는 엄마처럼 날 길렀어요. 그래서 날 자주 불렀어요. 저녁도 먹여 주고……." (이 분석가는 이 환자와 그의 누이와의 관계를 이미 알고 있다.)

"네."

"그런데 왜 가는 길에 꺼림칙했는지 몰라요."

"꺼림칙했다?" (중요한 신호 같다.)

"가는 도중에 되돌아오고 싶었어요."

"되돌아오고 싶었다고?" (환자의 말을 반복하는 것은 더 설명하라는 암시이다.)

"네, 가는 길에 뱀을 봤는데, 무섭지는 않았지만 그냥 기분이 그래서 돌아오고 싶었어요."

"기분이 그래서……?"

"네."

"……."

"내가 가져서는 안 될 것 같은 생각 같은 것 있죠?"

　흔히 분석가가 답을 하지 않으면, 말을 계속하라는 뜻이다. 분석가는 벌써 짐작하기 시작했다. 그러나 환자 자신이 그 꿈을 해석하기를 바란다. 보통 상담에서는 곧 의사가 파고 물으며 그 꿈의 뜻을 이야기할 것이다. 그러나 정신분석에서는 가능한 환자 자신이 해석하기를 바란다. 이 대화에서 분석가는 환자의 표현으로써 환자가 이 꿈의 뜻을 이해해 가고 있다는 것을 알고 있다.

　이 정도면 분석 과정을 짐작할 것이다. 분석이란 이 환자가 왜 누나를 만나지도 않고 되돌아왔는지를 캐내는 것이다. 물론 그것이 환자에게 충분히 이해되고 동의할 수 있어야 한다. 그 사건의 원인이 언제, 어디서부터였는지를 해석해야 한다. 독자는 더 알고 싶겠지만 이 환자와 분석가 사이에는 벌써 암시가 충분히 나타났다. 그 이유는 토론의 제목이 되므로 여기서 줄인다. 며칠 후에 같은 이야기를 하다가 이 환자는 같은 꿈을 꾸고 이야기를 끄집어내다가 심한 불안을 느낀다. 몸을 엎치락뒤치락하다 일어나고 싶은 자세를 하고 크게 긴 한숨을 쉰다. 마치 큰 수난을 겪은 것 같이 보였다. 분석가는 가만히 그 행동을 보다가 묻는다.

"이제 알았나요?"

"……네. 네. 알았어요."

　이 환자와 분석가는 동시에 무슨 일이 있었는지 무언의 동의와 함께 깨달았다는 신호를 주며 끝낸다.

무엇을 깨달았는지 독자가 복습(연습) 겸해서 해석해 볼 만하다. 누나, 집, 뱀, 되돌아온다. 이 네 가지를 연결하면 상상할 수 있을 것이다. 다음 단계는 그것이 왜 지금 다시 나타나야 하는지를 해석해야 한다. 앞에서 얘기한 상징으로 해석 연습을 해 보면 쉬울 것이다.

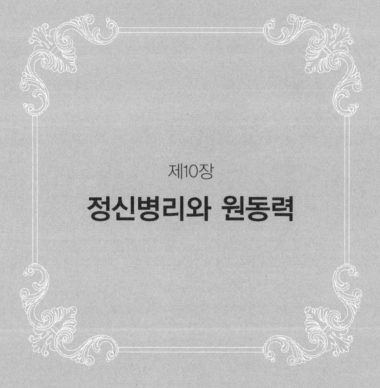

제10장

정신병리와 원동력

다양한 심리기제(心理機制, Mental Mechanism)와 방어기제라는 심리작용을 대략 설명했으니 이제 정신병리라고 하는 요소와 기제들이 총체적으로 서로 어떻게 작동하고 연결되는지 생리(生理) 혹은 병리(病理: 相互 作動)를 얘기하려 한다.

인간의 마음은 모두 뇌에 존재한다

이런 문자 때문에 어렵게 생각할 필요는 없다. 우리 마음(정신)속에서 우리가 의식하지 못하는 것들이 왜 일어나는지, 어떻게 일어나는지를 들여다보면서 배우면 된다. 이 생리, 즉 이 심리는 우주의 창조, 인간의 창조, 생명의 창조 등이 어떻게 일어났는지에 대한 질문과 같다. 철학가, 종교학자, 과학자 들이 쉴 새 없이 연구하는 것이다. 인간에게 지금까지 알려진 것은 인간은 생물이며 생물은 살아 있는 한, 번식하려는 것이 본능이라고 믿는 것으로부터 시작된다. 이것은 우주가 빅뱅으로 창조되고, 성경에서는 말씀대로 주님이 우주를 창조하신 후에, 이 우주는 계속 늘어나고 변화하고 있다는 것과 같은 원리이다. 인간의 번식 본능이 바로 욕구(欲求, Drives)이다. 이 인간의 존재와 존속의 욕구는 의식하지 않는다. 그러나 우리 몸에서 일어나는 쉴 새 없이 변화하는 현상은 한순간도 그 욕구를 잊지 않고 움직인다. 아니 그 욕구 때문에 움직인다. 대부분은 우리가 의식하지 않은 사이에 일어난다. 자연의 모든 것은 번식한다고 하면 억측 같다고 할지 모르나 분명히 생물은 규칙적으로 번식하려는 것은 분명하다. 모든 동물에는 신경 조직이 있고 인간에게는 분명히 정신이 있고 의식이 있고 생존의 의욕이 있다는 것은 자명하다. 정신분석에서 발견된 인간의 가장 중요한 정신 기구에는 의식하는 부분과 의식을 하지 못하는 부분이 있다. 이 두 정신의 현상도 몸의 여느 부분의 작동과 같이 본능에서 오는 의욕으로 인해 그 작동이 추진된다.

육체적 생리도 우리가 알고 느끼고 조정할 수 있는 부분이 있지만, 우리가 알지 못하는, 의식하지 못하는 사이에 일어나는 것이 대부분이다. 따라서 의식이든 무의식이든 생명의 본능은 늘 작동하고 있다. 이는 지구에 생물체가 나타났을 때부터 시작해 지금까지 계속되며 우리가 알 수 없는 그때까지 지속할 것이다. 우리가 의식하지 않지만, 우리 심장은 계속해서 자동으로 뛰며, 장은 영양을 섭취·소화하고 몸 전체에서 신진대사가 쉬지 않고 일어난다. 우리는 무엇을 먹는다는 것만 알지 그것이 본능적 욕구에서 시작해 복잡한 생리 현상으로 에너지가 되고 살이 되고 뼈가 되는 생리의 그 대부분은 의식하지 못한다. 손가락 하나를 움직이는 데도 상당히 복잡한 생리 현상이 일어나고 있지만 우리는 그 모든 것을 의식하지 않고 살고 있다.

인간의 마음은 모두 뇌에 존재한다. 뇌의 무게는 약 1.2 kg에서 1.4 kg이다. 평균 인간의 체중이 약 80kg이라면 뇌는 인체의 40분의 1밖에 되지 않는다. 그러나 뇌를 순환하는 피(혈액)는 전체의 약 1/5이다. 이는 뇌의 활동이 가장 활발하며 상당한 에너지를 소모한다는 말이다. 그 부피는 작을지라도 거기에 있는 단위는 상당히 크다. 뇌는 뇌세포와 그것을 보호하고 보존하는 조직으로 구성되어 있다. 인간의 뇌세포는 백 억(10,000,000,000) 가까이 되고 그것을 연결하는 시냅스는 한 세포에 7천 개의 연결(7,000)이 있다고 한다. 이 시냅스 모두는 10조가 된다. 시냅스가 컴퓨터의 기본 조직인 반도체 조직을 이루는 다이오드(트랜지스터)와 같은 역할을 한다고 추측한다면 우리 뇌는 슈퍼컴퓨터 몇 개를 합한 전산 기능과 같은 능력을 갖추었다는 말이다. 탁상 컴퓨터나 휴대용 컴퓨터에 장치되어 있는 기억장치는 대개 수십, 수백 기가바이트(gigabytes)이다. 우리 뇌에는 그 700배가 있는 셈이다. 즉, 최소한 탁상 컴퓨터보다 700배 큰 인공지능을 가지고 있는 셈이다. 뇌는 컴퓨터보다 몇 천 배 이상 작동한다고 보면 된다. 우리의 조그마한 뇌는 20세기 말까지 만들어진 가장 큰 인공지능과 같은 슈퍼컴퓨터보다 더 큰 컴퓨터에 버금간다. 따라서 상상하기 힘들 만큼 복잡한 그 현상을 정리해 이해한다는 것은 불가능하다. 프로이트처럼 용감히 이론을 냄으로써 원래의 목적에 아직 도달하지는 못했지만, 그 작동 현상을 학술적으로 나타내어 인간 사회에 지대한 영향을 미쳐 왔다는 것만으로도 놀랄 만한 사실이다. 그것이 생리적으로 어느 정도 정확한지에 대한 문제는 조금씩 풀리고 있다. 4000년 전에 벌써 인간은 피라미드를 해와 달의 방향에 의해 건축했다는 것을 알면 그렇게 놀랄 일도 아니다.

모든 심리 현상의 원동력이 된 프로이트의 리비도설

프로이트는 의사이다. 그러므로 혼(魂)이니, 정(情)이니, 심(心)이니, 의(意)니 하는 것을 생리적으로 이해하려고 했다. 그때까지 이런 것은 철학자와 종교학자들의 연구 대상이었다. 하지만 그것이 어디서 어떻게 작용하는지 프로이트가 연구하던 그 당시의 지식으로는 알 길이 없었다. 철학가들은 온갖 학설로 설명하려 했지만 누구 하나 확실하게 설명하지 못했다. 다만, "나는 생각한다. 고로 나는 존재한다 (Cogito ergo sum)."라고 데카르트(René Descartes, 1596~1650)가 사고(思考)와 존재(存在)를 연결한 유명한 말을 했다는 정도였다. 그러나 그는 그것을 설명하기 위해서 "우리가 생각한다."라는 것을, 또 "우리가 의심하면 우리의 존재를 의심할 수 없다."라고 말했다. 뇌신경의 존재와 그 작동은 인간이 존재한다는 증명이다.

또 하나 알려진 예를 들어 본다. 스피노자(Spinoza, 1632~1677)는 『에티카(Ethica)』라는 대표 저서에서 "강한 감정은 약한 감정을 제치고 나타난다."라고 했다. 윤리를 얘기하면서 감정의 작동을 논의한 것은 유명하며, 이를 당연시했다는 것이다. 프로이트가 의사가 되었을 때만 해도 신경학(神經學, Neurology)도 발상 초기였다. 프로이트가 신경학을 전공했으니 그의 학설이 뇌와 관계가 있다는 것을 전제로 한 것은 틀림없다. 그것을 당시의 철학자나 심리학자[1] 들이 하던 방식과 큰 차이 없이 추상적으로 밝히려는 노력으로 시작해서 하나씩 학설을 내었다. 그렇게 할 수밖에 없었을 것이다.

철학자 치고 이 문제를 생각하지 않은 이가 없었다. 그 때문에 정신 현상을 생리적으로 설명하려 했으나 그러지 못하고 형이상학적·상징적으로 설명할 수밖에 없었다. 프로이트는 미래에 자신의 학설이 신경생리로 설명되어 그 길로 연구가 지속하리라는 것을 믿었다. 오늘날 프로톤 단층촬영(Proton Tomography) 같은 기계로 우리의 생각과 감정이 일어날 때 뇌에서 전기 작동이 일어나는 것을 확인할 수 있다. 우리가 의식하지 않은 사이에도 뇌가 활발히 작동하고 있다. 뇌의 생리와 우리 생각과 감정 등이 뇌에서 일어난다는 것은 이해했지만 아직도 뇌의 생리와 우리 정신 사이의 관계가 분명하지 않은 것이 너무도 많다. 인류 역사에서 수많은 철학자, 신학자, 과학자가 연구하고 그에 대한 학술을 구현하려고 노력해 왔고, 이는 지금도 계속되고 있다. 그전까지는 심리적 의욕과 생리적 의욕을 완전히 분리해 왔었다. 오늘날 그 경계는 사라지고 있다.

찰스 다윈의 진화설(進化說, Evolution), 쇼펜하우어(Arthur Schopenhauer, 1788~

---

1   당시에는 심리학이라는 것이 분명히 독립된 학문으로 시작할 때이다.

1860)의 철학 등으로 보면 모든 생명은 번식이 삶의 최고 목적이며 오늘날 인류학자들 또한 이것을 믿는다. 의식적이나 무의식적으로 행하는 모든 행동은 그러한 근본 목적이 내포되어 있으므로 그 목적을 향해 복잡한 뇌의 작동(심리적 작동)이 진행되고 있다는 결론을 내려 오늘날 인류의 행동에 대한 학술이 이루어진 것이다. 눈 하나를 깜박이는 데도 목적이 내포되어 있다. 생물 대부분은 교접으로 번식이 이루어지며 그 교접의 원동력, 그것을 자극해 실행하게 하는 것은 그 생물의 교접 욕구라고 한다. 대부분의 포유류 동물에서 성욕(性慾, Sexual Desire, Libido)이라고 한다. 동물은 페로몬(Pheromone)으로 성욕을 표현하지만, 의식이 있는 인간은 그것을 의식으로 느끼며 행동으로 표현한다. 인간에게 일어나는 이 의욕을 생리적으로 리비도라고 한다. 평범하게 표현하는 성욕(sexual desire)이 그것이다.

프로이트가 정신분석에서 쓴 리비도라는 말은 육체적·의식적 성욕과 구별하기 힘들지만 프로이트는 순전히 심리적·무의식의 성적 욕구로써 사용하려고 했다. 프로이트가 이 학설을 내어놓았을 때는 참으로 용감하고 기발했다. 이 혁신적인 학설에 대해 오늘날 인류학자들은 인간이 밥을 먹는 데서부터 대통령에 출마하는 것까지 그 모든 행동의 동기가 리비도에서 일어난다고 역설한다. 물론 찰스 다윈의 진화론이 확고하게 뒷받침해 준다. 다시 말하자면 대통령이 연두교서 연설을 하는 것도 그 근본적 무의식의 동기는 리비도에 있다고 단정하기까지 한다.[2]

이것은 심리적 욕구이기 때문에 육체적 생리 현상으로 일어나는 것과 구별된다고 하지만 궁극적으로는 심리 현상 자체가 인간 생리의 일면이므로 육체적 욕구와 구별하기 힘들 것이라는 주장을 하게 된다. 결론적으로 리비도는 육체적 성욕

---

2 헨리 키신저(Henry Kissinger, 1923~)는 닉슨(Nixon) 대통령 때 국무장관이었다. 그는 과감하게 "정치적 힘은 성욕과 같다."라는 말을 했다. 많은 사람은 웃었지만 우연이 아닌 것 같다.

과 함께 오는 인간의 독특한 '심리적 성적 욕구'를 말한다.[3] 프로이트의 리비도 설이 획기적이라는 것은 말할 여지가 없다. 그것은 모든 심리 현상의 원동력이 된다. 인간의 꿈에는 늘 그것과 관계되는 것이 본능적으로 나타나며, 본능은 자연이 우리에게 주어진 것이니 그것을 감출 이유가 없다는 성(性)에 대한 진보적 사상이 퍼지기 시작했다는 것을 이해할 수 있다. 이는 19세기 서양의 빅토리아 도덕관과 기독교 도덕관에 도전하는 학문이었음은 틀림이 없다. 이 학문과 거기에 따르는 사상은 인류 사회에 지대한 영향을 미쳤고 오늘날 우리가 생각하는 인권과 인성의 가치, 자연에 대한 사상, 사회 구조 등에까지 끼친 영향은 상당했기 때문에 오늘날 여기서 나온 사상이 당연한 것처럼 되어 버렸다. 즉, 쾌락은 종족 보존을 자극하는 아주 필요한 요소라는 말이다. 밥을 먹는 것은 영양 보충이라는 의식보다 배가 고프니 포만의 만족을 위한 것이라는 것과 같다. 그 성적 쾌락을 성취하기 위한 심리적 동기(동력)를 리비도라고 하며, 그 리비도가 우리의 심리적 에너지를 부여한다는 것이 프로이트의 학설이다. 무의식적으로 인간의 원초적 본능에서 우러난 목적을 성취하기 위한 행동에 보상으로 성적 쾌감이 따라오게 하여 종족 보존을 성취하게 한다는 것이다.

후세의 생산을 목적으로 생존하는 것이 본능이라면 여기에 요구되는 것으로 자기 보존을 위한 방어나 공격의 본능과 그 의욕이 있어야 한다. 따라서 자기 생존을 위해서는 공격 원칙(Aggression Principle)이 필요하다는 학설이 나올 만하다. 그러나 프로이트는 이 이론에 대해서 주저했다. 폭력적 행동을 얘기하자면 자기 자신을 해

---

3 필자는 인간 이외의 어느 생물에 인간이 갖는 것과 같은 성욕에 동반하는 심리 현상이 있는지는 아직 조사하지 않았다. 그러나 동물의 모든 행동의 근원이 종족 번식에 있다. 이것을 인간의 행동에도 적용한 사람이 유명한 하버드대학교의 고고학자 스티븐 제이 굴드(Stephen jay Gould, 1941~2002)이다.

치는 파괴적이고 공격적인 행동을 이해해야 하기 때문이다. 또한 자살 문제도 해결해야 하기 때문이다. 오늘날 제1차, 제2차 세계대전, 베트남전쟁, 중동의 전쟁을 보면 분명 인간에게 성욕 이상으로 공격적 본능이 따로 있는 것이 아닌가 상상하지 않을 수 없다. 인간 폭탄 같은 현상과 자살 문제 때문에 프로이트는 이런 것을 원초적 본능으로 보는 학설을 주저하였다. 인간의 공격성이 자연이 부여한 본능이라고 하여 그것을 정당화시킬 가능성이 있기 때문이다. 전쟁과 정복을 위한 행동을 막을 수 없는 본능으로 간주한다면 위험한 학설이 되고 니체의 우월적 인간(Ubermensch)을 정당화할 가능성도 있었기 때문에 주저한 것이다. 이것에 대해 더 파고들진 않겠다. 너무도 어려운 문제이며 이 글을 쓰는 목적에서 멀어질 것 같기 때문이다.

그러나 사르트르, 카뮈, 카프카 등 실존주의 작가들은 그것을 바탕으로 작품에서 그 학설을 응용했다. 사르트르는 인간에게 자살의 욕구도 있으며, 그것이 궁극적이라고까지 하였다. 그것을 재언한 작가가 헤밍웨이(Ernest Hemingway, 1899~1961)이다. 프로이트는 주저했지만, 주류파 실존주의 작가들은 이 사상을 주저하지 않고 작품에 이용했다. 욕구 충족이 인간의 근본적 본능이라면 이것은 자연현상이기 때문에 무시할 수 없다고 하겠지만 공격성, 파괴적 행동이 합리화(정당화)되는 것은 주저하지 않을 수 없었을 것이다.[4]

프로이트가 더욱 파문을 일으킨 것은 성적 만족과 쾌락은 어른에게만 적용되는 것이 아니라 아기가 태어날 때부터 있다는 주장 때문이다. 아기에게 성적 만족

---

4 이때까지 프로이트는 과감한 학설을 내어 세상을 놀라게 했지만 죽음에 대한 학설에는 자신이 없었다. 그 이유는 도덕적 운명론을 해결할 용기가 없었기 때문이 아닌가 한다. 살려고 하는 것도 본능이요 죽으려 하는 것도 본능이라는 학설을 논한다는 것이 여간 어려운 것이 아니었을 것이다. 프로이트가 주저하는 사이에 사르트르와 카뮈는 이 학설을 자기 것으로 만들었다. 그들은 "인간은 어차피 죽기 마련이니 산다는 그 궁극적 목적은 죽는 것밖에 없다. 따라서 인간은 죽음으로 달려가느라 허덕인다."고 했다.

이라고? 고루한 보수 사회가 아니라도 충격이 아닐 수 없었다. 이 학설에 대해 상당한 이의와 비평이 있었다는 것은 짐작할 수 있다. 프로이트는 그것에 대해 해명하며 아이들과 어른에게 모두 이 현상이 일어나지만 나타나는 양상이 다를 뿐이라고 했다. 과학적 진실을 어찌 거절할 수 있느냐는 것이 프로이트의 응답이었다.

프로이트의 학설대로 따르자면 아기의 성적 만족의 대상이 있어야 한다. 그는 사내아이의 상대는 늘 엄마라고 했다. 여기서 오이디푸스 콤플렉스라는, 그 당시에는 참으로 받아들이기 힘들었던 학설을 내놓았다. 날 때부터 일어나는 성적 욕구의 상대가 있다면 그 관계는 아기의 성숙에 영향을 주리라는 것을 짐작할 수 있다. 이 이론은 상당히 물의를 일으킨 반면 합리적이라는 평도 받았다. 아마 다윈의 진화론이 나온 후였기 때문에 받아들이기 쉬웠을 것이다. 문학과 철학에서는 쉽게 받아들여졌고, 문학에 끼친 영향 또한 상당하다. 마치 새로운 르네상스가 찾아온 것처럼 그리스의 전설을 찾아 재조명하는 큰 동기가 되기도 했다. 한국에서 정비석의 『자유부인』은 로런스의 『채털리 부인의 사랑』보다 거의 25년 후에 출판되었지만 내용이 음란하다는 이유로 비난을 받았다. 근년에 마광수(馬光水, 1951~2017) 교수는 『즐거운 사라』를 출판하자 외설이라는 죄목으로 1992년에 형법까지 적용해 감금하기도 하였다.

문학작품에 성적 행위가 노골적으로 표현되었다면 그것이 처음은 아니다. 억눌렸다가 다시 살아났다는 것뿐이다. 동서의 고대 전설이나 신화는 말할 것도 없고 많은 이야기를 쓴 글에 노골적인 표현은 수없이 많았다. 그리스의 스트라톤 (Straton of Sardis)과 레스보스의 사포(Sappho of Lesbos, 625 BC~570BC)[5] 같은 시인이

---

5 레스보스(Lesbos)는 그리스의 섬이다. 이 섬에서 그 당시에는 여자들만 살았다고 한다. 여성 동성애자를 'Lesbian'이라고 한 것도 여기서 나왔다. 사포의 남아 있는 유명한 시는 사랑의 여신 아프로디테(Aphrodite)를 찬양한 것이라고 한다.

에로틱한 시를 쓰기도 했지만, 그 당시에 금기가 있었다는 말은 없었다. 중세기에 남자의 논설(Essay of Men)과 여성의 논설(Essay of Women), 보카치오(Boccaccio)의 『데카메론(Decameron)』 등 이 책의 지면이 모자랄 만큼 수없이 많았다. 영화로 유명해진 움베르토 에코(Umberto Eco, 1932~2016)의 소설 『장미의 이름(Il nome della rosa)』에는 음란한 그림이 자세하게 묘사된 책들이 산중 수도원의 도서실에 있었다는 얘기를 했다. 19세기에 접어들면서 빅토리아 여왕과 가톨릭의 영향으로 보수 사상이 복고되고, 한편으로 인쇄물 출판이 쉬워지고 책 읽는 것이 대중화되면서 성에 대한 출판이 금기되었다. 마치 이전에 그런 것이 없었던 것처럼 잠잠해졌다.

옛날의 성에 대한 노골적 이야기보다 문학적인 『채털리 부인의 사랑』이 나오자 세상은 다시 떠들썩해지며 출판 금지까지 했다. 마치 이 세상에 그런 노골적이며 비도덕적인 책들이 없었던 것처럼 세상이 경악했다. 다만, 달랐던 것은 전에는 음란한 소설은 몇 권 나오지 못했고 읽는 사람도 극히 소수였기 때문에 세상이 요란해야 할 이유가 없었다. 그러나 19세기 중반부터 인쇄술이 발달해서 유럽의 서적 출판이 활발해지고 독자도 상당히 늘어났기 때문에 무엇이든지 빨리 퍼졌다. 보수 사상이 되돌아온 것이 아니라 보수 사상이 더욱 경계해야 할 것 같았기 때문이었다. 이 현상 때문에 비평이 많아졌던 것뿐이었다. 오늘날 인간의 본성을 설명하고자 성의 생리를 이야기한다고 거부감을 느낄 시대는 훨씬 지났다. 이 혁명적인 문학의 진보가 인쇄 기술의 발달 덕이라 하겠고, 또한 종이의 생산 덕에 혁명이 일어났다고 보아야 할 것이다.

심리적 부착, 카텍시스

리비도는 우리 마음속에서 역동적[6]으로 존재하며 언제든 활동할 준비 태세를 하고 있다. 리비도는 분명한 목표가 정해지고 충동을 받으면 움직인다. 목표가 분명하다는 것은 그 방향(목표, 상대, Object or Target) 또한 분명(Vector)하다는 것이다. 이는 상당히 중요한 이론이다. 일부일처의 풍습이 지배적 현상이 된 큰 이유 중 하나이다. 이 본능은 어떤 상태나 환경에 접할 때 생물체의 보호를 위한 반응과 거의 같다. '지렁이도 밟으면 꿈틀한다.'는 속담이 있다. 뜨거운 스토브에 손이 닿을 때 반사적으로 손을 급히 떼고 팔을 움츠린다. 심리기제도 어떤 자극을 받을 때 그것에 맞게 대응하는 작동을 한다. 이 모두가 생명 보존의 본능에서 오는 생리적 반응이다. 그 반응도 단순한 행동이며 말로서도 단순하게 표현했지만, 이 기제는 상당히 복잡하고 정교한 것이라는 사실을 강조하고 싶다. 몇 십 년 전에는 이 학설을 설명하기가 무척 힘들었지만, 오늘날 컴퓨터를 모델로 응용하면 쉽게 이 기전을 설명할 수 있을 것이다.

이 이론이 소위 심리적 부착(附着, Cathexis)이라는 것을 설명하기 위해서이다. 부착이라는 표현보다 카텍시스라고 부르는 것이 편할 것 같다. 리비도의 에너지가 한 대을 향해 집중적으로 향하는 것을 말한다. **심리적 에너지**(Psychic Energy)란 리비도의 강도를 말한다.[7] 이런 현상을 물리학에서 '벡터'라 한다. 이런 현상이 이루어지기 위해서는 여러 장치가 있다고 가정했다. 이 학설이 나올 때는 컴퓨터 같은 것

---

6 여기에서는 늘 움직이려고 하며 기회만을 기다리고 있다는 뜻이다. 마치 자동차의 엔진 같은 현상이다. 시동이 걸려 있을 때 엔진은 계속 움직이지만, 기어를 바꾸어 주지 않으면 차가 움직이지 않는다. 그러나 차는 언제든지 움직이려고 한다.

7 Libido→Vector(Cathecsis)→Object. 사격수가 총을 목표를 향해 겨냥해 있는 상태를 상상하면 될 것이다.

을 상상도 하지 못했지만, 오늘날 프로이트가 이를 설명하려면 쉽게 할 수 있었을 것이다. 좋은 예로 바둑의 대가인 이세돌과 알파고의 대결은 이런 정신적 장치와 작동을 설명하기 좋은 표본이 될 것이다.

카텍시스를 이해하기 위해서 예를 들어 본다. 아기가 엄마를 사랑하는 힘을 카텍시스로 표현하면 아기의 강한 사랑의 욕구가 엄마를 향해 있을 때 그 욕구에 포함된 힘이 모두 엄마라는 한쪽으로 집중된다. 이 세상에 아기는 엄마밖에 원하는 것이 없다. 엄마는 아기에게 세상 전부이다. 자동차 엔진에서 약 200마력의 힘이 나온다고 할 때 기어(transmission)를 전진에 두면 그 큰 물체가 앞으로만 구른다. 이때 운전자가 손잡이를 돌리는 대로 차도 방향을 돌려 전진한다. 방향은 바뀌지만, 힘은 마찬가지이다. 이 현상은 기본적 정신작동이기 때문에 자주 이 현상을 인용한다. 셰익스피어의 희곡 『햄릿』에서 오필리아의 햄릿에 대한 사랑은 강렬한 카텍시스의 좋은 예이다. 이것이 거절되는 것은 햄릿에게 쏟은 모든 정신적 힘이 거절되는 것이기에 그 힘은 전혀 없어져 버린 것 같아 완전히 허탈해진다. 카텍시스의 대상(목표)이 없어진다는 것은 자폭하는 것과 마찬가지이다. 오필리아는 스스로 목숨을 끊고 만다. 카텍시스가 거절될 때 일어나는 현상은 대개 상당한 에너지가 허무하게 없어지면서 리비도가 훼손되는 것이다. 가장 흔한 증세가 허탈과 희망을 잃는 것이다. 이 현상은 임상적으로 흔한 심한 우울증을 일으키는 원인이다, 더 심하면 자살을 하게 된다.

임상에서 우울증을 일으키는 원인은 사랑의 목표(대상)를 잃는 것이 가장 흔한 이유이다. 어릴 때 일어나면 그 상처는 평생 지속한다. 열한 살 이전에 부모를 잃으면, 대개 성장 후에 우울증이 일어난다고 믿는다. 물론 양 부모를 다 잃으면 발병률은 훨씬 커진다.

제11장

의식, 무의식과 전의식

지금까지 얘기한 정신적 기전들이 일어나는 뇌를 해부학적으로는 구분할 수 없어도 정신분석에서는 학술적으로 세 부분을 정했다. 현대 의학으로 뇌의 활동과 구조가 이해되기 전 옛사람들에게는 뇌가 여러 구획으로 갈라져 각 구획의 작동이 따로 정해져 있다고 상상했다.

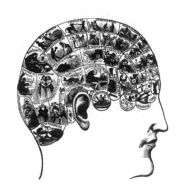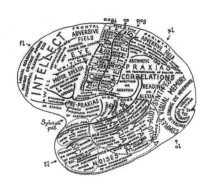

정신분석으로 볼 때도 옛날에 상상했던 것처럼 물리적·해부학적으로 구분되는 것은 아니지만 정신작동을 표현하기 위해서 그 구획의 존재를 인정하는 길밖에 없었다. 그렇다고 전혀 형이상학적이지도 않다. 정신분석 학설에서는 우리 정신세계에 무의식(無意識, Unconscious), 전의식(前意識, Preconscious)[1], 의식(意識, Conscious)

---

1 처음에 프로이트는 무의식과 의식만을 구별했다. 상당히 후에 전의식을 제안했지만, 그 발전은 후세의 정신분석학자들, 특히 큐비 등에 의해 더욱 발전되었다. 특히 창작을 분석적으로 설명하는 데 크게 이바지하였다.

이 별도로 존재한다고 했다. 의식과 무의식은 반드시 우리가 '의식적이다' '무의식적이다' 하는 형용과 상징적 표현, 다른 심리적 구조로서 실제로 존재한다는 학설이다. 다만, 우리는 그 위치를 해부학적으로, 조직적으로 표현하려는 것이 아니고 아직까지는 시각적으로나 물리적으로 증명할 수도 없다. 그러나 정신분석으로 그 존재를 인정할 수 있다. 데카르트가 한 말이 아니라도 우리는 정신이라는 것이 실재(實在)한다는 것을 부정할 수 없다.

정신분석이 아니라도 우리는 그 존재를 직감할 수 있다. 그러나 정신분석은 그 존재를 이해할 수 있는 참으로 기발한 학설이다. 우리가 무의식적으로 어떤 행동을 했다고 하는 것은 의식하지 않았다는 표현에 불과하다. 무의식이라는 것은 정신분석의 뚜렷한 심리적 존재를 말한다. 이 세 장치랄까 심리적 존재는 오늘날 컴퓨터의 하드디스크, 램, 입출력 장치(키보드, 비디오, 마우스)에 비교할 수 있다. 우리가 컴퓨터의 비디오를 쳐다보고 키보드와 마우스로 입력하면 그 결과는 모니터에 나타난다. 그 화면은 정적으로 동영상도 볼 수 있지만, 그것이 모니터에 나타나기까지는 중앙장치와 램이 한없이 계속해서 작동하며 전자는 일 초에 수천수만 번을 램과 하드디스크라는 대량의 기억장치를 들랑날랑하며 우리 눈에 보이지 않는 쉴 새 없는 움직임이 있다. 뇌세포(Neuron) 사이의 시냅스에도 이런 움직임이 쉬지 않고 일어나고 있다는 것은 이미 알려졌다. 우리의 무의식이 시냅스에 존재한다는 것은 분명하다. 무의식은 정적이 아니고 쉴 새 없이 움직이고 있다는 결론이 나온다. 이는 우주와 비교할 수 있다.

강조하기 위해 다시 말하면, 프로이트는 우리 정신세계의 대부분은 무의식에 있고 그보다 훨씬 적은 일부만이 의식에 나타난다고 했다. 참으로 놀라운 발견이다. 다시 컴퓨터와 비교하면 컴퓨터의 입출력 장치에만 우리가 보고 감지하면서 조정할 수 있고 램(REM) 기억과 고정(Hard Disk) 기억기의 용량이 아무리 크더라도 우리가 볼 수 있는 것은 극히 작은 부분의 작동뿐이라는 말과 같다. 우리 정신세계는 대부분 무의식(과 전의식)에서 작동이 일어나며, 표현되는 의식(보고, 느끼고 생각하고, 행동하는 것)은 그 무의식에서 일어나는 것이 우리의 의식이 인식할 수 있게 형성된 극히 작은 부분과 형상이다. 필자의 짧은 경험으로 컴퓨터가 상용되기 전, 즉 약 40년 전에는 스스로 프로그램을 만들어 가며 이용해야 했다. 컴퓨터의 기계를 움직이는 것은 소위 컴퓨터 언어(Computer Language)가 있어야 했다. 그것을 보고 공식을 보면 전혀 이해할 수 없는 글이다. 마치 우리의 무의식에 있는 현상으로 우리가 전혀 이해할 수 없는 신경의 생리에서 일어나는 경로를 거쳐야만 우리가 이해할 수 있는 표현과 생각, 언어로 나타나게(번역되게) 되는 것과 비슷하다.

무의식은 우리가 전혀 인식할 수 없는 상태로 존재하며, 의식[2]은 우리가 알고 있는 부분이라면 인간의 심리에 의식한다(Conscious, Awareness), 인식한다(Cognition; knowing)고 하는 것은 더욱 신비하다. '나는 안다.'라고 하면 누구나 다 무슨 말인지 이해한다. 그러나 그것이 무엇을 말하는 것인지 설명하는 것은 너무 힘들어 여기서 중단한다. 데카르트도 '나는 생각한다, 고로 나는 있다(존재한다).'라고만 말했다.

---

2 필자는 의식하는 것을 알고 있지만, 의식 자체가 무엇인지는 모른다. 모른다는 것 자체의 의미를 설명할 수도 없다. 의식을 담당하는 뇌의 조직은 뇌와 척수를 연결하는 소위 뇌간(腦幹, Brain Stem)에 있다고 한다. 이 의식이 작동하는 데 문제가 있을 때 우리는 의식의 신비함을 경험한다. 여기에 문제가 있는 환자는 자기의 손이 위로 가는지 아래로 가는지 의식하지 못한다. 하체가 마비되었는데도 모르고 자꾸만 걸으려고 한다. 우리는 뇌의 작동으로 생을 엮어 가지만, 그것을 안다는 것이 무엇인지는 어떻게 설명해야 할지 모른다. 데카르트가 '나는 생각한다. 고로 나는 존재한다.'라고 말한 것은 나는 인지한다는 말이다. 사람은 누구나 안다는 것을 말하지만 그것이 무엇인지는 답하는 사람을 보지 못했다. 필자가 보기로 이 문제가 불교 교리의 중심이 아닌가 한다. 소위 무명의 화두가 여기 있는 것이 아닌가 한다. 학자들은 이런 것에 이름을 갖다 붙이지만, 속 시원하게 설명한 것을 보지 못했다. 동물은 이것이 생존에 필요하다. 인간은 이것을 들고 철학이니, 심리학이니, 종교에서 영원히 씨름한다.

아무튼 '안다'는 것, '의식한다'는 것이 무엇인지를 설명하는 것만큼 어려운 것이 없다. 그 무엇이 의식이라는 마음속의 어느 곳에 있으면 우리는 안다고 한다. 우리가 안다는 것은 지식, 현 상태, 기억, 느낌, 생각 등 그 모두를 말한다. 누구도 안다는 정신 기전을 설명한 것을 보고 듣지 못하였다. '나에게는 무의식이 있다. 고로 나는 존재한다.'라고 하는 것이 옳을지 모르겠다.

정신분석을 **'무의식의 학문'**이라고도 한다. 정신분석을 해야 하는 현상 대부분이 무의식에서 일어나기 때문이다. 손으로 잡을 수도, 눈으로 볼 수도, 귀로 들을 수도 없으므로 무의식을 이해하기 위해서는 상당한 상상이 필요하다. 어떤 것이 의식에 나타나기까지는 복잡한 정신적 과정이 있으며, 그것은 모두 무의식에서 일어나기 때문에 우리는 그 자세한 과정을 전혀 의식하지 못한다. 그것은 우리에게는 참으로 다행이다. 무의식에서 일어나는 현상은 의식이 감당하기 힘든 현상이기 때문이다. 거기서 일어나는 것들 대부분은 이해하기도 힘들고 인정하기도 어렵다. 우리는 아는 척하고 자신 있게 행동하고 말하지만 막대한 분량의 정신 현상이 무의식에서 일어나며 그것의 극히 작은 부분이 결과적으로 의식에 나타날 때 그 나타난 현상이 우리가 의식하는 전부이다.

간단한 예로, 물을 한 잔 마시려고 해도 기억으로 물을 찾고 입으로 물을 마시지만, 그 육체적·화학적 작동, 갈증이 일어나는 과정, 생리적 움직임은 여간 복잡하지 않다. 평생 물을 찾아 그릇에 부어 입으로 가져가는 그 행동에 얽혀 있는 수많은 경험과 기억 모두가 이 마지막 한 행동에 영향을 준다. 일단 물이 목을 넘으면 그것이 어떻게 되는지도 어떻게 갈증을 해소하는지도 배출될 때까지의 경로도 전혀 모르며 의식하지도 않는다. 필자는 한 지인이 물을 마시기 전에 물 잔에 손가락 끝을 담그는 것을 보았다. 그도 그 습관이 어디에서 시작했는지 답하지 못했다. 또 다른 예로, 무의식을 생각하면서 필자는 개인 장서를 가끔 생각한다. 어떤 연유로 책 한 권을 갖게 된다. 다 읽고 난 후 그 책을 책장에 꽂아 둔다. 어떤 날 생각을 깊이 하다가 전에 그 책을 읽던 기억이 난다. 그러나 자세한 내용이 기억에 남아 있지 않다. 다만, 막연히 연관성이 있는 것을 느낀다. 그 책을 다시 읽고 지금 일어난 상황에서 해결해야 할 것이 있다는 느낌이 왔다면 그 책을 찾아 읽을 것이다. 그 사이 무시했던 한 구절이 눈에 들어와서 지금 일어난 상황에 연결되어 문제가 해결되었다. 이런 예는 흔히 일어나는 사실이지만 우리는 그 과정을 자세히 생각하지 않고 진행한다. 과거에 있었던 현상이 무의식에 잠재하고 있었기 때문에 지금의 문제가 해결되었다면 여기서 무의식의 존재와 그 중요성을 조금은 이해할 것이다. 이 과정은 상당히 복잡하고 때로는 이해가 안 될지 몰라도 상당히 유용한 생리적 현상이다. 유용하다는 말은 무의식이 일상생활의 문제를 상당히 해결해 준다는 말이다. 그 대부분을 우리는 의식하지 않고 지난다.

무의식의 구조 속에 있는 내용을 처리하는 장치가 앞에서 말한 이드와 슈퍼에고와 에고이다. 이들의 기능에 대해서도 앞서 잠시 설명했지만, 아기가 태어나면서 이드가 제일 먼저 생기고 첫 몇 달은 그것이 전부이지만 차츰 바깥세상과 연관을 맺고 소통하려고 하니 조정하는 장치가 필요해진다. 따라서 생겨나는 것이 에고이다. 이것은 우주의 원칙, 자연의 원칙과 같이 신비하면서 기묘한 현상이다. 앞에서 비유한 것 같이 나무가 뿌리에서부터 자라면서 태양 광선과 탄산가스를 효과 있게 받아서 엽록소를 만들어 광합성작용을 이용해서 영양을 만들어 뿌리에 저장하는 것 같이 이드에서 에고가 뻗쳐 나가며 에고라는 기전을 만들어 내어 정신작동에 활발히 공헌한다. 처음에는 어느 정도 쉽게 목적을 달성해서 만족스럽게 작동하지만 더 복잡한 사회와 가족이라는 집단과 사회의 질서에 맞게 조정하기 위해 슈퍼에고가 나타난다. 따라서 에고가 관여해야 할 작업이 더 어려워지고 복잡해져 에고의 성숙(기술의 발달)이 더욱 필요해진다. 이 세 기구가 자라나면서 엎치락뒤치락 상호 작동하는 과정을 통해서 성숙(成熟, development)이라는 현상이 일어난다. 말하자면 경험과 필요에 따라 안전하게 욕구를 해결하는 기술이 늘어난다는 말이다. 이 기구들이 성숙해 여러 양상으로 활약하면서 지속할 성격이 형성된다.

프로이트가 이 학설을 주장했을 때는 유럽은 빅토리아 여왕의 복고적·보수적 사회였기 때문에 이 학설의 출처를 전설이라고 말했지만 실은 역사적으로 수많은 문화권에서 우리가 상상하기 힘든 입에 담기 힘든 성(性)에 대한 역사가 있었다. 프로이트가 정신분석 학설을 설명해 가면서 그 현상이 인간에게 실제로 있다는 것을 설명하고, 그것을 이해하게 하려고 그의 학설을 그리스의 전설, 셰익스피어의 전설적 희곡 등에서 일어나는 이야기들에서 착안한 것으로 설명했다. 물론 그 이야기들이 전설이었지만, 프로이트는 용감하게 이를 인용해 학설을 풀어 나갔다.

무의식에서 일어나는 정신작용을 설명하기 위해 찾아낸 옛날 이야기들은 꼭 전설적·공상적인 것만은 아니다. 예를 들면, 근친상간 실화는 인류의 가장 오랜 고대 이집트의 역사에서부터 이 세상의 많은 역사에서 볼 수 있다. 이집트의 전설에서는 가장 으뜸가는 힘센 신 오시리스(Osiris)와 여신(Isis)이 태양의 신, 라(Ra)의 첫 남매라고 하지만 그들은 라의 부인과 땅의 신(神, 갭; Gep) 사이에서 간통으로 얻은 자식들이라는 전설부터 시작하여, 이집트의 가장 큰 피라미드를 건설한 것은 갭의 아들과 딸들이 이룬 왕국이었다는 것은 별로 알려지지 않았다. 세 쌍의 아들과 딸로 얽힌 근친상간의 왕과 왕비가 있었다는 역사가 있었다. 한반도에서도 신라를 무너뜨리고 세운 고려왕국(935~1392)의 평정을 도모하기 위해 왕무(2대, 혜종)가 누이를 왕오(3대, 정종)와 결혼시켰다는 역사적 사실도 있다. 20세기에 오누이의 근친상간을 주제로 한 영어권의 문학작품만도 30편이 넘는다. 또 유명 작가 중에 샤토브리앙(Chateaubriand, 1768)과 윌리엄 워즈워스(William Wordsworth, 1770~1850) 등 작가 자신의 근친상간 예도 알려져 있다. 몸(Somerset Maugham)의 『The Book

Bag』(1931), 포크너(William Faulkner)의 『The Sound and Fury』(1929), 비달(Gore Vidal)의 『Two Sisters』 등 필자가 알 만한 몇몇 작가의 작품들을 예로 들 수 있다. 우리가 흔히 공상할 수 있는 그런 것은 무의식에 존재하며, 작가는 그것을 토대로 창작물로 표현하고 싶었을 것이다. 기어코 한국에서도 『채식주의자』에서 근친상간에 가까운 이야기를 노골적으로 표현하고 말았다. 20세기에 서양에서는 정신분석을 토대로 한 예술 창작의 붐이 일어났다.

그리스 신화를 보면 프로이트의 이론은 훨씬 신사적이다. 그와 반대로 많은 소설가와 극작가는 프로이트의 이론에서 작품의 소재를 얻기도 한다. 옛 연극이나 오페라에서 힌트를 얻은 프로이트의 이론이 도리어 문학에 이용되어 왔다. 프로이트의 정신분석을 이해한 뒤 그리스의 전설을 읽으면 훨씬 재미가 있다. 예를 들면, 여자 아이에게 일어나는 오이디푸스 콤플렉스 같은 현상을 칼 융은 엘렉트라 콤플렉스(Electra Complex)라고 했다. 그리스의 전설 이야기인 이 이야기는 소포클레스뿐 아니라 연극, 소설, 음악, 시에 수없이 이용되어 왔다.

도덕관념이나 풍조에 구애되지 않고 솔직한 심리 현상이 소설에 나타나면서 더 많은 창작의 소재가 쏟아져 나와 창작을 자유롭게 할 수 있는 범위가 확장되었다. 그러나 문학의 역사를 더 자세히 들여다보면, 고대의 이야기들은 성(性) 관계에 대해 훨씬 더 노골적이었다. 18세기 중반에서 19세기 사이에 다시 찾아온 보수적 도덕관의 억압으로 잠시 끊어졌지만, 프로이트 덕분에 그런 작품들이 다시 출현하기 시작하였고, 주저하기는 했지만 결국 받아들이게 되었다. 이런 사회 변화 덕분에 무의식의 현상을 갈수록 더 쉽게 받아들이게 되었다. 정신분석을 공부하자면 무의식을 알아야 하고 무의식을 이해하려면 인간의 전설, 역사, 문화 등을 알아야 한다는 것을 좀 길게 얘기했다.

무의식의 주연들: 이드, 에고, 슈퍼에고와 불안

갓난아기가 태어난 직후 한동안은 의식과 무의식의 구별이 없다. 처음 마음이라는 것이 생기면서 거기에 이드라는 것이 생긴다. 이드라는 무의식의 첫 주인공은 아무 장애 없이 먹고 싶을 때 먹고, 배설하고 싶을 때 배설하고, 자고 싶을 때 자려는 독선적이고 자기중심적인 정신적 충동의 기전이다. 그러면서도 아기는 아직도 완전히 환경에 의지해야 한다. 이드의 성숙을 다시 공부해 본다.

이 욕심만 갖고 독선적인 이드가 2, 3개월 지나면 처음으로 저지받고 자기 외에 무엇이 있다는 것을 알게 된다. 아기가 하고 싶어 하는 행동을 저지하는 존재가 등장한다. 이것이 처음으로 무의식 속에 에고가 발아한다는 신호이다. 이 저지 행동은 엄마가 아기에게 하는 행동으로서 아기가 젖을 더 빨고 싶은데 엄마가 아기 입에서 젖꼭지를 뺄 때와 같은 행동이다. 엄마가 처음으로 아기의 마음속에 이드 이외의 것을 심어 주는 셈이다. 그 저지 행동을 일으키는 것이 바로 에고이다. 에고가 생긴 이유는 이드가 외계(엄마는 자기 몸이 아니라는 것을 알게 되어)가 따로 있다는 것과 그 외계와 중재(보호와 배척 등)하는 기전이 필요하기 때문이다. 아기에게 이드의 욕심 많고 적나라한 충동, 하고 싶은 대로 하던 행동에서 처음으로 순간적이나마 주저하는 행동이 나타나는 것으로서 이드 아닌 다른 힘이 있다는 것이 보인다. 원시적인 생물과 같이 이드는 완전히 막무가내로 이기적이며 하고 싶은 것에 전혀 주저함이 없이 행동하기 때문에 이드의 행동이 주저한다는 것은 충격적인 현상이 아닐 수 없다. 아기가 젖을 빨고 있을 때 엄마가 몸을 조금이라도 움직이면 아기도 조금 주춤하는 것을 보아 그런 현상이 생겼다는 것을 알 수 있다. 그 이전에는 입에서 젖을 떼지 않고 막무가내로 젖을 빨았다. 에고는 이드에서 솟아나는 기관이다. 이것은 봄눈을 헤치고 새싹이 올라올 때 쯤 갑자기 땅 위로 어여쁜 연분홍 꽃봉오리가 솟아나는 기적을 보는 것과 같다. 꽃봉오리는 따뜻한 햇볕 때문이라는 기적을 신호하지만 이 아기가 주저하는 행동은 주위에서 누군가가 해서는 안 된다는 금기의 위협이랄까 충고의 역할로서 에고의 탄생을 신호하는 것이다.

더 중요한 것은 이것이 인간의 성장을 기약하는 신호라는 사실이다. 꽃봉오리가 지면 잎이 나타난다. 이제는 영양을 뿌리에서만 구하는 것이 아니라 대기와 태양에서도 얻는다. 결국 에고는 우리의 무의식에서 일어나는 생각과 행동을 조절하는 인격의 중심 기관이 된다. 즉, 에고의 성숙은 바로 인격의 성숙이다. 완전히 이기적이고 자기밖에 모르는 이드에 비해 에고의 발생은 성숙의 미를 갖고 나타나기 때문에 시인이면 초봄의 매화를 보면서 한 줄 쓰고 싶은 현상과 갓 겪은 엄동의 기억과의 갈등을 보는 것 같다. 시의 대조적 연을 나열하는 대표적 정서 같은 것이 아닐까 하는 상상을 하게 하는 인간의 정신세계에서 일어나는 중요한 현상이다. 대지가 되살아 활발해지면 창작도 분주해진다.

신체의 운동신경 조정, 지각, 감정, 생각 등이 서서히 에고의 발달과 함께 성숙에 이바지한다. 물론 에고가 생리 현상으로 성숙하지만, 육체적·정신적 경험이 성숙에 영향을 주기 때문에 에고는 성숙 과정에서 많은 풍상과 우여곡절을 겪어야 한다. 이 과정은 그리스의 장편 서사시처럼[3] 순탄하지 않지만, 인류는 이것을 알게 모르게 겪어야만 한다. 이 과정에서 서사시, 시, 희곡 등 예술 작품에 늘 나타나는 심리 현상을 볼 수 있다. 또한 여기저기에 인류가 원시 시대에 살았던 과정, 사회적 구조, 가족이라는 것이 생기면서 일어난 변천이 미세하나마 반영된다. 왜 인간은 아기에게 젖을 먹일 때 엄마가 안아 주어야 하는지 등도 거기에 있으므로 프로이

---

3 호머(Homer)의 서사시 「오디세이(Odyssey)」는 한 용감한 인생이 모든 풍상과 우여곡절을 겪는 이야기이며, 거기서 많은 인간이 겪어야 하는 길이 보인다.

트는 학술적으로 그것을 파헤쳐야 했다. 창작은 이러한 심리 구조와 작동을 인지하지 않아도 그 속에 반영되어 있는 것을 보면 더욱 그 존재가 분명하다.

아기가 엄마 배 속에 있을 때는 엄마 몸의 일부이기 때문에 심리적 조직이나 기전은 필요 없다. 아기가 가만히 있어도 탯줄을 통해 저절로 들어오는 영양으로 생존한다. 아기는 엄마의 자궁이 아주 기분 좋게 보호한다. 이처럼 편하고, 기분 좋고, 안전한 느낌을 주는 상태는 이 세상 어디에서도 찾을 수 없다. 하지만 아기가 태어나는 순간부터 상황은 완전히 달라진다. 이 아기가 경험하는 것은 청천벽력 같다. 아기의 출생을 온 세상이 축하하고 기뻐할지는 몰라도 아기는 심한 공포에 휩싸인다. 이 순간 아기에게는 마치 빅뱅처럼, 천지개벽이 일어나는 듯, 심한 공포와 동요가 일어나면서 한 새로운 개체가 된다. 그때부터 아기는 생존을 위해서 모든 것을 새로 배워야 한다. 완전히 수동적으로 생존하던 개체는 능동적 행동이 필요해진다. 처음에는 그 능동적 행동은 거의 반사적이었지만 차츰 생존에 필요하므로 하나하나 배워야 한다. 이 새 생물의 모든 생리가 완전히 자동으로 일어나는 것이 아니라 그 개체와 환경이 부닥치면서 여러 양상으로 반응하면서 배워야 한다.

이런 성숙(진화) 과정은 복잡하지만, 그 과정을 공부하면 그리스 신화를 읽는 것만큼이나 재미있다. 이것만으로도 정신분석에 관한 공부는 재미있다. 창작에도 유익하다. 정신분석은 어렵고 결심과 노력이 필요하지만, 그것을 알고 싶어 공부하는 것은 그리 힘들지 않다. 옛 전설이 어디에서 왔는지, 또 에고의 성장과 어떻게 해서 관계가 있는지는 함께 추측하면 재미있을 것이다.

갓난아기에게 가장 시급한 것은 숨 쉬는 것과 영양 보충이다. 숨은 저절로 쉬게 되며 아무 도움이 없이도 할 수 있다. 하지만 영양 보충을 위해서는 엄마가 젖을 입에 넣어 주더라도 그 젖을 빨아야 한다. 처음으로 영양을 흡수하기 위해서, 아니 생존을 위해서 스스로 무엇을 해야 한다. 다시 말하자면 엄마의 배 속에 있을 때와 전혀 다른 것은 아기가 해야 할 행동이라는 것이 필요해진다는 사실이다. 이때 커다란 변동이 일어난다. 이 과정이 반드시 순탄하지는 않다. 좀 지나면 처음으로 엄마의 젖이 잘 나오지 않기도 한다. 이때 아기가 겪어야 하는 것은 말할 수 없는 공포와 좌절감이다. 마치 금방 세상이 없어질 것 같은 느낌이다. 아기가 그칠 줄 모르고 우는 것을 보면 짐작할 수 있다. 그때까지 이 아기는 젖이 어디서 오는지 모르고 젖이 자기 몸의 일부인 것으로 착각한다. 차츰 아기는 젖을 자기 맘대로 빨지 못하며 다른 무엇이 젖을 입에 물려 주어야 한다는 것을 알게 된다. 또 자기가 기대하지 않은, 자신이 아닌 무엇이 입에서 젖을 빼어 가는 것을 알게 된다. 그때부터 자기 이외의 다른 존재를 알게 된다. 인간이 처음으로 개체라는 것을 알게 되는 단계이다. 이때 정신 구조의 발아(發芽)라고 할 에고가 처음 생성된다. 이드를 돕기도 하고 조정하여 아기의 생명을 존속하게 하는 것이 바로 **에고**이다. 에고라는 기구의 발생은 아주 중요한 인격 형성의 시발점이다.

에고가 이드를 도우면서 옳은 것이 무엇이며 안전한 작동이 무엇이라는 지침이 있어야 한다는 본능을 가진 다른 기제가 차츰 나타난다. 그것이 **슈퍼에고**이다. 이는 인간의 도덕적·사회적 규율 같은 역할을 한다. 즉, 어떤 행동을 윤허할 수 있고, 어떤 행동이 금기인지를 구별하며 상벌의 역할도 함께한다. 욕심 많고 무절제한 이드와는 정반대되는 기구이다. 더 자세히 설명할 기회가 있을 것이다.

이드는 심리 구조의 바탕이요, 처음으로 정신 구조에서 활동을 시작하는 창시자이다. 이드가 처음에는 먹는 것과 배설하는 것 외에 아무 관심이 없고 먹지 못하면 세상이 사라질 것 같은 공포에 질린다. 여기서 또 다른 공포(Panic)의 순이 돋아난다. 많은 철학자가 인간의 공황 혹은 불안(Panic or Anxiety)은 여기서 일어난다고 했다. 어떤 학자는 탄생할 때 일어나는 변화, 완전히 수동적인 생물체에서 개체에 책임이 부여되는 현상은 종교, 철학, 심리의 근본 문제가 되어 왔다고 말한다. 불안

(Angst)은 단순한 불안이라는 심리 증상이지만 철학과 종교에서 말하는 인간의 근본적 불안의 의미도 내포되어 있다고 키르케고르가 말했다. 이것은 출생에서 오는 공포와 달리 아기가 이 세상에 출생한 뒤에 한 개체로서 처음으로 세상에게 당하는 공포를 말한다. 아기는 엄마가 자기 몸의 일부가 아닌 다른 몸(인격)이라는 것을 차츰 알게 되면서 자기 이외의 세상이 있다는 것을 알게 된다. 그때부터 아기는 엄마와의 관계(關係, Relationship)라는 중요한 사실을 알고 저장하기 시작한다. 이 모두가 성장의 기초적인 초기에 무의식에서 일어나는 심리 구조와 현상이라는 것을 꼭 기억해 두어야 한다. 정신분석을 불안의 학문이라고도 한 이유가 여기에 있다.

무의식의 일차 과정 사고

이드는 항상 욕구를 만족하는 것밖에 모른다. 배고프면 먹어야 하고 대소변이 마려우면 때와 장소를 가리지 않고 처리해야 한다. 프로이트는 여기서 생리적 욕구로서, 한 가지 우리가 얼른 생각하지 않은 것이 있다고 했는데 그것이 바로 쾌감이다. 젖을 먹으면 만족스러운 쾌감이 온다는 것은 짐작할 수 있다. 아기가 젖을 빠는 것은 영양을 섭취하거나 생존을 위한 본능만으로 하는 행동이 아니다. 젖을 빨면서 젖을 만지면서 오는 쾌감 때문에 하는 행동이다. 처음으로 생리적 만족과 쾌감이 연결된다. 인간은 쾌감이 오는 행동을 하고 싶어 한다. 생명에 중요한 모든 행동은 쾌감을 동반한다.

쾌감은 종족 보존과 연관이 있다. 아기의 행동은 쾌감 때문이다. 종족 보존이니 살아야 한다느니 하는 것보다 기분이 좋아서 하는 행동이 생존을 위한 행동에 보너스가 되는 셈이다. 이는 종족 보존을 위하는 데 필요한 노력의 대가로서 따라오는 보상과 같다. 프로이트가 이렇게 개체 보존에 이바지하는 쾌감은 종족 보존을 위해서 함께 일어나는 쾌감과 다르지 않다는 결론을 내려 세상을 놀라게 했다. 그러나 종족 보존과 개체 보존은 생물의 근본적 본능이요 그것이 일어나게 자극하는 것도 본능이라는 사실은 다윈의 진화론에서 이미 시사했다. 정치니, 문화니, 사랑이니 하는 모든 인간의 행동은 근본 목적이 여기서 일어난다는 학설이다. 그 근본적 본능을 **리비도**(Libido, **성욕**)라고 했다. 아기에게 성욕이라고? 대통령과 성욕? 창작과 성욕? 이해하기도, 인정하기도 힘들지 모르나 이 학설이 20세기의 사회혁명을 일으킨 큰 이유의 하나이다. 갓난아기의 성욕이 도대체 무엇인가?

프로이트는 아기가 처음 하는 행동, 즉 젖을 빨고 젖이 목으로 넘어가는 것뿐 아니라 젖을 빠는 입술의 촉감, 대소변이 처리될 때 오는 배설의 쾌감에서부터 시작해서 엄마의 젖을 만지며 손바닥으로 오는 쾌감 등 모두가 초기의 성감(性感)과 동격이라고 주장했다. 아이들은 변이 배설되면서 오는 쾌감 때문에 쾌감을 주는 변을 만지고 싶은 욕구가 부차적으로 생기며, 소변에서 오는 쾌감 때문에 소변처럼 물 흐르는 것에서 즐거움을 찾으려고 한다. 얼른 보면 이상하고 낯을 붉히게 하는 얘기 같지만, 이것은 정신분석의 연구에서 발견하여 그 기초가 된 대단히 중요하며 기발한 학설이다. 프로이트는 이것이 인간의 정상 심리라고 주장했다. 다시 말해, 꼭 그렇게 하고 싶은 이유가 어디에 있나 하면, 인간이 존속에 필요한 리비도가 필요로 하는 그 무엇(상대)을 지향하기 위해 목표를 찾는 데 그 쾌감이라는 이유랄까 동기가 있다는 말이다. 이것이 바로 카텍시스의 초기 표현이다. 즉, 대상을 향한 리비도의 에너지 집중이 그것이다. 물은 밑으로 흐르고 연기는 위로 오르는 것과 같은 원칙으로, 쾌락이 우리의 행동을 일으키는 이유라는 것이 바로 쾌락 원칙(Pleasure Principle)이라는 것이다.

인간의 행동은 쾌락을 구하기 위해 행동한다는 원칙, 즉 쾌락 만족이 행동의 동기가 되며 우선이라는 원칙을 말한다. 그러나 어느 정도 성숙해 의식과 무의식이 구별되면 이것의 상당 부분이 모두 무의식에서만 일어난다. '쾌락을 위해서라면……' 하는 원칙 없이는 동물도 교접하려는 의도가 일어나지 않을 것이다. 쾌락 위주의 본능적 욕구를 성취하기 위해서는 무슨 수단이라도 쓰려고 하는 심리 현상이지만 나이가 들면서 그것을 의식하지는 않는다는 말이다. 연애하고 결혼을 하는 것 등이 이것에서 온다는 것은 짐작할 수 있을지 몰라도, 대학 진학의 목적이 이와 같다고는 의식하지 않을 것이다. 다시 말하면, 인간의 모든 욕구, 대통령이 되고 싶은 욕망, 돈 벌고 싶은 욕망, 유명해지고 싶은 욕망 등의 모든 원초적 뿌리가 여기서 시작된다고 하는 학설이다. 가장 고상한 욕구, 인류의 평화를 위한 행동도 시작은 여기서부터 일어난다는 말이다.

인간이 괴로울 때 먼저 찾는 것도 이것이라고 했다. 제1차 세계대전 때 누군가가 질문을 던졌다. 전쟁터에서 병사가 죽을 때 마지막으로 하는 말이 무엇이냐고 물었을 때 그 대답은 "엄마!"라는 부르짖음이었다. 엄마를 찾는다고 했다. 이 초기의 쾌락으로 연결되는 아기와 엄마와의 관계는 영원히 지속하며, 여기서 파생하는 행동과 모든 인적 관계의 기초가 된다. 미국에서는 어머니날에 크리스마스 다음으로 선물이나 축하를 위한 소비가 많다고 한다. 인간의 근본적 쾌락을 처음 베푼 사람이 엄마이기 때문이다. 도덕적으로 용납되지 않은 학설일지 몰라도 원초적 본능이랄까 의욕의 만족을 갈구하고자 하는 것은 억제할 수 없다. 이 초기의 경험이 깨졌을 때 일어나는 사고는 행동과 성격의 장애를 일으킨다는 것을 수많은 정신질환에서 볼 수 있었다. 임상적인 문제는 여기서 다루지 않겠다.[4]

---

4 미국의 저명한 정치가 헨리 키신저(Henry Kissinger)가 정치적 욕구와 성적 욕구는 다를 것이 없다는 말을 한 것이 기억난다.

에고의 발아와 발달

아기가 자라면서 자기의 쾌감을 무의식으로 아무 거리낌 없이 즐기지만, 그 행동에서 주저함이 나타나기 시작한다. 그것이 에고가 탄생하는 신호라고 했다. 즉, 아기가 젖을 먹고 싶을 때 엄마가 조금씩 아기의 만족을 방해하는 것을 경험한다. 그 불만족을 이기기 위한 대처로 이드에서 에고의 순(旬)이 나타난다고 이미 지적했다. 개체가 살아나려면 그 개체의 막무가내로 만족만 추구하는 욕구나 행동을 조정하는 기전이 있어야 한다는 현실이 발생한다. 모든 인간의 생리나 심리는 상태에 따라 적응할 수 있게 조정되어야 한다는 원칙이 적용되기 때문이다. 앞에서 예를 든 것 같이 자동차의 엔진을 이드라고 본다면 바퀴만 있으면 한 방향으로 한 속도로 전진만 할 것이다. 핸들과 브레이크와 기어가 없으면 아무 소용이 없을 뿐 아니라 핸들과 기어가 없으면 자동차는 오히려 위험한 물건이 되어 버릴 것이다. 그러나 자동차는 기어와 핸들로 속도도 조절하고 방향도 조정해 안전하고 쓸모 있는 도구가 된다. 핸들이니 기어니 브레이크를 에고의 기능에 비유할 수 있다. 안전하다는 말은 아주 중요한 조건이다. 이드를 하고 싶은 대로 두면 한없이 충동적이고 위험하므로 이 안전이라는 말은 사회적 동물인 인간의 생존에 아주 중요한 기전이다. 이드를 하고 싶은 대로 그냥 두면 거기서 일어나는 행동은 마치 조현병 환자가 하는 행동과 같다. 자폭의 원인이 된다는 말이다.

기본적인 에고의 기능은 배가 고파도 엄마가 때에 맞춰 젖을 줄 것 같지 않고 아기가 좀 기다려야 한다는 것을 체험해야 할 때 일어난다. 이 기다리는 능력의 표현이 성숙이라는 과정의 첫 신호요, 단계이다. 참으로 인류에게 중요한 단계이다. 아기는 처음으로 만족, 욕구 충족을 지연(遲延, delay)해야 한다는 것을 견디기 위해 그것을 배워야 한다.[5] 즉, 에고는 처음으로 기다림(遲延, Delay)이라는 것이 필요함을 배운다. 이 기다림을 조정하지 못한다는 것은 인간이 환경에 적응하지 못하며 사회적으로 용서받을 수 없는 행동만을 계속한다는 것이다. 즉, 욕구를 위해서 앞으로 나아가는 행동과 정지할 줄 알고 그 속도를 조정할 수 있는 행동의 조정과 조화가 처음으로 일어나는 것을 말한다. 이것을 인간이 추구하는 아름다움으로 표현해 왔다. 많은 문학 창작과 음악은 그리움과 기다림을 주제로 하여 우리의 심금을 울린다.

아기는 이러한 필요 때문에 에고의 덕으로 이것을 배우고야 만다. 또한 에고에 의한 지연을 받아들인 행동은 칭찬을 받는 보너스도 얻게 된다. 보너스란 아기에게는 엄마의 만족스런 미소와 뽀뽀나 애무 같은 것이다. 이런 대치 쾌감에서 오는 만족을 무시하지 못한다. 여기서 아기는 상당한 대상관계, 즉 대인관계를 배운다. 인간이 말끝마다 '사랑'이라는 말을 하는 이유이다. 사랑이라는 상을 받는 것도 중요하지만 더욱 중요한 것은 자기를 중요시하고 자기를 귀히 여겨 주는 것을 인식하게 된다는 점이다. 이것이 정신분석에서 말하는 에고와 보통명사로 말하는 에고(자부심, 자존심)가 일치하는 부분이다. 일종의 성취에서 오는 만족감과 비슷하다. 이 모든 것이 무의식에서 일어난다는 것을 다시 한번 강조한다.

여기서 더욱 중요한 것은 엄마와 아기의 경계와 관계가 분명히 형성된다는 사실이다. 이 관계와 거기서 일어나는 상호 작동은 성숙에 필요한 모든 심리 현상의 중요한 기초가 된다. 그것이 우리가 통상 말하는 '사랑'이라는 감정의 원초(原初)이다.[6] 순전히 육체적 쾌락에서 심리적으로 얻어지는 만족으로 이어지는 첫 단계라

---

5   이것이 기본적 유전자의 기능이라고 한 것이다. 다윈의 학설, 즉 생물의 모든 조직과 생리는 생존에 필요하기 때문에 발생하여 환경과 생리의 필요에 따라 성숙한다고 주장했다.
6   생리적으로 볼 때 엄마가 아기의 머리에 코를 대는 것을 본다. 짐승에서도 본다. 아마 아기 머리에서 나는 냄새에 옥시토신(사랑의 호르몬) 같은 페로몬이 생성되는 것이 아닐까 한다.

볼 수 있다. 육체적 사랑에서 정신적 사랑으로 진보하는 것이라고 할까? 따라서 계속해서 더 성숙한 행동을 배우고 실천하려 노력하는 동기가 된다. 이 현상은 많은 시에서 볼 수 있다. 사랑과 그리움은 자주 동반하는 인간의 느낌으로, 특히 시에 자주 표현한다.

초기 단계에서 아기가 젖을 빨고 먹는 것 등으로 입을 통해 욕구 만족을 얻기 때문에 에고의 발생과 기초적 성숙 기간을 **구강기**(口腔期, Oral Stage)라고 한다. 대개 첫 6개월 때쯤이라고 보면 된다. 정신분석이 알려진 후로부터 서양에서는 이 'Oral(입)'이라는 말을 빈정거리는 표현으로 많이 쓴다. 가령, '저 사람, 아직 구강기야!(He is still in Oral stage)!'라고 하면 그 사람이 미숙하다는 표현이다. 정신분석에서 나온 속어는 아직 보통의 한국인에게는 받아들이기 어색하지 않을까 한다.

에고가 계속 성숙하려면 차츰 운동제어(運動制御, Motor Control)와 감각적 지각(感覺的 知覺, Sensory Perception)이 발달해야 한다. 엄마의 젖꼭지가 입에 물릴 때 일어나는 쾌감도 중요하지만, 차츰 젖 대신 손가락을 빨고 손으로 젖을 만지는 것 등으로 쾌감을 느끼는 능동적(입으로 느끼는 쾌감)이기도 하고 수동적(손가락이 느끼는 쾌감)인 쾌감이 동시에 일어난다. 이런 경험이 무의식 속의 심리적 저장고에 축적된다. 이것은 또한 뇌의 발달을 자극하여 그 발달과 병행한다. 다윈에 의하면 이런 발달이 뇌가 커지고 시냅스가 증가하는 이유라고 한다. 뇌 조직은 필요에 따라 부피가 증가한다는 원칙이 있다. 프로이트는 이런 생리적·조직학적 구조를 추측하면서 언젠가는 정신분석 학설을 조직학적·생리적으로 확인할 수 있을 때가 오리라 믿었다. 오늘날 뇌의 신경접합(神經接合, 시냅스, Synapses)에서 일어나는 현상이 속속 발견되면서 그의 추측이 현실화될 날이 머지않은 것 같다. 이 현상이 수천수만 시냅스에서 쉬지 않고 계속 컴퓨터의 저장장치처럼 저장이라는 형태로 작동하고 있다.

아기는 입과 입 가장자리의 자극에서 오는 쾌감, 손가락에서 오는 쾌감뿐만 아니라 차츰 대소변의 배설에서 오는 쾌감도 즐기기 시작한다. 이것도 그리 쉽게 넘겨지지 않을 것이다. 처음에는 주저함 없이 하고 싶을 때 배설해 버리지만 차츰 대소변을 기저귀 외에 다른 어떤 형식이나 장치를 이용해서 어른처럼 해야 한다는 것을 배운다. 즉, 생리적으로 배설을 능동적으로 조정해야 한다. 수동적 행동에서 능동적 행동으로 넘어가는 중요한 시기이다. 이 시기를 어떤 학자는 괄약근 시기(括約筋 時期, Sphincter Stage)라고 해서 인간 성숙의 이정표로서 중요한 시기로 본다. 개체의 독립적·자율적·능동적 조정을 할 수 있는 행동(自體 制御; Self Control)의 필요함이 무의식에 강하게 자리 잡는 시기이다. 즉, 완전한 의존(依存, Dependency)에서 독립(獨立, Independence)으로 넘어가는 변천 시기이다. 대소변을 조정할 때 일어나는 쾌감과 대소변을 일찍 가리는 것을 칭찬하면서 "그 녀석, 이제 다 컸다."라는 말을 들으면 엄마에게 인정받는 것이고, 덤으로 사랑과 사랑의 징표로 애무와 뽀뽀 같은 상과 즐거움이라는, 육체에서 오지 않는 새로운 시각적·청각적 쾌감을 갖게 된다. 이때 자기가 직접 얻는 쾌감과 덤으로 따라오는 상을 기대하게 되며, 에고는 그런 경험이 영양이 되어 더욱 성숙한다.

성숙은 사회에서 필요로 하는 것으로, 좋은 것이라는 것을 알게 된다. 따라오는 보상도 있다는 등 새로운 것이 무의식에 자리 잡는다. 따라서 성숙하면서 일어나는 경험, 거기에서 오는 여러 가지 사랑을 받는 효과, 가불가(可不可)와 지연의 능력, 능동적 행동과 같은 것이 모두 성숙해 가는 능력으로서 이드의 욕구를 독립적으로 조정할 수 있는 능력과 경험이 점점 축적된다. 우리는 간단히 아이가 자란다고만 하지만, 자세히 보면 참으로 절묘하다.

인간의 성숙과 카텍시스

아기가 성숙하기 위해서는 배워야 할 것이 많다. 여기서 배운다고 하는 것은 모두 무의식에서 일어나는 현상을 포함해서 말한다. 다행히도 인간은 배우는 기전을 타고 난다. 이것은 다윈의 적응의 학설에서도 나타난다. 주위 사람들, 특히 엄마나 아빠의 행동을 모방하니 좋은 결과가 있다고 여기면서 필요하다고 보이는 것들을 모방한다. 처음에 모방한 행동을 차츰 자기 것으로 만든다. 이를 '동일시'라고 한다. 처음으로 배우는 가치 있는 방어기제이다.

한 여섯 달쯤 되면 아기가 미소를 배우고 '까꿍' 하면 깔깔거리며 웃는다. 아기의 미소와 웃음도 그렇게 배우고 점점 성숙하면서 얼굴의 표현 근육과 운동신경이 발달하면서 어른들이 하는 웃는 얼굴, 말하는 것들을 흉내 내기 시작한다. 처음에는 몇 마디밖에 못 하지만 곧 말을 독립적으로 하게 된다. 이때 그 흉내 내어 말하는 것을 자세히 보면, 억양, 음조, 발음뿐만 아니라 속어까지도 엄마와 아빠의 흉내를 낸다. 또한 동일시되어 흉내만 내는 것이 아니라 스스로 그렇게 행동을 하면서 그것들이 점점 자기 것이 된다.[7] 말이나 표정뿐만 아니라 몸짓까지도 모방한다. 이 모든 현상이 하나하나 기하급수적으로 헤아리기 어려울 만큼 증가하고 상당한 속도로 축적되며 에고의 성숙에 이바지한다.

이 진전은 그 사람의 일생에 걸쳐 지속한다. 어릴 때 배우고 흉내 내어 축적하는 것은 기하급수적이며, 자세히 따지면 천문학적 수치로만 헤아릴 수 있다. 다시 기억해야 할 것은 이 모든 현상이 하나하나 무의식에 잠재해 그 속에서 작동하고

---

[7]　요즘은 이런 동일화는 유전적이라고 한다. 주로 일란성 쌍둥이가 말하는 양상이 너무도 닮는다. 하지만 엄마의 그것이 양쪽으로 똑같이 동일화되었는지는 아직 확실하지 않다.

그 속에 축적된다는 사실이다. 바둑의 명수 이세돌과 인공지능 컴퓨터가 실력이 비슷했다는 것은 인간의 뇌에 시냅스가 그만큼 있다는 말이며, 이것이 인간이 배우고 실습해서 쌓아 올린 것이라는 말이다. 동일시하여 그 기억을 축적하는 동기가 생존이라는 원초적 욕구에서 일어나는 무의식 속에 있는 작동 때문에 일어난다는 말이다. 이것은 다윈의 학설, 자연선택(Natural Selection)과 적응과 거의 일치한다. 이 무의식의 작동은 아기가 성장하면서 차츰 의식적으로도 표현하지만, 그것은 차츰 아주 완벽히 알기 좋게 변형되고 단축해 표현할 수 있다.

정신분석에서 중요한 현상을 다시 알아 두기 위해 이야기한다. 리비도의 역동적 힘은 아무 데나 나타나는 것이 아니라 늘 대상을 찾는다고 지적했다. 리비도가 대상을 정하면 그 대상을 향해 상당한 힘을 집중(겨냥)한다. 이렇게 리비도가 집중적으로 투자하는 것을 '카텍시스(Cathexis)'라고 했다. 이것은 자주 쓰이는 용어이기 때문에 기억해 둘 필요가 있다. 원어 '카텍시스'로 기억하면 좋을 것이라고 강조한다. 문학작품, 특히 소설과 희곡에서는 없어서는 안 될 중요한 무의식의 요소이다. 짐작하겠지만 앞에서 말한 것 같이 자기가 사랑하는 사람을 모방한다는 것은 그 사람에게 카텍시스가 집중되어 있기 때문이다. 처음에는 모방이 자기에게 유익하기 때문이었지만 그 사람을 사랑한다는 이유도 있다. 만약 그 사람이 죽거나 멀리 떠났다면 카텍시스가 집중할 방향과 목표가 없어진다. 이때 에고는 이것을 대치할 목표를 찾으려고 한다. 새로운 목표가 곧 생기면 다행이지만, 목표를 잃은 카텍시스가 에너지의 방향(목표)을 찾지 못하면 문제가 일어난다.[8] 이때 여러 가지 현상이 일어날 수 있다.

아버지가 사라졌다면 아버지 대신 카텍시스의 방향을 바꾸어 선생님이나 삼촌

---

8 이 현상을 군용 미사일에 비유하고 싶다. 전투기에서 적군 전투기에 발사된 미사일은 적군의 전투기를 한없이 따라가다가 적군의 전투기가 너무 빨라 사라지면 그 미사일은 다른 목표를 찾아 이상한 방향으로 계속 날아간다. 때로는 우군의 비행기를 격추시킬 가능성도 있다.

에게 향할 수 있고 그들에 대한 새로운 느낌이 표현될 수도 있다. 어떤 연유로 목표를 찾지 못할 때 이 강력한 카텍시스는 자기에게 되돌아올 수도 있다. 카텍시스는 외향이어야 정상인데, 이때 일어나는 현상은 상당한 비정상적 심리 상태를 가져올 수 있다. 즉, 목표를 잃고 자기에게로 되돌아온 카텍시스를 처리하지 못하면 그것이 심한 허탈, 분노 등 파괴적인 힘이 된다. 이는 카텍시스의 방향이 비정상적이면 그 힘도 비정상이 된다는 말이다. 끝내 그것이 해결되지 않고 지속하면 상처를 가져온다. 자기에게 돌아온 카텍시스가 자기 자신을 사랑하게 되는 나르시시즘이 될 수도 있어 잠시나마 과대망상 같은 현상으로도 일어날 수 있다. 자기가 제일 잘났다는 망상 혹은 격에 맞지 않은 오만 같은 것이다. 하지만 목표를 잃은 카텍시스가 자기 이외의 목표를 찾지 못할 때 오는 허탈은 심하면 원한으로 변할 수 있는데, 그것이 자기에게 향하면 자기 원한, 즉 심한 허탈로 자살충동이 올 수도 있다. 흔히 임상 우울증으로 나타난다. 실연(失戀)이 가장 흔한 예일 것이다.

실연은 너무도 많은 역사와 소설, 시, 희곡에서 볼 수 있다. 이해하기 힘든 것은 왜 인간은 실연 같은 비극을 듣고, 보고, 읽고 싶어 하냐는 것이다. 창작인들이 더 잘 알겠지만 흔한 학설은 일종의 **자가 치유**라는 것이다. 이것이 창작의 원동력이 되며, 창작인이 정신분석을 하고 싶어 하며, 또한 이 글을 쓰게 된 동기 중의 하나이다. 이는 임상 문제이기도 하므로 좀 더 공부하고 이해해야 할 것이다. 실연으로 자살하는 것은 카텍시스의 방향을 잃은 전형적인 예이다. 필자는 다음 시를 발견하고 카텍시스를 잃은 사람의 심정이 너무나도 잘 표현되었다고 느꼈다.

This time this heart should be unmoved,

Since others it hath ceased to move.

Yet though I cannot be beloved,

Still let me love!

My days are in the yellow leaf;

The Flower and fruits of Love are gone,

The worm-the canker, and the grief

Are mine alone.

이젠 내 심장도 멎을 때다

그 사람이 오질 않으니 이젠 멈출 때다

나를 사랑하는 사람이 없어도

나는 사랑하련다

남은 날들은 저 색 바랜 노랑 잎에 있다

사랑의 꽃과 과일은 다 져 버리고

벌레까지도 가 버려도

내겐, 내 몫으론 고통과 슬픔뿐

― 바이런

바이런의 마지막 시 「On This Day I Complete My Thirty-Six Year」이다. 오늘 나는 나의 36년을 종결했다(2, 3연 중). 이 시는 카텍시스의 대상을 잃은 심정을 절절하게 표현한 좋은 예라 생각된다. 필자가 나름대로 번역해 보았다. 김소월의「진달래꽃」도 카텍시스를 잃은 좋은 예라고 본다.

일차 과정 사고와 이차 과정 사고

무의식에서 일어나는 정신 현상의 작동을 일차 과정(Primary Process)이라고 한다. 일차 과정을 학술적으로 추측할 수는 있지만, 의식적으로 표현하기는 힘들다. 이런 현상은 시나 꿈에서 표현된다. 이것은 시의 문장에서는 보이지 않지만, 흔히 문장 사이에서 볼 수 있다고 보면 될 것 같다. 즉, 한 문장을 읽고 다음 문장을 읽으면서 그 중간에 일어나는 상념이 그런 것이다.

꿈이나 정신분석 때 하는 자유연상에서 은유나 상징으로만 표현되는 것은 작가 자신도 모를 수 있다. 따라서 시는 설명하기보다 느낌과 상상에 맡기는 것이 옳을 것이다. 그것은 직접 표현하기에는 너무 괴로울 수도 있겠지만 맑은 정신으로 생각하기 힘들 때가 많다. 보통 사람들은 이런 현상을 추적하려고도 않을 것이고 괴이하다고 여기며, 오히려 감추려고 할 경우가 많다. 그러나 시인이나 미술가는 그것을 어떻게라도 표현하고 싶어 한다. 작가는 이런 느낌을 표현하기에 알맞은 말을 찾기 위해 무척 노력할 것이고, 적절한 문장력(Word Crafts, 알맞은 단어나 표현을 찾는) 또한 필요함을 절실히 느낄 것이다.

고흐의 그림에서도 강렬한 색과 힘 있는 붓의 터치에서 그런 것이 보인다. 고흐는 자화상을 수십 번 그렸다. 마치 자기 스스로에게 무엇을 찾아 표현하고 싶었던 것처럼 자기의 얼굴을 그리고 또 그렸다.[9] 필자는 고흐의 이 행동을 자가분석(自家分析, Self Analysis)과 흡사하다고 상상했다. 자화상에서 고흐는 자신의 심한 우울함

---

9   1967년에 제작된 영화 〈장군의 밤(The night of the general)〉에서 폴란드를 점령한 한 독일 장군(Peter O'Toole)이 고흐의 자화상(물론 아주 우울하게 보이는)을 보면서 우러나는 감정을 이기지 못하는 표정을 짓는 장면이 있다. 배우가 짓는 표정을 무엇이라고 단정할 수는 없겠지만 마치 치를 떠는 것 같은 그 표정을 어떻게 말로 표현할 수 있을까.

을 적나라하게 표현했다. 뭉크의 〈절규〉도 적나라하게 '공포'를 표현한 작품이지만 그는 자신의 꿈에서 본 것을 표현했다고 한다. 보통 문법으로나 말로 표현하기 힘이 들겠지만 느낌이 있는 현상인 일차 과정의 생각이라고 한다. 그것을 표현했다는 것은 그 사람이 화가였기 때문에 할 수 있었다. 보통 사람들은 이런 생각과 느낌을 무시하려고 애를 쓴다. 그러나 창작 예술가는 표현하려고 노력한다. 속으로 '무슨 미친 생각이야?' 하면서도 표현하고 싶은 것이 창작인이다. 창작인은 이런 경험을 금싸라기처럼 아껴 쓴다. "태풍의 중심에 돌진해 거기에서 색, 모양, 말, 생각 등을 채집해 돌아와 그것들을 정리해서 창작에 표현한다." 이 말은 창작을 위한 정신 작용을 적절하게 표현한 것이다.

작가들이 위험을 무릅쓰고 남이 많이 가지 않는 곳을 탐험하기를 즐긴 예를 많이 본다. 세계적인 베스트셀러 파울로 코엘료(Paulo Coello, 1947~)의 소설 『연금술사(O Alquimista)』[10]는 이것을 더 솔직하게 표현한 소설이다. 이런 것이 정신분석을 공부한 사람에게는 자가분석처럼 보이는 것이 당연하다. 우리가 평상시에 하는 말로나 생각으로 표현하기 어려운 정신 현상이 꿈이나 정신분석 중에 일어나는 일차적 생각을 말로 표현한다는 것은 어불성설이다. 그러나 예술 작품, 특히 시나 소설로는 가능하다. 그러면 차원이 다른 사고를 공부해 보기로 한다. 정신분석에서 은유와 상징이 얼마나 중요하며, 창작인에게도 이것이 그만큼 중요하다는 것을 다시 강조했다.

---

10 이 글을 읽는 이들에게 꼭 권하고 싶은 소설이다. 한 소년이 이집트에서 보물을 찾는 꿈을 꾸고 그것을 찾을 희망으로 이집트로 떠나며 그 여정에서 집시, 늙은 도둑, 사랑하는 여인을 만나고 죽을 고비도 넘기고, 돌아가고 싶은 유혹 등을 겪은 뒤 집으로 돌아오니 그 보물이 바로 거기에 있더라는 소설이다. 이 책이 150일 만에 몇 만부가 팔렸다고 한다. 기독교인에게는 순례라는 것이 있다. 주님을 만나고자 하는 것이다. 코엘료는 『순례』에서 자신이 산티아고 데 콤포르텔라(Santaigo de Compostela)를 순례한 내용을 썼다.

우리가 평상시 의식적으로 생각하는 것은 거의 모두 이차 과정(Secondary Process) 생각이다. 의식적으로 분명히 표현하는 생각을 하지 않는데도 저절로 우러나는 생각이 많다. 예를 들면, 꿈에서 하는 생각이나 무의식적으로, 순간적으로 하는 생각 등이 있다. 실언처럼 생각이 조리 없이 일어나는 때도 있다. 그런 것을 일차 과정 사고(Primary Process Thinking)이라고 한다. 이런 생각은 즉각적이며 대개 시각적이다. 후에 복잡한 방어작동을 거쳐 나타날지 모르나 처음 이 과정만을 지날 때는 도저히 이해하기가 힘들 때가 많다. 우리는 보통 그것을 무시하고 잊어버리려고 한다. 너무 원시적이기 때문이다. 만약 그것을 설명하겠다고 하면 횡설수설한다는 소리만 들을 것이다. 보통 사람은 자기가 한 괴이한 상상이나 공상을 남에게 얘기하지 않으려 한다.

우리가 정상적으로 이해할 수 있게 생각하는 것을 이차 과정 사고(Secondary Process Thinking)라고 한다. 일차적 사고를 가장 이해하기 좋은 예는 우리가 꾼 꿈에서 전혀 이해하기 어려운 현상이 기억날 때가 있다는 것이다. 그것은 대개 일차 과정에서 일어나기 때문에 이해가 되지 않는다. 보통 그런 생각은 논리적이지 않고 말로 표현하기 어려워서 우리는 아예 기억하려고도, 표현하려고도 하지 않는다. 이런 내용을 꿈꾼 사람은 대개 "내가 왜 이런 미친 생각을 해?"하며 그런 것을 생각도, 기억도 하지 않으려고 애쓴다. 아무도 이해할 수 없다는 것을 짐작하기 때문이다. 그런 일차적 꿈이 자주 오면 악몽으로 돌려 버리는 경우가 많다.

이 일차 과정의 생각이 조현병에서는 증상으로 나타날 수 있다. 조현병 환자들은 의식과 무의식을 구별 못하기 때문에 태연히 그런 생각을 표현한다. 정신과 의사는 그것으로 진단한다. 그러나 정신분석을 받는 과정에서 환자는 안심하고 그이야기를 마치 횡설수설하듯 할 수 있다. 앞서 말한 것처럼 분석가가 보호해 줄 거라고 안심하기 때문이다. 물론 분석가는 따지지 않고 이해하려고 한다. 창작인들은 일차 과정에서 일어나는 것을 알게 모르게 그들의 작품에 안심하고 표현한다. 마치 창작인에게는 일차 과정 사고를 표현할 수 있는 독특한 언어가 따로 있으며 그럴 특권이 있는 것 같다. 아니, 따로 있다고도 볼 수 있다. 그런 것이 창작의 바탕이다.

이차 과정(Secondary Process Thinking)을 겪은 꿈은 이해하기 쉽다. 그것은 우리가 꿈이라고 기억할 수 있는 것들이다. 일차적 사고의 기억이 있어도 의식적으로나 무의식적으로 삭제해 버리는 것이 보통이다. 대개 꿈 이야기를 할 때는 말이 될 만한 것만 골라서 한다. 일차 과정의 생각이 의식에 나타나기 위해 이차 과정의 생각으로 전환하는 것이 보통이다. 그것은 이해하기 힘든 일차 과정의 꿈을 이야기가 되게 꾸며내(虛談, Confabulation)는 꿈의 특권이다. 고흐의 그림같이 화가는 안심하고 그림으로 표현한다. 이것은 마치 어떤 충동이 충족되지 않을 때, 용케 방어기제를 거치면서 이 욕구 충동은 불만족의 실망을 이겨 내려는 욕구 때문에 일어난

반 고흐의 〈별이 빛나는 밤〉

218

다. 제일 흔한 방법이 전치작동(轉置作動, Displacement)이다. **전치작동**을 예로 들면 엄마가 젖을 주지 않으니 곧 젖꼭지 대신 손가락을 빠는 현상이다. 가질 수 없는 것을 다른 것으로 대치한다. 엄마가 대소변을 아무 데나 못하게 하니 진흙 같은 것으로 장난을 해 진흙을 만지는 데에서 쾌감을 찾는다. 아이들이 호스에서 물 나오는 것을 보면 금방 장난하고 싶어 한다. 물론 그것은 소변을 전치하는 것이다.

원시적이고 미숙하고 용납되지 않을 일차 과정에 멈추어진 충동과 사고는 여러 가지 방어작동을 거쳐야만 이해할 만큼 안전하게 표현된다. 그렇게 되지 못하는 일차 과정의 생각은 무시되어 버린다. 이렇게 이해하기 어려운 일차 과정의 불만족은 말로 표현하지 못하더라도 방어기제를 거치면 행동이나 말로 표현될 수도 있다. 갓난아기의 행동에서는 꿈에서 일어나는 것과 현실에서 일어나는 것을 구별하지 못한다. 즉, 아기에게는 일차 과정의 생각밖에 없으며 이차 과정이 생기기 시작하더라도 초기에는 구별하지 못한다. 다른 곳에서 예를 들었지만, 엄마에게 꿈에서 본 이야기를 마치 현실에서 겪은 것처럼 술술 거리낌 없이 이야기한다는 것은 아기에게 일차 과정의 꿈과 이차 과정의 현실적 생각을 구별하지 못할 때가 있다는 말이다. 성인에게서 일차적 사고는 늘 일어나지만 대부분 무의식에서 일어나므로 잊어버리고 싶고, 또 반드시 표현해야 할 이유도 없다. 그러나 정신분석가는 그것이 알고 싶고, 창작인은 고마워할 정도로 되찾고 싶어 한다.

일차 과정 사고와 창작의 관계

이차 과정 사고(二次過程思考, Secondary Process Thinking)는 에고가 리비도의 욕구를 환경과 내적 문제와 절충해서 안전하게 일어나기 때문에 의식적으로 표현할 수 있는 사고이다. 즉, 성숙한 논리적 과정과 사고이다. 그것은 안전하게 표현되고 안전하게 의식할 수 있다. 일차적 사고와 달리 정상인에게 이치에 맞고, 논리에 맞고, 조리에도 맞고, 안전하고, 이해가 되는 도덕적인 생각을 하는 것들을 말한다. 즉, 외계의 환경에 적응하려는 노력이 다분히 함유된 정신작동이다. 이 심리 현상이 에고의 작동에 상당 부분을 차지한다. 이차 과정이 성숙한다는 것은 또한 인격의 성숙을 말한다.

창작 예술가는 가끔 일차 과정이 유치하게 보일지 모르겠으나 진솔하므로 그것을 겪으려고 환상을 하고 공상하고 숙고한다.[11] 예술적 창조가 거기에 있다는 것을 짐작하기 때문에 창작인, 특히 시인은 용감하게 마음속의 이 세상 저 세상뿐만 아니라 현실적으로도 이 세상 저 세상을 두루 다니려고 한다. 미국 영화 〈오즈의 마법사〉는 그 예로 안성맞춤이다. 〈오즈의 마법사〉는 토네이도로 집이 날아가 도로시가 그 돌풍이 보내는 공상의 나라에 가서 일어나는 이야기이다. 『이상한 나라의 앨리스』와 비슷하며 창작인의 용기를 보여 주는 좋은 예이다. 출퇴근길, 고향 가는 길, 휴가로 여행 간 곳 등이 아니라 알려지지 않고 무엇이 있을지, 어떤 일을 겪을지 모르는, 어떤 위험이 있을지 모르는 곳에 가서 부닥치고 느낀 것을 담아오는 것은 창작인이 늘 공상하고 찾는 것이다. 이것은 심리적으로 일어나는 현상이기도 하지만 현실적으로도 사람들이 가지 않은 곳을 두루 구경하며 무엇을 찾으려는 노력과 같은 현상이다.[12] 그렇게 함으로써 더 넓은 인간의 일차 과정을 이해하려는 노력을 볼 수 있다. 끝이 없는 우주에서 무엇을 찾으려 한다. 무한하며 새로운 미지에서 무엇을 얻어 와야 그것으로 창작이 되는 것이다. 이를 우리는 단순히 시상을 찾는다고 한다.

창작인, 특히 시인들이 세상을 두루 구경하려는 것은 마치 이곳저곳에서 보물을 찾으려 다니는 모험가와 다를 것이 없다. 탐험가는 물질적 발견이 목적이라면

---

11 한강의 『채식주의자』를 읽으면 옷을 벗고 보고 그린 것이 더 진실같이 형상화된 것이 역력히 보인다.
12 최근 EBS 〈세계테마여행〉에서 배경훈 시인이 히말라야 산의 오지에 있는 무스탕이라는 곳을 탐험하는 것을 보았다. 우리가 평소에 보지 못하는 경치, 풍습, 생활이 펼쳐졌는데, 고대로부터 별로 변하지 않은 곳을 찾아다니는 것을 보면서 그가 보는 방향이 보통 여행 안내와 다르다고 느꼈다. 보통 사람들이 찾는 흥밋거리가 아닌 무엇을 찾으려는 것이 보였다.

시인에게는 시상이 목적이다. 그러나 시인은 자기 욕구 만족보다 타인에게 그 만족을 나누려는 진솔하고 성숙한 목적이 있다. 작가가 작품을 만들면서 그것으로 선과 미를 찾아냄으로써 만족을 얻는다. 이런 행동은 불보살(佛菩薩)의 보시(布施)와 같다. 이런 방어작동이 바로 **승화**이다.

일차적 사고를 경험하려는 또 다른 방법이 환각제를 사용하는 것이다. 19세기의 예술 작가들 사이에 유행했던 것이 압생트(Absinthe)라는 환각제에 가까운 도수 높은 주류였고, 1960년 말경에 유행했던 엘에스디(LSD)와 페요테(Peyote)가 그런 것이다. 한국에서는 도수가 높은 배갈(고량주)에 불을 붙여 가며 마셨다고 한다. 이 모두가 일차 과정을 겪어 보려고 하는 것이다.

일단 창작이 완성되면 이차 과정 사고로 완성했기 때문에 미숙한 일차 과정의 사고나 행동은 잊히게 된다. 그러나 그것이 정서적으로 독자에게 전달되어 동감(감정이입)을 가져올 수 있다. 시인들은 그의 기억 속으로 사라진다고 표현할 것이다. 시인들에게는 이 목적이 늘 그들의 작품에 내포되어 있다.

일차 과정 사고와 창작의 관계를 고찰해 보았다. 일차 과정은 먹고 자고 살아가는 데는 아무 가치가 없고 나타나지 않기를 바라는 것이지만 창작인에게는 참으로 금싸라기 같다. 아쉽게도 창작인은 그런 것을 수시로 의식하지는 않는다. 마치 '무엇도 약에 쓰려면 보이지 않는다.'는 격이다.

에고와 리비도의 절충

성숙한 에고는 우리가 생각하는 것과 다르지 않은 소위 이차 과정 사고를 쓰기 때문에 별 이상할 것은 없다. 가끔 실언이나 실수(失手)를 하더라도 웃고 넘어갈 정도로 발전(성숙)한다. 미운 사람을 만나더라도 미소로 인사할 수 있다. 때로는 자기도 모르게 이를 악물면서 본심을 감추려다가 입에 있는 눈깔사탕을 꽉 깨문다든지 하는 무의식의 행동도 일어날 수도 있지만 크게 해가 되지 않는다.

반면 대부분의 일차 과정 생각은 미숙한 에고나 아직도 이드의 영향을 다분히 받기 때문에 의식으로 나오지는 못하고 무의식에 잠재하고 있다. 이런 생각이 의식이나 전의식으로 나오려면 의식이 감당할 수 있는 암시나 시사(Allusion), 비유(Simile), 은유(Metaphor) 혹은 상징(Symbol) 등으로 전환하여 표현해야 하며, 여러 방어기제를 거쳐야 보통 정신으로도 견딜 수 있게 부드럽고 또 보기 쉽게, 시인에게는 더욱 아름답게 변형되어 나타난다. 이 과정은 문학가, 특히 시인들이 늘 사용하는 기술이다.

중요한 것은 일차적 생각이 시간 개념이 없다는 것이다. 그 때문에 예술에는 시간이 없다(Timelessness)[13]는 말이 나왔는지 모르겠다. 이런 것을 흔히 볼 수 있는 곳이 꿈이다. 필자는 이것이 시상을 위해 깊이 숙고할 때 머리에 떠오르는 것과 같은 현상이라고 본다. 그렇게 나온 시상은 시인의 성숙한 에고에 맞는 글, 연(聯)과 절(節)로 표현되며 선(善)을 찾으려 애를 쓰면 미(美)가 표출되게 마련이다. 승화는 작가에게 상당한 심리 치유 효과가 있다. 존스홉킨스 대학교 정신과 교수 케이 제이미선(Kay Jamison)[14]은 저서에서 서양의 유명 시인 50% 이상이 우울증이나 조울증을 갖고 있었으며, 그들이 시를 열심히 쓴 것이 무의식적으로 그들의 정신 치유에 도움이 되었기 때문이라고 했다. 결국 그들의 시가 읽는 사람의 마음도 치유할 뿐만 아니라 작가의 마음도 치유했을 것이라고 단언했다.

상담학을 공부한 사람은 문학적 심리치료법에 문예 창작을 이용할 수 있다. 그

---

13 인생은 짧아도 예술은 영원하다.
14 Kay Redfield Jamison(1993). *Touched with Fire*.

중 하나가 시작(詩作)이다. 문학가들은 무의식적으로 자기 스스로 심리치료를 하는 셈이다. 잘 알려진 현상으로 카타르시스(Catharsis)[15]와 같은 작용이라고 볼 수 있다. 수많은 시인이 우울증에 시달렸고, 그들이 생을 포기하지 않고 아름다운 창작을 계속할 수 있었던 이유가 여기에 있다. 이를 심리치료에 적용해서 사용하는 것 중 하나가 소위 회화요법(繪畫療法, Art Therapy)[16]이다.

문학 창작, 특히 시작을 환자들에게 가르치며 치유 도구로 쓰기도 한다. 이것은 마치 자가분석(自家分析, Self Analysis)과도 비슷한 효과를 낸다. 어떤 이는 "우울증은 창작의 양념이다(The depression is the spice of creativity)."라고 말했다. 19세기에서 20세기 중반까지의 구미 문학 예술가 150명을 조사하였더니 절반이 우울증이나 조울증이 있었다고 한다. "상상력이 높은 창작인들은 태풍 같은 돌풍 한복판을 정면으로 맞부딪치고 전진하여 거기서 얻은 보이지 않는 언어(문학), 소리(음악), 형상(미술)을 채취해 거기에 그들의 비애를 합쳐 균형을 잡아 나간다."라는 말은 이런 이유 때문이다. 많은 작가가 우리보다 많은 고통, 특히 우울증으로 고통을 받으면서도 창작으로 우리의 마음을 돌보아 보시의 행동을 하는 셈이다. 이를 일찍 상상하고 추측해 왔지만 확인한 것은 최근이다. 정신의학을 하는 사람치고 시를 좀 안다면 이런 현상이 금방 보일 것이다.

시가 은연중에 읽는 사람을 치유한다고 믿는 이유 중 하나는 우리가 알 수 없는 심적 고민을 해 온 일차 과정에 표현된 무의식의 고통스러운 갈등을 의식에서 이차적 창작으로 해소하려고 노력하기 때문이다. 그 과정이 정신분석의 자유연상 과

---

15 불쾌한 감정을 뱉어 내거나 감정적 긴장을 풀어내는 것을 말하는데, 말로 하기도 하지만 주로 예술적으로 표현한다. 반 고흐의 작품들, 에드거 앨런 포의 시, 그중에도 「갈까마귀」 같은 것이다.

16 환자에게 그림을 그리게 하고 그 그림에서 보고 느끼는 것을 말해 보라고 한다. 이것은 정신분석에서 얻어 낸 아이디어로 얻은 것이며, 상당히 신빙성이 있는 치료법이다.

정과 비슷하기 때문일 것이다.

정신분석의 언어와 시인의 언어가 같다는 것이 보이기 때문이다. 은유와 상징은 시인의 근본 언어요, 또한 정신분석의 언어라고 단정해도 과언이 아니다. 영화 〈일 포스티노(Il Postino)〉에서 우편배달부 마리오가 시에 관해 물었을 때 파블로 네루다가 "그것은 모두 은유야, 은유!(metaphore, metaphore!)"라고 강조한 것을 잊을 수 없다. 정신분석 중에 환자가 꿈 이야기를 하면서 긴 뱀을 보았다고 하였다. 분석가는 곧 그것이 남근의 상징이라는 것을 알고 알맞게 해석을 한다. 그러면서 그것을 놓쳤다는 말은 바로 그 상징에 대한 은유라는 것을 알고 이 환자가 얼마나 자기가 남자로서의 성숙에 집착해 있는지를 보여 준다는 간단한 예로 이해할 수 있다. 차이콥스키, 베토벤, 괴테, 바이런, 고흐, 드가, 이상 등은 누구나 아는 유명 작가들이다. 그들은 모두 우울증을 앓았다.

에고의 성숙과 욕구 충족의 중성화

무의식에서 일어나는 일차 과정 사고에서는 문법이 없다. 접속사도 없고, 부정사도 없다. 생각의 내용은 주로 공상적이고 문자적 사고가 없으므로 그 사고의 뜻은 말의 맥락, 몸짓, 인상 혹은 목소리로 전달될 수도 있다. 그러므로 대개 회화체로 비형식적인 표현처럼 쓰인다고 보면 될 것이다. 이것은 귀에 걸면 귀걸이, 코에 달면 코걸이 같아서 해석할 때 다소 주저하게 된다. 또한 일차 과정은 대부분이 가시적(可視的)이라고 했다. 여기서 가장 많이 사용되는 방어작동은 조심해서 생각해야 이해할 수 있을 만큼 자세한 사고를 요구한다. 전치(轉置, Displacement), 압축(壓縮, Condensation)과 상징(象徵, symbols)이 대부분이다.

정신분석의 상징은 무의식에서 쓰이지만 이해하기 힘든 것도 많다. 무의식에는 마치 특별한 언어나 암호가 있는 것처럼 보인다. 상징들은 그것들이 에고가 성숙하지 않고 이드가 정신작동의 대부분을 차지하고 있는 어린아이에게 오는 욕구 갈망이 많다. 아주 이해하기 힘든 추상화나 초현대적 단조로운 음률이 반복하는 관현악에서 혹은 이상의 시 같은 데서 볼 수 있다. 우리가 의식으로 이해하기 힘든 표현이 그런 것이다. 그런 것들을 통해 작가들의 무의식을 추측할 수 있다고 믿을 수밖에 없다. 성숙한 에고는 그런 것을 억압과 억제(Repression and suppression)라는 정신기제를 통해서 의식에 나타나지 않게 하려고 노력한다. 창작인과 정신분석가는 이 무의식의 억압과 싸워야 한다. 일차 과정 사고가 이차 과정 사고로 점진적으로 옮겨 가게 하여 의식에 안전하게 나타나게 하려고 에고를 불러들여 방어기제를 이용해야 한다. 그것이 크게 해가 되지 않는다면 보통 사람은 그냥 낮잠을 자면서 꾼 꿈으로 밀어붙이고 무시할 것이다. 그러나 예술가는 그런 것을 무시하지 않고 어떻게 하든지 간직해 두었다가 필요할 때 표현하려고 한다. 될 수 있으면 아름답게. 즉, 치료사는 치유가 목적이요, 창작인은 그 치유 과정에서 얽히고설킨 내용을 표현하고 싶어 한다. 정확히 알 수 없더라도 표현할 수 있을 만큼 알려고 한다. 창작에 쓰일 좋은 자료로 보기 때문이다.

욕구 충동은 강하고 막무가내라 성숙에 방해될 때가 많다. 그것을 없애지는 못하더라도 약하게 해서 에고가 견디게 할 수는 있다. 그것에 적합한 기전으로 욕구 충동의 중성화(中性化, Neutralization)라는 것이 있다. 이는 인간의 성숙에 없어서는 안 될 아주 중요한 현상이다. 말하자면 불같은 성적·공격적, 광폭한 욕구를 다스려 위험하지 않고 감당하기 쉽게 변형하는 것이다. 강렬하고 건드리기 무서운 것을 만지기 쉽고 부드럽고 편한 것으로, 뜨거운 것을 차게 변형하는 것, 높은 산성 물질을 중성화하는 것 같이 독한 것을 부드럽게 하는 현상이다. 여기서는 이드처럼 욕구 본능에서 오는 충격적인 강력한 힘을 약하게 해야만 욕구 충족을 만족스럽게 처리할 수 있다. 또한 그것을 더욱 유용한 방향으로 진전시키는 작동이다. 독한 산성이나 알칼리성이 있는 음식을 반드시 먹어야 한다면 먹어도 다치지 않고 견딜 만하게 중성으로 고친다는 것과 같은 의미이다.

인간이 공동 사회를 이루어 가기 위해서는 허용할 수 없는 욕구나 충동은 중화시켜서 사회가 받아들일 수 있게 변형해야 한다. 그런 현상은 인격의 성숙에서 볼 수 있고, 우리말로 나이가 들어 점잖아진다는 말과 흡사하다. 중성화를 다르게 표현하면 인간이 인간답게 성숙하게 하는 중차대한 현상이다. 이것이 없으면 문명이니, 사회니, 인성이니 하는 것이 있을 수 없다. 미개인이 문화인이 되게 하고, 종교에서 혹은 도덕적 가르침에서 요구하는 인간 심리 구조의 변화 등이 그런 것이다.

에고의 성숙에 가장 중요한 것 중 하나가 말[言語]을 배워 사용하는 것이다. 그 원동력은 감정을 표현하는 욕구에서 행동보다 언어로 표현하는 것에서 시작하며, 그러기 위해서는 아이가 어른이 하는 말을 흉내 내어 하려는 노력, 즉 동일시하려는 노력으로 시작된다. 게임을 하는 것처럼 어른을 이겨 보려는 노력에서 시작한다고도 할 수 있다. 따라서 어른의 말을 흉내도 내야 하지만 어른의 말을 정확히 이해하고 자기의 뜻도 정확히 표현해야 한다. 이는 참으로 중요하다. 정확하지 않으면 사랑을 잃을 수도 있고, 어른의 뜻을 오해해서 심한 벌을 받을 수도 있다. 어른들이 아이들을 야단칠 때 "내 말 못 들었어?"라고 고함치는 것을 흔히 본다. 아버지 같은 어른의 말을 정확히 이해해야 불복종 때문에 올 벌을 막을 수 있다. 정확한 언어로 표현하기 위해서 처음에는 일단 흉내를 내어서 익히고 그 후에 차츰 독립적으로 성숙한다.

이것은 성숙의 과정을 가장 명확히 상징하는 현상이다. 흔히 성숙의 정도를 말의 표현에서 알아내려는 것도 그 때문이다. 소위 아기 말(Baby talk)에서 연설(Oration)로 진보하는 과정이다. 인간 사회의 상당히 많은 문제를 말로 해결한다.

이것은 리비도의 에너지 없이는 성숙하기 어렵다. 리비도가 충분히 중성화(Neutralization)되어야 이런 성숙이 가능하다. 즉, 리비도는 육체적 욕구를 위해서는 막무가내로 취득하려고 할 것이다. 그것을 약하게 만들어 쉽게 받아들일 수 있게 하는 것을 **중성화**라고 한다. 어른들이 흔히 하는 말로 "싸우지 말고 말로 해, 말로!"라는 표현은 이를 잘 표현한 것이다. 중성화는 욕구를 억누르려는 것과 같다.

중성화의 좋은 예로, 리비도가 중성화되지 않으면 상당한 언어장애가 올 가능성이 크다는 것을 보았다. 중성화의 실패로 실어증(失語症, Mutism), 말더듬이(構音障礙, Stutterer), 실성증(失聲症, Aphonia) 같은 문제가 올 수 있다. 이것은 마치 말을 하면 본의 아니게 광폭한 표현이 나올 수 있으므로 그것을 무의식적으로 방어하기 위해 말을 나오는 대로 표현하지 못하게 하는 증상이다. 즉, 광폭한 말이 나올 가능성이 있을 때 그 말을 못하게 하거나 부정확하게 하는 현상이다. 정신분석에서는 이런 증상을 고칠 수 있다고 믿을 만큼 이 설(說)을 자신 있게 역설했다. 언어장애 증상이 있다는 것은 리비도의 중성화에 성공하지 못했다는 말이다. 결과적으로 성숙을 위한 정확한 언어 표현의 능력이 희생된다는 말이다.

에고의 성숙으로 육체적 동작, 감정적 인식과 표현, 기억, 정서(감정) 등을 성숙하게 하는 가장 중요한 요소는 중성화이다. 성숙의 과정에서 환경과의 접촉을 원만하게 하는 것이 또한 중성화이다.[17] 성숙의 과정을 습득하기 위해 가장 일찍 작용하는 것이 동일시라고 했다. 좀 더 자세하게 이야기하자면, 첫째, 에고가 주위 환경을 어떻게 익히고 그것을 습득하느냐 하는 것이고, 둘째, 에고가 어떻게 이드의 힘을 조정하고 그것을 이용하느냐 하는 숙달이다. 에고는 우선 환경, 주위 상황을

---

17 이 중화 현상(中化現狀)은 사서오경(四書五經)에 나오는 '중용(中庸)'과 거의 같은 것이다. 중용은 의식적으로 인간이 배워야 한다고 가르친 것이지만 중화는 심리 현상이다. 그러나 목적은 같다고 볼 수 있다.

이해하는 감수성이 있어야 한다. 그것을 기억해 그것에 대응하는 적당한 행동을 취할 줄 알아야 한다. 그러려면 주위 상황을 정확히 보고 파악해야 한다. 다행히도 이 중요한 능력은 특별히 천성적 장애가 없으면 비교적 쉽게 성취할 수 있다. 이 기전을 **현실 검증**(現實檢證, Reality Testing)이라고 한다.

현실을 정확히 이해하고 아버지의 말을 정확히 이해해야만 실수나 오해에서 오는 피해를 막을 수 있다. 아기와 엄마의 관계, 아기와 아버지와의 관계, 어디서 누가 젖을 주나, 누가 가장(가족 사회의 지도자)인가 등을 정확히 알아야 한다. 우리 속담 '누울 자리를 보고 다리를 뻗는다.'와 같은 말이다. 아기가 처음으로 젖을 먹고 싶은데 먹지 못하면 불만이 일어난다. 젖은 자기 몸의 일부가 아니라 다른 개체인 엄마의 것이라는 것을 깨닫게 된다. 이때 처음으로 자기라는 개체와 환경의 경계와 구별을 정확히 알(인식하)게 된다. 우리가 세상을 보는 관점이 아무리 정상적으로 성숙했다고 해도 무의식의 영향을 받아 주위를 보는 특유한 관점이 생긴다. 같은 사람이라도 그 사람이 적국 출신이라면 본능적으로 그 사람을 증오할 가능성이 있다. 어느 나라에서도 정치와 사회 상황을 보면서 사람들이 편들기를 하는데, 그 이유가 잘 설명되지 않을 때가 많다. 우리의 성숙 과정에서 일어난 무의식적 기억 때문이다. 사람들이 가진 편집적 사고, 우상숭배나 미신, 심하게 집착하는 이념이나 사상에서도 이런 현상을 본다. 사이비 종교 단체가 일어나는 것은 그 좋은 예이다. 이것이 심해서 정신질환으로 넘어 가면 주로 망상이나 환각의 증상을 갖게 된다.[18] 이 모두가 현실 검증의 실패에서 온 것이다.

이런 것을 보면 어릴 때부터 주위의 현실 검증이 얼마나 정확해야 하는지를 이

---

18 필자가 미국에서 처음 정신의학 강의를 받을 때 편집(망상)증에 대해 교수에게 물었다. 교수님은 즉석에서 이렇게 대답해 주셨다. "자네에게 이것이 있다면 이곳에서(정신병원) 평생을 지내거나 위대한 지도자가 될 것일세." 이 말을 잊을 수 없었고 그 진실을 많이 보았다.

해할 수 있다. 정상적으로 자란 사람은 현실을 정확히 볼 수 있는 능력이 있다. 흔히 이것을 객관적(客觀的, Objective)이라는 말로 표현한다. 여기서 말하는 현실 검증이란 상황을 정확히 인식한다는 말이다. 그것은 어떤 사상이나 이념을 말하는 것이 아니다. 검은 것은 검은 것, 뜨거운 것은 뜨겁다고 확실히 믿을 수 있는 현실을 정확히 포착하는 것이다. 누구의 의견을 믿는 것이 아니라는 말이다.

중성화 기제[19]의 성숙은 현실을 안전하게 직시할 수 있게끔 현실 검사(Reality Testing)로 현실을 정확하게 파악하게 하는 정신건강과 인격 성숙에 필요 불가결한 것이다. 하지만 환경의 현실과 이드 사이에 충돌(갈등)이 있을 때 에고는 이드의 편에 서서 이드의 충동이 허용되게 가르치려 한다. 방법은 물론 에고가 방어기제를 이용해서 의식을 통해 안전하게 행동으로 나타나게 한다. 외부에서 들어오는 감당하기 어려운 충격을 무마할 수 있는 능력을 말한다. 이것은 우리가 늘 다루는 문제이다. 살면서 일어나는 문제, 스트레스를 일으키는 많은 문제를 정면으로 충돌하지 말고 견딜 만하게 혹은 건설적으로 해결하는 능력을 가르쳐 주는 것을 말한다. 이런 경우 시인은 이드와의 충돌을 글로 무마하면서 그것을 성숙의 방어기제로 아름답고 부드럽게 표현한다. 대부분 그것을 위해 상용하는 기제가 '반동형성'과 '승화'이다.

이것은 철없는 이드의 욕구를 형인 에고가 달래며 아우를 위해 토닥이며 성숙하게 처리하게끔 가르치는 것과 같다. 현실 검증을 정확히 하기 위해서 그 방법 또한 누구에게서 배워야 할 것이다. 가장 적합한 첫 방어기제가 본받고 싶은 사람을 찾아 동일시하는 것이다. 이는 모방이다. 한편 이 작동 외에 흔한 방도가 있다. 이

---

19 변성화작용(Denaturalization)이라고도 한다. 이드(Libido)의 센 힘을 약하게 하고 공격적인 힘을 줄이는 것을 말한다. 이드는 공격적이고 욕심이 많아 그 힘을 식혀 주지 않으면 심리적으로 위험한 상태가 올 수 있어 무마(식혀 준다, 달랜다)하는 것이 에고이다. 성공할수록 더 성숙한 인격이 되게 하는 것이다. 그 결과는 중성화이다.

것은 환상, 몽상을 이용해서 에고가 이드를 감싸 주어 이드가 원하는 것이 비현실적으로 보이더라도 일단 임시로 만족하게 해 주는 기제이다. 이것은 마치 잠시 아기를 달래는 것 같은 현상이다. 물론 완전한 만족은 아니지만 우선 급한 대로 임시 조치로 무마해 주는 셈이다. 그러나 환상은 더 편리하고 손쉽게 무의식에서 활동할 수 있으므로 그것을 문학적으로 표현하면 상당히 효과가 있으면서 예술적일 수 있다.[20] 권선징악의 동화는 좋은 예이다. 이렇게 해서라도 이드를 진정시켜 놨기 때문에 에고는 더 자유롭게 성격 성장에 집중할 수 있다. 즉, 에고가 이드의 형 혹은 주인 혹은 지도자가 되어 적당히 조정할 수 있으면 성공적인 성숙을 기대할 수 있다. 철없는 동생 이드를 감싸 주고 같이 놀아 주면서 아버지 같은 슈퍼에고가 누구이며 어떻게 대해야 옳다는 것을 가르치는 것을 상상하면 에고의 성숙 과정을 이해하기 쉬울 것이다. 이상적으로 성숙한 표본이 그런 것이다. 동화에서 늘 볼 수 있는 이야깃거리이다.

쾌락-고통의 원칙

정신분석의 모든 증상의 원초적 불안을 이야기하기 위해서 다시 찾아보아야 할 것은 **쾌락 원칙**(Pleasure Principle)이라는 것이다. 앞에서 잠시 이야기했지만 중요하고 재미있는 과제이기 때문에 다시 들여다볼 만하다. 심리작용은 쾌감을 얻는 것이 최상의 목표요, 이드는 쾌락을 얻기 위해서 작동하는 것이 우선이다. 그 반대로 쾌감의 욕구를 충족시키지 못하면 불만족한 상태가 온다. 정신분석에서 만족하지 못한 상태는 반쾌감(Non-pleasure)이며, 그것은 대개 고통(pain)스럽다고도 표현

---

20 그 예는 한없이 많지만 금방 생각나는 것이 〈솔베이그의 노래〉이다.

한다. 따라서 쾌락 위주의 원칙을 쾌락-고통 원칙(Pleasure-Pain Principle)이라고도 한다. 고통이 없을 때 반드시 아픔(Pain)이 오는 것이 아니므로 나중에는 이것을 쾌락-무쾌락의 원칙(Pleasure-Nonpleasure principle)[21]이라고 말을 바꾸었다.

참을 줄 모르는 갓난아기는 쾌락을 위한 욕구를 무엇보다도 즉각 충족해야 한다. 그렇지 않으면 불만이 닥쳐온다. 다소 성숙하면 즉시 충족하는 대신 에고가 성숙하여 쾌락의 만족을 지연시켜도 나중에 어차피 때에 맞추어 만족할 수 있다는 믿음을 갖고 참으며 기다리게 된다. 즉, 참는다는 것, 만족을 지연시킬 수 있다는 것(Delayed Satisfaction)이 성숙의 중요한 한 요소가 된다고 이미 지적했다. 이런 현상은 예술적으로 많이 표현된다. 〈솔베이그의 노래(Solveigs sang)〉는 좋은 예이다.

지연(遲延)은 시인에게 꼭 필요한 정서이다. '그립다' '기다린다'의 뜻이 담긴 말로 'yearning'은 유명한 시에서 많이 실려 있고, 시인들은 대부분 이 정서를 그리고 있으며 시에서 자주 표현한다. 존 키츠(John Keats, 1795~1821)[22]를 '그리움의 시인(The Poet of Yearning)'이라고 한다. 기다릴 줄 알고 욕구 충족을 지연시킬 수 있는 능력이 성숙의 첫걸음이며, 또한 중요한 진전이다. 이렇게 기다리는 심정과 그리워하는 심정이 많은 시에 나타난다.

Hear Melodies are sweet,

But those unheard, are sweeter……

---

21 여기서 몇몇 용어를 영문 그대로 두었다. 번역이 어색해 마땅치 않다.
22 그리움의 시로 유명한 몇 사람을 더 들면, Walt Whitman, Maya Angelou, Lewis Carrol 등이 있다.

들리는 멜로디는 달콤하다

그러나 아직 듣지 않은 멜로디는 더욱 달콤하다

                            - 존 키츠

그리운 것을 기다리며, 상상하는 그것을 더욱 귀중히 여긴다는 참으로 좋은 표현이다. 기다릴 만하다는 감정을 잘 표현했고 인간은 늘 그런 염원을, 만족의 지연을 정서적으로 표현하려고 하며, 그것을 자주 응용하는 것이 시인의 몫일 것이다. 욕구 만족을 상상하는 것이다. 시인들이 현실의 불만족을 그리움으로 표현한 이유는 마치 그것이 아름다움이라는 것을 강조하기 위해서였을 것이다. 기다리면서 만족을 상상하는 것이겠다. 이것은 플라톤이 선(善, Good)을 추구하려면 미(美, Aesthetics)를 추구하라고 한 말과도 같다. 그런 것이 시에서 가장 많이 나타난다. 스콧 피츠제럴드(Scott Fitzgerald, 1896~1940)는 "염원(Yearning)은 모든 문학에서 보는 아름다움"이라고 했다. "그대의 염원은 알고 보면 전 인류의 염원이다. 그러니 당신은 혼자가 아니랍니다."라고 했다. 지연하면서 오는 정서를 시로 엮는 것은 누구나 하고 싶은 것이라는 말이다. 또한 욕구 만족의 지연은 성숙의 표정이요, 예술의 표정이라는 것을 예를 들었다. 어느 종교든 참는 것, 욕구를 억누르는 것은 기본 정진의 순서이다.

불쾌감이랄까, 무쾌감(Unpleasure)과 함께 오는 고통을 받지 않고 쾌감(pleasure)을 지연시키면서 참을 수 있다는 것은 상당히 성숙한 정서의 표현이다. 따라서 이것을 이차적 진행의 원칙(二次的 進行 原則, Secondary process Principle)이라고 한다. 성숙한 과정이라는 말이다. 이차적 작동은 적나라한, 참을 수 없고 욕망을 당장 충족하려는 일차적 충동을 중화시켜 부드럽고 견디기 쉽게 해야 하는 순서이다. 지금은 쾌락을 가지지 못하더라도 나중에 가질 수 있다는 믿음을 갖추는 능력은 쾌락이 당장 오지 않는다고 실망하는 것보다 훨씬 성숙하고 건강하다.[23] 다시 말해, 기다린다, 그리워한다, 염원한다는 것은 지금은 참자는 것이다. 시와 노래에서는 이것이 가장 중요한 핵심 요소로 내포되어 있다. 님을 그리워하는 안타까움, 님을 보내는 안타까움 등은 어느 나라의 시에서도 볼 수 있다. 이를 다시 정신분석으로 설명하자면 적기에 카텍시스를 발산할 수 있나 없나 하는 것이다. 카텍시스의 발산을 지연할 수 있다는 것은 쾌락을 지연할 수 있다는 말도 된다. 이 모든 것이 에고의 감독하에서 일어나기 때문에 쾌감 원칙, 이차적 진행 원칙 등이 일어날 때 에고가 원칙을 관장하며 적용한다. 이 부분은 설명보다는 시인들의 작품을 읽으면 이해가 쉬울 것이다. 황진이의 시는 좋은 예이다.

청산리 벽계수야 쉬이 감을 자랑 마라
일도창해하면 돌아오기 어려오니
명월이 만공산 하니 쉬어간들 어떠리
　　　　　　　－ 황진이

정신분석가가 시인을 부러워하는 것이 이 점이다. 욕구를 참으면(충족을 지연하면) 긴장이 쌓이며, 심하면 그것이 불안이 될 수도 있다. 그러나 그 욕구를 지연했다가 만족하면 만족이 더 달콤할 뿐만 아니라 더 효과적으로 긴장이 풀려 불안이 사라진다. 성숙은 그 욕구를 지연시키면서 만족스러운 쾌감을 기대하며 불안을 방지할 수 있는 능력이 길러진다는 말이기도 하다. '시장이 반찬'이라는 속담은 이를 잘 표현한다. 시는 이 지연을 '미'로 표현한다. 지연은 도덕적 관점에서 보면 '선'이

23 　모든 종교의 기본 교의가 여기서 온 것이 아닌가 한다.

라고 할 수 있다. 참았다가 성취하는 욕구 충족은 더 많은 쾌락을 얻을 수 있다. 그 기대는 불만 대신 기쁨을 그 자리에 대치한다. 이것이 욕구불만에서 오는 불안(Anxiety)이 되기도 하겠지만, 욕구 지연에서 오는 긴장(Tension)의 쾌감이 되기도 한다. 배가 고플 때 엄마가 맛있는 빵을 만들고 있는 것을 알고 옆에서 발을 동동 구르면서 기다리는 아이는 긴장과 만족이 섞인 감정을 가질 것이다. 물론 이 과정이 엄마의 사랑이라는 우산 아래에서 일어나기 때문에 이중적 만족을 기대할 수 있어 더욱 성숙한 카텍시스의 가치를 경험할 수 있다. 방학 때 고향으로 가는 기차 안에서 엄마가 만드는 맛있는 저녁상을 상상하면서 고픈 배를 참는 것이 괴로울까 즐거울까 상상해 보면 이해가 갈 것이다. 이 현상이 바로 시인이 시작으로 심리적 자가 치유를 하는 과정이라고 추측할 수 있다. 이것이 또한 시를 읊는 사람의 치유가 되기도 한다.

불안은 인간의 영적 고통의 근원이다

프로이트가 말하기를 정신분석에서 가장 많이 취급한 노이로제의 근원이 되는 것은 불안이다. **불안**은 모든 정신질환의 원인이다. 이것은 리비도를 방출할 길이 없어 그 축적으로 불만족(Un-pleasure)이 쌓여(damning up) 긴장(Tension) 해결의 희망 없이 끝없이 커지면서 일어나는 고통스럽고 견디기 힘든 정신 상태라고 말했다.[24] 이 것을 그냥 그대로 감당하기 힘들 때는 그것이 변형되어 임상 증상으로 나타난다. 그 원인은 흔히 무의식에 있는 갈등 혹은 리비도의 욕구불만이다. 삶에서 가끔 일

---

24 성교에서 'Ejaculatio Tardiva'라는 것이 있다. 사정을 연기시켜 쾌감을 증가한다는 기교인데 여기서 말하는 쾌감의 만족을 지연한다는 설은 그런 것을 말하는 것이 아니다. 단순히 욕구 만족을 어느 기간 피한다는 말이다.

어나는 불안을 병적으로 보지는 않는다. 다만, 그것이 무한정 장기간 풀릴 희망이 없이 지속하면 임상 증상이 될 수 있다. 그래서 프로이트의 학설을 '불안의 학설(The Theory of Anxiety)'이라고도 한다. 프로이트는 억제(Inhibition), 불안(Anxiety), 증상(Symptoms)의 연결 고리를 내내 역설했다.

인간은 생리적으로, 유전적으로 불안을 조성할 능력을 타고났다고도 강조했다. 이것은 생물의 생존에 없어서는 안 될 기본 심리 상태이며 요소이다. 즉, 불안은 일종의 긴장에서 오는 감정이며, 긴장은 원시인들이 짐승을 잡으려고 하거나 맹수를 피하려고 할 때 경계나 민첩함(Alertness)에 필요한 심리 상태이다. 그러나 필요하지 않을 때 일어나는 불안은 고통을 주며 병이 되기도 한다. 그럴 때 우리는 스트레스(Stress)라고 한다. 이 말이 역설이 아닌지도 모른다. 인간 최상의 고통인 불안을 일으키는 생리적(심리적) 현상은 인간에게 없어서는 안 되는 현상이며 철학자와 종교학자가 오랫동안 이해하고 해결하려는 것이다.

그들은 정신분석 이상으로 인간의 이런 심리적 생리가 철학의 연구에 포함된다고 믿는다. 어느 종교나 철학치고 인간의 정신적 고통, 특히 불안에서 오는 고통을 해결하려고 하지 않은 적이 없다. 이 문제는 창작 예술뿐 아니라 철학에서도 다루어야 하는 영원한 문제이다.

심리적으로 외상이 심하거나 위험한 상태에 처했을 때 그 충격이 너무 커서 감당하기 어려울 때는 불안이 자동으로 나타난다. 프로이트는 인간의 상처 중 가장 큰 상처는 태어날 때이며, 갑자기 들이닥치는 견디기 힘든 외부의 자극에서 오는 충격 때문이라고 했다. 출생으로 오는 불안은 장차 나타날 불안 형성의 기원(씨)이다. 태어나는 순간 아기는 온 우주가 폭발하는 것 같은, 천지가 무너지는 것 같은 공포를 일으키는 충격을 받는다. 그 첫 반응이 태어날 때 '악' 하며 내지르는 절규이다. 프로이트는 이것이야말로 평생 짊어지고 갈 불안의 원형이라고 했다. 이것이 바로 키르케고르가 불안은 인간의 영적 고통의 근원이라고 한 이유이다. 아기의 출생은 그 의미가 많아서 그에 대한 창작품이 많다. 물론 시도 많다. 창조를 노래하는 축복의 시도 있지만, 이 어려운 세상에 왜 나왔나 하는 철학적 시도 있을 것이다. 시인에게는 출생과 분만에 대한 은유로 창조, 신생, 애정, 기적, 부모의 애정 등 여러 감정이 있지만 분만과 함께 오는 공포와 같은 아픈 감정도 있다. 요사노 아키고의 시 「분만의 진통의」 마지막 절에 보이는 애통한 심정을 읽어 본다.

처음으로 느낀 출생의 진통
갑자기 해가 침침해진다
나 몰라라 하는 세상은 아랑곳하지 않고 지나 버린다.
나는 혈혈단신이다
나 혼자다

혼자라는 이 표현은 나뿐 아니라 인간 모두를 말하는 것 같다. 너무도 무섭고, 외롭고, 의지할 때가 없고, 속수무책이고, 구할 길이 없는 상태 등 한없이 많은 표현이 있지만, 아기는 '악!' 하는 소리로만 표현한다. 이는 우주에 인간의 존재를 철학가, 종교인, 심리학자가 한없이 이해하려는 문제임을 다시 강조한다.

이에 반해, 원하던 아기를 얻었다는 환희에서 오는 심정도 있다. 그것은 순전히 궁극적 인간의 생리적, 종족 번식의 욕구 만족 때문이다. 그 욕구란 구약성경에서 한나가 사무엘을 얻고 지은 노래로, 주님이 아브라함에게 약속한 말씀 창세기 13장 16절 '내가 네 자손으로 땅의 티끌 같게 하리니(티끌만큼 셀 수 없이 많게)⋯⋯.'의 약속이 지켜졌다는 기쁨과 감사함을 표현한 시에 잘 드러난다.

내 마음이 여호와를 인하여 즐거워하며

내 뿔이 여호와를 인하여 높아졌으며

내 입이 원수들을 향하여 크게 열렸으니

이는 내가 주의 구원을 인하여 기뻐함이니라

이것은 출생의 공포와 그 치유의 대조이다. 앞 시는 산모가 느끼는 마음을 쓴 시이지만 엄마가 이러니 아기는 어떻겠는가? 상상해 본다. 아기가 겪어야 할 고통을 알 길이 없거나 표현할 길이 없어 대개 종교적으로나 철학적으로 표현하는 것이 상례이다. 다시 강조하지만, 출산은 상상하기 힘든 충격이며 심한 심리적 상처를 가져온다. 그 첫 상처가 바로 장차 겪어야 할 불안의 원형이다.

정신분석학자 오토 랭크(Otto Rank, 1844~1939)는 모든 노이로제는 출산에서 근원을 찾을 수 있다고까지 하였다. 요즘 아무 곳에나 외상후스트레스장애(Post Traumatic Stress Disorder)라는 진단명을 갖다 붙이는 것을 종종 본다. 전혀 맞지 않는다. PTSD는 전쟁이나 큰 재해에서 상처를 받고 난 후 일어나는 증상을 말한다. 이것도 그 불안의 원형은 여느 불안과 마찬가지로 출산할 때의 공포에 근원이 있다. 임상 노이로제(Clinical Neurosis)에 대한 임상 문제를 논하려는 것이 이 글의 목적이 아니므로 다시 에고에 대해서 복습 겸 좀 더 토론하려 한다.

에고의 활동과 성장의 드라마

에고의 기전과 활동이 우리의 심리 현상의 대부분이라는 것을 알아 두면 좋겠다. 우리가 흔히 하는 '마음속에 일어나는'이라는 말은 무의식에 있는 기억이 방어기제를 거쳐 의식에 나타나는 것 중에 의식에 남아 있는 것을 말한다. 에고에 의해 일어나는 작동과 인격의 발전에 대해 좀 더 자세히 얘기해 보자.

아기가 태어날 때의 환경 변화와 함께 생존에 필요한 모든 것이 자동으로 되지 않기 때문에 완전히 안심할 수 없는 불안이 마치 아기에게는 천지개벽 같은 충격과 공포라고 했다. 이것이 인간의 불안의 원초라는 학설을 내어놓았고 아직 크게 이를 부정하는 사람은 없다. 이에 대해 거의 모든 철학자가 한마디씩은 했다. 고타마 싯다르타(佛陀, Gautama Siddhartha)가 어릴 적 처음 바깥세상을 구경 나가면서 인간의 고통이 생로병사(生老病死)라는 것을 알았다는 이야기도 같은 발견이 아닌가 한다. 즉, 인간은 나면서 고통을 짊어지고 온다.

한편 내적 혹은 외적 충격을 처리하지 못할 때 불안이 닥쳐온다. 프로이트는 이렇게 불안을 일으키는 상태를 정신적(심적) 외상(外傷, Trauma)[25]이라고 했다. 이는 신생아에게 금방 일어난다. 방어장치가 없는 신생아에게 더 큰 상처를 줄 것이라는 사실은 쉽게 짐작할 수 있다. 아기는 차츰 불안이 온다는 것을 익혀 불안의 신호를 배운다. 불안을 예측하는 것까지 배운다. 소위 '**예상불안**(例常不安, Anticipation Anxiety)'이라고 하는 것이다. 불안은 점점 여러 이유로 더 첨가되고 변형된다. 출생의 불안 후에 새로운 불안이 일어나는 순서를 보면, 처음 일어나는 것이 상대를 잃는 불안 혹은 사랑하는 대상(사람)을 잃는 데 대한 불안이라고 한다. 상상해 보면 그 상대가 누군지 금방 짐작이 갈 것이다. 엄마가 젖꼭지를 아기 입에서 뺄 때, 그 젖꼭지가 겨우 5cm 정도 떨어졌지만, 아기에게는 엄마의 젖을 영영 잃어버릴 것 같은 공포가 온다. 그 불안은 말할 수 없이 심하다. 마치 엄마를 잃는 것 같은 공포가 온다. 다음으로는 그 사람(대상)이 아니라 사랑 자체를 잃는 불안이다. 이 순서는

---

25 흔히 의학적으로 말하는 출산 시 외상은 물리적·화학적(생리적) 상처로 육체적으로나 뇌 기능에 장애가 오는 것을 말한다. 환경에 의해 정신적으로 상처를 받을 때의 그 외상과도 다른 의미이다. 여기서 말하는 외상은 보이지 않고 증명할 수 없는 학술적 표현이다.

시인들이 많이 읊는 연(聯)에서 볼 수 있다. 주로 이별과 그리움에 표현된다. 친엄마를 잃고 보육원에서 자라는 갓난아기들이 보모를 접촉할 때 주저하는 행동에서도 나타난다.

나보기가 역겨워
가실 때에는
죽어도 아니 눈물 흘리오리다.

              – 김소월

이별이 너무 재빠르다.
안타깝게도
사랑하는 사람을
일터에서 만나자 하고
더운 손의 맛과 구슬 눈물이 마르기 전
기차는 꼬리를 산 굽으로 돌렸다.

              – 윤동주

My presence was not enough.
This is my sorrow, forever.
Mom, please forgive me,
Forever!

              – 최연홍

240

Are you there in heaven?

......

I am somewhat impatient

Please pardon my impatience.

         – 이병기

불안의 발상은 거기서 끝나지 않는다. 다음으로 오는 큰 불안은 남자아이와 여자아이에게 다르게 나타난다. 남자아이는 성기를 잃는 데 대한 불안이 있다. 이를 거세공포(去勢恐怖, Castration Anxiety)라고 한다. 아기가 무엇을 잘하지 못하면 벌로 자신의 성기를 잃을 수 있다는 공상에서 온다. 그것과 비교되는 것이 여자아이에게는 성기의 상처공포(傷處恐怖, Genital Injury Panic)라는 것이 일어난다.[26] 거세공포란 자기의 잘못으로 성기를 잃을 수 있다는 무서움을 말하며, 성기의 상처공포란 자기가 잘못한 벌로 성기에 상처를 입을 것이란 공포를 말한다. 사내아이에게 있는 것이 여자아이에게 이미 없는 것은 어떤 상처로 해서 잃었다고 상상하기 때문이며, 그런 상처가 또 올 수 있다는 공포가 온다는 학설이다. 이런 현상은 대개 1세에서 2세 반 정도 사이에 일어난다. 이런 불안과 공포는 무의식 깊은 곳에 평생 지속한다.

어린 나이에는 의식과 무의식의 경계가 분명하지 않다. 불안은 무섭기도 하지만 파괴적 힘이 닥쳐올 것을 예측하는 경고 혹은 예고하는 역할을 하기도 한다.[27]

---

26 우리나라에는 잔인한 어른들의 말이 있다. "이놈, 불알을 까야지!" 또는 "넌 불알이 없구나!" 어른들이 무심코 하는 잔인한 말이 아이들에게 상처를 준다는 것을 모른다. 무지의 탓이다.

27 괘종시계를 Alarm(경종) 시계라고 한다. 동양의 효도 사상(孝道思想, Filial Piety)을 이런 모양으로 해석할 수 있다.

따라서 불안은 어느 정도 정상적인 성숙에 필요하며, 경종, 경보, 안전장치의 신호 같은 역할을 하기도 한다. 교통신호의 황색 신호 같은 것이다. 이런 것 없이는 예측이나 안전 교육이 이루어지지 않을 것이다. 짐승에게는 필요불가결한 방어 신호이다. 아프리카의 사파리 영상에서 사슴들이 호랑이 소리를 듣거나 냄새를 맡고 신속히 반응하는 것은 방어불안이 늘 꽉 차 있는 것이다.

이런 과정이 모두 에고의 성장에 도움이 된다. 무섭고, 겁나는 것을 무마할 줄 알고 피할 줄 알며 사랑도 받는 안전한 성숙에 불안이라는 것이 어느 정도는 필요하다는 것이 정신분석의 학설이다. 불안이 덜 일어나게 하고 무마할 수 있는 심적 기전을 원하는 것은 당연하며 필요하다. 인간은 새끼 노루들처럼 늘 불안으로 전전긍긍하며 살 수는 없다. 불안을 줄이려는 것은 당연한, 인간의 거침없는 노력이다. 사회에도 방어 장치로서 온갖 치안법이 있다. 나라와 나라 사이에 협정이니 조약이니 하는 것을 만들어 전쟁을 방어하려고 한다. 인간의 심리에 그런 것을 돕는, 적의 침략뿐만 아니라 불안을 막으려는 기전이 바로 정신분석의 방어기제이다.

외적 충격에서 오는 불안보다 더 무서운 것이 내적으로 일어나는 충격이다. 외적 위협이 무섭고 공포를 더 주는 것 같은 이유는 그것이 무의식에 있는 내적 위협을 상기시키거나 자극해 함께 불러오기 때문이다. 이기적이고 광폭하고 파괴적인 이드의 충동이 일어나서 그것이 그대로 의식에 나타나면 정신 기구가 파괴될 위험이 있으므로 우선 그것이 의식에 나타나지 않게 억압해야 정신작동을 안전하게 진행할 수 있다. 인간은 자기 생명을 잃는 것보다 자기 인격, 즉 마음(정신)을 잃는 것을 더 무서워한다. 우울증을 포함한 심한 정신질환 환자가 자살하는 가장 큰 이유가 그것이다.

이 획기적인 방어기제가 인간의 심리를 이해하기 쉽게 설명하는 데 공헌한 것은 형용하기 어려울 만큼 중차대하다. 이 방어기제는 내적 충격(이드의 충격)을 안전한 양상으로 변화시켜 그 힘을 중성화한 뒤 에고가 안전하게 처리하게 하는 역할을 한다. 무의식에 일어나는 갈등이 감당할 수 없는 형태로 의식에 나타나려고 할 때 심한 불안과 충격을 경험하고 심하게는 정신을 파괴할 수도 있다. 이 심한 파괴란 심한 공포뿐만 아니라 조현병 같은 정신질환을 일으키고, 타살, 자살까지도 하게 한다.

이 방어기제는 그것을 부드럽게 중성화하여 의식이 견딜 수 있게 한다. 따라서 이것은 편리할 뿐 아니라 필요불가결하다. 즉, 방어기제는 인간의 정신건강을 지키는 육체적 생리 같은 것이다. 이 사실은 때때로 되풀이해 복습할 만큼 중요하면서도 흥미를 돋우며 소설가처럼 이야기를 창작하는 데 상당히 도움이 된다. 프로이트가 그리스의 재미있는 전설과 셰익스피어의 희곡에서 이 아이디어를 가져왔다면 이 기제가 그런 이야기를 만들어 내는 창작에 필요하게 이용되리라는 것은 이해하고도 남는다. 한국의 드라마는 대부분 권선징악이 소재이다. 그들의 이야기가 엮어진 것을 보면 대개 갑작스런 성격과 생각의 변화에 기인하며, 대부분 방어기제 같은 것으로 보인다.

의식적으로 어떤 외적 충격을 억압하는 현상은 이해할 수 있다. 그러나 그것이 의식에서 일어나는지 무의식에서 일어나는지 그 경계가 분명하지 않을 때도 있다. 보통 무의식에 억압된 정신적 내용(기억)은 공상, 환상, 꿈 등으로 방어기제를 거쳐 의식으로 나오기 때문에 안전하다. 한편 보너스로 예술가나 문학가들은 흔히 그것을 쉽게 이용하면서 아름다운 작품으로 바꾸어 펴낸다. 의식하는 것이 아니더라도 그렇게 하기를 주저하지 않는 것이 창작인의 기본이다. 완전한 전화위복이다. 파괴(破壞)에서 미(美)로 옮기는 시는 마치 성숙한 안전장치 같은 것이다.

이런 생각을 할 때마다 헤밍웨이[28]가 떠오른다. 마음속에 감당하기 어려운 갈등, 정서, 고민이 일어났을 때 창작인들은 무서운 것을 피하려 하지 않는다. 심한 불안이나 우울증이 일어났을 때 의사에게 달려 가는 대신 그들은 일단 그 심적 상태를 창작적으로, 예술적으로 표현하려고 한다. 물론 일기에 기록하기도 할 것이다. 문학 창작이 그 작가에게 도움이 되었다면 작가는 의식적으로나 무의식적으로 그것이 읽는 사람에게도 치유가 되기를 원할 것이다.

필자는 대개 무의식으로 하는 행동으로 본다. 창작인이 자기의 심정을 창작으로 표현하는 것은 정신분석에서 환자가 치료사에게 자유연상으로 쏟아 내는 은유나 상징과 크게 차이가 없다. 이것이 승화의 동기이며 거기에 맞게 치유의 가치가 있을 것이다.[29] 뭉크는 심한 우울증이 자기의 일부라며 우울증 없이는 작품이 나오지 않았을 것이라는 암시적인 말을 했다. 이런 창작의 행동은 보살의 보시처럼 자신을 영적으로 치유하면서 상호 이타(相互 利他; Reciprocal Altruism)가 병행하는 것과 같은 심리적 역할이다. 시작(詩作)은 정신분석과 달리 독자가 시인의 작품을 읽을지 확신할 수 없으나, 시인의 무의식에는 그 의도가 있을 것이다. 창작인의 무의식에는 승화의 목적이 있기 때문이다. 순수한 작가는 다른 사람이 자기 작품을 깊이 음미해 주기 원한다.

불안이 우리에게 주는 영향은 음으로 양으로 지대하다. 이것은 사회구조를 필요로 하고 종교가 있어야 한다. 그것 말고도 심리적으로 불안을 다스리는 여러 활동뿐만 아니라 알코올이나 항불안제 같은 약물의 대량 생산을 필요하게 한다. 개개인은 온갖 방법을 다 찾아 불안을 이기려고 애를 쓴다. 심리학이니 정신과학이

---

28 헤밍웨이의 작품 『태양은 다시 떠오른다(The Sun Also Rises)』, 『노인과 바다(Old Man and the Sea)』, 『누구를 위하여 종을 울리나(For Whom The Bell Toll)』는 우울한 감정 정도가 아니라 인간의 고행을 파헤친다. 처음 작품은 구약성경 「전도서」에서 제목을 그대로 따온 것 같다. 인생의 허무함을 이야기한 것 같은 것이 성경이라고 하니 처음에는 무슨 연유인지 대단히 궁금하였다. 헤밍웨이가 말년에 광폭하게 자살한 사실은 주지할 만하다.

29 Kay Redfield Jamison (1993). *Touched with Fire*. Free Press Paperback.

나타나기 전에는 철학가들이 불안, 우울증, 비관 같은 괴로운 정서적 문제에 대해 한마디씩 할 수밖에 없었다. 종교에서는 영적 문제로 보기 때문에 의학적 치유라는 것을 생각하지도 않았다. 구원이라는 말을 쓰지만, 그 목적은 비슷하다. 창작인은 의식하건 안 하건 창작은 작가의 정서를 내포한다. 프로이트는 용감하게 정신분석으로 이에 도전하였고, 많은 창작인이 쌍수로 환영하면서 심취한 것은 정신분석으로 창작이 이해가 되고 도움이 되었기 때문이다. 그들은 자신의 정서적 괴로움을 달래고 무의식적으로나마 팬들에게 도움이 되기를 원했을 것이다.

복습: 에고의 기제들과 상호 작동

에고가 이용하는 기제들은 이미 열거했다. 그것들이 얼마나 유용한지, 얼마나 자주 쓰이는지 복습해 보면 좋을 것 같다. 흔히 나오는 순서대로 얘기해 본다.

흔히 이용되며 유용한 방어기제의 하나가 반동형성이라고 했다. **반동형성**은 편리한 기제로서 유익하며 이해하기 쉽고 자주 일어나는 작동이다. 인간에게 유용하며 모든 사회의 도덕관에서 가르치는 것이다. 그래서 자주 쉽게 쓰이는지도 모른다. 우선 이 기제의 작동을 간단히 복습한다.

심하게 불안을 일으키는 어떤 충격이나 감정이 무의식에서 억압되었다가 나타나려고 할 때 그 반대의 감정으로 전환해서 안전하게 나타나게 한다. 예로, 증오가 일어났을 때 거기서 오는 불안을 감당하지 못하거나 위험하다고 볼 때 그 반대인 사랑 혹은 배려로 표현되게 하는 기제이다. 잔인함이 인자함으로, 아집이 순종으로, 더러운 것을 갈구할 때 결벽증으로 행동이 변하는 것 등이 그 예이다. 아이들에게 귀엽다, 사랑스럽다는 표현을 "고놈 참 밉게 생겼네!" "아유 예뻐, 깨물고 싶다." 등으로 표현하는 것을 보면 의식적 농담이 무의식의 진담이 섞인 것이 아닌가 여겨진다. 이 모든 것은 무의식에서 일어나기 때문에 진실을 알 수 없다. 의식적으로 배워서 표현하는 것이 아니다.

사회는 도덕 강의에서 인류가 그렇게 하기를 가르치기도 한다. '원수를 사랑하라.'라는 교훈은 의식적으로 그렇게 하기를 노력하라는 가르침이지만, 반동형성은 무의식 속에서 행동이 그렇게 일어나는 것이기 때문에 본인은 전혀 의식하지 못한다. 방해하는 것이 없으면 에고는 안전하고 아픔이 없게 갈등을 해결하려는 것이 본능이다. 괴로운 것을 아름답게 표현하는 것은 아주 흔한 시작의 기교(Wordcraft, 말재주)이다. 이런 표현에 쓰는 반대어나 반대 구절은 우리가 늘 쓰기 때문에 이해하기 쉽다. 신약성경에서 마치 정신분석의 예를 얘기하는 것 같은 글이 보인다. '나는 너희에게 말한다. 원수를 사랑하고 너희를 핍박하는 사람들을 위하여 기도하라.'(마태복음 5장 44장)라는 구절이 있다. '행동이 따르지 않은 믿음은 그 자체가 죽은 것이다. 나는 행동으로 나의 믿음을 보이겠다(야고보 2장 17절).'라는 구절도 보인다. 이는 믿음이 있으면 보통 본능적(무의식)으로 나올 행동의 정반대가 되는 행동을 할 수 있다 혹은 하게 된다는 뜻이다. 전형적인 반동기제의 좋은 예이다.[30]

그다음으로 흔히 이용하는 방어기제는 **고립**(孤立, Isolation; 격리라고도 함)이다. 우리 눈에 자주 보이지 않을지라도 아주 흔한 기제이다. 어떤 무의식적 죄책감이 심할 때 마치 그것을 따돌리려는 것 같은 행동을 하는 것이다. 대부분의 강박적 행동이 여기에 속한다. 왜 고립이라고 하냐 하면 위험하고 괴로운 감정을 한 구석에 몰

---

[30] 이 야고보의 말씀이 마틴 루터와 야고부스 아르미니우스 사이를 갈라놓았다. 루터는 믿음이 있으면 자동으로 그런 반대 행동이 나온다고 했고, 아르미니우스는 믿는다는 증거로 의식적으로 그렇게 행동을 하라고 주장했다. 이것으로 루터가 반동형성 혹은 그와 같은 인간 심리를 이해하고 있었는지 추측할 수 있다. 이것은 정신분석적으로 보면 크게 다르지 않다. 그렇게 하려는 의욕을 일으킬 능력은 반동형성의 기제가 있어야 하기 때문이다. 사랑은 느낌이다. 인간은 느낌을 자유자재로 일어나게 할 수 없다.

아 빗자루로 밀어붙인다는 것 같은 기제이다. 따돌린다고 상상하면 이해가 쉬울 것이다. 즉, 어떤 행동과 거기에 함께 오는 감정을 격리(분리)한다는 말이다. 왜 고립이라고 하냐 하면 행동에 따라올 불편한 감정을 따돌린다는 뜻에서 나왔기 때문이다.

예로, 흔히 보는 비교적 유치한(어리석은) 강박행위는 무엇을 원 상태로 돌리는 행동으로, 했던 행동을 계속 취소(Undoing, canceling)하려는 상징적 행동이 있다. 금방 싼 짐을 다시 풀고, 쌌다가 다시 푸는 반복 행동이 그런 것이다. 자주 보는 현상으로 책상이나 옷장 정리를 한없이 되풀이하는 행동이 그런 것이다. 아기에게서도 흔히 볼 수 있다. 장난감을 쌓아 올렸다가 툭 쳐서 무너뜨리고는 곧 다시 쌓아 올리고는 쓰러트리며 이를 반복한다. 누구와 한바탕 싸운 뒤 집에 와서 옷장 정리를 하고 또 하며, 이상할 정도로 설거지를 하고 또 하는 반복을 본다. 이는 이드가 저지른 죄에서 오는 죄책감을 에고가 지우려(없애려)고 하는 무의식의 노력이 반복행동으로 표현되는 것이다. 이런 행동을 '꼼꼼하다(Scrupulous)'고 표현하는 것은 비교적 정상으로 보일 때 붙이는 말이다. 손의 피부가 상할 만큼 씻으며 때를 벗기려는 심한 강박적 행동(Hand-washing; Mysophobia)도 있다. 종교 예식(Ritual)에서도 많이 본다. 기독교에서는 신자들은 다 죄를 짓고 있으므로 평생 그 죄를 기도와 예배로 사해야 한다. 주문을 수없이 반복하는 행동도 이런 것이다. 불교에서 '관세음보살'을 한없이 읊는 경우, 천주교에서 'Hail Mary(Ave Maria, 聖母誦)'를 계속 반복하는 것 등이 상당히 비슷하다. 묵주나 염주를 한없이 세는 행동도 그런 것이다. 무의식적으로 죄를 씻으려는 것과 의식적으로 합리화하려는 것은 차이가 있다. 오래된 종교일수록 더 뚜렷하다. 이것은 죄와 괴로움을 이기기 위한 합당화한 예식이다. 앞에서 예를 들었지만 아주 극적으로 『맥베스』에서 맥베스 부인이 손에 묻은 환각의 피를 씻고 씻으며 "왜 이 지긋지긋한 핏자국이 안 벗겨져?"라고 거의 욕설에 가까운 말을 써 가며 한탄하는 장면은 참으로 극적인 예이다. 다시 말해, 어떤 행동으로 괴로운 느낌을 지우려 (따돌리려는)는 것을 말한다.

비교적 쉽게 나타나는 방어기제 중 하나는 '**부정**'이다. 별로 큰 실수도 아니며 누가 봐도 부정할 만큼 큰일이 아닌데도 이상할 만큼 딱 잡아뗀다. 이것은 무의식으로 하는 행동이다. 범죄자의 부정은 고의로 하는 것으로 여기에 속하지 않는다. 재미있는 현상은 누가 봐도 분명한 것까지 딱 잡아떼면서 환상적인 행동으로 대치하는 것이다. 어린아이가 이런 행동을 하는 것을 무심코 보면 귀엽지만, 어른이 이런 행동을 하는 것을 보면 어처구니가 없다. 한편 이를 연극이나 코미디로 표현하면 효과 만점이다. 이는 의식적 억압(Suppression)과 비슷하므로 소설에 자주 쓰인다. 빅토르 위고(Victor Marie Hugo, 1802~1885)의 『레미제라블(Les Misérables)』에서 장발장은 주교 집에서 은그릇을 훔쳤다. 그러나 경찰이 그를 잡아 주교에게 데려왔을 때 주교는 "내가 준 것이요."라고 부정했다. 장발장이라는 이드가 고의 혹은 버릇으로 한 행동을 주교라는 에고가 변호해 준 것은 아주 좋은 부정의 이야기이다.

이와 비슷한 갈등과 거기에서 오는 방어작동은 19세기 소설에서 많이 볼 수 있다. 아마 도덕관이 바뀌려는 시대이기 때문일 것이다. 19세기는 서양의 도덕관의 혁명적 관찰이 있었고 자유주의가 시작될 때였다. 도덕 문제가 소설에서 넘치도록 나온 이유도 당시 사회의 억압적인 도덕에서 벗어나려는 풍조 때문이었을 것이다. 도스토옙스키의 작품들은 이런 심리 현상을 많이 표현했기 때문에 니체와 프로이트 같은 심리학자와 철학자는 그의 글을 많이 인용했다. 그중에서도 『죄와 벌』은 방어 현상을 토대로 한 전형적인 소설이다. 물론 이는 심리적인 문제이지만 문학가와 희곡 작가들은 주저하지 않고 인용하며 작품에 그려 낸다. 철학에 새로운 사고를 하게 하는 자료가 되기도 했다. 손을 씻는 의식은 오래 내려온 전통이다. 유럽에서 판사가 사형선고를 하고 나면 손을 씻는 관습이 있었다고 한다. 이 행동은 불편한 감정의 격리 기제(Isolation)이지만 "마지못해서 해야 했지만 난 죄가 없다."
라는 부정의 표현이기도 하다.

　방어기제 중에 유치한 방어기제로 '**투사**'가 있다. 자기가 한 유치하고 부끄러운
의욕이나 생각을 다른 사람이 했다고 덮어씌우는 것을 말한다. 남을 탓하는 무의
식적 책임 전가이다. 흔히 보는 예는 유치한 변명으로 "그것은 내가 한 것이 아니
고 아무개가 했어."라는 표현은 유치할 뿐 아니라 고착되면 상당히 위험한 병을 초
래한다. 이런 기제가 무의식에서 자주 쓰이거나 굳어지거나 의식으로 나오면 편집
증(偏執症, Paranoia)이 된다. 성격으로 나타날 수도 있지만 심해지면 아주 치료하기
힘든 병이 된다. 소위 편집증 혹은 망상증(妄想症, Delusional Disorder)이라고 하며, 조
현병에 흔히 오는 증상이다. 전혀 현실이 아닌 것을 믿는 것이다.

　영화 〈뷰티풀 마인드〉에서 존 내시 교수의 증상이 전형적인 망상이다. 조현병
에 자주 일어나는 망상은 피해망상(Delusion of Persecution)이다. 양상이나 정도에 따
라 여러 층이 있다. 잘 알려지지 않았지만 재미있는 것은 이것이 정신적 현상이긴
하지만 전염성(傳染性)도 있다는 사실이다. 어떤 집단 안에서 한 사람에서 시작한
편집증을 그 집단 속의 다른 사람이 꼭 같이 믿는 수가 있다. 가족 안에서 일어나면
감응정신병(Folie-a-Deux 혹은 Folie-a-Famille)이라고 한다. 어느 집단에서는 전원에게
일어나기도 한다. 유명한 예로 독일에서 있었던 히틀러의 반유대(Antisemitism) 감
정을 들 수 있겠다.[31]

　사이비 종교지도자의 설득력은 흔히 이런 현상을 일으킨다. **망상**은 무섭기도
하지만 쉽게 일어나며 전염병처럼 퍼질 수도 있다. 유언비어라는 것이 소문이라는

---

31 'Folie-a-tut'라는 병명을 쓴 적이 있지만 잘 알려지지 않았다. 집단 망상이라고 할 수 있을
　것이다. 사이비 종교단체에서 흔히 볼 수 있다.

말일 수 있겠으나 근거를 모르고 많은 사람이 믿기도 한다. 무서운 사실은 신문, 방송, 소셜 미디어를 통해 퍼뜨리면 많은 사람이 믿을 수 있다는 것이다. 그러나 이를 병적인 망상이라고는 할 수 없다. 누가 해명하면 곧 버릴 수 있기 때문이다. 버리지 않더라도 목적이 이념에 있다면 믿지 않으면서 고집하는 사람도 있다. 치료사에게 어려운 경우는 망상이 있는 사람이 자기의 망상을 다른 사람에게 설득하려고 하는 집착적 행동을 보일 때이다. 그런 사람의 말은 중단하기 힘들다. 모임에서 다들 그만하라고 하는데도 계속해서 같은 이야기를 반복하는 것은 상당히 그것에 가까운 행동이다.

아이들에게 많이 일어나는 기제 중 하나는 **함입**(陷入, Introjection)이다. 아이에게 좋은 것이 보여 그것을 제 것으로 만들려는 것을 말한다. 어떤 것이 좋아 그것을 동일화(同一化, Identification)한 뒤 함입하였다가 아주 자기 것으로 만들어 버리는 경우를 합일화(合一化, Incorporation)라고 한다. "그 녀석 제 아비를 똑 닮았구나." 하는 말은 흔히 그런 어린아이들의 합일화 기제의 예로 볼 수 있다. 물론 성인이 된 후에도 지속해서 성격에 나타날 수도 있다.

여러 번 얘기했지만 칭찬해야 할 아름다운 기제가 '**승화**'라는 작동이다. 인류 전체가 창작인의 이런 심리기제에 감사해야 할 것이다. 창작인은 무의식의 충동이나 갈등에서 오는 괴로움을 비관하기보다 그것을 바탕으로 오히려 남을 위하는 아름답고 고상한 작품을 만들어 낸다. 많은 시인이 그렇겠지만 윤동주는 아주 전형적 표본이다. 윤동주를 아는 사람치고 그의 괴로움을 모르는 사람은 없을 것이다. 분노를 억누르고 슬픔에 차 있는 그의 마음에서 나오는 시는 한결같이 아름답다. 일본인까지도 그의 시를 사랑하는 것을 보면 쉽게 짐작이 갈 것이다.[32]

---

[32] 多胡 吉郎 (2018), 생명의 시인 윤동주.

프랜시스 톰슨 또한 그러한 시인이다. 그는 의과대학까지 갔다가 인간 사회의 밑바닥까지 떨어져 노숙자, 아편 중독자로까지 전락해 괴로운 생을 보냈다. 하지만 그 와중에 지은 시는 아름답기만 하다. 그가 쓴 「천국의 사냥개」는 그중 하나로, 심오한 기독교 구원의 아름다움까지 표현되어 있다. 처음에는 하늘이 저주하는 줄 알았지만, 깨달은 후에 하늘을 저주하기는커녕 하늘의 은혜를 발견했다. 그의 시에 인생에 대한 비관이나 증오심이 보이지 않는 것은 참으로 놀랄 만한 사실이다. 당연히 비관과 증오가 있어야 마땅할 것 같은 사람이 사랑과 고마움의 마음을 표현한, 전혀 현실과 반대되는 현상이 아닐 수 없다. 그들이 기독교인이었기 때문에 발견한 것이지만 종교를 떠나서 보더라도 그것은 인간에게 선(善)과 미(美)가 필요함을 뚜렷이 표현했다.

화가로서 유명한 예는 반 고흐이다. 그는 조울증으로 고통이 심했지만 아름다운 작품을 만들어 내려고 노력했다. 같은 대상을 그리고 또 그리면서 미(美)를 찾으려 애쓴 것이 역력하다. 그는 수십 점의 자화상을 그렸다. 그것은 마치 자기의 영(靈)에서 자아(自我)를 찾으려는 것, 아니 자기의 선(善)을 찾으려는 것과 같다. 그는 자기의 구세주를 저주하지 않았다.

소설가로서는 어니스트 헤밍웨이가 있다. 그도 조울증으로 심한 고통을 받았지만, 인간의 괴로운 심정을 아름답게 그렸다. 자기 자신에게 그것이 얼마나 도움이 되었는지는 알 길이 없다. 결국 자신의 목숨을 끊고 말았지만 우리는 그의 은혜를 잊을 수 없다. 『태양은 다시 떠오른다』는 그의 대표작 중 하나이다. 성경 중에 가장 슬프게 표현된 「전도서」에서 그 제목을 가져왔다. 이외에도 승화가 보이는 훌륭한 작품을 통해 우리 인생을 아름답게 해 준 창작인이 수없이 많다. 괴로움은 참기 힘들었겠지만, 그들은 그 괴로움을 표현하는 대신 승화시켜 아름다운 창작으로 우리를 대했다.

때로는, 그들의 창작으로는 도저히 그들이 겪은 괴로움을 짐작할 수 없다. 행동으로 표현한 사람 중에 내 맘을 늘 울리는 이가 있으니, 그는 성 콜베 신부(Saint Maximilian Kolbe, 1894~1941)이다. 많은 유대인을 살리기 위해서 자신의 목숨을 내어 죽음을 자초한 가톨릭 신부이다. 제2차 세계대전 중 아우슈비츠 유대인 수용소에서 독일군이 유대인을 학살하고 있을 때 무서움이나 분노를 감추고 스스로 자진해 몇 명의 유대인 대신 자기를 죽여 달라고 호소해 죽음을 받아들였다. 이는 단순한 희생이 아니라 세계를 향한 절규이다. 승화(昇華) 이상으로 성화(聖化)라고 해야 하지 않을까 한다. 신약성경 사도행전에서 바울(Paul)의 믿음의 변환과 열정적인 전도행위는 반동형성과 승화가 합쳐진 것으로 보인다.

인류를 위해 스스로 희생한 분들은 모두 의식적으로 희생을 자처했다. 그러나 여기서 말한 승화 작동은 무의식에서 나타나는 현상이므로 본인은 의식하지 못한다. 누구도 그들의 미의 표현을 고의적 희생으로 보지 않는다. 만약 어릴 적 변(똥)으로 장난하고 싶은 아기가 진흙으로 놀기를 좋아했다면, 그 아이가 성숙해서 그런 욕구를 승화해 찰흙으로 예술 작품을 만드는 도예가(陶藝家, Pottery Art)로 성공할 수도 있다. 일거양득인 셈이다. 무의식의 욕구도 만족하게 하고 사회적으로 공헌도 할 수 있으며, 본인의 의식적 만족까지도 가져올 수 있기 때문이다. 그러나 그것이 어릴 적 괴이한 장난에서 시작했다고 하면 받아들일 사람이 몇 없을 것이다. 도예가에게 찰흙을 만지는 기분이 어떠냐고 물으면 뭐라 답을 할까? 그는 육체적 감각을 얘기하기보다 창작에서 오는 미를 만들어 내는 만족감을 얘기할 것이다. 참으로 좋은 치료제로도 볼 수 있다.

우울증이나 조울증에 시달린 많은 시인에게 시 창작이 자신을 치료하기도 하고, 그것이 그들이 겪은 것과 같은 고행을 한 사람에게 치유의 도움이 되기를 바랐다는 것은 소수의 시인이 고백했다. 불보살의 정진 목적이 스스로와 중생을 다스

252

리는 목적과 같다고 이미 지적했다. 다시 말하고 싶은 얘기는 상상력이 높은 예술가는 늘 폭풍의 한가운데로 항해해서 강풍과 소용돌이(심한 괴로움)에서 말(言), 색(色), 소리(音), 모양(樣, 아름다운 것)을 채집해 인간의 고행에 평형(平衡, 괴로움을 풀어 준다)을 가져다주려 한다는 것이다.

필자는 정신과 의사로서 그들이 얼마나 괴로운 생을 보냈는지 잘 안다. 그래서 더욱 그들의 노력에 고마움을 잊지 못한다. 그렇게 심적으로 괴로우면서도 강박적으로 플라톤이 말한 것 같이 인간의 궁극적 선인 미를 찾는 것을 보면 창작인에게는 보통 사람보다 훨씬 활달한 승화 기제가 있다고 볼 수밖에 없다. 프로이트는 정신분석을 통해 성공적으로 치유받은 사람은 어떤 사람이냐고 물었을 때 '이타적인' 사람이 된다고 답했다.

우리 마음속에 에고라는 기구가 이드라는 절제 없고 광폭하고 유치한 인성을 방어기제라는 도구로 중화하면서 우리를 성숙으로 이끌어 가는 것을 배웠다. 그중 승화라는 고귀한 기제로 인류에게 아름다운 공헌까지 하는 인격이 있다는 고마운 면모도 살펴보았다. 다음 단계는 더 나아가 우리 마음속에 있는 기전의 활약과 주위 환경, 즉 주위 사람들과의 관계에 대해 살펴보기로 한다.

제12장

대상관계

아기는 태어나도 계속 그 주위에 의존해 보호를 받으며 생명을 유지해야 한다. 욕구 충족도 그렇게 해야 한다. 처음에는 생리적 현상에 의한 환경과의 관계부터 시작한다. 아기는 탯줄이 끊어지면서 엄마로부터 육체적으로는 분리되지만, 한동안은 계속 엄마에게 완전히 의지해야 하므로 태아의 상태와 큰 차이가 없는 삶이 연속된다. 그러나 엄마로부터 차츰 분리되는 것, 자기와 엄마가 다른 개체라는 것을 무의식적으로나마 깨닫게 된다. 엄마의 젖을 계속 물고 있고 싶어도 엄마는 때때로 젖을 아기 입에서 떼어 낸다. 아기는 그 현상이 자의(自意)가 아님을 알게 된다. 배설하고 나면 엄마가 뒤를 닦아 내고 기저귀를 갈아 준다는 것을 차츰 알게 된다. 알게 된다는 말은 그런 현상이 아기의 미숙한 정신(뇌)에 신호나 기억으로 저장된다는 말이다. 더 성숙하면서 엄마가 자기를 위해서 하는 행동에 아기가 협조할 수 있는 능력이 있음을 발견한다. 이렇게 차츰 엄마가 자기의 일부가 아닌 다른 개체로서 대상(對象, Object)이 된다. 여기서 처음으로 아기는 대상관계(對象關係, Object Relation)를 이루어 자신과 엄마와의 구별이 점점 분명해지는 것을 알게 된다.

그뿐만 아니라 자신의 육체의 부분, 즉 손, 입, 발 등 몸의 여러 부분이 따로 있는 것을 알게 되고 구별해 가면서 그것들 하나하나가 대상이 된다. 아기에게 세상의 모든 것이 자아가 아닌 대상이 되고 관계를 이루게 된다. 즉, 리비도는 그 대상 하나하나와 관계를 맺는다. 그 대상을 향하는 리비도의 카텍시스가 하나하나 생성되어 그것들 하나하나에 리비도의 방향과 힘이 함께 집중하게 된다. 엄마의 젖, 엄마의 쓰다듬는 손 등이 처음으로 대상이 되지만 차츰 자기 손가락을 빨고 쾌감을 느끼니 손가락이 좋다는 것을 알게 된다. 마치 손가락을 사랑하는 것처럼 자기 몸의 그 각각의 부분이 대상이 되어 그것이 좋다(사랑한다)는 것을 알게 된다. 그래서 자기 몸에서 쾌감을 얻고 좋아서 결국 자기 몸 전체, 자기 자신을 사랑하기까지에 이른다. 이런 시기를 나르시시즘의 시기(Narcissistic stage)[1]라고 한다. 즉, 유아독존이 된다. 처음으로 심리적 유아독존이 된다는 말이다. 자기와 쾌락밖에 모르는 시기이다. 인간에게 자기가 제일 잘난 사람이라고 자부하는 시기가 있다는 말이다. 이 용어는 그리스의 전설에 나오는 나르시스가 물에 비친 자기 얼굴이 아름다워 그것에 매혹되어 그 연못을 떠나지 못했다는 전설에서 나온 말이다.

아기가 어릴 때는 자기 몸으로 느끼는 쾌감이 어른의 성적 쾌감과 구별되지 않으며 거의 동등한 가치가 있다는 것이 프로이트의 이론이다. 이 이론이 얼마나 그 당시 사회에 충격을 주었을지 상상할 수 있다. 아기에게 성욕이 있다는 것, 그것도 엄마에게 향한다는 학설은 쉽게 이해하기 힘들 뿐만 아니라 사회가 그런 '추한(?)' 학설에 증오를 쌓았을 것은 어렵지 않게 추측할 수 있다.

자기를 사랑하는 나르시시즘이 어느 정도는 평생 지속한다. 필자가 보기엔 나르시시즘은 오늘날 누구나 자랑삼아 가져도 되는 세상이 되었다. 머리를 이상하게 깎고, 진한 화장을 하고, 독특한 옷을 입고, 좋은 차를 운전하고 싶고, 승진하고 싶기도 한 이 모든 욕구가 그것을 반영하는 증거이다. 자기를 내세우는 것을 주저하지 않는 세상이 왔다. 얼른 보기에는 이 사회가 유치해져 가는 게 아닌가 하는 인상을 주는 것 같기도 하다. 나르시시즘이 부끄럽지 않은 세상이 되었다는 말이다. 뒤

---

1   나르시시즘(Narcissism). 자기를 사랑한다는 말이다. 그리스 신화의 나르시스(Narcissus)에서 온 말이다. 나르시스는 물에 비친 자기의 얼굴에 유혹되어 거기를 떠나지 못한다는 전설에서 왔다.

에 얘기하겠지만 '퇴행'이라는 정신기제가 있다. 이것은 흔히 슈퍼에고의 억압이 약해지면서 일어나는 현상이다. 소위 진보적이랄까 자유주의 사회에서 흔히 일어나는 현상이다. 60년 전에 일어난 히피 사회는 그 전형이다. 남이야 뭐라든 내 하고 싶은 대로 쾌락을 찾는 나르시시즘이 노골적으로 나타낸 퇴행을 반영하는 현상과 같다.

심리적 성숙에 중요한 대상관계

대상관계 학설은 참으로 중요하다. 오늘날의 상당한 부분의 상담치료는 이 대상 문제에 집중하는 것으로 보인다. 정신과 의사로서 모든 환자에게 이것을 분명히 확인하여 다루어야 한다. 대상관계가 좋을 때는 그 관계를 놓지 않으려고 한다. 따라서 다른 사람 혹은 다른 대상으로 향한 리비도의 카텍시스가 강해져 있을 때 그 대상이 잠시라도 없어지면 문제가 커진다. 처음에는 그 대상을 잃은 카텍시스가 임시로 자기에게 되돌아온다. 사랑의 대상이 없어졌으니 임시로라도 자기를 사랑해야 한다는 현상이다. 따라서 잠시나마 나르시시즘이 증폭한다. '가려면 가. 너 없으면 못 살 줄 알아?'라는 당당한 척 하는 과장된 마음이 순간적으로나마 일어난다. 실연한 사람이 괴로워 술을 마시면서 오만한 기세로 행동한다. 일시적 나르시시즘 증폭 때문이다. 실연했을 때 흔히 '제가 뭔데 날 버려? 내가 누군 줄 알고?' '돌아오고 말 거야, 두고 봐.' '돌아오면 누가 받아준대?' 이런 말을 내뱉는다. 잠시나마 갖는 과장된 오만이 그런 현상이겠다. 속이 상해 술이라도 마시면 이 행동이 선을 넘을 정도가 되어 문제를 일으킬 수도 있다. 이는 폭발 직전의 과장된 오만이다. 물론 이것은 임시 반응이기 때문에 그 값을 치르지만 심하지는 않을 때가 많다. 대상을 잃은 카텍시스가 다른 대치할 대상을 찾지 못하면 문제가 커진다. 자신을 중

오할 수 있어 결국 자신을 공격하게 되면 정신적 자폭이나 마조히즘(Masochistic Behaviors)을 초래하고 심하면 자살을 초래한다.

대상관계는 심리적 성숙에 대단히 중요하다. 자신과 다른 사람 사이의 정서적 유대(紐帶)와 같은 것이다. 아기가 처음으로 갖는 대상은 엄마이고 그다음으로 자기 몸의 부분이다. 아기가 자라면서 쾌감을 찾는 이유가 아니더라도 관심이 주위로 향한다. 엄마가 처음으로 대상이 되리라는 것은 이해할 만하다. 거기서 처음에는 쾌락 충족이 목적이겠지만 차차 중요한 심리적 대상관계를 이루게 된다. 이것은 정신적 성숙에 중요한 단계이다. 처음에는 엄마의 젖, 쓰다듬는 손, 엄마의 미소 등 하나하나가 대상이었지만 그것들이 엄마라는 한 개체에 소속되어 있다는 것을 알게 되고 결국 엄마라는 한 인격이 대상이 된다.

처음에는 그 대상을 자기 욕구 만족의 원천으로만 여기다가 가끔 엄마가 아기가 원하는 것을 거절하는 행동이 보이기 때문에 아기가 불만족을 겪으면서 증오감이 일기도 하고 원래의 사랑과 증오가 차츰 섞이기도 하고 혹은 사랑과 증오가 번갈아 나타나기도 한다. 한두 살쯤 될 때는 이 두 감정이 섞인 양가감정(兩價感情, Ambivalence)이 처음 나타난다. 이 현상은 정신건강에 상당히 중요한 현상이다. 어릴 때는 큰 문제가 없지만 성숙하면서 이런 현상은 의식에서 용납되지 않는다.

엄마가 쾌락과 만족을 주면 사랑스럽고 거절하면 미운 두 감정이 오락가락하다가 순간적으로나마 양면이 동시에 존재하게 될 때가 있다. 이는 흔히 오해하기 좋은 현상이다. 이것을 이것과 저것이 교대로 왔다 갔다 하는 것으로 인식한다거나 주저하는 감정으로 오해한다. 여기서 말하는 것은 함께, 동시에 공존한다는 말이다. 어찌 물과 불이 동시에 존재할 수 있단 말인가 하는 비유로 인식하려고 하니 어려운 것이다. 물과 불처럼 동시에 존재해서는 안 될 것이 동시에 존재하므로 거기서 문제가 일어난다. 그러나 다행히도 성인에게는 이런 현상이 무의식에 깊이 자리 잡고 있으므로 의식에 나타나지 않는다. 이 현상이 성인에게 의식에 나타나면 대개 조현병 같은 정신질환을 일으킨다.

조현병은 양가감정을 방지할 능력이 없다는 것이 특징이다. 병이 아니더라도 순간적으로 일어나면 에고가 어쩔 줄 몰라 심한 공포에 빠진다. 아기에게는 일어날 수 있다. 이것은 두 살에서 다섯 살 사이에 가장 흔하고, 다소는 평생 존재하지만 대개 무의식에 아주 깊이 억압되어 있으므로 정상적으로 이것을 느끼거나 보는 일은 거의 없다. 꿈에서는 때때로 나타날 수 있다. 그것을 꿈에서라도 경험하면 악몽처럼 공포가 온다. 식은땀에 젖어 잠에서 깨면 완전히 망각하게 된다. 즉, 무의식에서 나오지 못하게 아주 깊이 억압해 버린다. 이것이 의식에 정면으로 나타나면 파괴적 행동으로 나타날 수 있고 마치 순간적으로 조현병이 일어나는 것처럼 보인다.

한 정신분석 학설에서는 이것이 조현병의 원인이라고도 했다. 조현병은 에고가 정상적으로 작동할 수 없으므로 양가감정이 일어나도 별 두려움이 없다. 조현병자가 아닌 사람에게 이러한 증상이 일시적으로 나타나는 경우가 있다. 그 예로 알코올중독자가 갑자기 술을 끊어야 할 때 조현병처럼 심한 환각과 환청으로 고역을 치를 때가 있다. 이 현상을 알코올중독에 의한 진전섬망증(震顫 譫妄症;Delirium Tremens)이라고 한다. 이 현상이 일어나는 것은 보통 용납할 수 없는 현상이 무의식에 존재하고 있었다는 증거이다. 문학, 희곡과 미술에서 자주 나타난다. 정신분석이 나오고 실존주의 철학이 나오면서 이런 것을 과감히 표현하려는 창작이 쏟아졌다. 히치콕(Alfred Hitchcock, 1899~1980) 감독은 〈사이코(Psycho)〉라는 심리 영화에서 그것을 절묘하게 나타냈다. 노만 베이츠(Norman Bates)가 표현한 성격이 바로 그것이다. 즉, 어머니에 대한 사랑과 증오가 동시에 나타나는 그 현상을 참으로 잘 표현했다. 천재적인 연출이었다. 양가감정은 참으로 표현하기 힘든 데도 히치콕 감독은 성공적으로 연출했다. 히치콕 감독은 당시의 많은 예술가처럼 프로이트의 심리학에서 많은 소재를 얻어 추리 작품을 만들었다. 여담이지만 이 작품을 만들 때 히치콕 감독은 자금이 없어 큰 기대를 하지 않고 여가를 보내기 위해 만들었다고 했지만, 히치콕 감독의 가장 중요하고 뛰어난 작품으로 평가받게 되었다. 그 이유는 이 영화에서 분석학적으로 심리 묘사를 뛰어나게 했기 때문이다. 큰 기대를 하지 않고 유연하게 또 크게 신경을 쓰지 않고 만들었다는 말은 긴장을 풀고 역사적·사회적 기대에 억압되지 않고 자유롭게 정신분석을 받는 사람처럼 작품을 여유 있게 만들었다는 말이기도 하다. 분석가들은 히치콕 감독의 영화를 보면서 정신분석학 실험장에 온 것 같다고들 했다.

여전히 정신분석의 심리 현상을 소재로 한 영화는 인기가 있다. 우디 앨런의 작품들이 대표적이다. 이것들은 영화나 소설에서는 아기자기할지 모르나 현실적으로는 나타내기 힘든 것이 많다. 하지만 영화라는 흥행물로 이런 감정을 대치함으로써 시청자는 대리만족할 수도 있다. 다시 말해, 양가감정은 정상적 성숙 과정에서 점점 무의식에 깊이 잠겨 버리기 때문에 평상시에는 전혀 나타나지 않는다. 영화가 좋았다는 표현은 그것이 무의식의 고민을 아프지 않게 만져 주어 어떤 심적 만족을 주기 때문이라고 생각할 수 있다.

인간관계의 우여곡절은 대상관계에 문제가 일어날 때 발생한다

갓난아기는 평화롭고 쾌감을 만족하게 해 주는 사랑의 관계를 갈구하기 때문에 사랑하는 사람의 흉내를 내고 싶어 하는 본능이 있다. 흉내로 시작한 것이 동일화(同一化, Identification) 기제로 차츰 아기 자신의 것이 되어 버린다. 아이에게 어른은 선생처럼 여겨지기 때문에 어른의 행동을 배우려고 한다. 그런 것 모두가 성숙의 과정이다. 이 기제는 에고의 성숙에 가장 유용한 심리 작동의 하나가 된다. 여기까지는 비교적 쉽게 이해할 것이다.

이 동일화의 대상이 없을 때 불만족 현상이 일어난다. 그것은 성격장애에 커다란 원인이 된다. 아기가 성장할 때 주위에 성숙에 필요한 것을 배울 사람이 없으면 비정상적인 발육, 즉 성숙의 장애가 올 수 있다. 이는 별로 충실하지 않은 직원과 시설이 잘 갖추어지지 않은 보육원에서 자라난 아이들에게서 흔히 보이는 문제이다. 아기가 나자마자 엄마에게서 떨어져 살아야 하며 비정상적인 성장을 하게 되는 것은 적절한 동일화의 기회가 없다는 말이다. 비정상적 성숙은 현실 검증(Reality Testing)이나 욕구 조정(Impulse Control) 등에 크게 지장을 주기도 한다. 보육원 직원은 아기들의 엄마와 아버지 역할을 할 수 있을 만큼 훈련해야 한다. 그렇지 않으면 아기들은 사물을 정확히 인식하지 못하고 행동을 알맞게 조정하지 못하게 된다. 양육을 책임진 부모의 대부분은 성격상 성숙한 사람이기 때문에 아기를 무사히 키울 수 있지만, 양부모의 에고가 약하면 아기에게 부모로부터 배울 수 있는, 정확한 현실 검증, 동일화할 수 있는, 만족스런 성숙을 기대하기 힘들다. 대개 카텍시스가 크게 집중된 대상은 우리 무의식에 평생 자리 잡고 있다. 따라서 그 대상의 성격이 아기의 성격 성숙에 영향을 준다는 것은 짐작할 수 있다. 이런 것 하나하나가 인격을 형성한다.

한편 동일시가 너무 강하고 지배적이면 그것도 문제가 된다. 소위 유사성격(類似性格, As-If Personality)이라는 현상이 올 수 있다. 마치 닮고 싶은 성격이 동일시하고 싶은 대상과 너무도 닮는 것을 말한다. 이런 현상은 성격 성장 중지(Personality development arrest)에서 흔히 볼 수 있다. 즉, 일단 성격이 대상과 같아지면 그 정도로 만족하거나 그것이 최상의 목적이라 믿고 거기서 성숙이 멈추어 버린다. 성공한 아버지가 아들이 자기의 발자취를 따라서 자기만큼 되기를 바랄 때 그렇게 되면 만족스럽지만 그렇지 않을 때 오는 갈등은 커다란 문제가 된다. 그런 이야기가 창작과 현실에서 자주 표현된다.[2] 물론 이 현상에 대한 학설은 분분하다. 어느 사회의 풍습과 문화에 따라 그런 성장 중단을 별로 이상하게 여기지 않은 때도 있다. 어느 문화권에서는 장인(匠人)이 자식에게 자신의 기술을 물려주기 위해 두 사람이 거의 함께 생활한다. 일본 경도(京都)의 한 두부 장사가 자신의 직업을 이을 아들을 자랑스럽게 소개하는 것을 보았다. 그 이웃의 이발사는 6학년쯤 되어 보이는 아이가 "다녀왔습니다!"라며 가게로 들어오자 자랑스러운 투로 "이 아이가 내 이발소를 맡을 겁니다."라고 말했다. 그들이 독립적으로 공부를 하고 성숙한다면 사회에 훨씬 더 큰 공헌을 할 수도 있지 않을까 하는 염려도 해 보았다.

인간관계의 많은 우여곡절에서 대상관계에 문제가 일어날 때 갈등이 많이 일어난다. 소설과 희곡 작품은 대개 이 현상을 바탕으로 이야기를 만들어 나간다. 거기에서 일어나는 아기자기한 양상을 그리는 것이 작가의 목적이므로 정신분석적 지식을 바탕으로 알게 모르게 작품을 형성하는 데 응용하는 것이다. 그리스나 북유럽의 전설에서도 자주 보는 현상이라고 누차 얘기했다. 특히 그 작품에 전설적·고전적 예가 잘 엮이면 일거양득이다. 소설 작가에게는 참으로 중요하며 알아 둘 만한 대목이다.

---

2 필자는 한국 드라마에서 이런 이야기를 많이 보고 신기하게 여겨 왔다. 작가들이 마치 정신분석적 정신 성장에 대한 심리학을 공부한 것처럼 보였다.

제13장

심리적 성장

지금까지 심리적 성장에 대해서 이드와 에고의 관점에서 리비도와 대상관계와 카텍시스의 영향과 그 사이를 다니며 에고가 어떤 방어기제를 이용하는지를 대략적으로 살펴보았다. 지금부터는 단계적 성숙 과정에서 엮어지는 것을 살펴보려고 한다.

단계적 성숙 과정과 욕구

정신분석으로 본 인간 성장의 최초기를 전성기기(前性器期, Pregenital or 前男根期, Prephallic Stage)라고 한다. 아직도 성기에서 쾌감을 느낄 때가 아니라는 말이다. 하지만 실제로 그 아기의 리비도의 대상관계를 볼 때 젖을 빠는 데서 쾌감을 느끼므로 구강기(口腔期, Oral Stage)라고 하고, 그다음을 항문기(肛門期, Anal Stage)라고 구별하는 것이 전성기기라고 하는 것보다 더 정확한 표현일 것이다. 즉, 아기의 첫 리비도는 입에서 쾌감과 만족을 취하고 다음 단계로 항문을 통한 배설에서 쾌감을 취하기 때문에 여기서 처음으로 본능적 욕구(本能的慾求, Instinctual Drive)와 대상관계가 이루어진다. 이들 용어는 영문권에서 아예 보통명사처럼 쓰인다.

아주 철없는 사람처럼 어른이 막대사탕을 어른답지 않게 쪽쪽 빨고 다니면 그 사람을 두고 "He is still oral!(저 사람 아직도 구강기에 있어!)"이라는 유머를 쓰고 철이 덜 들었다는 것을 은근히 표현한다. 아집이 강하고 어떤 행동에 이유 없이 집착하면 그를 두고 "He is still anal(저 사람 아직도 항문기야!)"이라는 말을 유머처럼 표현한다. 이런 예로 봐서 서양에서는 정신분석 용어가 꽤 일반화되어 있다. 꼭 정신분석 용어가 일반화될 만큼 상용화되지는 않더라도 이 학문이 정신질환뿐 아니라 학문, 창작, 사회에 끼친 영향은 이해해야 하지 않을까 한다.

다시 본론으로 돌아간다. 구강 쾌감과 배설 쾌감에 고착된 것이 성격에 나타나는 경우가 있다. 소위 구강성격(口腔性格, Oral Personality)은 아주 너그럽고, 후하며, 낙관적이며, 사람 사귀기를 좋아하고, 솔선하는 경향이 있다. 항문성격(肛門性格, Anal Personality)은 고집이 세고, 대개 강박적이다. 실제로 무의식에서 아직도 이 시기의 욕구 충족에 어느 정도 고착되어 있다. 혹은 그런 시기에서 별로 성숙하지 못했다는, 철이 덜 들었다는 유머러스한 표현도 된다.

누구에게나 조금씩은 있는 현상이지만 일반적으로 사람들은 별로 그것을 감추려고 하지 않는다. 구강기에 고착되면 입을 통한 쾌감충족을 위한 행동을 지속할 것이다. 흔히 체중이 많이 나가는 사람들과 연관시킨다. 온갖 노력으로도 치료가 되지 않은 변비가 심한 환자는 거의 주기적으로 관장(enema)을 하며 살아야 하는 경우가 있다. 순전히 노이로제 때문에 오는 문제이다. 정신분석에서는 이렇게 대변 배설에 집착하는 사람들의 성격을 항문성격이라고 한다.

아기가 성숙하여 두 살쯤 되면 구강기와 항문기를 지나 소위 성기기(性器期, Phallic Stage)에 도달한다. 이 시기는 말 그대로 성기에서 욕구 만족을 취하는 시기라는 말이다. 두 살짜리 아기가 어찌 성욕을 성기로 만족할 수 있다는 말인가? 이 학설 때문에 정신분석학이 많은 비판을 받아 왔다. 프로이트는 질적으로 차이가 있을지 모르나 아기의 성기에서 어른의 성감과 같은 본질적 욕구와 충족이 있다고 보았다. 이 학설이 나왔을 당시 빅토리아 시대의 도덕과 서양의 보수적 사상이 이런 이론을 가만둘 리가 없었다. 그러나 문학가에게는 심리 묘사의 혁명적 자유를 가져왔다. 진화론으로도 인정되는 학설이기 때문에 이젠 별로 따지지 않는다.

20세기 문학작품에 공공연하게 읽기가 낯부끄러울 정도로 노골적인 성에 관한 이야기가 나오기 시작한 것도 이 때문이다. 나오기 시작했다고 하기보다 다시 나타나기 시작했다는 것이 바른 표현이 아닐까 한다.

오늘날 우리가 음란하다(야하다)고 하는 이야기나 책은 중세기에도 있었다. 하지만 18세기쯤 인쇄기술이 발달하고 빅토리아의 보수적 사상이 부활했을 때 전에 없이 급속히 사회 전 계층에 음란하다고 했던 유인물이 퍼지는 것을 막기 위해 다시 성에 대한 보수적 사상이 유럽을 지배하게 되었다. 그 즈음에 정신분석이 나타나자 표현의 자유가 다시 살아나기 시작했다. 『채털리 부인의 사랑』은 그 문을 더욱 활짝 열었고, 그 후 『킨제이 보고서 (Kinsey report)』, 마스터스와 존슨(Master and Johnson) 부부의 『인간의 성 반응(Human Sexual Response)』 등 학문에 가까운 작품들까지 속속 발간되어 차츰 성에 관한 이야기를 공공연히 할 수 있는 사회가 다시 도래하였다. 그 작가들은 정신분석의 학설을 받아들였을 뿐만 아니라 깊이 공부한 사람들이다. 한 발 더 나아가서 성과학(性科學, Sexology)이라는 새로운 학문까지 나왔다. 즉, 성에 관한 이야기는 보통 생리학을 얘기하는 것과 다를 바 없게 되었다. 1970년대 필자는 일반 의사들을 위해 정신의학 강의를 하면서 성의 생리에 대해 강의를 해야만 했다. 듣는 사람들의 얼굴이 필자보다 더 붉어졌던 것을 기억한다. 오늘날 우리가 동성애 관계를 서슴없이 이야기할 수 있는 것도 이런 영향 때문이다.

역사적으로 이런 사회현상이 처음은 아니다. 개방적인 성관계는 고대에도 있었다. 최근에 시리아 난민이 제일 많이 모여든 곳이 그리스의 레스보스(Lesbos)라는 섬이다. 왜 그 섬을 택했는지 궁금했다. 순전히 우연의 일치로 여겨지지 않는다. 이 섬은 기원전 4세기경에 여자들만 살았고 문화도 찬란했다고 한다. 영어로 여성 동성애자를 레즈비언(Lesbian)이라고 한 말이 여기서 왔다. 바로 그 시기에 그리스의 유명한 군대로 성스러운 테베군(Sacred Band of Thebes)이라는, 역사적으로 용맹의 표상이 되었던 충성스럽고 용맹한 군대가 있었다. 이 군대는 150쌍의 남성 동성애자들로 구성되어 있었다. 폼페이의 개방된 성생활은 베수비오 화산에서 날아온 재 속에 묻혀 있던 유적으로 이미 잘 알려져 있다. 70, 80년 전에 노골적으로 성에 관한 것을 다룬 영화로 〈스파르타쿠스(Spartacus)〉가 기억난다. 크라수스 (Crassus) 장군과 몸종 안토니우스(Antonius) 사이의 대화에서 크라수스가 넌지시 "나는 조개만 좋아하는 게 아니야……"라는 말을 했다. 이 장면은 처음 상영했을 당시에는 영화에는 넣지 않았다. 세월이 지나 그 영화가 제작된 지 30년 후에 그 부분을 다시 삽입하였다. 그것은 미국 사회에서 성 개방이 서서히 일어난 과정을 표현한 역사적 현상이다. 그리스 시대에 그렇게 개방되었던 성이 왜 지하로 숨게 되었는지를 역사에서 살펴보면 기독교 문화가 유럽을 지배했기 때문일 것이다. 성경에서 성교는 피할수록 좋다고 하는 사상 때문이다.[1] 동양에서도 마찬가지이다. 인도 고대의 신인 시바(Shiva)도 그리스의 신들처럼 나체로 선정적으로 표현되었고, 기원전부터 카마수트라(Kamasutra) 같은 성의 기교를 공공연히 가르쳤다. 인도의 노골적인 조각에서는 더욱 그런 것을 볼 수 있다. 인도의 종교, 힌두의 전설도 그리스의 전설 못지않게 갖가지 신의 상호관계가 있었다. 중국에서도 공맹(孔孟)의 도덕이 지배하기 전 성 관념이 문란했다고 하며, 마르코 폴로의 여행기에는 중경(重慶) 여자들의 개방된 성 풍습이 그려져 있다. 한국은 유교 사상 때문에 쉬쉬했지만 많은 풍습이 성과 관계가 있고, 오늘날의 창가(娼家)의 전통을 보면 지난날의 기방 (妓房) 풍습을 짐작할 수 있다. 한국도 유교와 불교에 의하여 비교적 개방적이었던 성이 압박을 받아 지하로 숨어야 했었다.

---

1 고린도전서 7장 26절.

프로이트의 이론은 사회적으로, 역사적으로 성을 죄악시하고 억압한 것이 정신적 압박이 되었다는 것을 암시하는 학설이다. 그것이 노이로제를 일으키는 요소라고 보았다. 이것이 기독교가 정신분석을 적대시하는 이유 중 하나이다. 기독교 세계관과 정신분석적 세계관이 서로 적대시하는 것은 이런 역사적 사실로 이해할 수 있다. 프로이트의 학설이 성(性) 관념을 다시 개방하는 빌미가 되어 전에 없던 새로운 성 문화를 개방하게 되었다. 성에 대한 압박은 인성의 압박으로 노이로제를 일으키는 이유가 되었다고 주장하였다. 따라서 성의 개방이 노이로제라는 문제를 해소할 길이라는 학설과 사상이 나온 것이다. 정신분석은 이렇게 학문적으로나 철학적으로 무게가 있었다.

마광수 교수의 사망 기사를 보더라도 1990년대 말까지 한국에서도 성에 대한 묘사를 작품에서 노골적으로 하지 못했었다. 그러나 『채식주의자』의 발간을 보면 한국도 이제 서양처럼 성에 대한 문학적 표현이 자유화되어 가고 있다고 볼 수 있다. 성에 대한 역사의 흐름을 보면 아기 성기에 카텍시스가 집중된다는 학설은 에고의 성숙에 대한 학설로서 보수적 관점으로 볼 때 도저히 용납되지 않았을지 몰라도 심리학적으로 볼 때는 획기적이다. 창작인에게는 당연히 정신분석이 가져다준 자유가 반가웠을 것이다.

다시 에고의 성숙에 대한 학술로 돌아간다. 정신분석에서는 아기가 두세 살이 되면서 리비도의 대상(목적)이 성기에 도달해 심적 성장에 일대 격동적 혁명이 일어난다. 역사적으로, 생리적으로 억눌려 온 욕구 충동이 아이의 성기에 있다는 것은 폭발적이며 획기적인 학설이 아닐 수 없다. 프로이트를 비롯한 정신분석학자들은 그것을 더욱 알차게 풀어 나갔고 결국 설득되어 사회적 혁명이 일어난 것이다. 아이가 성기 시기(Genital Stage)에 도달하면서 구강 대상(Oral Object Cathexis)과 항문 대상(Anal Object Cathexis)을 대치한 것이 아니고 성기 대상이 첨가된 것이다. 구강과 항문에서 오는 만족감이 잠시 뒤로 물러난 것처럼 보일 뿐이다. 그러면 성기에서 오는 만족을 어떻게 취할까 하는 질문이 나오게 마련이다. 하나는 손으로 성기를 만지는 것이며, 이는 성인이 하는 자위와 동등하다. 기저귀를 갈 때 엄마가 아기의 성기를 쓰다듬어 줄 때와 같은 그 감각을 무시할 수 없다는 말이다. 중요한 것은 이 욕구 충족은 무의식 속에서 일어나는 환상이며, 마치 현실로 일어날 가능성이 있을 것 같은 기대의 환상을 말하기 때문에 그것이 현실적으로 일어나는 것과 같은 무게 있는 학설이 된 것이다. 아기에게는 무의식과 의식의 구별이 불분명하다. 그러나 생리적으로, 의식적으로 느끼며 흥분하지 않더라도 그와 동등한 쾌감 현상이 무의식에 일어난다. 무의식에서는 성인에서 일어나는 현상과 같다. 즉, 의식적으로 느끼는 성감(性感)은 다를지 몰라도 그것이 무의식에 끼치는 영향은 성인의 성적 쾌감(오르가슴)과 같은 심리적 무게가 있다. 이때의 욕구 만족의 대상이 남자 아기에게는 엄마이고, 여자 아기에게는 아빠이다. 여기서 아기가 환상하는 성적 만족의 욕구와 기대가 무의식에서 일어나는 심리작용과 성장에 지대한 영향을 끼친다. 이 학설이 나왔을 당시의 사회적 반응을 상상해 보면 참으로 폭발적이 아닐 수 없다.

한국에서는 19세기 말까지도 이 이론을 마음대로 문학에 표현하지 못하였다. 1935년에 연재된 이광수의 소설 『유정(有情)』에서 아버지 대신에 나타난 대상, 최석을 향한, 아직 십 대였던 남정임의 애정은 프로이트의 학설, 즉 오이디푸스 콤플렉스나 엘렉트라 콤플렉스를 알면 놀랄 것 없는 현상이다. 그러나 그것을 그렇게 보았다는 얘기를 읽은 기억이 없다. 정비석의 『자유부인』이 일으킨 물의는 역사적으로 한국적인 당시의 현상이다.

심리적 성장과 오이디푸스 콤플렉스

이때까지의 성장은 선천적 생리 현상에 의한 것이기 때문에 대부분 이드의 힘으로 진전된다. 성기기에 도달하고부터 에고의 작동을 보면 더 성숙했고, 더 경험했고, 더 통합적으로 발달해 그 전의 에고와는 상당히 달라진다. 그 전까지는 엄마의 젖, 자기 손가락, 항문, 성기나 몸 일부분이 목적 대상이 되었지만, 이때부터 목적 대상은 신체의 어느 부분이 아니라 엄마나 아빠와 같은 개체, 즉 개개 인격이 대상이 된다. 이로부터 목적 대상은 영구성이 있고 안전성을 갖게 된다. 이 현상이 일어남으로써 정신건강이 있고, 우리는 이것을 당연시하고 있다.

이 원초적 원리는 참으로 오묘하게 발전하지만 우리는 전혀 의식하지 못한다. 그러나 정신분석의 치료 과정에서는 그 현상을 볼 수 있다. 우리가 신체의 성장과 생리의 오묘함을 이해하면 탄복하지 않을 수 없다. 그러나 우리는 우리의 정신적 구조와 작동에는 크게 감복받지 않는다. 사실 이 성장을 자세히 보면 마치 줄타기를 하는 것같이 아슬아슬한 곳이 많다. 심리적으로 성장의 장애가 있는 사람을 보면 비교적 건강하고 정상적인 사람이 얼마나 축복을 받는지 모르고 사는 것 같다. 너무도 당연시하며 살고 있다. 무의식에서 발견하는 것은 그리스 신화에서 창작을 자아낼 수 있는 것처럼 그 오묘한 현상이 어찌 창작의 씨 밭이 되지 않을 수 있겠는가? 어느 정신분석 과정치고 창작의 씨 밭이 되지 않은 것이 없다. 정신분석의 과정을 기록할 수 있다면 그 자체가 소설이 될 수 있다. 문학 창작인이 정신분석에 빠지는 이유가 여기 있다.

성숙의 변천 시기에 설령 목적 대상이 잠시 보이지 않더라도 금방 사라지지 않는다는 것을 차츰 믿게(Trust) 된다. 이 현상은 마치 욕구 충족을 지연하며 기다릴 수 있는 것과 같다. 인간 대상이 보이지 않더라도 어디에 있다는 것을 믿는다는 것이 얼마나 오묘하게 일어나는지 상상하면 참으로 기적 같다. 아이가 학교에서 돌아오면 엄마가 기다리고 있다는 것을 믿는다. 지구가 태양을 도는데도 우리는 해가 동쪽에서 뜬다는 것밖에 인식하지 못한다. 해가 서녘으로 넘어가 사라지지만 다음날 다시 뜬다는 것을 믿고 안심하고 잠자리에 들 수 있다. 이런 현상을 전혀 감사하거나 신기하게 여기지 않는다. 물론 이것은 계속해서 일어나는 것을 경험하기 때문에 오는 믿음이다. 이런 것은 욕구 충족을 지연할 수 있는 능력과 같이 발달하는 중요한 인간 심리 성숙의 과정이다.

인간에게 이 믿음(Trust)과 지연(Delay)은 참으로 오묘한 현상이다. 상당히 힘이 있는 능력이다. 이 본능은 곰이 가을에 영양을 취할 대로 취한 후 땅굴에 들어가 한없이 자고 봄이 되면 깨어날 것을 안(믿는)다. 참으로 신기하다. 인간 이외의 모든 생물에서 일어나는 이 현상이 인간에게 무의식뿐만 아니라 의식에서도 일어난다는 것은 기적에 가깝다. 엄마가 보이지 않더라도 어디에 있고 곧 돌아오리라는 것을 믿는 것 말이다. 믿는다는 것과 기다릴 수 있다는 이 두 심리적 성장은 참는다는 것과 밀접한 현상이다. 이것이 욕구 충족밖에 모르던 아기가 온전하게 성숙하는 커다란 이정표라고 하지 않을 수 없다. 참고 기다린다는 것은 크나큰 발전이며 중요한 전환이다. 지연과 믿음은 정상적 성장에 너무도 중차대한 조건이다. 자기라는 개체와 엄마라는 개체가 뚜렷이 분별되어 심리적인 성적 욕구 충족이 무의식에 있을 수 있다는 것은 나이가 들면서 일어나는 현실적인 육체적·성적 욕구와 흡사해지기 시작한다. 그래서 이 학설은 획기적이다.

저 산을 넘으면 우리 집이 있다는 것을 믿는 것, 멀리 떠난 형이 돌아올 것이라고 믿는 것, 고향을 떠나더라도 언젠가는 돌아갈 수 있다는 희망과 믿음이 우리 마음속에서 성장한다는 것은 기적이 아닐 수 없다. 그리워하는 것, 염원하는 것, 기다리는 것이 없으면 시작(詩作)이 있을 수 있을까. 우리는 너무 당연시하지만 이런 것은 앞에서 말한 성장 과정에서 무의식에서 조금씩 형성되어 가고 있다. 성장 과정이 성공적으로 일어나지 않으면 참는 것, 기다리는 것을 견디지 못한다. 가장 흔한 예가 소위 버릇없는 아이이다. 참을성이 없는 아이도 그렇다. 우리는 이런 사람을 미워하지만, 사실은 불쌍히 여겨야 할 것이다. 영화, 소설, 드라마에서 참지 못하는 이기적 행동을 관객이 싫어하는 역할로 만드는 것은 우연이 아니다. 이처럼 사람들에게 정신건강이 미약하다는 것은 정신적으로 행복과 안정을 얻을 수 있는 영역이 너무도 빈약하기 때문이다. 흥행 작품에는 권선징악이 있어야 한다. 인간이 증오할 수 있는 대상이 있어야 한다. 그것은 나(본인, 주인공)는 그렇지 않다는 스스로에 관한 확인의 기회가 되기 때문이다. 인간은 비교함으로써 진실을 찾으려는 경향이 있다. 마치 찬 것이 있으니 뜨거운 것이 있다는 것을 확신할 수 있는 것과 같다. 밝은 곳은 어두운 곳을 반영한다고 한 니체의 말이 바로 그런 뜻이다.

아이가 네댓 살쯤 되면 심리적으로 목적 대상에 집중한 사랑, 증오, 질투, 공포, 경쟁심 등 성인이 갖는 것과 비슷한 감정을 갖기 시작한다. 물론 그것을 의식적으로 인식할 수 있는 것은 아니고 무의식에서 일어나는 현상이므로 비난받기 좋은 이론이 아닐 수 없다. 무의식을 재차 강조하는 이유는 여기에서 설명하는 기제들이 무의식에서 일어난다고 아무리 강조해도 이 학설을 읽고 듣는 사람은 이것을 의식에서 일어나는 것처럼 생각하고 그렇게 믿어 버리고 비평하는 경향이 있기 때문이다. 이것이 학설이라는 것조차 오해한다.

가설은 증명이 필요하다. 정신분석은 경험에 따른 실증적(實證的, Empirical) 학설이기 때문에 믿을 수 있을지 몰라도 아직은 연역적(演繹的, Deductive) 혹은 실험적(實驗的, Experimental)으로는 증명하기 힘들다. 양전자 반사 단층촬영(FPET)으로 무엇이 뇌 속에서 작동한다는 증거는 얻을 수 있지만 아직은 무의식을 들여다본다는 것은 힘들다는 말이다. 인간이 언제 무의식을 볼 수 있을지 모른다.

종교적 세계관으로 보기에도 용납하기 힘든 학설이다. 이 시기에 일어나는 모든 복합적 목적 대상과의 감정적 관계가 종합해서 일어나는 것이 오이디푸스 콤플렉스라는 학설이다. 정신분석을 이야기하면 제일 먼저 머리에 떠오르는 것이 오이디푸스 콤플렉스이다. 정신분석에서 가장 많이 언급하고 인용되는 중요하며 획기적인 학설이다. 그리스 신화나 북유럽의 신화를 보면 별로 이상할 것이 없다. 그러나 동서양의 종교적 세계관으로 보면 용납하기 힘든 학설이다. 이것은 정상적 심리 현상뿐만 아니라 임상적 노이로제의 병리를 설명하는 데 늘 적용되는 학설이다.

노이로제를 설명한다는 말은 정신분석 생리와 병리를 설명한다는 말이다. 나이로 4~5세경을 오이디푸스 시기(Oedipus Phase, Oedipal Stage)라고 한다. 중대한 심리적 성장의 결정적 시기이기 때문에 계속 이 시기에 일어난 현상을 심리적 성장과 병리에서 꼭 짚고 지나간다. 이에 대한 학설과 이야기는 책 한 권 이상이 될 만큼 길고 많다. 다음 장에서 차근차근 얘기해 보기로 한다.

제14장

오이디푸스 콤플렉스와
슈퍼에고

프로이트는 노이로제 환자에게 아기의 성장기에 일찍부터 성(性, Sex)에 대해 무의식에서 일어나는 것이 자기의 성(性)과 다른 부모에 대한 근친상간(近親相姦, Incest)적 욕구가 있고, 그에 따른 여러 가지 감정, 특히 살인적 분노 등 보통 어린 아기에게서 일어난다고 상상하기 힘든 감정이 일어난다는 것을 믿었다. 여기서 이것이 무의식에서 일어나는 현상이라는 것을 강조한다. 이 현상은 그리스의 전설 오이디푸스의 이야기에서 가져온 용어이다. 기원전 429년에 그리스의 비극작가 소포클레스(Sophocles, 497 BC~406 BC)의『오이디푸스왕』혹은『크로노스의 오이디푸스(Oedipus at Colonus)』라는 비극이 있었다. 이 비극은 백 년 후에 아리스토텔레스(Aristotle, 384 BC~322 BC)가 그 이야기를 그의 저서『시학(Poetics)』에서 다시 시로 쓸 만큼 유명하였다. 이는 셰익스피어의 비극보다 더 슬프며 전형적인 그리스 비극의 모든 요소가 들어 있는 이야기이다. 이 극이 연출될 때마다 그리스의 야외극장은 만원을 이루었고, 극장을 눈물바다로 만들었다는 비극 중의 비극이었다. 오페라가 비극인 것처럼 그리스의 희곡이라고 하면 비극을 말한다.

오이디푸스의 비극

우선 오이디푸스의 비극부터 얘기해 본다. 오이디푸스라는 장군이 테베스(Thebes)를 정복해 그 나라의 왕이 되었을 때 자기 아버지를 죽인 살인자를 찾으려는데 알고 보니 자기가 점령한 테베스가 아버지의 나라였고 자기가 죽인 테베스의 왕이 자기의 아버지였다는 것을 전혀 모르고 침략했다는 것을 알게 되었다. 그뿐만 아니라 그 왕비를 부인으로 삼았다. 나중에 자기가 죽인 왕이 자기 아버지라는 사실을 알게 되고, 따라서 자기와 결혼한 그 왕비가 자기 어머니였다는 것을 알게 되자 오이디푸스는 깊은 죄책감에 빠졌고 괴로움을 이기지 못해 스스로 눈을 빼버렸다는 것이 그 유명하고 슬픈 이야기이다. 이 서사시를 읽거나 희곡을 보았다면 누구나 감동하지 않을 수 없을 것이다. 소포클레스는 눈물의 왕이라는 별명까지 가졌던 희곡 작가였다. 프로이트는 이런 현상이 인간의 심리에 있을 수 있으므로 거기서 오는 갈등이 늘 우리의 무의식에 잠재해 있으리라 믿고 그것을 학설로 낸 것이다. 아리스토텔레스가 그 이야기를 시로 다시 썼다고 하니 그 당시에도 얼마나 유명했는지 알 만하다. 셰익스피어의 수많은 희곡에서 비슷한 비극을 볼 수 있으며, 그중 제일 유명한 희곡 『햄릿』도 오이디푸스와 크게 다르지 않은 근친 살해(Near Relative Murder)가 줄거리에 있다.

역사상 유명한 문학가 중 그리스의 신화를 토대로 작품을 쓰지 않은 사람이 거의 없다. 서양의 유명한 시인 치고 그리스의 신화를 토대로 한 시를 쓰지 않은 사람이 거의 없다. 프로이트는 그의 심리 구조에 대한 학설을 그리스 신화와 셰익스피어의 희곡에서 많이 착상했다고 고백했다. 희곡은 인간의 마음에서 우러나오는 이야기이다. 왜 그러한 비극을 눈물을 흘려 가면서 선호하고 강박적으로 보고 싶어 하는지 한번 생각해 볼 만하다. 그것도 보고 또 보며 마치 거기에 집착한 것처럼 심금을 울리는 것을 보고 싶은 강박감이 인간의 심중에 있다는 것은 그런 비극적 이야기들이 공감을 일으키기 때문이 아닌가 한다. 공감을 일으키지만, 우리에게 일어나지는 않을 것이라는 믿음, 즉 이것은 이야기일 뿐이라고 단정하고 싶은 인간의 심정은 프로이트가 말하는 부정(否定, Denial) 때문이라는 것을 쉽게 짐작할 수 있

오이디푸스왕(Oedipus Rex)

다. 프로이트는 그런 이야기에서 우리의 심리 현상과 감정이 위험하고 견디기 힘들고 부정해야 할 만치 강력한 기억이기 때문에 무의식에 영원히 가두어 두고 시인, 소설가, 극작가 들이 작품을 통해 대리 만족 혹은 대리 평안을 구하는 것으로 추측했다.

　방어기제를 이용해 정신과 생명의 자폭을 방지하며 우리를 보호한다는 것이 프로이트의 학설이다. 정신의학을 하는 이들이라면 알아야 할 참으로 중요한 학설임을 강조한다. 자폭이라고 한 것은 두 가지 임상적 의미가 있다. 하나는 자살이며, 다른 길은 조현병 같은 불치의 증상이 오는 것이다. 우울증이 가장 흔한 자살의 원인이라고 알고 있지만, 조현병 환자의 자살이 더 흔하다. 아직도 이 사회는 조현병을 멀리하고 무서워했지만 이해하지 못하고 있다.

　프로이트는 이런 현상은 고금을 통한 보편적 현상이기 때문에 실제로 합당하다고 주장했다. 다만, 이런 현상이 무의식 속에 있으므로 우리가 의식적으로 인정하기 힘들다는 것은 프로이트도 인정했지만, 프로이트는 변명할 이유가 전혀 없다. 이것이 무의식에서 일어나는 현상이기 때문에 아무도 그 현상을 반박하거나 부정할 도구가 없을 것이다. 그러나 의식에서 일어나는 심리 현상으로 충분히 무의식을 추측할 수 있다. 그리스 신화를 보면 신들 사이에 일어나는 행동들이 인간의 무의식에서 일어나는 현상과 별로 다르지 않다. 사회의 금기 때문에 욕망을 만족시키려는 행동은 피할지 모르나 공상은 자유롭게 할 수 있다. 이런 것이 무의식에서 일어난다니 얼마나 다행인지 모른다. 이런 현상이 의식에 나타나면 어떻게될까 하는 질문을 하는 사람이 분명히 있을 것이다. 대개 조현병 같은 심한 병으로나타난다. 도저히 의식이 감당할 수 없기 때문이다. 그것들이 잠재적 꿈으로 존재하는 것도 다행하게도 크게 염려할 것이 못된다. 이런 현상을 보면 인간에게 무의식이 있으므로 다른 생물과 다르게 인간다운 것이라고 할 수 있다.

오이디푸스 콤플렉스의 영향

유명한 오이디푸스 콤플렉스가 무의식에서 심리적으로 어떤 영향을 끼치는지토론해 보기로 한다. 우선 정신분석으로 설명해 보면 사내 아기가 엄마에게 향한것과 여자 아기가 아버지에게 향한 애정이 우리 무의식에서 충분히 일어날 수 있는 역사적 이유가 있다는 것부터 먼저 이야기한다. 근친상간의 역사적 사실과 그것을 표현한 창작 작품이 수없이 많고, 전 세계의 모든 종족의 역사적 기록을 보면엄연히 존재했다. 근친상간의 감정은 정도의 차이가 있을지는 몰라도 무의식에서나마 누구에게나 있는 보편적인 현상임을 염두에 두면 좋겠다.

처음 이 학설을 들으면 충격적이다. 보수적 사상을 가진 사람치고 분노하지 않을 사람이 없을 것이다. 인류가 언제부터 근친상간을 법적으로, 종교적으로 금기로 취급했는지는 분명하지 않다. 귀족층과 왕족에게는 흔히 일어났던 현상이었기 때문에 그런 기록이 상당히 남아 있다. 역사에 기록되어 있거나 역사적 전설이 있는 나라와 종족치고 왕족과 귀족 사이에 근친상간 관계가 없었던 나라가 거의 없다. 역사적으로 볼 때 근친상간의 예는 많지만 그것이 금기되어 불법이 되고 불륜으로 취급한 것은 그리 오래되지 않는다. 그런 법을 만드는 것이 간단하지 않았을 것이다. 근친상간의 정의를 법적으로 정하기 힘들기 때문이다. 몇 촌까지 결혼이 허용된다는 복잡한 법까지도 정해야 했다. 결혼과 육체적 관계 또한 구별해야 한다. 우리는 다만 여기서 이론적으로, 심리학적으로 그것을 공부한다고 강조하면서 진행하려고만 한다. 그러나 이 끔찍한 역사적인 사실을 강조하면서 이야기하는 이유는 인간의 역사에 이런 것이 오래 있었다는 것으로 보아 인간의 무의식에 그러한 관계가 일어난다는 것이 그리 놀랄 일이 아니라는 것을 말하려는 것이다. 18세기에서 20세기 초까지 심히 보수적인 사회에서 그런 얘기가 용납되지 않았을 것은 이해할 만하다.

무의식에서 일어나는 대상관계를 보면서 사내아이에게는 무의식에서 강렬한 리비도의 대상(카텍시스의 대상)을 찾을 때 그 대상이 엄마가 된다. 엄마를 어릴 때부터 접촉했고 가장 가깝게 관계해 왔기 때문이라는 것은 자명하다. 의식적으로는 엄마를 사랑한다는 뜻이다. 아기는 아직도 의식이 미숙하다. 아기는 본능적으로 그 대상을 독차지해 누구와도 엄마의 사랑을 나누어 갖기를 거절하려 한다. 이드가 극히 이기적이라는 것을 상기해 보면 아기는 자기밖에 모르는 이기주의자다. 두세 살쯤에 엄마의 사랑을 독차지하려면 어디서 그 길(方道)을 배워야 할 것이다. 아기는 금방 현재 엄마를 독차지한 사람이 아버지라는 것을 직감한다. 따라서 아버지가 한 모든 행동이 엄마를 차지하는 데 도움이 될 거라고 상상한다. 곧 엄마의 사랑을 받으려면 아버지가 하는 행동을 배워야 한다고 믿게 된다. 그것을 배우려고 아버지의 모든 것을 흉내 내어 행동하면 엄마가 자기도 좋아하게 될 거라고 상상하게 된다. 아기는 아버지의 행동, 언어, 감정의 표현 등을 '동일시'하고 그것들을 함입하여 자기 것으로 만든다(합일화). 여기서 아버지가 하고 있다고 상상하는 성행위까지도 환상하게 되고, 자기도 그렇게 하면 엄마의 사랑을 독차지할 것이라는 무의식에서 환상을 한다.

아기에게는 의식과 무의식의 구별이 분명하지 않다. 여기서 이 상상이 무의식의 학설이라는 것을 다시 강조한다. 엄마를 독차지하려면 연적(戀敵, Rival)인 아버지가 없어져야 할 것이라고 상상도 할 것이다. 이때 형이나 누이가 있다면 그들 또한 연적이 되며 동기간 경쟁심(同氣間 競爭心, Sibling rivalry)이 일어나며 경쟁이 일어나기도 한다. 동기간 질투는 오래 갈 가능성이 있고 흔히 지속된다. 그들에 대한 질투와 증오도 함께 일어날 수 있다. 그러나 그것이 슈퍼에고의 용서를 받지 못할 거라고 직감하기 때문에 도리어 자기의 공상과 욕구 때문에 복수나 벌을 받을 것을 예측하게 된다. 이렇게 슈퍼에고의 벌에 대한 공포가 함께할 것이다.

슈퍼에고의 벌로서, 아니면 연적들의 복수로 오히려 자기의 사랑(Libido)의 목적 대상(Object Relationship)을 빼앗길 가능성 때문에 오는 공포가 일어날 수 있다. 이 공포는 인류학, 종교, 전설, 예술 작품 등에서 공통으로 거세(去勢, Castration)공포로 표현되어 왔다. 위험한 상상과 욕구를 가진 벌로써 성기를 잃게 된다는 상상에서 오는 공포이다. 이것도 모든 인간에게 공통으로 영원히 존재하는 무의식의 한 요소이다. 오이디푸스 콤플렉스가 무엇인지 전혀 모르는 여러 종족의 전설과 역사에도 그런 공포가 있었다는 기록을 볼 때 이는 인간의 공통된 공포라는 증거이다. 거세공포는 아기가 태어날 때 있었던 공포에 버금간다고도 한다.

벌을 받는 상상에서 오는 공포를 억압하려는 것은 이해할 만하지만 때로는 오이디푸스의 욕구를 완전히 포기함으로써 공포를 막으려고도 한다. 이 정도가 되기까지 아기의 무의식에 오는 정서는 복잡다단하다. 사내아이가 엄마를 사랑하기 때문에 일어나는 아버지에 대한 질투와 증오 때문에 받을 벌을 상상하면서 일어나는 것이 거세공포(去勢恐怖, Castration Anxiety)라는 것으로 낙착되기까지의 경과는 이것으로 이해할 수 있다. 정도의 차이는 있을지 몰라도 누구에게든지 이 현상이 무의식에 잠재해 있다는 것이 정신분석의 이론이다. 기억해 둘 것은 이러한 공포는 무의식의 심층에 영원히 잠재한다는 사실이다. 너무도 중요한 학설이기 때문에 강조할 필요가 있다.

아기가 성기를 잃을 수 있다는 공포는 생명을 잃을 수 있다는 공포만큼 무섭다. 이 모든 현상을 '오이디푸스 콤플렉스'라고 한다. 너무도 잘 알려진 말이며, 소설과 희곡 작가들이 이 이야기를 토대로 한 작품을 무수히 내었다. 이 글을 읽으면서 독자도 얼굴을 붉히지 않고 쉽게 이 말을 자연스럽게 사용할 수 있게 되기를 바란다. 영어 표현을 그대로 사용하는 것이 좋을 것 같다.

여러 방어작동이 부지런히 이용되어 오이디푸스 콤플렉스에서 오는 공포를 저지하려는 노력이 무의식 속에서 계속해서 일어나고 있다. 이와 비슷한 이야기를 오이디푸스의 전설뿐 아니라 북유럽 전설(北歐傳說, Northern Mythology)에서도 볼 수 있으며, 리처드 바그너(Richard Wagner, 1813~1883)의 오페라 〈니벨룽겐의 반지(Der Ring des Niebelungen, The Ring of the Niebelungen)〉에서도 볼 수 있다. 햄릿도 근친살해의 이야기가 있고, 고대 이집트에서는 투탕카멘왕(King Tutankamun)이 근친상간으로 출생했다는 이야기는 전설이 아니라 역사적 사실이다.

근친상간의 예는 동서양의 역사에 상당히 많다는 것을 이미 얘기했다. 종교적 세계관으로 인해서 억압되어 감추어진 사실이라 프로이트 때문에 근대에 들어서야 다시 끄집어내어 이야기하기 시작했다. 그러나 이는 인류의 공통무의식(Collective

Unconsciousness)에 존재해 왔다는 학설을 다시 강조한다.

오이디푸스 콤플렉스 이야기는 사내아이에 관한 것이다. 그렇다면 여자 아기는 어떤지 궁금할 것이다. 여자 아기는 제일 먼저 자기에게 남자 아기가 가진 성기(남근)가 없는 것을 부끄러워한다는 것이 정신분석의 학설이다. 왜 여자는 남근이 부럽고 그것이 없는 것이 부끄러운가 하는 것은 남성 우월주의의 인간 역사 때문일 것이다. 따라서 아기는 자기에게 사내아이에게 있는 성기가 없다는 데 대한 열등감을 느끼면서 질투를 한다. 그런 질투를 '나도 저런 것이 있으면' 하는 **남근 선망**(男建羨望, Penis Envy)이라고 한다. 이 말 또한 영어권에서는 보통명사처럼 자주 쓰인다. 여성이 남자와 비슷한 행동을 하거나 남자 같이 의장을 할 때 흔히 사용하는 비아냥거림이다. 여자 아기는 자기가 그렇게 된 것을 모두 엄마 탓으로 돌리고 엄마에게 증오심을 품으며 엄마에게 대한 희망을 포기한다. 따라서 아기는 그 대상의 목표를 아빠에게 돌린다. 아빠의 사랑을 받기를 원하게 된다. 그렇게 함으로써 아빠와의 관계에서 엄마의 자리를 차지하려는 의욕이 나기 시작한다. 이것을 후에 다른 분석학자들이 '엘렉트라 콤플렉스'라고 했다. 오이디푸스 콤플렉스는 남자아이에게서 일어나고 엘렉트라 콤플렉스는 여자아이에게서 일어난다. 여자 아기가 아버지를 사랑하는 이야기이다.

엘렉트라도 전설의 인물로, 아가멤논(Agamemnon)의 딸이 아버지의 원수를 갚는 이야기다. 그 이름은 서사시, 소설에 많이 인용된다. 근대에 알려진 소설로서 『아빠의 딸(Daddy's girl)』이 엘렉트라의 대명사처럼 쓰이고 있다. 볼테르(Voltaire)나 유진 오닐(Eugene O'Neil)의 작품에도 나타난다. 오이디푸스만큼 유명한 전설을 바탕으로 많은 작품이 나왔다. 그러나 여자 아기가 그것까지도 거절당하기 때문에 다시 엄마에게 돌아서 그 대상을 향하게(카텍시스를 돌리게) 되며 평생을 남근 선망의 부러움으로 살게 된다는 것이 그 학설이다.[1] 그러나 엄마를 닮고 엄마에게서 여자

엘렉트라(Electra)

다움을 배워, 여기서도 동일시와 함입을 하게 된다. 엄마가 아버지의 사랑을 받으니 엄마를 닮을 만하다고 믿는 것이다. 이것이 여자의 열등감의 원인이라고 한 관념이 오히려 여자들의 반감을 사고 반발이 일어나 여권운동의 불씨가 된 것은 이해할 만하다.

*　　*　　*

오이디푸스 콤플렉스를 간단히 설명했다. 심리적으로 어떤 일, 특히 타격이 크거나 심리적 상처를 입을 때 금방 나타나는 것이 이 오이디푸스 콤플렉스이다. 오

1　진보한 사회에서 여성인권운동이 격동하는 이 시기에 그런 얘기를 하기 힘들 것이며 받아들여지지 않을 것이다.

이디푸스 콤플렉스는 충격이 상당히 강력해서 심리적 갈등이 일어날 때 언제든지 그 어느 곳에도 영향을 끼친다. 문학가나 예술가치고 자신도 오이디푸스와 엘렉트라와 같은 이야기를 썼으면 하는 공상을 하지 않은 사람이 없을 것이다.

프로이트는 누구에게나 미미하지만 양성적(陽性的, Bisexual)[2] 욕구가 있다고 했다. 그래야만 이 학설이 설명되기 때문이다. 이것 또한 사회적으로 말썽을 일으킨 학설이었다. 마치 심리치료로 동성애자를 고칠 수 있다거나, 동성애를 행동으로 고칠 수 있다는 것처럼 맘 먹기에 따라 개인의 성적 성향을 결정할 수 있는 것 같은 가설로 추측해 물의를 일으키기도 했다. 반면 누구에게나 동성애적 의욕이 있다는 학설은 공격받을 만하다. 동성애, 성전환, 양성애 등의 관념이 근년에 크게 변화하여 또다시 기독교와 같은 보수 사상과 부딪혔다. 최근 미국 대선에서 트럼프가 대통령이 되면서 이 문제가 다시 표면으로 대두되었다.

*　　　*　　　*

오이디푸스 시기에 또 하나 짚고 넘어가야 할 것이 있다. 자위행동(自爲行動, Masturbation)이다. 이 행동은 오이디푸스 시기에 처음 일어난다. 이에 대한 학설은 대체로 미미하다. 그 학설이 있어야 할 이유는 아기의 성기에서 성욕을 만족할 수 있다는 가설이 만들어졌기 때문이다. 물론 이것도 보수적 사회에서는 말썽의 대상이 되지 않을 수 없었다.[3] 프로이트는 자위도 일종의 노이로제 현상으로 순전히 성

---

2 오늘날 물의를 일으키고 있는 성(性)의 선택에 대한 대담한 표현과 주장도 여기서 시작했다. 프로이트의 학설이 얼마나 사회의 진보적 사상을 일으켰는지 짐작이 갈 것이다.
3 구약성경 창세기 38:9. 오난이 그 씨가 자기 것이 되지 않을 줄 알므로 형수에게 들어갔을 때 …… 땅에 설정하매.

직 욕구를 만족하는 것에서 심한 강박 증상을 일으키는 것까지 여러 현상으로 나타난다고 했다. 아기의 자위는 거의 무의식적이며 성적 만족이 있다고 했으나 그것이 잠재되어 있다. 오이디푸스 시기에서 열 살 정도까지를 잠재기(潛在期, Latent Period)라고 해서 이런 것이 감추어진다. 자위에서 오는 쾌감은 거의 표면적이고, 미미하며, 무의식적이다. 심한 정신이상이 있는 아이나 어른에게서 그 증상이 성인이 하는 것 같이 강박적 자위행동으로 나타날 수 있으므로 그런 학설을 추측할 수 있다.

슈퍼에고와 오이디푸스 콤플렉스

오이디푸스 콤플렉스는 기발한 학설로서 많은 정신분석적, 심리적 문제를 해석하는 데 편리하며 도움이 되었다. 이렇게 감정적으로 이기기 힘든 문제들이 창작 예술에서는 승화를 거쳐 일어나기 때문에 문화 예술을 발상하고 진전시키는 데 영향을 주어 왔다.

우리는 여기까지 이드의 출생에서 에고가 바쁘게 다스리기 어려운 이드의 욕구 충족을 도와주며, 이드의 충격과 파괴적 광폭함을 조정해 오면서 복잡하고 어려운 정신적 성숙 과정을 알아보았다. 이 세 번째 무의식의 기전인 슈퍼에고가 오이디푸스 콤플렉스에 크게 영향을 끼쳤다는 것은 알 만하다. 정신분석 이론을 최소한으로 종합해 얘기하자면, 이것 없이는 결론이 나지 않는다. 그래서 다시 복습해 보기로 한다.

슈퍼에고는 무의식 속에 있는 양심(良心, Conscience)에 해당한다고 했다. 우리는 양심과 도덕 같은 것을 늘 의식하고 산다. 그런 것이 무의식의 한 부분에서도 높이 자리를 잡고 있다. 예를 들면, 도덕적 가르침이 성경의 한 기능을 담당하고 있는 것과 같다. 소위 크리스천의 행동을 말하는 것이다. 정직함, 비판적인 자아 관찰, 양심적 자책, 참회, 배려 등 착한 행동을 할 때의 자찬, 행실에 마땅한 상벌 등에 영향을 준다. 이것은 인류 역사의 시작과 함께 형성된 인간의 기본 행동의 지침이며 인간이 사회라는 것을 형성하는 데 없어서는 안 될 규범이다. 인간이 인간이고 다른 생물이 아닌 이유는 슈퍼에고 때문이다. 역사의 시간적·지역적 차이는 다소 있을지 몰라도 기본 규범은 모두 비슷하다. 구약성경의 십계명은 전형적인 예이다. 한국 사람에게 비슷한 근본 원칙이 있다면 삼강오륜(三綱五倫)의 전통이겠다.

어느 문명치고 제일 먼저 기록한 것이 도덕과 율법이 아닌 것이 없을 만큼 고대로부터 인간은 강박적으로 행동 규범을 만들고 지켜 왔다. 강박적이라는 표현은 우연이 아니다. 인간의 강박적 행동이 여기서 오기 때문이다. 벌 받을까 봐 무서워 어떤 행위를 강박적으로 한다. 가장 흔한 행동이 기도나 만트라(주문) 같은 것이다. 그러나 우리가 말하는 의식적 양심과 달리 슈퍼에고의 기능은 완전히 무의식에 형성되어 무의식에 존재한다. 마치 현실의 도덕적 원칙의 원본이 무의식에도 그대로 복사되어 자리 잡고 있는 것처럼 존재한다. 얼핏 보면 현실적 도덕과 사회규범이 무의식에 투사된 것과 같다. 그러나 슈퍼에고는 현실보다 더 철저하고 상벌이 뚜렷하다. 마치 변호사를 데려올 수 없는 것 같다. 참으로 힘이 세다. 이것은 가장 의롭고 공정하고 공평하므로 누구나 예상할 수 있다. 그 상벌에는 예외가 없다. 변호할 기제나 대변인이 없지만 에고가 미리 예방하는 것밖에 없다. 슈퍼에고가 마치 가장 악착같은 독재자와 같다는 말 같지만, 무의식에서 일어나는 이 기능은 의식적 양심보다 훨씬 더 엄격하다. 이는 마치 왕이 법을 만들고, 왕이 재판장이 되고, 또 왕이 법의 집행관이 되는 것과 같으며, 왕 자신까지도 복종해야 하는 기구라는 말과 같다. 슈퍼에고의 형벌이 심할 때는 슈퍼에고가 극심한 공포를 일으켜 우리 몸을 완전히 경직시킬 수도 있을 정도이다. 완전한 구속으로서 조현병의 카타토니에서 그 현상을 볼 수 있다.

슈퍼에고는 실세로 아주 어릴 때부터 아기가 엄마나 유모같이 아기를 놀보는 어른의 행동에서 배워 흡수하기 시작한다. 그것은 처음으로 용변 교육(用便教育, Toilet Training)에서 필요불가결하다는 것이 뚜렷해진다. 우스운 표현 같지만, 정신분석학자 페렌치(Sandor Ferenczi, 1873~1933)는 이것을 '괄약근도덕(括約筋道德, Sphincter Morality)'이라고 불렀다. 그 이유는 짐작하겠지만 대소변을 처리할 때 엄마나 유모의 '싸면 야단, 참으면 칭찬의 원칙'을 보면서 어른들의 눈에 옳고 그른 것이 무엇인지를 대소변 처리에서 분명히 배우기 시작한다. 괄약근은 대소변을 조정하는 근육이며, 이것을 의식적으로 자율적으로 조정할 수 있는 시기가 오이디푸스 시기의 시작과 비슷하다. 그 자율적 행동의 가능성 때문에 붙여진 말이다. 우리말로는 우습지만 '용변 도덕'이라고도 할 수 있겠다. 버스를 타고 엄마는 두 살배기와 여행을 한다. 갑자기 아이가 오줌이 마렵다고 한다. 엄마가 곧 차가 설 것이니 참으라고 한다. 십 여분 후에 차가 선다. 엄마는 얼른 아기의 용변을 처리하고 돌아와서 아기를 쓰다듬으며 기쁜 표정을 보인다. 만약 아기가 참지 못하고 사고를 쳤다면 엄마의 그 감정을 알고도 남을 것이다. 아기가 야단을 맞고 한 차례 맞기도 할 것이다. 이것이 상당히 중요한 성숙의 이정표라는 것은 짐작할 것이다.

차츰 더 나아가서, 생식기기(生殖器期)에 들어서면 성기에서 오는 성적 느낌에서 옳고 그른 것에 대한 무의식적 관념이 점점 더 뚜렷해지기 시작한다. 여기에서도 마찬가지로 옳지 않은 욕구를 가지면 벌을 받고, 참으면 칭찬을 받는 것이 무의식에 자리 잡기 시작한다. 잘못한 욕구가 있었다면 거기에 대한 벌을 받을 것이요, 후회하게 될 것이며, 따라서 잘못된 욕구를 버리려는 동기(의도)가 생기는 현상이 일어난다. 남근기(Phallic Period, 男根期)에 와서 오이디푸스 콤플렉스를 겪으면서 벌을 받지 않고 칭찬을 받고 싶은 안전한 태도를 배우려고 아빠와 엄마를 닮아서(同一視, Identify) 그들의 행동을 모방하고 차츰 그것이 자기 것(合一化, Incorporation)이 되게 하는 과정을 겪어 마치 엄마나 아빠와 같은 행동(생각)을 하게 되면서 슈퍼에 고의 무서움을 눈치 보듯 한다. 이때부터 원래 자기가 갖고 있던 욕구와 증오를 버리려는 노력도 하게 된다. 이것이 모두 무의식에서 일어나며 무의식 속에 깊이 새겨져 평생 지속한다. 그것이 옳다 그르다고 비평하고 헐뜯는 것은 웃을 일이다. 인간에게는 법이 없어도 법과 도덕을 지킬 능력이 생긴다는 중요한 학설이다. 인간의 본성에 도덕적 행동이 깊이 박힌다는 말이다. 학교에 가지 않고, 사서삼경을 읽지 않고, 교회를 가지 않더라도 기본적 도덕관념과 행동은 무의식 속에 그 성격의 일부로서 영원히 새겨진다는 말이다.

한 사회의 도덕관의 차이에 의해 양상과 정도의 차이가 있을 수는 있다. 이 변화의 시기는 인간 성숙에 커다란 이정표가 된다. 이는 에고가 형성된 후 남근기에서 형성되기 시작하기 때문에 오이디푸스 콤플렉스에 직접 관여한다는 것을 짐작할 것이다.

슈퍼에고가 성숙에 큰 영향을 끼친다고 했지만 어떤 연유로 슈퍼에고의 형성을 방해하는 사건이 무의식에서 일어나 비정상적으로 성숙하면 성격 형성에 장애가 올 수 있다. 가장 흔한 것이 반사회적 성격장애(反社會的 性格障礙, Antisocial Personality Disorder)이다. 양심에 거리낌 없이 도덕적으로나 법에 어긋나는 행동을 하는 성격으로, 참으로 고치기 힘든 병이다. 보통 사람보다 슈퍼에고의 크기가 아주 작다고 형용할 수 있다. 짐작하겠지만 어느 나라의 교도소든지 이런 사람들로 차 있다. 그들이 갇혀 있는 곳을 교도소라고 하지만 이런 성격을 가진 사람이 거기서 좀처럼 성격이 바뀌지 않는다. 물론 이는 슈퍼에고의 결함 때문이다. 보통 사람은 비도덕적이고 불법적 행동을 하면 금방 가슴이 떨리고 불안해진다. 슈퍼에고가 너무 엄하여 그 벌을 에고가 방어해 주지 못하기 때문이다. 슈퍼에고에 결함이 있는 사람은 나쁜 일을 하고도 아무런 느낌이 없다.

이드가 힘을 쓰지 못하고 에고까지도 이드를 심하게 중재해 버리면 너무도 율법과 도덕에 억눌려 사는 사람이 될 것이다. 그들은 대개 주눅이 든 사람처럼 용단이 없고, 아무리 사소한 규율이라도 전혀 어기지 못하고, 세심하고, 꼼꼼해진다. 늘 규율이나 도덕을 어길까 봐 전전긍긍한다. 자기도 모르게 법을 어기거나 도덕을 어길까 봐 쩔쩔매는 사람이 된다. 대개 그들은 결백하고 결벽증에 시달리기 쉽다. 좀 심하면 전형적인 노이로제 중 강박적 노이로제가 오든지 강박적 성격을 갖게 된다. "법 없이도 살 사람이다."라는 말은 이런 사람을 두고 하는 말이다. 하버드 대학교를 졸업하고 취직을 못하는 사람과 같다. 그 사람의 활동 범위는 말할 수 없이 좁다. 사회생활의 축소는 말할 나위도 없다.

필자는 이 부분을 강의하거나 이야기하면서 금방 생각나는 말이 있다. 'Scruple'이라는 말이다. 사전에 제일 먼저 나오는 것은 '의념(疑念)'이다. 아무리 잘하고도 잘한 것인지 아닌지 걱정하는 것이다. 다음 뜻은 '망설임'이다. 극히 조심스럽다는 말이다. '사양' '거리낌'은 자신 있게 행동을 못한다는 뜻이다. '빈틈없이 꼼꼼한' '정성스러운' 등의 뜻이 있다. 교회에서의 예식을 차질 없게 하는 것 등의 뜻도 있다. 이 뜻을 자세히 보면 어떤 무서운 힘의 벌을 받지 않으려고 하는 행동이다. 즉, 슈퍼에고의 벌을 받지 않으려고 하며, 슈퍼에고의 눈치를 보며 하는 행동이다. 가끔 주눅든 사람을 보면 이 생각을 하지 않을 수 없다. 반사회적 성격(Antisocial Personality)과는 정반대이다. 그들은 자기를 감추려고 한다. 슈퍼에고의 힘이 얼마나 무의식에 강하게 자리 잡고 있는지 예를 들어 보았다. 이런 사람들은 정신분석 치료밖에 별도리가 없다.

슈퍼에고는 에고의 작동에 도움을 주기도 한다. 특히 이드가 충동적 욕구 충족을 위해 머리를 들고 일어날 때 에고는 이를 저지하는 유용한 기전이 된다. 여기서 에고가 이드를 저지할 때 슈퍼에고가 돕는다. 이는 마치 에고가 슈퍼에고의 도움에 따라 작동한다고 볼 수 있다. 슈퍼에고를 업은 에고라는 말이다. 이 현상은 구약성경에서 모세가 시나이산에서 주님으로부터 받은 십계명을 들고 산에서 내려와 백성들의 유치한 행동에 대해 경고하며 가르치는 그림을 생각하게 한다. 마치 슈퍼에고의 명령을 이행하며 복종하는 셈이다. 다시 강조하지만, 건강하게 성숙한 에고는 늘 이드와 슈퍼에고를 알맞게 중재한다. 벤저민 프랭클린 같은 유명한 외교관같이 아래위를 잘 중재한다는 말이다.

슈퍼에고, 그리고 『죄와 벌』

프로이트는 슈퍼에고의 작동 과정에서 재미있으며 중요한 학설을 냈다. 슈퍼에고는 엄마와 아빠의 말로 형성되고 표현되기 때문에 그것을 어기든지 무시하면 아기가 야단을 맞는 것으로 생각한다. 아기에게는 그것이 벌을 받는 만큼 무섭다. 엄마 아빠가 아기가 원하는 것을 거절하거나 야단친다는 것은 아기에게 엄마가 사랑을 주지 않는다고 믿게 할 수 있다. 아기에게 가장 무서운 것은 엄마와 아빠의 사랑을 받지 못하는 것이다. 아빠와 엄마의 노함과 벌을 피하려면 엄마와 아빠의 말을 정확히 듣고 이해해야만 바르게 처신할 수 있을 것이다. 부모 말을 조심해서 정확히 들어야만 정확히 이해하고 거기에 맞는 옳은 행동을 할 수 있을 거란 말이다. 프로이트는 이 과정이 바로 인간의 언어행동(言語行動, Language Behaviors) 발달의 중요한 조건이며, 이유라는 중요한 학설을 내었다.

이는 종교에서도 나타난다. 기독교에서는 주님의 말씀을 정확히 이해해야 한다. 주님의 말씀이 예수라는 인체로 화신했다는 신약성경 요한복음 1장 1절을 상기시키는 것과 너무도 비슷하다. 구약성경에서 온갖 지시를 했지만, 하나님을 분명히 이해하지 못하였기 때문에 주님의 말씀(Logos)을 정확하게 말씀하시는 예수 그리스도로 그 말씀들이 화신(化身, Incarnation)했다는 것으로 볼 수 있다[4]. 물론 처음에는 부모의 말을 흉내 내어야 하는 것은 말할 여지가 없다. 정확히 귀로 듣고 기억하는 것이 중요함은 물론이다. 말을 옳게 알아듣고 그 기억을 분명히 해 두어야 한다는 것은 슈퍼에고의 발달이 청취 과정(Auditory Process, 聽取過程)과 기억력(Memory, 記憶力)의 발달과 병행한다는 것을 발견했다. 참으로 기발한 학설이다. 슈퍼에고의 발달이 부모의 슈퍼에고를 배우고 받아들여야 할 것이라면 그것을 정확히 알아듣고 정확히 기억해 두었다가 말과 행동으로 표현할 수 있어야 한다는 것이다.

인간의 지능이 발달하면서 그것이 표현되는 행동은 사회에 지대한 영향을 준다는 것은 짐작할 수 있다. 인간에게 발달의 원초는 제일 먼저 부모와의 대화에서 시작한다. 따라서 부모에게서 얻은 혹은 부모의 슈퍼에고를 정확히 듣고 복사한 아기의 슈퍼에고는 그 사회의 윤리 도덕과 큰 차이가 없을 것이다. 복사하는 길은 정확히 듣고, 정확히 표현해야 한다. 이때 그것은 에고에서 형성된 자아(自我, Self)[5]에서 발견한다. 이것을 또한 자존심 형성의 첫걸음이라고 할 수 있다. 사회의 규율을 정확히 익혔기 때문에 자신감이 생길 것이다. 이제 여기서 정신분석의 무의식에 사는 에고(Ego)가 아닌 ego(自我)라는 보통명사로서 말하는 자신감(自信感)으로서 성숙한다. 이렇게 하여 훨씬 덜 폭력적이고 부드러운 선(善)과 덕(德)을 지향하는 카텍시스가 다시 부모에게로 향한다. 좋고(善) 옳은(義) 것을 고르는 본능이 이렇게 해서 일어난다. 무의식 속의 이드에 오이디푸스적 욕구는 의식으로 나오지 못하고 계속 무의식에 잠재되어 있을지라도 이젠 크게 염려할 것이 안 된다.

---

4 듣는 것이 모자라면 듣고 보라는 뜻. 요한복음 1장 1절, 태초에 말씀이 계시니라. 이 말씀이 하나님과 함께 계셨으니 이 말씀은 곧 하나님이시니라.
5 보통명사로서 에고라는 말 자체는 자아라는 말이다. 에고라는 단어가 정신분석에서 말하는 무의식의 한 기관의 명칭이 되었기 때문에 이것과 구별하기 위해서 Self(자아)라고 칭하면 어떨까 한다.

슈퍼에고 형성에 또 알아 둘 만한 것은 청소년기나 성인이 되면서 일어나는 슈퍼에고의 변형과 부착물이다. 이는 부모 아닌 일반 사회에서 받아들이는 대상, 즉 학교 선생, 종교 지도자, 운동 코치 같은 사회적 지도자들로부터 배운 것들이다. 아이가 어른이 되면서 그들의 도덕적 가르침의 영향을 받아 슈퍼에고가 발달한다. 어떤 경우에는 이런 대상의 영향이 부모에게서 얻는 것보다 더 클 때도 있다. 때로는 슈퍼에고의 변형이 성인이 된 뒤에 일어날 수도 있다. 이것은 현대 교육에 지대한 영향을 주었다. 대학에 들어가서 사상이 변한다거나 종교적 개종은 그 좋은 예이다. 그때 슈퍼에고의 방향이 부모에 의한 영향과 다른 쪽으로 향할 수 있다.

현대사회에서 흔히 부모의 도덕관과 자녀들의 도덕관이 전혀 달라지는 경우를 본다. 그러나 슈퍼에고의 기초는 변하지 않기 때문에 어떤 도덕관은 아무리 사회의 영향을 받더라도 근본적인 부분은 변하지 않고 지속한다. 대부분은 아예 법으로 제정했다. 근친상간, 부모 살해 충동, 절도, 폭력은 여간해서 무의식의 심층에서 없어지지 않는다. 일단 슈퍼에고가 견고히 성립되면 방어기제의 많은 부분을 슈퍼에고가 맡기도 한다. 실제로 어른이 되고 무의식에 함입되어 있는 부모에게라도 용서받을 수 없는 욕구가 이드에서 우러나면 슈퍼에고의 감시 때문에 불안해진다. 그것이 지속하면 불안도 지속하여 여러 노이로제가 올 수 있다. 강박 노이로제(Obsessive Compulsive Neurosis)는 전형적인 예이다. 불안을 일으키는 원인을 몇 가지 들어 보면 부모라는 대상(Object)을 잃는 것, 부모라는 대상의 사랑을 잃는 것, 거세 공포 등등이라는 것을 기억해 둘 필요가 있다. 사람은 자기의 목숨을 위협하는 것을 무서워할 것 같지만 실은 대상 목표를 잃는 것을 훨씬 더 두려워 한다. 강도가 자기 머리에 총을 겨누는 것보다 자기가 사랑하는 사람을 잃는 것이 더 무섭다는 말이다. 대부분의 자살은 이런 위협에서 일어난다. 즉, 카텍시스의 목표를 찾을 수 없을 때의 절망감은 이루 말할 수 없이 심하다. 멀쩡하던 사람이 갑자기 자살하는 것을 보면 대개 그런 이유 때문이다. 우리는 작품에서 사랑을 위해, 사랑하는 사람을 위해 희생하는 것을 흔히 본다.

슈퍼에고의 용서를 받지 못하면 그 결과로 오는 심한 죄책감은 의식적으로 느끼기도 하지만 때로는 억압이 강해서 분석을 받아야만 하는 예도 있다. 이유를 알 수 없는 죄의식이나 후회를 모두 한번쯤은 겪었을 것이다. 열등감도 정신분석에서는 죄의식과 같이 일어난다. 죄진 놈처럼 주눅 들었다는 표현이 그런 것이다. 반면 에고의 작동이 슈퍼에고의 인정을 받거나 칭찬을 받으면 기쁨과 행복감이라든가 만족감 같은 감정이 온다. 이런 고귀한(우쭐하게 된) 만면의 희색은 에고가 충분히 슈퍼에고의 칭찬을 받았기 때문이다. 무의식 속에서는 동해법(Talion law, 同害法)[6]이 적용되기 때문에 소망(所望, wish)과 행동이 구별되지 않는다. 이 현상은 어른이 될 때까지 무의식 속에서 계속 적용된다. 슈퍼에고는 우리 행동에 무섭게 보이지만 우리는 에고의 중재로[7] 편안하게 슈퍼에고를 대면할 수 있다.

요즘 사회에서는 윗사람의 억압을 반발하며 그 억압을 견디기 쉽다고 상상할지 모르나 슈퍼에고의 심리적 억압은 사회가 아무리 자유로워도 무의식에서 일어나는 그 위력은 지속한다. 즉, 어떤 방도로도 슈퍼에고의 제재를 반발할 수 없다. 현 사회에서 사람들의 사고는 소위 진보적이어서 자유분방하며 비도덕적인 생각을 자유자재로 한다고 할 수 있지만, 우울증과 자살은 더 늘고 있다. 요즘 약품 중에 가장 많이 소요되는 것이 항불안제(抗不安濟, Anxiolytic; Anti-anxiety)와 항우울제(抗憂鬱濟, Antidepressant)라는 것만으로도 이해할 수 있다.

한편 이드는 소원과 행동을 구별할 줄 모르기 때문에 그런 것이 무의식 속에 잠

---

6   동해법: 눈에는 눈, 귀에는 귀라는 말로 표현되는 피해자와 꼭 같은 벌을 주는 법칙.
7   신약성경 요한복음 14장 16절 "내가 아버지께 구하겠으니 그가 또 다른 보혜사를 너희에게 주사 영원토록 너희와 함께하리라."는 구절을 생각하게 한다.

재하면서 성인이 될 때까지 그 소원이 지속된다. 아기에게 일어나는 원하면 소원이 풀릴 것이라는 소위 소망의 마력(Magic Imagination)이 작용하기 때문이다.[8] 상당한 소원이 꿈에 의해 풀리면 마치 현실적으로도 그 소원이 풀린 것 같은 느낌이 온다. 꿈은 우리의 소원을 대리 현상으로 만족(Vicarious Satisfaction)하게 해 준다. 슈퍼에고, 에고와 이드가 무의식에서 상호 작동하는 것은 무의식 세계의 현상이므로 현실 세상에서 일어나는 현상과 차이가 있다는 것을 계속 강조하며 얘기를 해 나간다. 창작인은 이 무의식에서 일어나는 것이 가끔 연상 때문에 일어나는 은유적 환상을 자유로이 이용(적용)해서 창작할 수 있는 용기와 권리가 있다. 창작인은 더 자유롭고 용기가 있다는 말이 거기서 온 말이다. 흔한 권선징악을 바탕으로 한 이야기는 모두 여기에서 온 것이라고 해도 과언이 아니다. 도스토옙스키의 소설 『죄와 벌』은 거의 고의로 슈퍼에고를 이야기한 것 같다.

인류행동의 변천과 정신분석의 영향

무의식에서는 쉽게 죄의 사함을 원하거나 반대로 벌을 받기를 원하기도 한다. 벌을 받기를 원한다는 것은 얼른 이해하기 힘들지 모르나 흔한 행동이다. 종교에서 죄를 사한다는 목적으로 자학을 하는 예식이 있지만, 무의식에서도 스스로 죗값을 치르려고 하는 행동을 볼 수 있다. 죄지은 사람이 경찰에 가서 자수하는 것은 자주 본다. 무심코 경찰에게 힌트를 주어 스스로 체포되는 것도 흔한 현상이다. 방화범이 때때로 자기가 불 지른 곳에 가서 사람들과 함께 불구경하는 것은 흔한 현

---

8 Magical Wishes 혹은 Magic Thought는 시인들이 아주 흔히 쓰는 사상이다. 은근히 자기의 소망 혹은 염원이 마술처럼 풀릴 것이라는 무의식적 믿음이다. 어린아이에게 흔히 일어나지만 성인에게도 일어난다.

상이다. 형사들은 이런 현상을 잘 안다. 형사들은 범인이 실수라고 하지만 무의식적으로 범행 장소에 증거를 남기는 것을 알기 때문에 범행 장소를 철저히 조사한다. 상습범이 갑작스럽게 이유 없이 늘 성공하였던 범행수법을 포기하고 갑자기 자기도 모르게 수법을 변경하는 위험한 행동을 한다. 이런 무의식의 행동이 없으면 범죄 수사기관의 수사 임무는 무척 힘들 것이다. "완벽한 범죄(Perfect Crime)는 없다."라고 하는 말이 여기서 왔다. 해결되지 않은 범죄란 극히 드물다.

그뿐만 아니라 처음부터 범인의 범행은 고의로 벌을 받고 싶은 무의식의 욕구로서 표현되는 행동으로 범행을 눈에 띄게 하는 현상도 있다.[9] 본인에게는 무의식이지만 누가 봐도 법에 따라서 벌을 받을 짓을 하는 현상이 표 나게 보이는 것이다. 그뿐만 아니라 사업 실패, 직장의 직무 실수, 실수로 도저히 남이 이해하기 힘들 만큼 몸을 다치는 것 등은 무의식적으로 벌을 받고 싶은 현상에서 온다. 이런 현상을 어느 학자는 '운명 노이로제(Fate Neurosis)'라고 이름을 붙였다. 어차피 자기가 한 행동으로 벌을 받게 마련이라는, 즉 운명을 받아들이는 것처럼 하는 행동을 말한다. 반대로 용서받을 수 없는 무의식의 어떤 욕구가 그런 범죄를 방어하는 직업을 갖는다는 것 또한 그와 비슷한 현상이다. 즉, 형사가 된다든가 형법을 배우는 것이 그런 현상이다. 이것은 벌써 그 사람의 무의식에서 에고의 반동형성이 자기가 범죄를 짓고 싶은 무의식적 욕구를 전환했기 때문에 일어나는 현상이다. 형사들을 보면 가끔 범인이 하는 것과 비슷한 행동을 해 범인을 체포하기도 하고 반대로 그 때문에 직책을 잃는 경우도 있다. 이 현상은 무의식을 공부하고 무의식을 입증하는 좋은 표본이다.

이 현상을 이용한 소설은 수없이 많고 탐정소설은 이 현상을 많이 이용한다. 이 현상은 위고의 『레미제라블』과 도스토옙스키의 『죄와 벌』에서 잘 표현되어 있다.

---

[9] 소위 여유가 있는 사람들의 Shop Lifting은 흔한 증거이다.

소설, 희곡, 방송 드라마에서도 흔히 보는 현상이다.

슈퍼에고의 강력한 형벌을 막으려는 에고의 방어작동은 에고를 보호하기도 하지만 임상 증상(질환)으로 나타나기도 한다. 1921년에 프로이트가 슈퍼에고와 집단심리(Group Psychology)에 대해 언급한 이론에 따르면 한 집단을 형성하는 각자가 그 지도자의 슈퍼에고를 함입하여 동일화하는 현상이 있다고 하였다. 그래서 그 지도자의 성격 어느 부분이 집단의 개개 구성원의 슈퍼에고의 부분을 차지한다는 것이다. 따라서 그 집단의 개개 구성원이 그 지도자의 것과 같은 도덕관을 갖게 되는 것을 본다. 이것은 히틀러가 독일의 독재자가 되기 훨씬 전에 낸 학설이지만 마치 히틀러의 독일을 예언한 것 같다. 해적의 이야기를 낭만적으로 엮은 소설이나 영화는 좋은 예이다. 오늘날 북한 사람을 통해서도 그런 것을 상상할 수 있다. 그들의 지도자에 대한 존경과 사랑은 진심으로 보인다. 사이비 종교에서 추종자들이 그 집단 지도자의 슈퍼에고를 닮는다. '집단적 망상(folie à plusieurs; madness of several)'이라는 현상으로 변할 수도 있다. 로마 시대 카이저와 신을 동격으로 본 것은 이 현상을 무의식적으로 알았고, 이 현상을 이용한 것 같다. 이런 집단에서는 절대복종이 흔한 현상이다. 막연히 지도자가 무서운 것보다 지도자의 슈퍼에고를 닮는 것은 벌을 받지 않게 방어하는 효율적인 기전이기 때문이다. 스톡홀름 증후군(Stockholm Syndrome)은 납치를 당한 사람이 납치한 사람에게 정이 가는 현상이다. 이 기이한 현상도 슈퍼에고를 닮으려는 데서 온다.

결론적으로 슈퍼에고는 오이디푸스기(남근 시기)에서 부모의 금기와 훈계를 함입하여 오이디푸스의 성적 욕구와 폭력적 욕구를 저지하려는 목적으로 일어난다. 이것은 여러 변화나 증폭을 거쳐 평생토록 무의식에서 지속한다. 이러한 경과를 거쳐 슈퍼에고, 에고, 이드, 이 세 가지 기능이 정착되어 그 사람이 성숙하면 그것이 성격이 된다.

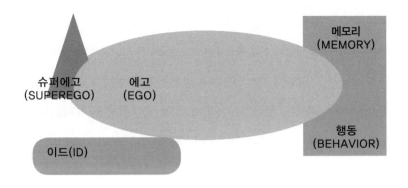

슈퍼에고
(SUPEREGO)

에고
(EGO)

메모리
(MEMORY)

행동
(BEHAVIOR)

이드(ID)

다시 복습하면 성격 형성에서 A는 이드가 무의식에 크게 자리 잡아 미숙하고, 욕심이 많고, 남을 무시하고, 절제가 없는 성격, 그와 반대로 B는 슈퍼에고가 크게 자리 잡아 도덕심이 강해서 철저히 도덕과 질서를 지키기 때문에 조심성이 많은 성격이다. 다시 말하자면, 융통성이 없는 성격이 되겠다. A 유형은 사고를 연발하기 때문에 결국 교도소 신세를 지게 될 것이요, B 유형은 심할 경우 너무도 조심스러워 주눅이 든 사람처럼 행동하며, 편협심 때문에 행동 범위가 상당히 좁은 사람으로 비칠 수도 있다. 성숙한다는 것은 이드와 슈퍼에고를 잘 절충하는 기능이 있는 에고를 크게 발달시키는 것이다. 원만하고 성숙한 사람은 역시 무의식의 대부분을 에고가 관장하는 사람이다. 따라서 에고의 성숙이 클수록 존경받는 원만한 인품을 형성할 수 있다. 슈퍼에고 공부는 소설 창작에 상당히 도움이 된다. 유명한 소설 치고 이 문제가 알게 모르게 이용되지 않은 것이 없다.

이드, 에고, 슈퍼에고, 이 세 조직의 특별한 의무와 기능을 가진 이들은 역동적으로 움직이며 정상적으로는 경험과 함께 계속 성숙해 간다. 그러려면 에너지가 필요하다. 신체적 생리의 에너지가 칼로리로 측정하는 열량이라면 심리적인 정신분석에서는 그 에너지의 원동력을 **리비도**라고 한다. 정신분석에서는 이것이 인간

최상의 목적이다. 철학자와 인류학자들은 그 원동력을 탐구하면서 여러 학설을 내놓았다. 쇼펜하우어의 '삶에로의 욕구(Der Wille zue Leben)', 니체의 '힘에로의 욕구(Die Wille zur Macht)' 등을 말한다. 찰스 다윈의 생존 본능과 종족 보존의 본능이 그것이다. 모든 생물체는 종족을 보존하려는 것이 가장 근본적이요, 그러려면 삶을 향한 목적이 있어야 한다는 것이 근본 학설이다. 즉, 번식이 목적이라면 역시 교접의 욕구가 있어야 한다.

프로이트의 리비도 설은 이 문제들을 적절하게 해결한다. 역동적으로 이 모든 정신 구조가 서로 얽히고 부딪히면서 인간의 성격을 구성해 가며 성장하는 심리작동의 에너지가 된다. 생(生)을 정확히 정의하자면 '생존을 계속'하는 원동력에 의한 작동이다. 리비도는 그 본능을 추구하려는 힘이다.[10] 이런 학설이 속속 나타난 것이 계몽사상 때문이며, 사회는 막연히 비판 없이 슈퍼에고의 지배에만 매달리지 않고 이드가 인간의 본능이라면 반드시 억압해야 하는 이유에 의문(疑問)이 아닌 질문(質問)을 제기하게 되었다. 그것을 해결하면서 일어나는 것이 진보사상의 발전을 북돋았다. 그것은 또한 자연스러운 인간의 본능을 억압할 필요가 있느냐는 철학적 질문이 일어나게 하기 마련이다. 인류의 역사적·사회적 변화와 정신분석의 영향을 들여다보았다.

---

10 20세기 후반의 인류학자, 유전학자, 심리학자들은 인간의 행동, 역사, 사회구조 등을 연구하면서 니체, 쇼펜하우어 같은 철학자가 추구하던 것을 인간의 생리적 동기로 추적해 오고 있다. 유전자가 그 근본 원동력이라는 학설과 인간의 행동으로서 그 유전자를 변화시킬 수 있다는 학설 등이 분분하다. 프로이트의 학설이 인류학자 마가렛 미드(Margaret Mead, 1901~1978)의 학설과 거의 동시에 인간의 행동을 연구하는 데 영향을 끼쳤고 더 깊이 연구할 수 있는 문을 열었다. 필자는 인간의 행동을 연구하는 데 많은 사회적 금기와 제한을 제거하였다고 믿는다.

제15장

실착[*]

---

* 전혀 고의로 하는 행동이 아닌 실수(失手).

정신분석을 이해하기 위해 그 이론을 설명했지만, 대개는 노이로제 같은 임상병리 현상을 공부해야 분명히 이해할 수 있다. 하지만 가끔 임상 증상(병적)에서 오는 것이 아니라도 어떤 행동이나 언어에서 정신분석학으로 이해할 수 있는 심리 현상을 발견할 수 있다. 우리가 병적으로 보지 않은 행동에서도 무의식의 존재를 알 수 있다는 말이다. **실착**(失錯, Para praxis)은 정상적인 행동과 언어(失言)에서 가끔 나타나는 노이로제 같은 행동이다. 즉, 실착과 실언에서 보이는 현상을 정신분석으로 해석하면 노이로제를 해석하는 것처럼 정신분석의 골자를 이해할 수 있다. 또한 소설가나 희곡 작가가 가끔 마치 우연히 지어낸 행동을 표현해서 이야기를 엮어 나가는 것 같지만 정신분석적으로 보면 대부분 무의식에서 일어난 현상과 그럴 이유가 보이는 경우가 많다. 정신분석을 받지 않고도 정신분석에서 어떻게 해석하는지를 엿볼 수 있다.

언어의 실착, 실어

'실수(失手)는 인지상사(人之常事)[1]라는 명언은 세네카[2]가 한 금언이다. 인간은

---

1 To err is human.

2 세네카(Seneca, 4BC~65AD): 로마의 철학자. Errare humanum est sedin errare perseverare diabolicum: 실수는 인지상정이다. 그러나 실수를 계속(자주)하면 그것은 마귀의 행동이라는 말까지 한다. 정신분석적으로 해석하자면 '인간이 실수하는 것은 보통이

실수하게 마련이라는 뜻이다. 실착은 정상적인 정신 상태에서도 일어나는 현상이다. 실수로 한 행동이나 실언을 분석하면 그것이 어떻게 무의식에서 시작했고, 왜 행동으로 나타났는지를 추측할 수 있다. 그 경과를 지금까지 공부한 정도의 지식으로서도 정신분석 과정을 보고 이해할 수 있다. 망각처럼 도저히 잊히지 않을 것을 기억하지 못하는 것도 이 범주에 속한다. 우리말에 실소(失笑)라는 말로, 이유 없이 본인도 모르게 웃는 행동도 이 범주에 속한다.

일반 생활의 심리 현상을 들여다보면 실언은 흔히 보는 현상이다. 글을 쓸 때도 일어난다. 그럴 때는 실서(失書, Slip of pen)라고 한다. 글을 자주 쓰는 이들에게는 그것이 습관처럼 보여 사회적으로 권위가 있는 분들은 그런 행동을 조심해야 한다는 본보기가 되기도 한다. 사실 그 행동이 우연한 실수이고 뜻하지 않게 일어나지만 자주 일어나면 마치 고의로 하는 행동 같이 보이기도 하고 때로는 습관처럼 보이기도 한다. '실언은 진실한 맘을 배신한다.'라는 속담도 있다. '실언 속에 진담이 있다.'라는 표현처럼 '농담 속에 진담이 있다.'라는 속담도 있다. 어른이 어린아이를 보고 "고놈 제 할아버지 닮아 참 밉게 생겼네."라고 했을 때 누구나 그 말을 농담으로 듣고 넘어갈 것이다. 그러나 아기의 할아버지를 닮아 밉게 생겼다는 말이 말한 사람의 무의식에는 참으로 저장되어 있는 감정일 수도 있다. 사자성어에도 비슷한 표현이 있다. 언중유골(言中有骨), 언중유언(言中有言), 어중유향(言中有響) 등이 그것이다.

본인이 모르고 하거나 무심코 뱉은 말이면 이는 실언이라고 돌려 무시해 버리는 경우가 많다. 필자가 저지른 한 웃지 못할 큰 실언이 있었다. 예일대학교에서

지만 너무 자주 하거나 계속하면 그것은 병적이다.'라는 말이다. 그렇다고 겁이 나서 아무것도 하지 않으면 실수도 하지 않는다는 격언도 있다.

연수를 받을 때 맡은 환자 중에 젊은 청년 한 사람이 있었다. 그때 소위 환경치료(Milieu Therapy)라고 해서 입원한 환자들과 직원 전체가 한 자리에서 대화를 한다. 그 환자는 심한 반사회적 성격[3]을 가지고 있었다. 나쁜 행동, 불법적인 행동을 식은 죽 먹듯 했다. 더욱 괴이한 현상은 그의 아버지가 유명한 형사였다는 것이다.[4] 그는 병원 직원들을 재미로 못살게 구는 것 같았다. 그는 남이 싫어할 행동을 아주 태연히 했다. 필자의 심정이 어떠했을지 짐작할 것이다. 어느 날 그는 병실을 옮겼는데, 환자가 또 간호사를 못살게 굴어 간단한 일에 협조하지 않았다. 간호사가 이를 어떻게 하면 좋으냐고 내게 물어왔다. 그때 필자가 "그 사람 전기의자(Electric Chair, 사형할 때 쓰는 의자)에 그냥 태워 끌고 가면 되지 않아요?"라고 했다. 회의에 모였던 직원들의 폭소가 터졌다. 영어를 더듬더듬했던 필자는 영문을 모르고 얼굴이 뜨거웠다. 전기 침상(병원에서 쓰는 침상; Electric Bed)이라고 한다는 말을 'Bed(침상)' 대신 'chair(의자)'라고 말실수를 하였다. 무의식적으로 전기의자(Electric Chair)라고 바꾸어 말하는 실수를 한 것이었다. 그 사람을 사형시키라고 한 셈이다. 미국에서의 상용어이다. 있을 수 있는 일로 보일지 모르나 내 속마음이 폭로된 셈이었다. 아니, 전 직원이 하고 싶은 말을 내가 대신 한 것처럼 되었다. 그러나 직원들이 폭소를 터뜨렸던 그 순간에는 그 이유를 전혀 몰랐다. 영어권에서는 이런 실언을 '프로이트의 실언(Freudian Slip)'이라고까지 할 정도로 통용어가 되어 버렸다.

잠시 이것을 심리학적(병리학적)으로 해석해 보면 이드의 어떤 충동이나 욕구가 무의식 속에 억압되어 있다가 어떠한 상황에서 그 사람의 약한 방어기제를 틈타서

---

3 반사회적 성격(Antisocial Personality): 법과 도덕을 무심코 아무런 가책 없이 저지르는 성격. 대부분 교도소에 있다. '형무소'를 교도소(Correctional Institute)라고 이름을 바꾸어 수감자들을 교화시킨다는 표방이 있지만 그런 성격 때문에 오는 행동을 고치기는 힘들다.

4 이런 아이러니한 현상은 아주 흔하며 정신분석 공부에 좋은 예가 된다.

불쑥 튀어나와 그 환경(상황)에서 받아들일 수 있을 정도의 방어기제에 의해 표현되어 나온 것이다. 순간적인 욕구 표현이지만 충족되더라도 그 효과는 조금밖에 되지 않는다. 만약 어떤 욕구가 방어기제에 의해 수식되지 않고 바로 나온다면 그 사람(환자)에게 심한 충격이 오기 때문에 심한 죄의식 같은 불안증을 초래할 수도 있다. 만약 이 사람이 이것을 알고 이야기를 하려고 할 때 모든 것을 잊어버리게 하는 무의식의 기제가 작동할 수도 있다. 물론 그것이 그렇게 억압되는 것은 안전을 위해서 자연스러운 처리라고 할 수 있겠다. 우리는 이런 것을 자주 경험하면서도 모르고 지나갈 때가 많다.

'실서(失書, Slip of Pen)'는 글을 쓸 때 의도하지 않은 말을 쓰는 경우를 말한다. 자기가 쓴 이메일을 두 번 세 번 읽어도 실수를 남겨 둘 때가 있다. 가끔 시를 읽으면서 '이것 실서가 아닌가?' 하는 느낌이 들 때가 많다. 시인은 시를 쓸 때 감정(정서)을 고의로 표현하려고 하므로 오랫동안 생각할 것이다. 좀 충격적인 것은 은유, 비유, 상징으로 돌려 버리면서 크게 충격적으로 느끼지 않더라도 읽는 사람은 눈물을 그치지 못할 만큼 슬퍼하면서도 읽고 또 읽으며 무의식에 있는 정서를 자아내어 느끼게(대면하게) 한다. 그러나 작가는 그것을 인식하지 않으면서 써 내려가고 있다는 것을 짐작할 수 있다. 장편 소설이나 학문적인 글에서도 실서가 보인다. 분명 작가가 몇 번을 읽었는데도 발견하지 못한 경우이다. 이메일은 말하는 것과 비슷하므로 실어에 더 가까울 것이다. 요즘 새로 나온 휴대전화에는 여러 메시지 도구가 있다. 여기에서 실서를 자주 본다. 실서는 누구에게서나 일어나겠지만 때때로 충격적일 때가 있다. 출판을 목적으로 한 글은 편집이 다른 사람의 손을 거치기 때문에 안전망이 있다. 따라서 편집을 직업적으로 하는 사람들은 이런 것을 자주 볼 것이다.

실어나 실서 같은 현상이 왜 일어나는지, 어떻게 그것을 알 수 있을까 하는 질문에 대한 대답은 늘 마찬가지이다. 실언, 실서 혹은 무의식적 망각에서 그러한 무의식의 충격이 방어기제를 거쳐 표현된다는 것은 모두 정신분석을 해야만 원인을 알 수 있다. 물론 본인이 분석가에게 자기를 완전히 맡기고 해석을 바란다면 실언이나 실서의 원인을 찾을 가능성이 있을 수 있다. 그러나 그것이 큰 문제를 일으키지 않는 한 대개 얼버무리고 지나가 버린다. 앞에서 말한 필자의 실어는 아무런 설명이 없어도 내 속심을 온 병동이 다 알아 버렸다. 그런 경우와 같이 추리를 힘들이지 않고 할 수 있는 예도 있겠지만, 그것을 확정하려면 역시 정신분석밖에 없다. 만약 실언이나 망각이 일어나서 본인에게 도저히 감당할 수 없는 결과를 가져왔을 때는 연상으로 정신분석의 단계를 거쳐야 한다. 연상하는 훈련을 하고 또 최면술을 하는 것처럼 완전히 치료사를 믿고 협력하면 그 원인과 과정을 찾아낼 수 있다. 자기최면(自己催眠, Auto-hypnosis)이라는 스스로 최면을 거는 능력을 갖춘 사람도 있다. 그런 사람은 자기최면으로 자신의 무의식을 짐작할 수 있을지도 모른다.

완전한(100%) 협력이라는 것은 분석을 받는 사람이 지도하는 치료사를 믿고 그에게 완전히 자기의 마음을 맡겨 의지한다는 말이다.[5] 이 현상도 쉬운 일은 아니다. 사람이 자기의 마음을 완전히 남에게 맡기는 경우는 정신분석, 최면술, 어떤 종류의 마취를 할 때도 일어난다. 이것도 훈련이 필요하다. 그렇게 해야 참 연상이 일어날 수 있기 때문이다. 따지거나 순서 하나하나에 의문이 있으면 그것은 벌써 실패로 가기 쉽다.[6]

5 　필자는 참으로 아이러니한 현상을 느낀다. 개신 기독교에서는 프로이트의 세계관을 100% 반대한다. 개신교에서는 철저하게 주님의 말씀을 믿으면 구원받는 것으로 되어 있다(Sola Fide). 이는 모든 신앙과 비슷하다. 정신분석에서도 분석가를 100% 믿어야만 분석할 수 있다.
6 　이것을 얘기할 때마다 기독교의 믿음의 힘을 연상한다. 즉, 주님을 이해하려면 하나하나 따지지 말고 믿음이 철저해야 한다는 것이다.

예를 하나 더 들어 보겠다. 최근 여러 번 만난 사람의 이름을 갑자기 기억할 수 없다. 너무도 기이한 일이다. 연상을 해 보니 그 사람의 이름이 자기가 심히 증오하는 사람의 이름과 같은데다 그 사람이 약간 다리를 절었다. 다리를 절었다는 것은 그 사람이 다친 적이 있었다고 추측할 수 있다. 자기가 증오하는 사람에게 폭력을 가하고 싶은 의욕이 무의식에 있었다는 것이 연상으로 밝혀졌다. 지금 만난 사람이 다리를 저는 것이 마치 자기가 환상에서 가한 폭력으로 생긴 것 같은 심한 죄의식이 있었기 때문이다. 그 사람의 이름을 잊은 것은 그 환상을 부정하려는 방어기제 때문이라고 해석할 수 있다. 마치 자기의 증오로 폭력을 가해 상처를 주는 환상이 무의식에 있어도 그것이 무서워 부정하고 싶은 것이다. 이런 현상을 **기억착오** (記憶錯誤, Slip of Memory)'라고도 한다. 간단한 예이지만 보통 실어나 실착처럼 정신분석을 이해하는 데는 참으로 좋은 예이다.

비교적 이해하기 쉬운 착오의 예가 하나 더 생각난다. 흔히 자기 부인을 '우리 아이들 어멈'이라고 표현한다. 가끔 '우리 아이들 어멈'이라는 말 대신 '우리 어멈' 혹은 '우리 엄마'라는 말이 순간적으로 입에서 나올 때가 있다. 말하는 투나 내용으로 봐서 크게 이상한 것 같지 않지만, 정신분석을 한 사람은 그것도 실어로 본다. '아이들의'라는 말을 빼고 말하는 것은 자기 부인이 자기 어머니였으면 하는 무의식적 소원이라는 분석이 될 수 있다. 즉, 오이디푸스 콤플렉스에서 엄마와 결혼하고 싶은 욕망이 무의식적 환상의 한 예로 나타나는 것이다. 정신분석가에게는 이상하지 않은 흔한 현상이다. 이런 예는 흔해서 누구도 이상하게 생각하지 않겠지만 정신분석학을 배우고 나면 평소 행동에서 얼마나 이런 것을 자주 보는지 알 수 있다. 이는 오이디푸스 콤플렉스를 볼 수 있는 흔한 증거가 되기도 한다.

정신분석을 하지 않아도 흔히 보는 또 다른 임상 현상이 있다. 환자는 때때로 분석에서까지도 어떤 사실을 딱 잡아떼면서 그런 것은 없다고 고집할 수 있다. 그러나 정신분석치료가 진행되면서 결국에는 동의하고 승인하는 것이 보통이다. 그때까지 환자가 자기의 무의식에서 일어나는 것을 전혀 인정하지 못하는 현상은 주로 저항 때문이다. 기억과는 관계가 없다.

저항은 분석뿐 아니라 모든 의료 관계에서 흔히 일어나는 현상이다. 의사가 치료에 대해 정확히 지도하는데도 환자가 이유 없이 이것저것 중요한 것을 빼먹는 경우가 흔하다. 임상 치료에서 가장 힘든 것이 환자의 저항이다. 어떤 환자는 아주 간단한 것을 어긴다. 도저히 이해하기 힘들고 때로는 환자 자신도 왜 자기가 그런 행동을 했는지 이해할 수 없다며 실수를 인정할 때가 있다. 사과를 하고도 나중에 또 같은 실수를 한다. 이런 것이 마치 고의로 환자가 의사의 권유를 무시하는 것 같지만 사실 이런 현상이 무의식에서 일어나는 경우가 많다. 정신과 의사를 무척 힘들게 하는 현상이다.

대부분 이 현상은 환자가 의사, 치료사, 분석가를 자기와 아주 가까웠던 사람, 주로 아버지나 어머니 같은 사람으로 무의식에서 상기함으로써 일어나는, 소위 '전이(轉移; Transference)'라는 현상이다. 말하자면 치료사를 아버지로 혼동하는 것처럼 느끼게 된다는 말이다. 그리고 거기서 오는 감정을 이기기 힘들어 나타나는 감정 때문에 치료가 방해를 받는다. 전이라는 현상은 주로 치료사가 환자의 무의식 속에서 자기의 성장에 영향이 컸던 아버지나 형 같은 사람으로 대치되어 나타난다. 그래서 오이디푸스 시기에 아버지에게 있었던 증오가 없어지지 않고 진료(분석) 기간에 마치 아버지에게 표출하는 것처럼 나타난 그 증오가 치료사를 향해 거역하는 것 같은 행동으로 나타나 분석의 진행을 방해한다. 정신분석 중에 흔히 일어나는 현상이다. 환자가 의사(치료사)를 미워하기 때문에 일어나는 것이 아니다. 여기서 정신분석과 의사와 환자 간에 일어나는 아이러니를 본다.

정신분석에서는 흔히 일어나는 실어가 이해될 때, 즉 분석할 수 있을 때 실어를 흔히 'Freudian Slip(프로이트적 실어)'이라고 표현한다고 했다. 그와 다르게 그 착오가 도저히 이해되지 않을 때, 즉 분석할 수 없을 때 이를 'Non-Freudian Slip(비프로이트적 실어)'이라고 하여 구별한다. 이는 분석으로도 도저히 설명되지 않은 경우를 말한다. 그것은 무의식의 문제가 아니라 대개 신체적(생리적) 뇌신경질환에서 온다. 예로, 치매(Dementia)나 뇌졸중 같은 질환이 있는 사람에서 볼 수 있는 증상이다. 이런 생리적·해부학적 조직의 질환으로 오는 증상은 분석할 길이 없다. 그것은 의식과 무의식을 보존하는 기구가 깨졌기 때문이다.

재미있는 현상은 이 실착을 전혀 인정하지도 못하는 질환이 있다. 아무리 설명을 해도 자기의 실수를 전혀 모른다. 질병불각증(疾病不覺症, Anosognosia)이라는 뇌 질환의 증상이다. 한쪽 팔이 마비되었는데도 이를 인정하지 않는다. 숟가락이 잡히지 않는데도 자기 손의 마비를 탓하지 않고 숟가락을 탓한다. 물론 치매가 심한 경우에는 그런 것을 따지지도 못한다. 이런 질환은 상당히 이해하기 힘들지만 이것으로써 인간에게 '무엇을 안다(認知, Cognition, Awareness)'라는 것, 즉 그 기능이 어느 뇌의 한 곳에 있다는 것을 알 수 있다. 그 위치는 대략 뇌간과 척추신경과의 경계에 있다.

한편, 실어나 실서는 피로할 때나 정신집중이 잘 안 되거나 부주의로 서둘거나 흥분했을 때 일어나는 경우가 많다. 실어가 일어나는 이유로 그런 상태를 탓하는 것을 거의 당연시한다. 사실 그런 신체 현상은 부속 역할을 하는 것에 불과하다고 분석학자는 주장한다. 그런 육체적이거나 심적 문제가 실착을 일으키기 쉬운 조건이지만 실착이나 실어의 근본적인 내용과 이유는 역시 무의식에서 일어나는 정신작용 때문에 나타난다고 한다. 어차피 나올 것이 육체적 피로 때문에 나올 기회를 찾았다고 할 수 있다. 실언이나 실착은 일어나게 마련인데 피곤하고 술도 좀 하니 다소 쉽게 나타난다는 말이다. 취중진정발(醉中眞情發)은 이런 상황에 맞는 성어이다.

또 하나 알아 두어야 할 것은 이런 무의식 작동은 대개 일차 과정으로 일어난다는 사실이다. 일차 과정은 흔히 우리가 늘 믿고 행하는 규율, 문법, 순서 등이 없이 마치 아기의 생각과 같이 무의식에서 절제 없이 일어나는 생각이다. 대개 입에 담기 힘든 말이 많고 유치한 것이 많다.[7] 취중에 아주 점잖은 대학교수 입에서 여학생에게 입에 담을 수 없는 말이 나오는 것을 가끔 듣는다. 이런 말을 화가가 표현한다면 입체파나 추상화가 될 것이다. 갓난아기가 말을 한답시고 소리를 낼 때와 비슷한 현상이다. 흔히 횡설수설(橫說竪說, gibberish)이라고도 한다. 그런 듣기 거북한 말에서도 무의식의 진의가 나온다는 것은 신기하다.

행동의 실수, 실착

지금까지는 주로 언어의 실착인 실어와 그와 같은 기전으로 나타나는 증상에 대한 예를 들었다. 완전히 무의식적으로 일어나는 발언에 관한 이야기이다. 다음은 행동의 실수, 즉 실착을 얘기해 보려고 한다. 이 이야기를 할 때마다 필자는 기독교 개혁자 마틴 루터가 생각난다. 그는 법학을 공부하기 위해 대학으로 가는 도중 소나기와 천둥을 만났다. 무의식적으로 소나기를 피한답시고 나무 밑에 몸을 숨긴다는 것이 키 큰 나무를 택했다. 들판에서 천둥이 일어날 때 높은 나무는 절대 금물이다. 천둥이 그 큰 나무를 쳐 그만 벼락을 맞고[8] 그것을 주님의 분노라고 믿

---

7 "저런 그림 보지도 마세요." 저런 그림 쳐다보지도 말라는 말을 하려다 나온 완전히 일차적 표현이다. 이는 전적으로 오이디푸스 콤플렉스적 표현이라고 할 수 있다. 일차적 작용에서는 흔히 말이 단축된다고 한다. 이 경우 보×와 자×를 축소한 것으로 보면 될 것이다.
8 기록에는 벼락을 맞았다고 되어 있다. 추측으로는 천둥이 그 큰 나무를 쳤다고 볼 수 있을 것이다.

은 루터는 대학으로 가는 대신 수도원으로 발길을 돌렸다. 그때의 그 기도가 새로운 역사를 일으켰다. "성 안나(St. Anna)시여, 곧 수도원으로 들어가겠나이다."라고 맹세하고 법학 대학으로 가던 발길을 성 오거스틴 수도원으로 돌렸다는 이야기는 너무도 극적이다.[9]

그는 누구보다 꼼꼼하고 양심적이며 수도원에서 사죄의 기도를 한없이 했다는 기록이 있다. 그의 분명한 강박적 성격과 행동은 한없는 속죄의 기도로 얽혀 있다. 그의 가책(Scruple)은 유명하다. 그의 노이로제 증상은 인정하지 않는 사람이 없다. 필자는 그가 높은 나무를 선택한 것이 마치 벌을 받고 싶어 택한 노이로제적 실착이 아니었을까 추측한다. 이는 앞에서 예를 든 것과 같이 죄를 지은 범인 자신이 붙잡힐 구실을 만드는 것과 비슷한 실착일 것이라는 추측이다.[10, 11] 그 당시는 사형 방법으로 나무 기둥에 묶어 불을 지르는 화형(火刑)이 흔했던 때이다. 루터가 피하려고 찾은 그 큰 나무가 바로 화형의 상징(나무에 불 등이 떨어지는 것) 같은 공포를 자아내었다. 한편 흔히 볼 수 있는 예를 들면 앞차가 너무 조심스럽게 가면 남자들은 금방 여자가 운전하는 차라고 단정한다. 그런 상상을 하다 보면 남자들은 그 차를 들이박는 실수를 한다. 이 경우에는 두 가지 해석이 나올 수 있다. 하나는 성욕의 표현이고, 하나는 증오의 표현이겠다. 이는 한번 상상해 볼 만한 좋은 숙제가 될 것이다. 그럴 때 그 행동은 또한 벌을 받고 싶은 충동과 찜찜했던 빚을 갚고 싶은 충동이 한꺼번에 온 형상으로도 해석할 수도 있다. 한 가지 행동으로 네 가지 효과를 한꺼번에 성취할 수 있는 인간의 기묘한 정신작용이 아닐 수 없다. 이것을 하나하

---

9   에릭 에릭슨(Eric Erickson, 1902~1994)이 마틴 루터의 정신분석학적 전기를 썼지만, 이 부분은 필자처럼 해석하지 않았다.

10   영어권에서 기독교인이 흔히 "나는 그 성경 구절을 읽고 유죄선고를 받았다(That verse convicted me)."라는 표현을 한다.

11   에릭슨의 저서 『Youngman Luther』(1958), W. W. Norton.

나 분석해서 종합하면 인간의 노이로제적 정신생리가 자세히 정연하게 보이는 경우가 많다. 여자의 차를 들이받는 행동은 여자에 대한 성욕의 표현, 자기를 방해하는 데 대한 증오의 대상을 공격하는 것, 미안하다는 사죄의 기회를 가져온 구실, 수선비와 치료비를 내어 벌 값을 치르는 기회는 갖는 것, 즉 이는 밀렸던 정신적 빚(무의식에 숨겨 있던 여러 가지 죄악감)을 갚는 셈이다.

'실수는 인지상정이다(To err is a human).'라는 속담처럼 인간이면 누구나 실수를 저지른다는 말이 있는가 하면, '실수하지 않는다는 것은 노력이나 시도를 하지도 않았다는 것이다.'라는 명언도 있다. 실수는 흔하며 용서받을 여지가 있는 인간의 보통 행동이라는 말이다. 정신분석에서는 그런 것을 막연히 홀쩍 지나는 말처럼 무시하지 않는다. 반면 조그마한 실수인데도 루터처럼 심하게 죄의식을 갖는 것을 보고 의아해할 수도 있다. 그러나 그 사람의 무의식에 있는 동기는 무시무시한 것일 수 있으므로 본인도 모르게 심한 충격적 불안이 올 수 있다.

무의식의 불안전한 억압과 그 억압의 정도의 차이로 표현되는 정서는 다양해 전혀 실착으로 돌릴 수 없는 예도 있다. 이것을 정신분석적으로 해석하면 무의식 속에서 이드의 강도에 따라 슈퍼에고가 내리는 벌의 크고 작음에 의해 에고의 표현과 느낌에도 차이가 나기 때문이다. 조그마한 불안에서부터 심한 공포까지 행동이 정서적으로 다양하게 나타난다. 즉, 이드의 잘못에 대한 슈퍼에고로부터 받게 될 벌에 대한 감정적 고통은 무의식에서 오는 느낌이지만 강약이 있을 수 있다. 여기서 의식적으로 느끼는 감정이 심해 견디기 어려우면 약물로 어느 정도 조정할 수는 있지만, 근본 원인은 무의식에 남아 있으므로 역시 정신분석으로만 해석해 고칠 수 있다. 이것을 믿는 사람은 약물치료보다 정신분석 치료를 받으려고 한다.

많은 사람이 상담정신치료(Psychotherapy)를 정신분석(Psychoanalysis) 혹은 정신분석적 상담치료(Psychoanalytically oriented psychotherapy)로 오해하고 그 방도를 추

구하기도 한다. 정신분석은 상담치료와 다르다는 것을 기억해야 한다. 최근에 임상적으로 효과가 있다는 인지행동치료와 유념인지치료(Mindful Cognitive Therapy)는 방도가 근본적으로 정신분석적 상담치료와는 다르다. 예외로 기술적으로 상담을 분석과 비슷하게 처리해 치유 효과를 볼 수도 있다. 이 책의 부록에 한두 가지 정신분석적 상담치료의 예를 들어 보았다.

어떤 경우에는 범죄행동(Crime)과 거기에 응당한 벌(Punishment)이 분명하지 않지만, 또 어떤 경우에는 확연히 분명할 수도 있다. 한 행동이 양쪽(죄와 벌 혹은 보복)을 다 충족시키는 재미있는 예도 있다. 앞에서 천천히 가는 앞차가 여자가 운전한 것으로 여기면 사고를 낸 예에서 얘기한 것이 그런 것이다. 만약 내 차가 다른 차의 뒤를 치었을 때 그것이 이드의 충동에서 왔다면 공격적 욕구가 충족된 것이다. 손해배상 등 사고에 대한 벌금을 치른다는 것은 자기가 저지른 공격적 행동에 대한 죗값과 그 이전에 밀린 벌을 한꺼번에 갚는 기회가 되는 셈이다.[12] 배상할 수 있다는 것처럼 속 시원한 것은 없다. 빚이란 갚고 나면 늘 시원하다. 때로는 조그마한 추돌사고를 일으켜 오랫동안 쌓인 빚을 심리적으로 한꺼번에 갚음으로써 쌓인 불안이 해결될 수 있다. 이것은 앞서 예를 들었던 것과 같이 범죄자가 범죄 현장에 나타나는 현상과 비슷하다. 또 죗값을 돈으로 치르는 것이 억울한 척은 하지만 심리적 죄책감으로 고민을 받는 것과 형벌을 받는 것보다 훨씬 편하다. 이것은 심리적 고통보다 육체적 고통이 훨씬 견디기 쉽다는 좋은 예이다. 종교적 자학은 그런 것의 좋은 예이다. 이런 경우에 물론 가해자가 피해자에게 백 번 사과하며 아무 소리 하지 않고 수리비와

---

12 도스토옙스키의 『죄와 벌』은 이 예를 잘 표현한 소설이다. 로딘의 행동은 이 복합적인 문제를 잘 표현한다. 이 소설은 인간의 심리를 참으로 깊이 표현했기 때문에 소설이라기보다 심리학 교과서 같다. 또 인간의 죄업 본성을 다루기 때문에 심리학자와 신학자들이 많이 응용한다. 프로이트도 많이 응용한 것으로 알고 있다.

치료비를 내어 줄 것이다. 그렇게 하고 나면 이상하게도 이 사람의 맘은 억울하다기보다 더 편해진다. 우리나라 속담에도 '매도 먼저 맞는 게 낫다.'라는 말이 있다. 마틴 루터가 벼락을 맞은 것도 이 예의 하나가 아닌가 한다.

일차적 상념을 자유롭게 표현하는 시인의 용기

실착과 정상적인 심리 작동이 뚜렷하게 구별되지 않는 경우도 많다. 무의식에서 온 실언이 의식적으로 표현한 은유나 비유와 비슷한 경우도 많다. 시인이나 수필가가 재치 있는 은유를 쓸 때, 그것은 의식적으로 찾아낸 경우가 많을 것이다. 그러나 우리가 재치 있게 말하고 싶을 때 엉뚱한 생각에서 나왔음에도 우연하게도 그 상황에 적격이어서 멋진 표현이 되었다면 그것이 머릿속에 저장되었던 많은 생각 중에서 나왔는지 아니면 그 순간에 무의식에서 싸우던 여러 부문의 경쟁에서 튀어나왔는지는 구별하기 힘들 것이다. 우리는 어느 때 어떤 꿈이 왜 나타났는지 전혀 모를 때가 많고 어떤 때는 전날 일어났던 사건과 연관이 있는 것을 발견할 때도 있다. 그러나 문학가는 그 이유야 어떠하든 그것으로 훌륭한 작품을 만들 자격이 있다. 즉, 창작인에게는 논술적으로 모든 것을 해석하며 설명해야 할 의무가 없다. 물론 평론가는 이 모든 현상을 아무 의심 없이 의식에서 온 것으로 단정할 수도 있다. 논설가가 정신분석을 조금이라도 배우면 이런 것을 파헤치는 것이 재미있을 것이다. 이런 이유로 창작인이 정신분석을 공부하지만 사실은 평론가에게 더 필요한 학설이 아닐까 한다.

시의 창작과 정신분석학과의 관계를 생각할 때마다 이상과 그의 시를 생각하지 않을 수 없다. 「오감도」와 「선에 관한 각서」는 마치 무의식에서 전의식을 거치지 않고 나온 형상을 보이는 대로 글로서 마치 그림 그리듯 한 것같이 보인다. '그리다시피 했다.'라는 말은 상당한 부분의 무의식에서 일어나는 것은 일차 과정이며, 이것은 대개 시각적이라는 말이다. 시인의 마음속에 일어나는 정서가 시각적으로 일어났다면 그것을 글이나 말로 표현하면 횡설수설이 될 가능성이 있기 때문이다. 서녘 동산으로 넘어가는 붉은 해를 그림으로 표현하기는 쉽지만, 그때 오는 느낌을 표현하기는 힘들 것이요, 느낌을 글로 표현하자니 그림으로 보는 것만 하겠는가. 이상의 시는 일차 과정만을 거친 것처럼 보인다고 했다. 무의식에서는 인간이 만든 도덕, 규칙, 문법, 질서 등의 표현이 무시되기 때문에 우리가 상용하는 말로 표현하지 못하는 것을 공상에서는 글을 시각적으로 그려 낼 수 있을 것이다. 언어 같다고 표현 한 것은 글의 정열이 그림 같기 때문이다. 글로 그림을 그리려니 횡설수설같이 이상한 표현이 될 수밖에 없다. 그러나 정신분석을 조금이라도 이해한다면 그것은 참으로 천재적 표현이다.

정신분석이 이용되기 시작하면서 로르샤흐(Rorschach Ink blot Test)라는 심리검사 도구가 쓰이기 시작했다. 이것은 마치 잉크를 종이에 쏟은 것 같은 기이하며 불규칙한 형상에서 환자가 무엇을 느끼며 환자에게 무엇이 보이는지를 알아내어 그의 연상을 추리하는 도구이다. 즉, 추상적 형상에서 연상으로 무의식을 추측해 내는 도구로 쓰였다. 이것은 예술과 무의식의 연관을 나타낸 좋은 예이다. 정신분석 개념을 재미있게 이용한 것이다. 특히 일차 과정을 이해하기 좋은 도구이다. 그 효과가 문제가 아니라 정신분석으로 찾으려는 무의식의 생각을 일차 과정으로 어떻게 표현할 수 있는지를 상상해서 지어낸 도구라는 것을 이야기하려는 것이다.

이상의 글을 보고(읽고) 무슨 생각, 혹은 어떤 감정이 일어나는지를 물어 거기서 얻은 답으로 그 사람의 무의식을 추측할 수 있지 않을까 생각하며 마음속으로 미소 짓지 않을 수 없었다. 임상적으로 보면 이상의 시는 조현병 환자가 쓴 이상한 글로 볼 수밖에 없다. 정신병원에서 일하면 이런 글을 수없이 본다. 이해되지 않은 꿈을 강박적으로 표현하고 싶으면 별 도리 없이 생각나는 대로 표현할 것이다. 꿈에서 본 것을 그림이나 글로 표현하려고 한다. 이런 현상이 일차 과정에 의한 것이다.

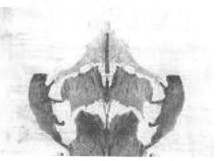

로르샤흐 심리검사 도구

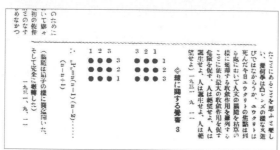

이상의 「오감도」와 「선에 관한 각서 3」

⟨The Dream⟩, Pablo Picasso, 1932

⟨The Scream⟩, Edvard Munch, 1893

⟨The Persistence of Memory⟩, Salvador Dali, 1931

　이런 것을 꿈에서는 많이 보지만 꿈을 꾼 사람은 이를 설명하려고 하지 않을 것이다. 자기도 설명할 수 없고, 아는 사람이 없으므로 그냥 안전하게 넘어 가려고 할 것이다. 설명할 길도 없고, 또 미쳤다는 소리를 들을까 두렵기 때문이기도 할 것이다. 만약 시인 이상에게 정신질환이 없었다면 그의 시에서 그의 용기를 보는 셈이다. 마치 정신적 나체라고 할까? 피카소나 마티스의 그림을 보면 그들이 전혀 거리낌 없이 무의식을 표현한 것으로 보인다. 그들의 그림에서 불균형한 모양을 보면 더욱 그런 것이 느껴진다. 유달리 큰 눈, 유달리 큰 귀 등을 그들의 그림에서 본다. 그러나 그런 불균형이 이해될 것 같다. 이것은 마치 무의식에서 일어나는 대화를 그림으로 보는 것 같은 느낌을 주기 때문이다.

　무의식의 일차 과정에서는 문법과 말의 순서가 없으므로 질서나 균형이 없는데도 신기하게도 아름답게 보이는 경우가 많다. 그러나 아기들처럼 질서 없이 하는 말처럼 소리를 내기도 한다. 예로, 시를 읽을 때 우리는 머릿속에서 한참 상상하며 그것을 마음속에서 그림을 그리거나 영상을 보듯 상상할 때가 있다. 그것은 거기 맞는 운율을 찾으려는 것이다. 느낌은 오지만 말로 표현하려면 그것이 다 깨어질 것 같으므로 오히려 문법에 맞는 말을 피하고 싶어서 하는 노력과 같다. 다행히 글을 쓴 사람의 심정을 공감할 수 있다면 반드시 중간 설명(해설자 혹은 그것에 맞먹는

그림)이 없더라도 공감 자체만으로도 흡족할 것이다. 시에 문법이 없더라도 읽는
사람은 운율만으로도 만족할 것이다. 때로는 시인이 심층의 의식이나 무의식의 상
념을 중간에서 통역해 읽는 사람의 의식에 반영시키는 역할을 하려고 하는 것이
보인다. 그것을 의식적으로 표현하려면 너무도 격(형)식에 맞추어야 하니 자유가
없어진다. 그래서 예술가와 시인 누구나 일차적 상념을 자유롭게 표현할 수 있는
용기를 부러워할 것이다. 정신분석으로 같은 경험을 할 수 있다는 것을 알면 금방
정신분석이 알고 싶을 것이다.

정신분석이 알려 주는 이야기

우리의 일상생활에는 질서가 있다. 모든 행동에 이유를 들 수 있다. 도덕, 사회
질서, 법, 문법, 수학, 물리학, 화학 기호, 생리 등 모든 사물에 규율이라든가 형식,
법칙, 균형 같은 것이 한없이 많다. 무의식에서도 에고는 슈퍼에고의 눈치를 보면
서 이드에서 일어나는 무절제한 욕구와 충동을 최대한 사회 규율에 맞게 조정하려
는 역할을 한다. 그 대부분의 역할은 에고의 임무이다. 그러나 어떤 이유로 잠시
에고가 한눈을 팔 때 욕구나 충동이 규율의 억압을 받지 않고 의식으로 표현될 수
있다. 속도위반을 본의 아니게 저지르는 것과 같다. 이때 이드의 충동이 너무도 광
폭하고 충격적이라 에고가 방어기제를 데리고 따라다니면서 말린다. 그런 노력에
도 불구하고 가끔 이드의 일부분이 의식으로 튀어나올 수 있다. 그런 것이 일상생
활에서 가끔 튀어나오는 것이 실언이며 실착이다.

기묘한 것은 그것이 이드에서 나왔는데도 비교적 안전한 이유는 방어기제의
덕을 어느 정도 받기 때문이다. 심심하고 단 음식에 매운 양념 같은 것이라고 할
까. 다소 난처한 실수일지 모르나 대개 큰 문제가 되지 않는다. 실서를 문학평론가

들이 이해하면 작가를 이해하는 데 참으로 유익할 것이다. 즉, 일차적 진행을 알면 실서에서 오는 작가의 의도를 볼 가능성이 크기 때문이다. 필자는 평론가가 정신분석학을 공부하거나 분석을 받으면 평론에 상당한 도움이 될 것이라고 추측한다. 이런 현상이 무의식에서 일어나면 안전할 것이요 의식에서 일어나면 고통스럽겠지만 그것이 의식으로 넘어오려면 역시 전의식에서 방어기제가 작동해 의식으로 안전하게 옮겨져야 한다. 따라서 우리 마음속의 전의식은 창작인이라는 별명을 붙여 줄 만하다. 슈퍼에고, 에고와 이드 간의 균형이 심하게 깨져 나타나는 것은 정상적으로는 꿈에서 일어나지만, 비정상적으로는 꿈이 아니고 깨어 있을 때 일어나는 행동에서도 나타난다. 이는 주로 심한 정신질환에서 나타난다. 좋은 예로, 영화 〈샤인(Shine)〉의 주인공 데이비드 헬프갓(David Helfgott)은 조현병이 있었던 것 같다.[13] 그의 횡설수설과 더듬는 말은 전형적인 슈퍼에고의 압박 증세이다. 그의 정신이상은 아버지의 감당할 수 없는 행동 때문이었다. 아버지로부터 복사되다시피 한 혼란스러운 슈퍼에고의 혹독한 벌에 완전히 억압되어 퇴행한 상태에서 온 행동임은 다 알 만한 사실이다. 마치 데이비드의 아버지가 데이비드의 머릿속에 앉아 있는 것 같다. 이 영화에서 슈퍼에고를 비교적 쉽게 볼 수 있다. 아버지는 사랑하지만, 사랑한다는 합리화로서 심하게 벌을 준다. 에고는 이것을 어떻게 받아들여야 할지 몰라 퇴행(아기로 되돌아가는)하는 수밖에 없다. 다시 이드에 충실한 어린이의 행동으로 돌아간다. 이 영화에서 주인공은 아기처럼 나체로 돌아다닌다든가, 담배를

---

13 〈샤인〉은 1996년에 제작된 오스트레일리아의 피아니스트 데이비드 헬프갓의 생애를 그린 영화이다. 주인공은 아버지의 학대를 겪어 가며 피아노 공부를 해야 했다. 마침내 정신질환에 걸리고 만다. 이 영화에서 정신분석 공부에 도움이 될 많은 예가 보인다. 많은 해석가가 그 증상을 심한 불안증이라고 했지만, 그의 모든 행동은 조현증이라고 해야 옳을 것이다. 이 영화를 바탕으로 한 학문적 논문도 꽤 나와 있다.
http://bankroll.tistory.com/216#.WvhAMvmly-s

입에서 떼지 않고(젖꼭지 대신), 그를 도와주는 여인들의 유방을 만진다든가 아기처럼 행동하는 퇴행을 극적으로 나타내었다. 이 영화는 어른에게서 일어난 이드의 적나라한 충동을 이해하기 쉽게 표현하였다. 이 영화는 이 글을 읽으면서 슈퍼에고, 에고, 이드의 상호관계와 작동을 복습하는 데 상당히 도움이 될 줄로 믿는다.[14]

이드의 욕구가 가면을 쓰고 표출되는 창작의 과정

시나 수필에서 재치 있는 글 혹은 지혜로운 글(Wit, Witticism, Wisdom)을 본다. 어떤 이는 그런 재주를 한없이 가진 것 같다. 그런 사람은 천성적으로 재치 있는 것 같다. 작가 마크 트웨인(Mark Twain)은 그런 재치로 유명하다. 익살을 부리는 코미디언들은 재치 있는 유머로 관중으로 하여금 폭소를 터트리게 하는 재주가 있다. 폭소는 상당한 심리적 에너지를 방출한다. 조그마한 말 한마디로 거의 폭발적인 박장대소를 하게 한다. 대부분은 무의식의 이드의 강력한 에너지가 웃음과 함께 오는 감정으로 나타나게 하는 현상이다. 웃음은 폭력적인 의욕을 합리화하는 인간 에고의 기제 같다. 물론 이것은 반동형성의 하나라는 것을 곧 이해할 것이다.

그것이 무의식에서 크게 변화하지 않고 나왔다면 우리가 이해하기 힘들고 웃으려고 하기보다 오히려 모른 척하고 넘어가려고 할 것이다. 그러나 코미디라는 합리화로서 다른 말로 표현하면 눈물이 날 정도로 웃게 된다. 이때 웃고 나면 피곤할 때가 있다. 박장대소를 하고 난 후 한숨을 쉬는 것을 보았을 것이다. 어떤 사람은 눈물까지 흘린다. 굉장한 에너지의 방출이다. 우리나라에서 유치한 농담으로

---

14 이 책에서 이야기한 두 영화 〈샤인〉과 〈뷰티풀 마인드〉는 교과서 같은 영화이기 때문에 그 줄거리를 여기서 얘기하는 것보다 직접 보는 것이 훨씬 도움이 될 것이다.

어른들이 아이들에게 "요놈, 불알을 까야지." 할 때 겁이 나서 달아나는 아이는 없다. 대개 주위 사람이 깔깔거릴 뿐이다. 이는 분명 포장되지 않은 오이디푸스 콤플렉스에서 일어나는 거세 위협이다. 그런데도 웃기만 하고 위협을 느끼지 않는 이유는 그때의 사회 풍조에 맞게 웃어 버림으로써 그 공포를 잊을 수 있기 때문이다. 이것도 반동형성이다.

좀 더 심한 예는 어릿광대가 무대에서 재치 있는 유머를 연달아서 할 때 관중이 웃음을 그칠 줄 모르는 것이다. 그때 극장 뒷문에서 실제로 연기와 불꽃이 보여 광대가 "불이야!" 하고 고함을 지른다. 눈물이 날 정도로 웃던 사람들이 더 크게 웃음을 터뜨린다. 어릿광대가 손으로 뒷문을 가리키며 다시 "불이요!" 해도 관중은 웃음을 그치지 않는다. 이때는 마치 사람들의 마음에 이드만 충만되어 있는 것처럼 사회의 규율이 무시되어 버렸기 때문에 폭력적인 광폭한 위협을 잠시 유머라는 기제로 닫아 버려 현실적인 위험을 무시하고 있다. 즉, 무서움이 숨어 버린다. 강력한 부정이 이미 발동을 걸어 놨기 때문에 사물을 직시하는 것도 그와 함께 잠시 차단되어 있다. 그렇게 차단해 버리고 이드가 쉽게 나타나게 하는 재주는 전의식의 기제들을 적재적소에 이용하는 성격이라고 할까, 아니면 재능이라 할까. 줄타기하는 사람, 칼을 목으로 집어넣는 마술사 같은 것이다. 전의식의 득을 톡톡히 보는 셈이다.

문학에서 재치 있는 표현은 정서적으로 심리에 영향을 줄 뿐 아니라 콤플렉스를 무마하고 편안한 쪽으로 인도하는 역할을 한다. 얼른 보기에는 잠시나마 불안을 치유하는 역할을 한다. 이것은 일시적으로 통증을 막는 진통제와도 같은 역할이다. 그것이 문학작품이면 그 글을 읽는 사람의 심적 갈등을 대치하기 때문에 심리적 안정에 도움도 될 것이다. 앞에서 잠시 지나가면서 이야기했지만, 시작이 시인들의 우울증 같은 심적(정서적) 고통을 치유하는 역할을 하고 그 시를 읽는 독자에게도 같은 치유 효과가 있다고, 제이미슨(Kay Redfield Jamison, 1946~) 교수뿐만 아니라 많은 창작인과 정신분석가가 학설로도 발표했다. 시를 읽고 난 후의 여운 (느낌)은 재미있다거나 현명하다는 등 많겠지만, 그런 것이 독자에 따라 다소 냉소 적이며 비판적인 느낌을 줄 수도 있다. 그것으로 그 표현의 과장이 얼마나 심리적 으로 강력한 작용을 하였는지 짐작할 수도 있다.

종교와 정치적 사상을 빈정거리는 사람들이 있다. "교회를 다닌다고 다 크리스 천은 아니다."라는 유머는 마치 "차고에 서 있다고 다 자동차는 아니다."라는 유머 와 같고, "진보적 정치가란 두 발로 공중에 꼿꼿이 서 있는 사람들이다." "누구든지 바보가 될 권리가 있다. 문제는 그 권리를 남용하는 것이다." 등 대개는 비꼬는 말 이라 자신을 돌아보게 하지만, 흔히 웃어넘겨 버림으로써 무의식적 충동을 막아 버린다. 자세히 보면 상당한 증오가 그 말에 숨어 있다. 물론 이것은 권위에 대한 증오를 표현한 것이다. 마치 이드가 슈퍼에고에게 보내는 비웃음 같은 방어기제이 다. 무표정하게 빈정대는 것과 같다. 이런 현상과 표현은 이드의 광폭함을 막아 준 다. 상당한 방어작동이다. 문학의 재담(才談, Witticism)은 정신치료제 같다고 할까, 영양제 같은 역할을 한다. 성경도 좋고 불경도 좋지만 이렇게 마음을 평안한 곳으 로 인도하는 글을 읽는 것도 중요하다.

창작하는 과정과 현상을 자세히 분석해 보면 일차 과정을 통해서 이드의 욕구 가 가면을 쓰고 표출되는 것을 볼 수 있다. 이 일차 과정은 어린아이들이 하는 생각 과 같은 유치한 것들이다. 그 과정을 보면 압축, 즉 전체를 축소한 일부로서 표현하 는 것 혹은 일부를 팽창해서 표현하는 것, 반대말과 비슷한 말로 표현하는 것, 상징 적 표현, 은유적 표현 등이 있다. 시인들은 시 속에 반대말을 강조하기 위해 쓰는 경우를 알 것이다. 성경 같은 고전의 시에서 흔히 보는 대구법(對句法, Parallelism)에 서 그런 것이 보인다. "사람에게 고기 한 마리를 주면 하루 잘 먹을 것이다. 그 사람 에게 고기 잡는 것을 가르쳐 주면 평생을 잘 먹을 것이다." "진실은 다리가 있어 달아난다. 거짓은 다리가 없어 주저앉는다." 등의 예를 보면 상당히 압축된 것이 반대 현상으로 보이면서 동시에 표현되고 있다. 읽는 사람이 그것에 공감하는 이유는 저항 없이 그 글을 받아들이기 때문이다. 시를 읽을 때는 저항 없이, 주저함이 없이, 비판이나 분석을 하는 마음 없이 읽으라는 이유가 여기에 있다. 시를 읽을 때는 에고나 슈퍼에고로 철저하게 통제하려고 하지 말고 이드에게 약간의 관용을 보이면서 그냥 지나가라는 뜻이다. 형이 동생의 짓궂은 장난을 눈감아 주는 것 같이 성숙한 아량으로 보면 될 것이다.

정신의학을 하는 의사나 상담사에게 이런 것이 보이면 괴로울 때가 있다. 의사란 직업은 따지는 것이 본분이기 때문이다. 가끔 환자가 하는 말 속에서 무의식의 뜻이 비치면[15] 의사는 그것을 확인하기 위해 따지고 싶지만 그러면 환자는 금방 무의식의 문을 닫아 버린다는 것을 알기 때문에 속만 태우고 포기하거나 때를 기다리거나 운(運數, 機會, Chance)을 기다린다. 때로는 정신분석처럼 회화를 진전시켜 실마리를 찾으려고 노력도 해 본다. 가끔 운이 좋아 환자가 문을 열어 주는 예도 있다.[16] 그러나 준비가 되지 않았을 때는 그런 기회를 놓치지만 아쉽지는 않다. 왜냐하면 그의 무의식을 조금이라도 알게 되어 그것이 치료에 도움이 된다는 것을 알게 되었기 때문이다.

물론 그것을 쓸 줄 모르면 무용지물이다. 이렇게 잠시 에고가 무방비 상태가 되

---

15 분석하지 않았기 때문에 추정으로 이해할 길밖에 없다.
16 Progressive Muscle Relaxation(점진적 근육이완요법)이라는 치료법이 있다. 이 치료 중에 환자는 깊이 이완해서 잠이 든 것이 아니면서도 심층에 있는 생각을 발설할 수 있다. 이것은 무의식에 접근할 좋은 기회이지만 환자의 허락 없이 할 수는 없다. 소위 'Amital Interview'가 있다. Sodium Amital을 'truth serum'이라고 한다. 이 약을 정맥에 주사하고 난 뒤에 환자에게 이야기를 시키면 완전한 무방비 상태이기 때문에 환자가 깊은 속을 다 실토한다.

는 것을 에고의 **퇴행**이라고 한다. 퇴행이 심하거나 오래가면 정신이상을 일으킨다. 에고의 퇴행이 심해 비정상적이기는 하지만 치료사는 고의로 퇴행을 잠시 자처하기도 한다. 술을 마시는 것도 자율적으로 퇴행을 자처하는 것과 같다. 환각제도 그런 역할을 한다. 젊은 사람들이 알게 모르게 환각제를 복용하고 일시적으로 퇴행을 자처하는 것이 20세기의 풍조가 된 것도 에고의 퇴행을 이용하는 것이다. 이런 현상은 영화 〈샤인〉에서 샤인이 자기를 아껴 주는(엄마 같은) 부인들의 유방을 만지고 싶어 하는 것과 같다. 이는 퇴행을 참으로 잘 표현했다. 퇴행을 자초한 유행이 언제 시작했는지는 모르나 분명한 것은 19세기 중반에 서양의 문학가들이 압생트를 즐겼다는 사실이다. 우리나라 문학가들이 배갈(고량주) 같은 도수 높은 술을 즐긴 것도 그런 경험을 위한 것으로 본다. 정신분석을 받을 때도 약간의 퇴행을 용서한다. 분석이 쉽게 풀리기 때문이다. 술을 마시고 끔찍한 실수도 하고 용서받지 못할 이드의 행동으로 유치하고 공격적인 행동을 하는 위험이 있지만, 분석가와 창작인은 탐험가처럼 용감하게 시도하는 경우도 있다. 형법에도 술을 마시고 저지른 범행은 다소 감형한다. 술이 깨고 난 후에 그들이 한 일차 과정을 본인에게 아무리 이야기해도 무슨 말인지 모를 때가 많다. 마치 취중에 한 말이나 행동을 술에서 깬 사람에게 이야기하면 딱 잡아떼는 것처럼 말이다. 그런 욕구가 에고의 이차 과정에 의해 의식으로 건너오면 그때는 안심하고 얘기를 할 수 있지만, 한 번은 번역된 것이기 때문에 그 양상이 달라져 환자는 그것을 인정할 수 있는 공부가 필요할 것이다.

퇴행을 종교적 예식에서 사용하기도 한다. 아이러니하지만 미국의 북미 원주민들이 페요테 같은 환각제를 복용해 자기네들의 신을 찾으려는 예식이 있다. 히피들이 그것을 흉내 내어 진실한 세계를 찾을 수 있다는 것을 믿고 환각제를 사용했다고 한다. 이것은 창작인, 특히 시인들이 탐험적 여행 혹은 단순한 행동을 하면서 시상을 찾으려고 하는 것과 비슷하다. 때로는 위험을 무릅쓰고 여행을 한다. 가장 무서운 모험 중 하나로서 독물로 자신을 스스로 시험하는 때도 있다.

　시에서 작가가 이완된 상태에서 무의식에서 나오는 일차적 정서를 표현했다면 읽는 사람도 그와 마찬가지로 이완된 상태에서 약간의 무의식의 문을 열고 공감할 것이다.[17] 이미 지적한 것과 같이 일차 과정에서는 규칙이나 문법이 없다고 하였다. 시는 어느 정도 독자의 아량이나 정서적으로 마음을 열지 않으면 읽는 효과가 없다. 성현들이 한잔한 뒤 얼큰할 때 시로 대화를 하는 광경을 얘기한 바 있다. '취중무천자(醉中無天子, 술이 얼큰하면 어려워할 일이 없다)'라, '취중진정발(醉中眞情發, 술이 얼큰하면 속마음이 나온다)'이라는 말은 이 현상을 잘 표현한 성어이다. 여기서 속마음이란 무의식이나 전의식에 가까운 정서일 수도 있다. 안압지나 포석정의 시(詩) 놀이가 바로 그런 것이다. 환각이 일어나게 하는 방법도 수십 가지가 고대로부터 내려왔다. 인간이 환각에서 무엇을 추구하려는 시도는 고대로부터 있었다. 마치 고대에도 무의식이라는 것을 상상했던 것처럼 말이다. 이것이 신을 찾으려는 것, 혹은 죽은 혼과 소통하려는 것, 다른 세계를 탐험하려는 것 등등 인간이 보는 현실과 다른 것을 찾기 위한 것이라고 보면 탐험가와 창작인이 찾으려는 것과 비슷하며 별로 다를 것이 없다. 창작인은 돌풍이라도 정면으로 충돌하면서 거기서 채집한 색, 모양, 글, 소리를 창작에 즐거이 이용한다고 몇 번 강조했다. 다음 시는 그것을 바로 직설한 것 같다.

17　어느 잡지에 실린 필자의 수필 「인과인가 섭리인가」에서 '시는 천국의 언어 혹은 영혼의 언어'라고 강조했다. 믿고 쓰고 믿고 읽는 것이 시를 읽는 자세가 아닌가 한다.

갈매기,

그리고 사물의 견고함을 지닌 살아 있는 자의 고독

나의 항해는

태평양의 밤 어둠 속에서

신선한 모험으로 빛난다

먼 외국 땅에서 나는 무엇을 찾을 것인가

내 조국 땅에서 나는 무엇을 버렸던가

파도는 거칠고 바람은 분다

돛은 삐걱이고

아, 나는 행복을 찾고 있는가

영혼 깊이로 파고드는 빛나는

저 푸른 파도

파도 위에 떨어지는, 햇살

나의 야망은 폭풍우를 갈망하고 있는가

마치 폭풍우 온 후 평화가 화엄이듯

그러나 내 항해의 마지막 정박지를

아무도 모른다

바람이 분다, 오 바람아 불어라

　　　　　- 최연홍, 「나의 항해」

금기의 전통을 깬 정신분석

인간의 복잡한 심리 중 가장 미묘한 것이 스스로에 대한 자가 비판이랄까 자가 판단이다. 우리가 사는 사회에서 마음 자세를 어떻게 처신해야 하는가 하는 고심은 태고 때부터 있었다. 특히 자신, 개개인이 스스로 태도를 보는 것을 꺼리고 남과의 관계에 집중해 왔지만 가끔은 스스로에 대해 관조해 왔다. 가장 흔한 방법이 종교에서 가르치는 정진(精進)의 방도들이다. 기도, 묵상, 명상, 선(禪), 환상, 공상 등이며, 생각을 하고 싶으면서도 주저하는 것이 자기 가치관일 것이다. 도덕이니 예의니 하는 것은 대개 나와 이웃과의 관계에 치중하는 행동이다. 거기서 우리는 금기부터 배운다.

정신분석은 이런 금기(禁忌)의 전통을 깨고 이드의 존재와 일차 과정 개념(Primary Process Concept)을 구상하면서 과거에는 솔직하게 보지 않았던 것을 다시 쳐다보는 용기가 일어나게 했다. 그러려면 두려움이 없어야 한다. 처음에는 전설 같은 것으로 표현을 둘러서 상상하기 시작했다. 고대 그리스 신화에서 나르시스(Narcissi)를 불러냈다. 인간이 이 세상에 태어날 때는 자기밖에 모르고, 모든 것이 자기중심이며, 자기를 위해서만 행동하며, 정신분석에서는 그것을 이드라 이름 짓고 어른이 되어 이드 같은 유치한 행동이 보이면 이기주의라고 한다. 초기에 이드의 욕구는 너무도 광폭하고 아무것도 무섭지 않아 그것을 조정하거나 건드릴 수도 없다. 성숙한 후에는 무의식에 깊이 도사리고 있으면서 때때로 술을 마시거나 환각제를 쓰거나 혹은 심하게 피로할 때 에고가 약하게 마비된 기회를 타서 표면으로 나타난다. 건강한 사람은 술, 환각제, 묵상 등으로 이런 현상을 고의로 자처하지만, 조현병 환자에게는 심한 퇴행이나 폭력적 긴장증(Catatonia)과 조울증의 폭력적 광증(狂症, Manic Aggression) 등 병적 증상으로 직접 나타나기도 한다. 이런 현상이 비정상적이고 병적이지만 슈퍼에고의 관찰 아래 에고의 노력으로 문학적 혹은 예술적 재치로 이차 과정을 통해 의식으로, 작품으로 나타낼 수도 있다는 것은 신비스럽지만 가능한 현실이다. 이것은 성숙한 표현이지만 가끔 그 원초적인 나르시시즘은 사라지지 않고 나타난다.

그러고 보면 우리는 성장하면서 변화하는 이드, 에고와 슈퍼에고의 변화도 기록처럼, 장서처럼 저장된다. 영화나 연극에서 이드가 하는 행동을 표현하면 사람들은 마치 대리 만족같이 그런 것을 즐긴다. 그러나 정신이 약한 사람이 술에 취하면 그런 것을 상상만 하는 것이 아니라 실천할 수도 있다. 앞에서 잠시 말했지만 그럴 때는 강한 슈퍼에고의 금기 때문에 양가감정(兩價感情, Ambivalence)을 동반할 수 있다. 위험한 상태이다. 다시 잠시 그것을 복습 삼아 들여다본다. **양가감정**이란 사랑하는 감정과 증오하는 감정이 동시에 일어나는 현상이다. 이는 보통 사람이 감당할 수 없는 상태이다. 대개 조현병 같은 심한 정신질환에서 일어나는 감정이다. 이런 감정이 위험한 이유는 아주 원시적인 감정이기 때문이다. 감정이 원시적일수록 성숙한 인간이 감당할 수 없다. 어떤 고통스러운 감정을 감당할 수 없으면 인간에게는 해결할 길이 두 길밖에 없다. 자살 아니면 조현병 같은 심한 정신병이 오는 것이다. 술을 마시고 이런 상태에 도달하거나 환각제로 이런 경험을 하기도 한다. 제2차 세계대전 직후에 미국의 정보부가 LSD라는 환각제로 고문하는 실험 도중에 실험대상자들이 자살하기도 했었다는 소문이 있었다. 충분히 추측할 만하다.

원초적인 이드의 나르시시즘 상태는 스스로만을 사랑하며 아무것에도 구애를 받지 않은 상태이다. 그리스 신화는 이를 미화하였다. 이것은 광폭하며 이기주의적이며 갖고 싶은 욕심만 있는 것이 아니라 자기밖에 없는 자기만을 사랑하는 것으로서 사랑의 목표(대상)가 자기에게 있는 현상이다. 그래서 그 표현은 자만이겠으나 그 대가로 자기 이외의 대상을 찾지 못하는 슬픔과 고독이 함께 올 수 있다.

이런 상태를 정신분석 병리학적으로도 나르시시즘(Narcissism)[18]이라고 한다. 윤동주의 시 모음에서 「자화상」을 발견하고, 그것으로 그가 그의 나르시시즘을 어떻게 해결했나 복습 삼아 생각해 본다. 윤동주는 '돌아서고 돌아선다'고 표현했다. 나르시스는 아예 거기서 떠나지 않았다.

산모퉁이를 돌아 논가 외딴 우물을 홀로 찾아가선 가만히 들여다봅니다.

우물 속에는 달이 밝고 구름이 흐르고 하늘이 펼치고 파아란 바람이 불고 가을이 있습니다.

그리고 한 사나이가 있습니다.
어쩐지 그 사나이가 미워져 돌아갑니다.

돌아가다 생각하니 그 사나이가 가엾어집니다.
도로 가 들여다보니 사나이는 그대로 있습니다.

다시 그 사나이가 미워져 돌아갑니다.
돌아가다 생각하니 그 사나이가 그리워집니다.

---

18 그리스 신화에 나르시스라는 젊은 사람이 물에 비친 사람의 얼굴이 너무도 아름다워 그 영상에 홀려 깊은 사랑에 빠져 버린다. 그는 그 물에서 떠날 수 없어 거기서 쇠약해져 죽어 버렸다는 전설이다. 오늘날 수선화를 나르시스라고 하며 그중 가장 아름다운 종류를 '입술연지수선화(Narcissus poeticus)'라고 한다. 영어로는 '시인의 수선화'라고 한다.

우물 속에는 달이 밝고 구름이 흐르고 하늘이 펼치고 파아란 바람이 불고 가을이
있고 추억처럼 한 사나이가 있습니다.

— 윤동주, 「자화상」

이 시는 신화의 나르시시즘과 좀 다르게 처리한 것처럼 보이지만, 이기적인 자
신에서 껑충 뛰어나와 자신을 재검토하면서 들랑날랑하며 자신을 다시 바라보는
명상으로 바꾸었다. 얼른 보면 양가감정이 있는 것 같지만 자세히 보면 자기를 사
랑하는 것과 자기가 미운 것이 교대로 나타나는 것으로 보아 그것은 아니다. 자신
을 사랑하는 것을 주저하는 것 같고 자신을 가엽게 여기는 것도 주저하는 것이 보
이지만, 또 그리워하는 존재였다는 것도 보인다. 늘 시인들이 아름다운 것을 혹은
임을 그리워하는 것이 무엇이 다르겠냐고 생각한다. 자기도 모르게 자신을 그리워
하는 현상이다. 이 시는 자기 자신을 사랑하는 사람이 갖는 양가감정의 병존을 잘
보여 준다. 윤동주의 삶과 시에서 이런 면을 본다. 다음 시 「참회록」은 「자화상」을
쓴 바로 후에 지은 것이 아닌가 하는 생각을 지울 수 없다.

파란 녹이 낀 구리거울 속에
내 얼굴이 남아 있는 것은
어느 왕조의 유물이기에
이다지도 욕될까

나는 나의 참회의 글을 한 줄에 줄이자
　— 만(滿) 이십사 년 일 개월을
　　무슨 기쁨을 바라 살아왔던가

내일이나 모레나 그 어느 즐거운 날에

나는 또 한 줄의 참회록을 써야 한다

　　— 그때 그 젊은 나이에

　　　왜 그런 부끄런 고백(告白)을 했던가

밤이면 밤마다 나의 거울을

손바닥으로 발바닥으로 닦아 보자

그러면 어느 운석(隕石) 밑으로 홀로 걸어가는

슬픈 사람의 뒷 모양이

거울 속에 나타나온다

　　　　　　　- 윤동주, 「참회록」

　　신화의 나르시스는 우물을 떠나지 못했다. 윤동주는 자신을 자아비판함으로써 그 족쇄에서 풀려나왔다는 것이 다르다. 따라서 읽는 사람 스스로 판단 없이 받아들이면서 무의식을 조금 열어 합류하면 자기 안에 있는 큰 정서를 발견할 것이요, 고마운 경험을 하게 될 것이다. 자화상에 그려진 행동과 심리는 성숙한 인간이면 누구나 한번쯤 경험했을 것이다. 자아비판 없이는 참회할 수 없기 때문이다. 고흐의 자화상에서도 이와 같은 것을 볼 수 있다. 그는 수많은 자화상을 그렸다. 얼른 보면 모두 비슷한 것 같지만 분명히 그가 자기의 자화상에서 무엇을 찾으려는 노력을 볼 수 있다. 이것이 윤동주의 「자화상」 같은 느낌을 들게 한다. 필자는 이 현상이 꿈을 꾸는 것과 정신분석을 받는 것과 비슷한 가치(무게 있는)의 경험이라고 본다. 시가 시인의 속을 보여 주어 읽는 사람은 시인과 공감(感情移入, Empathy)함으로 동행할 수 있으며 마음속의 고민도 함께하는 셈이 된다. 마치 연상을 함께하는 것 같다. 치유의 효과를 이런 것에서 볼 수 있다.

고행도 동행이 있으면 덜 괴롭지 않을까? 한동안 자가 정신분석(自家精神分析, Self Psychoanalysis)에 대해 많이 토론한 것을 기억한다. 또 하나 잊지 말아야 할 것은 많은 시인이 술을 좋아했다는 사실이다. 독자가 술을 조금 한다면 마음을 더 느슨하게 열어 시를 읽으며 에고(ego)의 방어(Defence)가 허술한 틈을 타 더 깊은 감정을 자유롭게 얻어 올 것이다. 위험한 느낌을 감당할 수 있을 것이라는 말이다. 술이 이드(id)와 무의식 속의 갈등을 쳐다볼 수 있는 용기를 준다는 말이다. 술이 거나한 시인의 입에서 나오는 시로 대화를 하는 장면을 고등학교 국어 선생에게서 자주 들었다. 일제강점기에 시인 동우들이 모이면 으레 중화요리점에 모여 배갈[19]에 불을 붙여 가며 시 이야기를 즐겼다고 했다. 분풀이를 한 것일지도 모른다. 이것은 마치 서양의 문학가들이 압생트를 즐겼던 것과 비슷하다고 이미 얘기했다. 그것은 무의식을 탐험하려는 무의식적 의도로 본다.

육십 년 전에 미국에서 히피 문화가 유행했다. 젊은이들이 낭만을 찾고 현실에서 도피하고 보수적인 어른들을 비하하며 당시 현실을 피하려 하고 환각제로 마음속에 갇혀 있는 세상을 두루 찾으려고 했다. LSD니 페요테(Peyote) 같은 환각제를 즐겼다. 그들은 체험한 환각을 진실한 세상이라고 주장하며 그것을 그리워하며 노래했다. 정신분석을 믿는 사람에게도 그것이 진실로 보일 것이다. 눈에 보이는 현실은 거짓 세상이니 그것을 버리고 딴 세상으로 가자는 것이 그들의 구호였다. 불교에서 하는 말 같았다. 유명한 히피들이 인도에 가서 영적 지도자(Guru)를 찾아다

---

19 중국 술 : 소주 같으면서도 도수가 높아 성냥으로 불을 붙이면 잔 위에 파란 불꽃이 팔랑팔랑 인다. 조국을 잃은 문학도들이 이 불꽃을 물끄러미 쳐다보며 시를 슬프게 읊는 모습을 자주 상상해 본다. 그 대화를 누군가가 녹음해 두었다면…….

니는 현상도 있었다. 이 현상은 마치 우리의 무의식 속을 탐험 여행하려는 것과 같다. 무의식 속 깊이 잠재한 기억(비밀)을 찾아내려는 것이다. 인간이 무의식을 추측했다는 말이다. 마치 우주를 탐지하듯 그 무의식의 세상을 추적하려고 노력했다. 탐험을 했다는 것과 같은 노력일 것이다. 앞에서 본 최연홍 시인의 「나의 항해」에서도 그런 목적이 보인다. 그 당시에 시가 무척 유행하였다는 것은 이해할 만하다. 시 낭송이 라디오와 텔레비전 방송에 자주 나온 것도 그때이다. 앨런 긴즈버그(Allen Ginsberg, 1954~1997)와 예브게니 예프트첸코(Yevgeny Yevtushenko, 1933~2017)의 낭송은 자주 방송에서 들을 수 있었다.

이는 우연이 아니었다. 젊은이들의 내적 세계와 소위 진실이 무엇인지를 추구하려는 노력이었다. 불교에서 우리가 보는 세상은 망상이라 하고 선도의 목적은 진실을 터득하는 것이라고 한 것과 같이 보였다. 우리 마음의 심층에 진실이 있다고 보고 무의식 속에 진실이 있다고 믿었다는 것은 정신분석을 믿는 것과 비슷한 데가 있다. 다시 니체의 말이 떠오른다. '땅속의 지옥을 들여다보면 지옥이 너를 쳐다볼 것이다.'

우울이 탄생시킨 작품

흔히 일어날 수 있는 실책과 실언은 앞에서 말한 현상과 비슷하게 잠시 이드의 세상을 다녀온 것 같은 역할을 하는 것과 같다. 재치 있는 표현 혹은 실책과 같은 표현이 압축된 에너지를 방출한다. 특히 억압된 긴장이 공격적이기 때문에 슈퍼에고에 의해 억압되어 있던 긴장을 풀어 주는 치료 효과도 있다. 그 현상은 웃음이 건강에 좋다는 이론과 같다. 긴장은 불안의 증상이요, 불안을 방출시키면 긴장이 풀린다는 말이다. 최근 소셜 미디어를 통해 전달받는 온갖 이야기에서 웃음이 건강에 좋다는 이야기를 자주 듣는다. 나를 진실로 웃게 하는 것은 내 무의식에서 긴장을 가져오는 억압된 욕구가 돌출됨으로써 거기에 축적되었던 긴장이 풀리니 정신건강에 치유 효과가 있다는 말일 것이다. 물론 이런 웃음은 무의식적으로 혹은 자발적으로 참을 수 없이 나오는 것을 말한다. 근거가 없는 말은 아니다. 수학 선생이 문제를 영 풀지 못하는 학생을 야단치면서 "그게 틀렸다고 몇 번 말해야 해?"라고 하자 학생은 정색하고 답하기를 "평균 다섯 번 곱하기 5일요." 하자 학생들은 박장대소했다. 유머와 실언에 관한 얘기에서도 한 말이다.

시를 쓰면서 긴장을 푸는 치료법이 있다. 심금을 울리는 시가 훨씬 치유 가치가 있다. 울음은 감정의 자가 치료이다. 통곡하고 나면 속이 풀리는 것과 같다. 울음은 감정의 표현이면서 그 감정을 해제하는 작용이기도 하다. 우울증이 심할 때는 울음도 나오지 않는다는 의견도 있다. 웃음과 울음은 자제하기 힘든 감정이지만 상당한 치유 효과가 있다. 슬프다고 우는 사람은 큰 정신병에 걸린 것이 아니다.

오해하기 쉬운 것을 하나 더 짚고 간다. **행동적 실착**(Parapraxis)은 자그마한 행동의 실수를 말한다. 그 행동이 자기를 향하기도 하고 다른 사람에게 저질러지기도 한다. 흔히 부주의(不注意)라고 한다. 이런 사고는 충분히 방지할 수 있는 실수이다. 요즘 사회에서 흔히 보는 것이 자동차 사고이다. 앞에서 말했지만, 피로나 음주 때문에 사고가 일어났더라도 사고의 근본 원인은 무의식에 있다는 것이 정신분석의 주장이다. 음주나 피로는 어차피 나오고 말 행동이 쉽게 나오게 한다는 것뿐이다. 음주나 의식이 박약했을 때 살인했다면 그 죄는 음주하지 않고 고의로(의도적으로)한 살인보다 벌이 훨씬 적다고 이미 지적했다. 이 사고들은 잠시 예고가 힘을 잃고 있는 사이에 일어나는 현상이다. 그 사고를 낸 사람은 처음에는 완전히 우발적이었다고 여기겠지만 정신분석에서는 그 사고가 난 순간에 그 누구에 대한 증오가 무의식에서 돌출했다고 해석할 수 있다. 즉, 우발이 아니라 무의식에 그 이유가 잠재하고 있었다는 말이다.

농담이건 예술적 창작이건 재치 있는 표현은 의도적으로 일어나게 할 수 있을지 몰라도 실수는 실수이고 창작은 그 배후에 무의식의 것을 끌어다 고의로 정신 상태를 승화시키는 작가의 기교에 의해 이루어진다. 따라서 창작, 특히 시는 정신 분석 과정을 들여다볼 수 있는 하나의 방법이요 치유의 가치도 있다는 의견이 나올 만하다. 많은 시인, 특히 영국 섬나라 시인들에게 우울증이 많았다고 했다. 당연한 질문은 '이 우울증이 창작력을 가져왔나?' 하는 것이다. 창작인들이 우울증을 통한 창작으로 자신의 심리적 치유의 희망을 품었던 것인가? 아니면 우울증이 환자들에게 깊이 생각을 하게 하는, 즉 숙고(熟考, Reflection)하게 하는 능력을 갖추게 하기 때문인가 하는 연관성을 추측해 볼 만하다. 제이미슨 교수뿐만 아니라 이러한 생각을 한 학자가 적지 않다.

창작인에게는 사물을 깊이 들여다보는 용기가 있다. 용기 없는 탐험가는 없다. 창작인의 용기는 미지를 찾아다니는 탐험가의 용기와 같다고 했다.[20] 용기가 왜 필요한가를 이해하기는 힘들 것이다. 흔히 이럴 때 사람을 피하고 싶다. 어떤 생각은 하기 무서워서 피하고 싶은 것이 본능이다. 그러나 범인(凡人)에게는 피하고 싶은 생각을 용감하게 파헤치는 것이 창작인의 용기이다. 알지 못하는 곳에 인도자 없이 탐험 여행을 하고 싶은 것도 창작인이다. 이것은 정신분석을 하면서 마음을 심층 분석하는 것과 같이 보인다. 우리 마음속에, 특히 무의식에는 알면 무서운 것이 많다. 때로는 정신분석 과정에서 정지 상태, 즉 저항이 오는데, 그런 것을 보았을 때 일어난다. 너무 무서워서 주저하는 상태이다. 정신적 장치에서 경계가 뚜렷하

---

20 329쪽 최연홍의 시 「나의 항해」 참조.

지 않은 이드, 에고, 슈퍼에고 사이를 들랑날랑하며 이런 기전들의 표현에서 오는 예측할 수 없는 현상을 만날 두려움을 용감히 바라볼 수 있는 것도 창작인이다.

창작인을 문약한 내성적 인격으로 보는 것은 오해이다. 앞에서 말했듯이 창작인은 태풍 속으로 용감하게 돌진해 창작의 자료를 찾는다. 창작인은 역경을 겪으면서 심층으로나 실제로 탐험하면서 시상을 구한다는 말이다. 괴로움을 겪은 데서 오는 보상으로 얻은 것(상상, 환상, 숙고, 영상 등등)을 다 채집하기 위해 보통 사람에게는 관심이 없는 곳이라도 창작인은 탐험한다거나 여행을 하면서 무엇(진실)을 구하려는 용기가 있다. 이런 여정의 목적지가 실제로 존재하는 곳일 수도 있겠지만 무엇인지 모를 마음속의 그리움(Yearning) 때문에 알 수 없는 무엇을 찾으려고 물리적으로나 심리적으로 탐험할 의욕이 일어난다. 창작인이 우울하다면 그때마다 이들은 가까이 있는 모든 무의식 속의 기전을 건드려 보며 우울을 가져오는 원인을 찾으려고 정신분석을 하듯 애쓰는 것이 아닌가 추측하게 된다. 창작인은 무의식이 그들의 보고(寶庫)라고 했다. 우울할 때는 가까운 바깥세상(현실)을 보기가 싫다. 문을 닫고 커튼을 내리고 방을 어둡게 하고 숙고에 들어간다. 우울함이 없으면 깊은 정서를 느끼지 못하기 때문에 창작성을 잃을까 두려워할 수도 있다. 우울한 사람에게는 우수(憂愁)가 있다고 했다. 그것은 바깥 자극을 차단하고 내적 탐험을 추구하는 심리적 기전이다. 흔히 혼자 속으로 깊이 들어간다고 표현한다. 그래서 우수는 숙고처럼 그 사람을 깊은 생각으로 끌고 가는 심리 현상이다. 이것은 문학가와 정신의학 전문의 사이에 오가는 대화에서 가장 마음 아픈 문제이다.

조울증(Bipolar Disorder; Manic Depressive Disorder)이 있는 작가에게 치료 효과가 탁월한 리튬(Lithium Carbonate)을 복용시킨 결과 치유는 잘 되었지만 창작에는 상당한 지장이 있었다. 즉, 우울증이나 조울증이 있는 작가에게 창작과 치유는 반비례한다는 결론이다. 이것은 정신과 전문의인 필자에게 심한 갈등과 고민을 주었다.

의사로서 병을 낫게는 했지만, 창작력을 지워 버렸다는 괴로움은 표현하기 힘들다. 어떤 질병을 치료하기 위해 중요한 장기를 자르는 현상 같은 것이다. 이런 희생 때문에 예술을 이해하는 정신과 의사에게 예술가를 치료한다는 것은 무거운 짐이다.

제16장

꿈

프로이트의『꿈의 해석(Interpretation of Dreams)』(1900)은 심리학에 획기적인 학설일 뿐 아니라 정신분석 도구로써 가장 많이 이용되며 분석의 왕도라고 할 만하다. 찰스 다윈의『종의 기원(Origin of Species)』이 생물학에 이바지한 것만큼 기념비적인 학설이다. 프로이트는 이를 몇 십 년간 연구하면서 곤욕도 치렀지만 끝내 다른 학자들이 계속 연구하고, 개선하고, 향상하며 그의 학설을 이끌어 감으로써 만년에 자신의 학설이 성숙한 것을 보고 만족했다고 한다. 한국에도 철저한 교육을 통해 정신분석가가 된 분들이 있다.

독자는 상상해야 할 것이다. 정신분석학은 서양에서 일어났다. 문화, 언어, 전설, 관습이 다르고 한국어를 하는 학자가 분석가가 되었다는 것은 대단한 성취이다. 여간 어렵지 않았을 것이다. 정신분석은 서양의 역사, 전설, 전통, 풍습, 언어에 맞추어 만들어진 학문이기 때문에 배우고 연구하기에는 무척 힘이 든다. 한국 정신분석 학자들도 정신분석의 발전에 이바지한 바가 크다. 꿈에 대한 전설, 미신, 해몽 등을 헤쳐가며 정신분석의 꿈을 연구하기란 쉬운 일이 아니다. 한국의 창작인들이 정신분석의 혜택을 얼마나 받는지 필자는 아직 조사하지 않았다.

꿈의 해석을 공부하는 것은 정신분석을 이해하는 데 가장 가까운 길이다. 꿈의 해석으로 무의식에 억압된 심층의 내용까지도 기묘하게 찾아낼 수 있다. 꿈의 해석으로 무의식의 내용뿐만 아니라 전혀 나오지 못할 만큼 심층에 억압된 아주 어릴 적의 이드의 내용까지도 들여다볼 수 있다는 말이다. 그러나 이 신기한 현상은 그 심층의 내용이 그냥 나오면 정신적 파괴를 일으킬 수 있다. 그것이 보이려면 안전하게 의식에 도착하여야 한다. 꿈은 정신분석에 중요한 도구일 뿐 아니라 정신건강에 없어서는 안 되는 것이다. 꿈은 아무도 볼 수 없는 무의식을 들여다보며 추측할 수 있는 길이기 때문이다.

꿈은 참으로 오묘한 도구이다. 무엇보다 그 위험하고 무서운 무의식을 볼 수 있는 길이며, 우리의 정신건강을 보호하는 강력하고 기묘한 생리(심리)이기 때문이다. 프로이트는 심한 정신질환의 원인이 무의식에 깊이 갇혀 있는데도 꿈의 해석으로 그 원인을 찾아낼 수 있다고 주장했다. 그러나 심한 정신질환의 증상을 지닌 환자는 의식적으로 정확하게 인지하는 능력이 없기 때문에 현실적으로는 불가능하다. 그런 환자는 아주 갓난아기처럼 꿈과 현실을 구별하지 못하는 경우가 많다. 정신분석으로는 꿈의 내용을 추측할 수 있다는 것은 대단한 이론임이 틀림없다. 꿈의 의학적 생리 현상에 대한 자세한 설명은 이 장의 끝에서 그 개요를 얘기하기로 한다. 우선 심리적인 것, 즉 정신분석에서 말하는 꿈을 먼저 토론해 보려 한다.

꿈의 해석

우리는 꿈을 꾸고 난 뒤에 곧 잠에서 깨어야 그 꿈의 내용을 기억할 수 있다. 이때 우리는 꿈을 꾸었다고 한다. 이것은 마치 꿈이 의식에 와서 의식할 수 있는 꿈이되어 있을 때 동시에 잠에서 깨어야만 의식에 남아 있는 꿈의 내용을 기억할 수 있다는 말이다. 가장 오해하기 쉬운 생리이다. 꿈의 내용(이야기)이 아무리 긴 것 같아도 우리가 기억하는 부분은 무의식 속에서 일어난 그 꿈의 마지막의 짧은 부분이다. 우리가 꿈이라고 말할 때는 기억할 수 있는 부분만을 말한다. 그것을 의식할수 있는 이유는 복잡하고 괴이한 꿈을 의식이 이해할 수 있게 번역하기 때문이다.

꿈 내용의 상당한 부분이 방어기제를 거쳐 나오기 때문에 그 내용이 위험하고, 무섭고 복잡했더라도 위험할 것은 없다. 여기서 말하는 번역이라는 기전은 오묘하고, 신기하며 상당히 귀중한 것이다. 이 번역이 어떻게 일어나는지 그 기제(機制)를 아는 사람은 없다. 컴퓨터의 복잡한 전자 기호[1]가 우리 눈에 보이는 글과 그림, 소리 등으로 표현되는 그 작동은 알 수 있고, 설명할 수도 있다. 꿈의 해석도 그것과 비슷한 기전으로 일어나리라는 추측, 아니 공상은 할 수 있지만, 뇌의 생리에서 그것이 어떻게 일어나는지 아직은 확실히 알지 못한다. 다만, 우리가 기억하는 꿈은 잠에서 깨는 그 순간에 순간적으로 일어난다는 것밖에 모른다.

우리의 모든 생리가 오묘하지만, 이것만큼 신기한 것은 없다. 꿈의 내용이 번역되지 않는다면 괴이하고 뒤죽박죽인 무의식의 내용을 인간이 이해할 수 있는 언어나 화상으로도 표현할 수 없다. 뿐만 아니라 그런 내용이 심한 정신이상을 일으킬 수도 있을 정도로 위험하다. 악몽도 어느 정도 번역된 것이기 때문에 땀을 흘리며 꿈에서(잠에서) 깨면서 공포를 느낄지 몰라도 병을 일으키지는 않는다. 오히려 정신적 문제를 해결하는 역할을 한다. 어떤 정신이상의 증상은 마치 꿈에서나 보는 무의식이 적나라하게 의식에 나타나기 때문에 표현되는 것처럼 보인다. 정상인에게는 그것이 적나라하게 행동으로 나타나지 않고 다행히 꿈으로만 나타난다. 그러나 조현병 같은 심한 정신이상이 있는 사람에게는 그것이 현실로 보이기 때문에 갓난아기가 꿈과 현실을 구별하지 못하는 것과 같이 그것을 현실로 믿는다. 그것이 조현병 환자에서 망상, 환각, 환청 등의 증세로 나타난다. 꿈은 잠을 보호하며 정신건강을 보호한다는 말이 이런 이유 때문이다. 꿈의 역할이 복잡하고 괴이하며

---

1 00001111 10101010 같이 전자의 음양만이 수 억 번 지나는 사이에 글자 하나 그림 하나가 컴퓨터의 스크린에 나타나는 것과 비슷한 현상으로 추측할 수 있다.

무섭고 파괴적인 무의식의 내용을 의식이 감지하지 못하게 막아 주며, 거기에 나타나는 내용 때문에 닥칠 공포에 빠지지 않게 한다.

이런 현상을 임상 증세에서 볼 수 있다. 꿈이 환각 혹은 망상 등으로 나타나는 것은 알코올 금단 증상, 점진섬망증(漸進譫妄症, Delirium Tremens)에서 볼 수 있다. 그들은 알코올 때문에 오랫동안 꿈을 제대로 꾸지 못해 처음으로 잠을 잠답게 잘 때 밀렸던 꿈이 한꺼번에 쏟아져 나오면서 미처 방어기제의 혜택을 받지 못하고 적나라하게 무의식의 내용이 환각이나 환청으로 나타난다. 술꾼은 너무도 무서운 경험이라 다시는 그 길을 다녀오고 싶지 않다는 것을 늘 말하면서도 자기를 속이고 마는 경우가 많다. 술을 다시 마신다는 말이다. 꿈에서 일어나는 공포를 이기지 못하면 심한 정신질환을 초래할 수 있다. 무의식 속에 있는 번역되지 않은 억압된 내용이 적나라하게 나타나면 그 자체가 바로 정신이상의 증상이 된다. 즉, 이 질환에서 우리는 무의식에 있는 잠재몽을 조금이라도 들여다볼 수 있다.

　구름의 다양하며 형용하기 힘든 모양을 보면서 꿈도 저런 것이 아닌가 하는 공상을 한다. 먼 곳을 그리워할 때 늘 영마루의 구름을 환상하지 않는 이가 없을 것이다. 앞의 구름 사진은 필자가 늘 신기하게 쳐다보는 것이다. 무엇을 생각하고 찾고 싶은 느낌을 주기 때문에 휴대전화에 넣고 퇴근길에 꺼내 보는 습관이 생겼다. 구름이 꿈의 상징이라는 말을 들은 적이 있다. 앞의 그림도 필자가 무의식을 표현하려고 그려본 것이다. 한가운데 창으로 보이는 것은 뇌 신경세포의 시냅스를 표현한 것이다. 넓고 깊은 무의식이 우리와 소통할 수 있는 길은 역시 시냅스어야 한다는 뜻으로, 프로이트가 하고 싶은 말을 그림으로 표현해 보았다.

　꿈의 내용을 발현몽(發現夢, Manifest Dream)과 잠재몽(潛堤夢, Latent Dream Content)으로 구별한다. 우리가 인지할 수 있고 기억하는 꿈을 **발현몽**이라고 한다. 이것이 우리가 안다고 믿고 말하는 '꿈'이다. 즉, 번역된 꿈의 내용을 발현몽 내용(發現夢 內

容, Manifest Dream Content)이라고 한다. 무의식에서 밤새 일어난 꿈의 내용은 그대로 무의식에 남아 있고, 그 일부가 의식에 나타나면 우리가 이해할 수 있게 전환(번역)되어 잠에서 깨면서 기억할 수 있을 때 우리는 '꿈을 꾸었다'고 한다. 꿈을 꾸었어도 잠에서 깨어나지 않으면 꿈의 내용을 기억하지 못한다. 대개 잠자는 사이에 네댓 번에서 일곱 번까지 꿈을 꾸지만, 꿈이 일어나는 사이에 잠에서 깨어야만 기억할 수 있다.

모든 사람이 다 이야기하고 경험하지만 잠이 들려고 할 때와 잠이 깰 때처럼 신비한 현상은 참으로 찾기 힘들다. 꿈은 조금이라도 그것이 변형되어 나오면 다행이다. 꿈꾸는 사람이 도저히 감당하지 못할 내용, 말로 표현하지 못할 무의식에만 존재하는, 또 기억할 수 없는 내용이 가득한 꿈을 **잠재몽**이라고 한다. 이 잠재몽의 내용이 발현몽으로 바뀌는 과정을 **꿈의 작업**(作業, Dream Work)이라 한다. 그 후에 잠에서 깨면서 번역된 것을 보고 우리는 꿈꾸었다고 한다. 즉, 우리가 꿈이라고 하는 것 말고도 상당히 많은 꿈을 꾸지만, 우리가 알 수 있고 기억하게 되기까지는 두 번 번역되는 셈이다.

정신분석에서 꿈(Dream)이라는 것은 이 전부를 말해야 하지만 일반적으로 우리가 표현할 때는 우리가 기억할 수 있고 표현할 수 있는 꿈(발현몽)만을 얘기한다. 잠재적 내용은 상당한 분석을 거쳐야만 추측할 수 있다. 그러나 정신분석에서 찾는 꿈의 뜻, 즉 꿈이 의미하는 것의 상당 부분은 잠재적 꿈의 내용을 말한다. 그것은 정신분석의 긴 여정을 거친 발현몽을 분석해서 추측할 수 있다. 표현된 꿈으로 잠재적 내용을 추측하는 것이 **꿈의 해석**(Dream Analysis)이다. 다시 강조하지만, 이것은 흔히 말하는 해몽(解夢)과는 전혀 다르다. 정신분석가는 이것을 할 수 있다. 늘 이것과 싸우며, 이것이 그들의 작업의 상당한 부분을 차지한다. 물론 상당한 기술과 경험이 필요하다. 정신분석을 공부하여 분석가가 되려면 분석을 정기적으로 받아야 하는 이유가 여기에 있다.

꿈이 해결해 주는 것

꿈의 내용을 세 가지 범주로 구별한다. 첫째, 자는 동안에 들어오는 소리, 온도, 접촉 자극, 광선 등 늘 우리가 접촉하는 물리적 환경의 요소들의 자극을 감지해서 그것들에 반응하는 것이다. 이 자극이 강하지 않으면 잠을 방해하지 않을 것이다. 때로는 깨어 있을 때도 우리를 놀라게 하는 강력한 자극도 잘 때는 잠을 깨우지 않을 때가 많다.

얼마 전에 강풍과 천둥이 동네를 지나갔다. 수리를 하는 데 이틀이나 걸릴 정도로 피해가 상당했다. 정전이 되고 뒤뜰에 서 있던 몇십 년 된 두 아름이 되는 미루나무와 키큰밤나무가 벼락을 맞고 쓰러졌다. 길가의 몇몇 전선주가 넘어졌다. 필자는 이 소동을 전혀 모르고 새벽까지 잤다. 나무가 쓰러지고 정진까지 되었으니 강력한 천둥과 폭풍이 있었다는 것은 짐작했지만, 잠에서 깨지 않았다. 이런 와중에 잠에서 깨어나지 않았다는 것은 참으로 신기하지 않을 수 없다. 그때 분명히 깊은 사차 수면 단계(Fourth Sleep Stage)에 있었을 것이다.

이와 반대되는 현상도 있다. 불안감을 일으키며 그것을 일으키는 신호에 늘 집중하고 있을 때는 그 자극이 약한데도 잠을 깨게 한다. 종일 일하고 갓난아기를 돌보아야 하는 어머니는 잠이 들자마자 금방 깊은 사차 단계로 빠져 귀신이 잡아가도 모르게 깊은 잠에 빠진다. 천둥이 치고 큰 트럭이 시끄럽게 집 앞을 지나는데도 너무 고단해서 잠에서 깨지 않는다. 그러나 다른 방에서 자는 아기가 미미하게 들릴락 말락하게 우는 소리에는 마치 특수 확성기를 대고 있는 것 같이 민감하게 느끼며 잠에서 벌떡 깬다.

다음 범주는 그 사람이 겪고 있는 현실적 문제나 계획에 집착하고 있을 때 그 문제들이 무의식의 잠재적 꿈의 내용이 되는 것이다. 잠재몽에서 일어난 것이 잠에서 깨면서 오래 고심하고 있던 문제를 해결할 길을 보여 주거나 잠에서 깬 후에 꿈꾼 사람의 생각에 유용한 암시를 주는 등의 영향을 준다. 잠에서 깨어났을 때 그 꿈의 내용이 본인도 모르게(의식할 수 없이) 기억하지 못하는데도, 무심코 집착하고 있는 문제를 해결해 준다고 한다. 당면한 문제가 해결되지 않아 고민하고 있을 때 어머니가 "한숨 푹 자고 나면 다 생각날 테니 걱정하지 마." 하셨다. 그 금쪽같은 말씀은 어디에서 배우셨는지는 모르나 진실이다. 유명한 예로 케쿨레가 벤젠 고리를 발견한 것이다.[2] 때로는 전혀 해결할 수 없었던 문제들이 의식적으로 이해하지 않고 이유 없이(은연중에) 해결(풀린다)되는 경우가 비일비재하다. 그것을 해결한 꿈은 대개 기억되지 않는다. 케쿨레도 꿈에서 뱀을 본 것은 사실이지만 그 뱀이 자기 꼬리를 물고 있는 것을 보았기 때문에 벤젠을 발견했다고는 하지 않았다. 이것은 잠재몽의 강력한 잠재력의 증거이다. 기독교 개혁을 이끈 칼뱅(John Calvin)이 말했다. "우리가 하나님의 형상과 닮았다는 것을 어떻게 알 수 있냐 하면 우리는 꿈에서도 인생의 문제를 풀 수 있기 때문이다."

세 번째 범주는 이드의 충동이다. 이드가 심하게 압박되어 있고 에고의 억압 기제가 강력하게 작용해 전혀 무의식에서 나올 수 없을 정도로 억눌린 잠재몽의 내용이다.[3] 그것들이 의식으로 나오면 정신질환이 올 정도로 강하고 파괴적으로 충격적이다. 무의식에 잠재해 있는 그 내용이 파괴적이란 것이 무슨 말인지 선뜻 이

---

2 유기화학에서 획기적인 발견 중 하나가 벤젠고리(Benzene Ring)의 발견이다. 유기화학에서 분자의 연결을 한 줄로만 설명할 길밖에 없어 유기화학 방정식 이해가 어려웠을 때 독일의 저명한 화학자 어거스트 케쿨레가 하루는 낮잠을 자면서 비몽사몽 간에 뱀이 자기 꼬리를 물고 있는 것을 꿈에서 보고 육각형의 벤젠고리를 발견했다는 역사적 얘기가 있다.
3 이런 방어작동은 마치 이드의 집에서 나오려는 충동을 에고가 모든 안간힘을 써서 나오지

해가 가지 않을 것이다. 놀랍기도 할 것이다. 심한 정신질환을 가지고 전혀 사회에서 정상적인 활동을 못하는 환자를 보았다면 이해가 갈 것이다.

　잠재몽의 내용은 주로 오이디푸스 콤플렉스가 일어나기 전의 이드와 같아서 막무가내요, 무절제하며 충동적이어서 무섭고 파괴적인 행동을 도발하므로 무의식의 심층에 가두어 둘 수밖에 없다. 이 억압 기능 때문에 인간이 정상적으로 행동할 수 있다. 한편 이런 무서운 잠재몽을 지니고 산다는 것은 참으로 무서운 일이다. 서양에서는 이것을 비유해서 저 깊은 땅속 감옥에 갇힌 용(龍)[4] 같은 괴물로 표현한다. 성경[5]뿐 아니라 그것을 주제로 하는 소설이나 영화도 다수 있다. 컴퓨터가 보급되기 시작할 때 이 용과 땅속 감옥(Dungeon and Dragon)을 소재로 한 게임이 유행한다는 것도 우연이 아니다. 컴퓨터가 이런 신비한 것까지도 해석할 가능성에 대한 공상을 표출한 것이 아닌가 한다.

　이런 잠재 내용을 분석하려면 상당한 노력이 필요하다. 그러나 그 내용이 너무도 감당하기 힘들므로 감히 들쑤시지 않으려 한다. 심층을 탐험하고 싶은 창작인들, 특히 시인들은 시험해 보려고 한다. 그러나 그들의 정상적인 방어작동으로 위험한 부분을 밀어붙이기 힘들 것이다. 이것들은 기적적으로 꿈의 작동을 거쳐 필요에 따라 발현몽에 나타날 수도 있다. 이런 현상을 지나치지 않고 볼 수 있는 능력이 창작인처럼 깊이 숙고하는 사람들에게 일어난다. 정신건강에 참으로 유용한 현상이다. 니체는 이 현상을 『차라투스트라는 이렇게 말했다』에서 땅속(地下)을 지옥으로 표현하였다. "지옥을 뚫어지게 쳐다보면 지옥이 너를 뚫어지게 쳐다볼 것이

못하게 하는 것이다. 이를 설명할 때마다 구약성경 3장 24절에서 "에덴동산 동편에 그룹들과 두루 도는 화염검을 두어 생명의 나무의 길을 지키게 하시니라." 하는 구절이 생각난다.
4　레비아단(Leviathan; 성경 시편 74:14, 욥기 3:8, 계시록 12:3)
5　칼뱅의 개혁신학에서 인간은 철저히 사악(devpravity)하기 때문에 믿음 없이는 전혀 구원의 길이 없다고 했다.

다."라고 했다. 무의식과 잠재몽을 깊이 분석하면 우리가 보고 싶은 그 무엇이 그 속에서 우리를 기다리고 있을 것이라는 표현이다.

잠재몽은 알게 모르게 창작에 큰 역할을 한다. 정신질환이 뇌의 질환에서 온다는 학설을 주장한 크레펠린(Emile Kraepelin, 1856~1926)이 정신분석을 심층심리학(Depth Psychology)이라고 한 것은 이 때문이었다. 잠재몽 학설을 알면 크게 다를 것 없는 표현이다. 다른 예를 하나 더 짚어 보려 한다. 지구의 지하 여기저기에 동굴이 있다. 광선이 들어가지 못하기 때문에 깜깜하다. 그러나 탐험가들이 서치라이트로 비추면 전에 보지 못한 아름다운 것들이 한없이 보인다. 서치라이트의 광선이 암흑 속에 갇혀 있는 아름다운 것들을 눈으로 볼 수 있게 표출(발굴)시키는 것을 보면서 인간의 무의식의 심층에서 알맞은 기제로 아름다운 색깔과 함께 미묘한 아름다움을 나타나게 할 수 있는 것과 무엇이 다를까 한다.

이것은 시인이 암흑 속에 감추어져 있는 것을 끄집어내어 아름다운 시어로 표현하는 것, 화가가 우리가 보지 않은 것을 아름답게 그림으로 표현하는 것과 같다고 상상할 수 있다. 무의식은 시인의 금광과 같다고 했다. 태풍이니 지하 동굴, 무서운 곳, 사람이 잘 가지 않는 곳, 마음의 심층에 가고 싶은 것이 창작인이다. 창작인은 보통 여행객이 잘 가지 않는 곳을 탐험한다. 그들은 용감하게 보통 사람들이 상상하지 않은 것을 추구한다. 우리는 창작인, 특히 시인을 문약(文弱)한 사람들로 오해한다. 그들이 미지(未地 혹은 未知)를 탐험하려는 용기는 보통 사람들이 생각하는 것보다 강하다. 탐험가라면 마젤란처럼 미지의 세계를 찾는 항해, 인디아나 존스같이 용감하고 무서운 것이 없어 보이는 탐험가 같은 사람을 생각하지만, 책상 앞에 앉아 인간의 무의식 속 미지를 정글 같은 장애를 헤치고 찾아낸 것으로 지어낸 창작이 우리를 더 움직인다.

광선으로 비추어진 지하의 동굴

　첫 두 범주는 지금 일어나는 것에 대한 꿈이지만 세 번째 범주의 꿈의 내용은 어릴 때부터 무의식 속 깊은 곳(땅속 깊이, 지옥같이 깊은 곳)에서 나오지 말기를 바라는 것들이다. 정신분석에서 꿈을 해석할 때는 더없이 중요한 부분이 바로 이런 것이라고 프로이트는 역설했다. 잠재몽이건 발현몽이건 꿈의 역할은 지대하다. 어떤 자극이 꿈을 일으키더라도 이것을 해결하는 데는 잠재적 꿈의 도움을 받아서 표현된 꿈을 형성한다. 이 현상이야말로 정신건강에 중심 역할을 한다. 참으로 중요하고 기발한 현상이다. 대부분의 잠재몽은 늘 한두 가지 억압된 이드의 충동을 해결해 준다고 한다. "꿈은 우리를 미치게 하는 것(정신병)으로부터 구원(예방)하는 역할

을 한다."는 유명한 말은 이 사실에서 왔다.[6]

꿈은 우리의 건강(정신적, 육체적)에 아주 중요한 역할을 하며, 잠이 건강에 필요 불가결하며 건강에 유익한 생리라는 것을 다시 강조한다. 잠을 자면 금방 꿈이 일어난다. 꿈 없는 잠은 잠으로서의 가치가 없다. 잠은 꿈을 꾸게 하는 생리이다. 꿈이 없이도 사람이 잠을 자는 것처럼 보이는 것은 대개 의식을 잃은 상태를 말한다. 마취제를 쓴다거나 술에 취한 상태가 그런 것이다. 머리를 심하게 다쳐 의식을 잃었을 때도 마찬가지이다. 술 때문에 의식을 잃는 것이 잠을 자는 것처럼 보일지라도 잠다운(건강한) 잠이 아니다. 물론 그런 상태에서 취기가 없어지면서 잠으로 연속되기도 할 것이다. 그리고 보면 잠이 우리의 건강을 보호하는 것이 아니라 꿈이 우리의 건강을 보호한다고 보아야 할 것이다.

알코올중독자가 병원에 입원하는 경우 병원에서는 술을 마시지 못하기 때문에 술을 갑자기 끊어야 한다. 그때 일어나는 금주 현상은 그에게 곧 알코올 금단 증상(Alcohol Withdrawal)으로 나타난다. 그런 환자는 점진섬망증(Delirium Tremens)에 들어가면서 마치 심한 정신질환이 온 것처럼 무서운 환각에 시달린다. 환자는 공포에 질릴 수밖에 없다. 발작이 심해서 마취가 될 만큼 강한 약물로 진정시켜야 한다. 이때 오는 증상은 조현병처럼 보인다. 심한 환시(幻視, Visual Hallucination)와 여러 환각(幻覺)이 오는 것이 보통이다. 대부분은 짐승이 보이고, 특히 분홍색 코끼리 같은 희귀한 짐승을 보기 때문에 이런 상태를 겪은 사람을 보고 "분홍 코끼리를 보았냐?(See the Pink Elephant?)"라고 묻곤 한다. 이 질문에는 두 가지 의미가 있다. 알코올중독이 있었느냐, 그리고 술을 갑자기 끊었냐는 뜻이다. 환자는 그 무서운 시기(2~4일)를 지나고 난 후에 며칠을 깊이 잔다. 그렇게 며칠 깊게 자는 것을 '잠의

---

6   The dream protects us from the insanity.

회복(Sleep Recovery)'이라거나 "잠을 굶었다(Sleep hunger)."고들 표현한다. 이 현상은 그 환자가 오랫동안 술기운만으로 자면서 꿈을 꾸지 못했기 때문이다. 즉, 그 사람이 술기운으로 잠을 잤다는 것은 마치 상태와 같지만 건강한 꿈이 있는 잠이 아니다.

건강한 잠을 자지 못할 때 일어나는 현상을 수면박탈증세(睡眠剝奪症勢, Sleep Deprivation)라고 한다. 흔히 잠을 빚졌다는 말로도 표현한다(睡眠負債, Sleep debt). 그러다가 술을 끊고 며칠 정신 혼수가 오는 섬망을 겪고 나면 밀렸던 잠을 며칠 계속 잔다. 그때 밀렸던 꿈이 한꺼번에 닥치니 잠재몽의 내용이 함께 들이닥쳐 마치 화산의 폭발처럼 악몽의 환각과 혼수상태가 온다. 그 광폭한 혼수상태에서 깨면 며칠을 더 자야 회복이 된다. 그것을 '잠의 빚을 갚는다(Sleep Repay)' 혹은 '잠의 회복(Sleep Recovery)'이라는 말로 표현한다.

이 현상은 마치 꿈에 굶은 사람이 꿈을 한없이 꾸고 싶은 것(꿈이 고프다고 표현하면 어떨까?) 같은 현상이다. 꿈이 많이 밀렸다고 표현할 수 있다. 그러나 본인은 '잠을 더 자고 싶다.' '잠이 밀렸다.'고 표현한다. 다른 이유로도 꿈을 오래 꾸지 않고 있다가 오랜만에 꿈을 다시 꿀 때, 꿈의 내용을 번역할 틈이 없어 잠재의식의 잠재몽 내용이 마구 쏟아져 나와 그것이 환각으로 나타나 광적인 행동을 하게 한다. 이것은 일시적으로 나타나는 조현병 증세 같은 행동이다. "지옥을 다녀왔다."라고 표현할 만큼 그 경험은 무섭다. 베트남전쟁 때 월맹군에 포로가 되었던 미군들이 겪은 고문 중 가장 견디기 어려웠던 것이 잠을 못 자게 하는 것이었다고 한다. 물론 그 말은 꿈을 못 꾸게 했다는 말이다. 고통이 이만저만이 아니었을 것이다. 잠이 들려고 할 때 안구의 움직임을 보고 꿈을 꾸기 시작하려는 것을 알고 강한 광선을 눈에 비추어 잠에서 깨게 하는 고문이다. 그들은 꿈 대신 밤새 마귀와 싸워야 했다. 감방에서 몸이 불편한데도 잠시 잠이 오면 심한 악몽으로 고통을 받는다. 이런 현상을 '렘의 박탈증(렘의 拔擢症, REM Deprivation)'이라고도 한다. 필자는 이것을 '꿈의 박탈증(Dream Deprivation)'이라고 정의하는 것이 바르지 않을까 한다.

발현몽과 잠재몽

꿈의 잠재 내용은 현실과 관계가 있으므로 우리가 기억하는 꿈으로 나타날 뿐만 아니라 우리에게 신기하게 도움을 준다. 잠에서 깨면서 마지막에 꾼 그 꿈을 기억하고 그것이 무슨 의미인지 모르더라도 우리의 생각에 영향을 주기 때문에 정신건강에 도움이 된다. 생물의 생리는 생물의 생존과 번식을 위한 작동이며, 꿈도 인간의 정신건강에 필요불가결한 생리 현상이다. 다만, 이것을 육체의 생리가 아닌 심리적으로 이야기할 뿐이다. 실제로도 꿈은 놀랄 만한 육체적 생리 현상을 일으킨다. 꿈을 꾸는 동안 급속안구운동(Rapid Eye Movement: REM)에서 시작해서 혈압, 맥박 등이 마치 100m 달리기를 할 때처럼 작동하며 신진대사가 활발하다. 기이한 현상이 아닐 수 없다. 잠을 자기 때문에 몸을 꼼짝하지 않는다고 생각하지만 꿈을 꿀 때 육체적 생리는 상당히 강한 운동을 하는 셈이다.

우리가 기억하는 꿈(발현몽: 우리는 늘 그것만을 꿈이라고 한다)과 우리가 전혀 알 길이 없는 꿈(잠재몽: 전혀 기억할 수 없는), 이 두 가지 꿈의 내용은 단순하기도 하고 아주 복잡하기도 하다. 잠재몽의 내용은 무의식에 있으므로 잠에서 깨면 전혀 기억할 수 없다. 우리가 깨었을 때 기억하는 꿈(발현몽)은 물론 의식에 남아 있는 부분만이다. 그것이 종일 우리의 생각(의식)에 영향을 준다. 대부분은 심리적 문제해결에 도움을 준다. 그렇다면 우리는 어린 아기의 꿈에서는 무의식에 잠재해 있는 이드의 충격적 본능을 아기가 그대로 꿈에서 볼 거라고 추측할 수 있다. 아기는 꿈과 현실을 구별하지 못하고 기억을 오래 지니지 못하기 때문에 별 화제가 되지 않는다.

아기가 하는 말(Baby Talk, 혹은 지절댄다고 함)은 마치 꿈을 꾸는 것처럼 횡설수설이 많다. 아기는 억압된 이드와 아직도 계속 작동하는 이드와의 차이를 구별할 수도, 볼 수도 없다.

예를 들어 보자. 한 살 좀 넘은 아기가 엄마가 병원에서 갓 태어난 아기와 함께 집으로 돌아온 날 밤에 꾼 꿈 이야기를 하며 "엄마, 아가 오늘 집에 가?" 묻는다. 이 아이의 간난 동생에 대한 노골적인 질투는 설명이 필요 없을 것이다. 동생이 사라지기를 원하는 꿈을 꾸고 그것을 현실로 믿는다. 이런 행동을 성인에게서 봤다면 그 사람은 분석이 필요하거나 정신병원 신세를 져야 할 것이다. 이 아이는 잠재적 꿈의 내용과 기억나는 꿈과 현실을 구별하지 못할 시기에 있다. 성인은 꿈과 현실이 구별되기 때문에 우리의 꿈은 정신건강을 보호한다고 말한다.

꿈은 대부분 시각적(視覺的)이다. 잠재적 꿈의 내용은 대개 욕구와 충동 같은 것이다. 물론 해결되지 않은 갈등이 저장되어 있으며, 우리가 기억하는 꿈은 그 잠재의식 속의 욕구와 충동을 만족하게 하는 현상이다. 어떤 갈등은 해결하고 어떤 갈등은 그냥 두는 것인지는 알 길이 없다. 다만, 당시에 고민하고 있는 문제와 관계가 있는 것들임을 추측한다. 이는 우리의 정신건강에 대단히 중요한 기제임을 다시 강조한다. 꿈은 마음속에서 욕구 충족을 이루는 도구라고도 한다. 정기적으로 이 욕구와 충동의 충족이 없다면 우리는 무의식에 큰 빚을 지게 된다. 쌓이고 쌓인 빚은 정신이상으로 나타난다. 그 증거로 알코올중독 환자들이 술기운 때문에 꿈을 제대로 꾸지 못하면 그 잠재몽이 밀려 있다가 술을 끊는 순간에 한꺼번에 나타나기 때문에 무서운 환각으로 나타난다고 했다.

꿈은 의식적인 환상적 욕구 만족과 크게 다름이 없다. 어린아이에게는 모든 꿈이 그런 것이다. 성숙하면서 조금은 달라질지 모르나 근본 기제는 큰 차이가 없다. 우리는 소원을 말할 때 꿈꾼다고 한다. 마틴 루터 킹 박사가 반인종차별을 역설하면서 한 말은 유명하다. "나에게는 꿈이 있다!"는 영원히 사람들 기억 속에 남았다.

꿈에서 이드의 욕구와 충격을 만족하게 하는 것이 환상이기 때문에 그 자극은 거의 표현되지 않을 정도로 미미해 꿈에서 깨어나지 않고 계속 잠을 유지할 수 있다. 다시 말해, 꿈은 이렇게 잠을 보호하며 잠을 유지한다고 다시 강조한다. 상상해 보면, 오이디푸스 욕구가 깨어 있을 때 죄의식 없이 이루어질 수 있겠는가? 그 죄의식은 우리의 정신을 오싹하게 할 만큼 정신을 차리게 할 것이다. 그럴 때 잠을 잔다는 것은 상상하기 힘들다. 현실적으로 '부모를 죽인다(Patricide)' 같은 행동은 에고가 아주 약해서 무의식의 내용과 의식적 내용(현실)이 구별되지 않는 조현병 같은 심한 정신병에서나 볼 수 있다. 조현병 환자에게는 갓난아기처럼 꿈과 현실이 구별되지 않는다는 것을 이것으로 짐작할 수 있다. 대개 성인이 된 환자에게 흔히 잠재적 꿈의 내용이 나타날 때는 환각(幻覺, Hallucination)으로 나타난다. 그들은 환각이 현실에서 일어나는 것으로 믿는다.

꿈은 잠재의식의 이드에서 발생한 환상으로 잠재해 있는 욕구와 충동의 상당한 부분을 만족하게 한다. 완전한 만족은 불가능하다. 그 에너지의 근원도 이드의 욕구에서 온다. 실제로 욕구 만족이 잠잘 때 꿈으로 일어나지만 잘 때는 몸을 움직일 수 없으므로 완전한 충족은 불가능하다. 그러나 비슷한 대리 만족을 할 수 있다. 성적 욕구가 일어난 꿈에서 그 상대가 현실에서 용서되지 못할 사람이었다면 상대의 손짓 하나라도 만족스러운 성감을 일으킨다. 그때 만족스런 성감이 있었지만, 그것은 꿈에서만 일어난다. 그가 허용되지 않은 상대이기 때문에 환상으로만 충족할 수밖에 없다. 환상은 꿈에서는 아무 그침이 없이 현실처럼 만족할 수 있다. 이런 현상만으로도 잠과 꿈은 참으로 우리의 정신건강을 지켜 주는 좋은 안전망이라는 것을 알 수 있다.

심장 없이는 우리 생명이 있을 수 없듯이 꿈이 없이는 우리 정신건강이 있을 수 없다. 꿈은 어떻게 하든 일부만이라도 욕구를 충족시켜 주는 최상의 안전한 기전이다. 아이가 자라서 성인이 되면 꿈이 의욕과 충격을 만족하게 하는 증거가 차츰 희박해 보이는 이유는 잠재몽에서 일어나는 욕구와 충격이 꿈을 꾸는 사람이 견딜 수 있게 변형되어 발현몽으로 나타나기 때문이다. 그렇게 변형해 표현되면 원래의 잠재몽 욕구가 감추어진다. 지금까지 꿈의 생리와 심리를 보아서 렘(REM) 수면은 우리의 건강에 지대한 생리 현상이며 잠을 잘 자게 돕는다. 그러나 때로는 예외로 잠재몽의 내용이 충분히 안전하게 변형되지 않아 꿈속에서도 무서운 공포를 가져올 수 있다. 이것이 우리가 때때로 당하는 악몽(惡夢)[7]이다.

꿈의 작업은 여러 현상으로 일어난다

꿈의 작업(Dream Work)을 좀 더 설명하고 지나려 한다. **꿈의 작업**이라는 것은 잠재적 꿈의 내용을 의식적으로 이해할 수 있는 발현몽으로 옮기는 작동의 과정이라고 했다. 기본적으로 두 가지 과정이 있다. 첫째, 잠재몽의 내용을 일차적 언어(Primary Language or Primary Process)로 번역하는 것이다. 즉, 표현할 수 있는 형상으로 옮기는 과정이다. 그러나 꿈의 내용을 말로 표현한다면 그 말이 열거된 모양이나 문법 같은 것은 심하게 원시적이다. 응축(凝縮, Condensation)이 그중 하나인데, 이것이 가장 흔하게 일어나는 일차적 언어이다. 예를 들면, '거기 가서 죽인다.'라는 말이 축소되어 '거 – 가 – 죽'…… '그 가죽' 식으로 번역된다고 상상해 볼 때 만약 그가 꿈에서 깨어나 그런 말을 했다면 분석가는 짐승의 가죽에 집중하지 않고 '죽'

---

7   영어권에서 악몽을 'Nightmare'라고 한다. 여기서 mare는 암말이라는 말이 아니고 중세기에 영어권에서 마귀를 말한다. 악몽은 이 마귀가 가슴을 누르고 앉아 있기 때문이라고 해서 그렇게 말을 붙였다고 한다.

이라는 말에 집중할 것이다. 그것은 죽음, 죽임과 흡사하기 때문이요, 가죽은 별 의미가 없기 때문이다. 이런 것이 정신분석가의 기술이다.

정신분석가는 일차 과정의 통역관 역할을 한다. 다음 단계로는 원래의 잠재 내용에 방어기제가 적용된다. 물론 목적은 견딜 수 있는 양상으로 변화시키기 위한 것이다. 이때 어떻게 해서 원래의 욕구와 충격을 환상으로 바꾸는지를 관찰할 수 있다. 이 변화 과정은 시인이 사물이나 경험을 환상, 상징, 은유 혹은 비유로 표현하여 창작에 이용하는 것과 상당히 비슷하다. 오월의 푸른 녹음은 사랑하는 사람이 아름다운 정장을 한 환상을 하게 한다. 그것은 어머니가 색깔 고운 치마저고리를 부잣집 마나님처럼 차리고 나들이 가는 모습을 떠오르게 한다. 또한 보릿고개를 넘은 오월에 따뜻한 저녁상을 내어 오는 어머니를 상상하며 만족스러운 기억을 떠올리거나 환상을 했다면 이것은 오이디푸스 콤플렉스의 상상을 점화했다고 할 수 있다.

이런 연결에서 시인은 어머니에 대한 염원, 그리움을 쓰고 싶을 것이다. 이렇게 쓰면서 오월에 어버이날이 있는 것이 우연일까 하는 생각도 환상의 연결 고리가 될 것이다. 시인에게 가장 중요한 도구인 은유는 이런 현상을 내포한다. 꿈에서 본 것을 연상하며 찾아내어 해석해 나가면 찾고 싶은 것들이 보일 것이다. 꿈에서는 이런 연결이 전광석화처럼 순식간에 일어나지만 그것을 해석하는 데는 실력과 시간이 걸린다. 어떤 시인은 잠을 자다가 비몽사몽간에 발생한 것을 일어나서 노트에 기록하고 다시 잠을 청한다는 이야기를 들었다.

꿈이 마지막으로 하는 과정은 일차 과정에서 일어난 것을 보통 의식으로 이해할 수 있도록 하는 이차적 정리(Secondary Process)이다. 이는 주로 잠이 깨는 순간에 일어나는 것으로서, 모든 작동이 의식에 가까우며 이해하기 쉬운 의미나 양상으로 변형해 그 꿈의 내용을 보통 언어나 양상으로 큰 지장 없이 기억해 표현할 수 있게 나타내는 작동이다. 마치 영화 각본을 편집하는 것과 같다. 앞에서 말한 것처럼 우리가 꿈이라고 하며 그 꿈을 이야기할 수 있는 것은 이 현상이 일어나기 때문이다. 이때 일어난 여러 이해하기 어려운 것(일차적 표현, 환상, 양상, 움직임 등)을 마치 영화를 꾸미는 것처럼 이해하기 좋은 시각적·청각적 현상으로 꾸며 나가는 것이 이차 과정이다. 물론 이것도 무의식에서 일어난다. 이것이 번역이다. 이 과정은 예술적 창작의 과정에서도 볼 수 있다. 바둑의 대가 이세돌과 인공지능 컴퓨터 알파고와의 대결이 있었다. 알파고가 바둑돌 하나를 놨을 때의 그 간단한 행동은 알파고의 수억 다이오드(컴퓨터의 단위)를 거쳐 나온 결과였다. 우리 꿈도 그런 현상과 비슷하다. 꿈이 우리에게 간단한 모양으로 보이지만 그것은 수많은 긴 과정을 겪어야 나타난다.

잠재적 꿈의 내용을 번역하는 과정에서 방어기제를 많이 쓴다. 그 모든 것은 언어로 설명되어야 한다. 따라서 언어에 적용된 모든 기전을 이용할 것이다. 일차 과정에서 언어를 쓰는 것은 문법적 정리가 필요한 것이 아니라 의미에 목적이 있으므로 인식만 할 수 있으면 된다는 식이다. 복잡한 현대식 문법 절차 없이 본능적으로 나오는 언어나 현상을 주로 사용한다. 그런 글에 가장 가까운 표현이 시이다.

인간의 글이라는 것이 이 세상에 처음 나타났을 때 대부분은 시의 형태로 시작되었다는 것을 보면 이해가 될 것이다. 언어가 발달하면서 표식 혹은 상징으로 언어를 표현한 것은 모두 시이다.[8] 그것을 추측할 수 있는 몇 가지 예로서 상형문자(象形文字, Hieroglyph)로 된 기록이 있다. 조사나 관사나 동사, 목적어를 구별하는 문법적인 기구가 없으므로 이 그림들을 시를 읽듯 해석하지 않으면 풀기 힘들다. 더듬

---

8 『Chicago Manual of Style』이라는 책은 공문서나 신문기사 등 공적 문체에 필요한 규칙의 사전 같은 것이다. 이 책은 총 956페이지다. 우리가 쓰고 읽는 데 얼마나 형식이 많은지를 예로 든 것이다.

더듬 쓴 설형문자(楔形文字, Cuneiform), 갑골문자(甲骨文字)[9] 등은 모두가 형태의 상징으로 표현되어 있고, 그것을 만들었던 당시에는 문법이 없어도 그것을 쓰고 읽었을 것이다. 이집트의 상형문자는 전형적이다. 이것은 시의 은유, 비유, 상징과 같다. 고대 희랍의 문학은 거의 모두가 서사시로 되어 있고, 구약성경 대부분이 독특한 히브리어의 시 형식이다. 따라서 아주 원시적인 감정이 무의식에서 일어날 때 이것을 표현하는 것에 상징을 쓸 것이요, 우화, 풍자, 직유, 추정 같은 것이 유용할 것이요, 상형문자처럼 상징과 은유의 방식도 이용될 것이다.

꿈에서 일어나는 언어도 이렇다고 보면 된다. 예수 그리스도께서 신약성경에 하신 중요한 말씀은 대부분이 상징, 은유, 비유와 우화인 것은 우연이 아니다. 신약성경 마태복음 26장 41절에서 그리스도께서 "너희가 나와 함께 한시 동안도 깨어 있을 수 없더냐?"[10]라고 하신 말씀은 성경 전체의 이야기를 한 말씀으로 압축한 것이다. 이것이 은유의 힘이다.

필자는 작가들, 특히 시인들이 밤에 자다가 꿈을 꾸고 일어나 그것을 종이에 귀중하게 기록할 것이라고 상상한다. 작가들이 잠을 놓치더라도 그 귀중한 은유와 상징을 무시하지 못할 거라 믿는다. 밤중에 잠에서 깨어 금방 꾼 꿈의 내용을 노트에 기록해 놓고 다시 잠을 청하는 것이 창작인이다.

결론으로, 꿈의 번역 과정, 즉 꿈의 작동은 여러 현상으로 일어난다. 우리가 알아볼 수 있게 나타나게 하는 것이 이차적 꿈의 작동이다. 한편, 꿈의 작동을 무의식의 번역(飜譯)이라고 표현하고, 해설(解說)이라고 할 수도 있다. 마지막으로 나타나는 꿈의 내용은 대부분이 시각적이며 유연하다. 만화 같은 글로 만든 혹은 수수께

---

9 갑골문자는 아직도 풀리지 않고 있다고 한다. 잠시 이 글을 쓰면서 갑골문자가 일차 과정 같아서 해석이 어려운 것이 아닌가 하는 공상을 한다.
10 정신을 차리지 않고 믿지 않으면 영혼을 지킬 수 없다.

끼 같은 잠재적 꿈의 내용을 이해할 만하게 발현몽으로 풀어 나가기 때문에 우리는 꿈을 꾸어도 안심할 수 있다. 일차 과정의 언어는 기억, 형상, 환상, 공상들로 구성되어 있고, 이것들은 억압된 욕구나 충동으로 형성되어 있다. 대부분 압축으로 잠재 어법으로 저장되어 있다. 일차적 언어와 시가 연결된다는 것을 강조하는 이유를 상형문자를 예로 들어 이야기했다.

꿈의 번역 과정

꿈을 꾸고 있는 사람의 현실 문제에 가장 가까운 것, 쉽게 끄집어낼 수 있는 것혹은 쉽게 번역될 수 있는 것들이 먼저 꿈에서 해결된다. 꿈으로 잠재적 의욕이나 충동을 해결하기 쉬운 환상부터 먼저 정리한다. 방어기제를 이용하는 번역 중에도 가장 많이 쓰이는 응축(凝縮, Condensation)이라는 간단한 작동은 여러 현상이 압축되어 내포된 것을 말한다. '학교에 간 꿈'을 예로 들어 보자. '선생이 보기 싫은데도 학교에 가야만 하는 것은 그 선생도 보아야 한다는 것이다. 억지로 학교에 보내는 아버지도 밉다. 내가 어머니를 사랑하는 것은 이것으로도 충분히 합당하다.'라고 풀어 나갈 수 있다. 이때 이 꿈을 꾼 사람이 오이디푸스 콤플렉스에서 헤어나려고 하고 있을 때였다면 심리적으로 이 합당화(合當化)하는 기제의 혜택을 쉽게 볼 것이다. 이런 일차 과정의 언어가 유머나 재치 있는 표현으로 자주 쓰인다. 시인과 수필가들이 원하는 것도 이런 것이다. 예로, 작품의 제목을 인상 깊게, 재치 있게 표현하려면 감정적으로 자극되는 것을 택할 것이다. 그렇다면 재치 있는 표현, 만평, 만화, 문자 수수께끼 등도 결국은 설명되어야 한다. 그러나 꿈과 꿈에서 나오는 일차적 작용도 비슷하지만 아무리 애를 써도 끝까지 설명되지 않을 때가 있다. 그러나 그때 오는 느낌을 부정할 길은 없다. 시작(詩作)에서는 은유나 비유, 상징의 의미가 이해할 수 있어야 가치가 있다. 꿈의 경우 누구에게도 설명해야 할 의무가 없다는 것이 다른 점이다.

그러면 시를 읽고, 그림을 보는 사람 마음대로 이해해도 되지 않느냐는 질문을 하게 된다. 순수한 예술 작품이면 읽고 보는 사람들이 작가의 뜻을 이해해 주기 바랄 것이며, 거기에서 창작의 목적을 찾을 수 있다. 그러나 꿈은 비슷할지 모르나 창작은 아니다. 꿈에서 본 것을 토대로 만든 창작은 많다. 하지만 꿈을 본 그대로 정확히 기억했다면 모르겠으나 그것을 되풀이해서 비슷하게 만든 것은 결코 꿈 그 자체의 해석이 될 수 없다. 케쿨레가 꿈에서 뱀이 자기 꼬리를 물고 있는 아이디어로 벤젠 고리를 발견했다지만 그것을 꿈의 해석에서 발견한 것으로 볼 수는 없다. 꿈에서 뱀을 본 것은 사실일지 모르나 그 뱀이 자기의 꼬리를 물고 있었는지는 알 수 없고 잠에서 깨면서 일어난 번역 도중의 환상일 가능성도 있다. 또 한편으로는 우리의 마음은 꿈에서 깨어나면서 이야기를 지어낼 수도 있다. 예로, 자기가 비행기를 탄 것은 기억이 난다. 그래서 자기가 비행기를 조종했다고 역설한다. 그러나 그것은 확실한 기억이 아니다. 대개 꿈의 기억 그대로 얘기하면 이치에 맞지 않거나, 수치스럽거나, 유치하다고 보기 때문에 자기도 모르게 이야기를 지어낸다(作話, Confabulation). 그러나 그것도 무의식이나 전의식에서 그렇게 하는 경우가 대부분이기 때문에 말 짓기를 한 기억이 의식에 남지 않는다. 물론 뭉크처럼 꿈에서 본 것이 너무도 역력해 고칠 것 없이 그대로 표현해도 누구나 알 수 있기도 하다.

꿈의 해석이 힘들다면 그 이유는 꿈의 과정에서 꿈(잠재몽)의 내용이 에고의 방어작동을 지나면서 내용이 이미 변형되었기 때문이다. 다시 말하자면, 이것이 잠재적 꿈에 심하게 억압된 이드에 의한 일차적 작동이기 때문에 보통 표현과는 너무도 차이가 있어 그냥 나오더라도 이해하기 힘들 것이다. 거기에다 방어기제가 내용을 변형시켜 놓았기 때문에 더욱 해석이 힘들 것이다. 꿈의 해석에는 질서, 공식, 법칙 등이 없다. 수많은 변형이 한 가지 의욕에서 일어나기 때문에 앞과 뒤 내용에 따라 분석해야 한다. 여기에서 분석가의 실력이 나타난다. 분석가는 깊은 상상력이 있어야 한다는 것이 이런 이유 때문이다. 필자는 이것이 시인들의 상상력과 비슷하지 않을까 한다.

한 가지 더 짚고 가야 할 것은 때로 잠재적 꿈의 내용이 충실히 방어작동을 거치지 않았기 때문에 그 근원인 이드의 욕구나 충격이 에고의 도움 없이 노골적으로 표현되었다면 그 사람은 심한 불안(Anxiety)을 느낄 것이다. 악몽 후에 식은땀을 흘리며 심한 불안이 오는 현상이 그 한 예이다. 이런 일을 당하지 않은 사람은 거의 없을 것이다. 악몽에서 깨어난 아이를 어머니는 온갖 이유를 상상하면서 달랜다. 또 한 예로, 벌을 받는 꿈이 있다. 그것은 잠재적 꿈이 의욕을 성취하려고 고집을 세우다가 슈퍼에고의 벌을 심하게 받는 과정 때문에 나타난다. 그것이 거의 표면적이어서 나타나면 심한 불안을 느낄 때가 있다. 그날만은 자기도 모르게 주눅 든 것 같이 조심스러울 것이다. 이런 것을 '**응징의 꿈**(Dream of Punishment)'이라고 표현한다. 알 수 없는 이유로 잠에서 깬 후에 심한 죄책감을 느끼는 것이 그런 현상이다. 물론 그때 함께 오는 감정은 심한 불안이며, 그것이 그 죗값이다. 아침에 일어나면서 기분이 나쁘고 종일 찜찜한 기분으로 지내게 된다. 어머니나 아버지께서 "간밤의 꿈이 뒤숭숭하더라!" 하시는 것이 그런 것이 아닐까 한다. 심한 경우 그날은 불안해서 직장에도 나가지 않을 뿐 아니라 밖에 나가지도 않고 집에서 쉬려고만 할 수도 있다. 왜 출근을 하지 않았냐고 물어도 답을 못한다.

꿈의 마지막 순서로 일어나는 이차 과정

꿈의 마지막 순서로 일어나는 이차 과정은 꿈의 내용이 이해가 될 만하고 그럴

듯하며 해석할 만하게 엮어 주는 과정을 말한다고 했다. 꿈의 번역이다. 사실 이 과정은 수많은 복잡한 내용과 정서를 일으키는 생각을 우리가 쓰는 일상의 언어로 엮는 것이니 분석가가 이런 현상에서 나오는 이야기를 문학적으로 엮어 오면 상당한 작품이 되지 않을까 한다. 두 시간짜리 영화 한 편을 만들기 위해서는 수많은 자료, 인력, 작업을 동원해 몇 달 동안 노력해야 한다. 이것은 마치 우리가 잠에서 깨면서 잠시 기억할 수 있는 꿈이 만들어지는 과정과 같이 무의식의 복잡하고 긴 여정이 필요하다. 저 복잡하고 미묘한 그리스의 신화 이야기 하나하나는 하늘에서 떨어진 것이 아니고 인간이 창작한 것이다. 그 원천이 어디에 있었겠는가? 물론 그것은 인간의 생각, 심리작용 등 인간의 뇌리에 있었다.

인간의 두뇌라는 거대한 장치는 오늘날 우리가 알고 있는 인공지능의 몇 배가 되는 연산력(演算力, Computing Power)을 가지고 있다. 한 그리스의 서사시가 상상적이고 공상적이라도 역시 이것은 인간의 마음속에 있는 것에서 창작한 것이다. 우리가 하는 모든 상상과 공상의 자료는 무의식에서 발생한다. 의식적으로 이해가 안 될지 모르지만, 이것은 분명 인간이 그 마음속에 있는 그 무엇(추측으로는 무의식의 잠재몽)에서 끄집어내어 창작한 것이다. 꿈을 보는 것과 무엇이 다를 것인가. 꿈의 작동을 언어로 쓸 수 있다면 모든 인간은 문학가가 되고 시인이 되고, 그림을 그릴 수 있으면 화가가 될 자격이 있다는 셈이다. 역사적으로 큰 결단을 내리는 것은 꿈에서 본 것을 바탕으로 한 것이 많다. 구약성경에서도 기적에 가까운 일이 있었다. 이스라엘의 다니엘이라는 청년이 네부카드네자르(Nebuchadnezzar)의 꿈을 해석해서 목숨을 건졌을 뿐 아니라 왕의 신임을 얻었고, 요셉(Joseph)은 이집트 바로(Pharaoh)의 꿈을 해석해 신임을 얻어 왕 다음으로 높은 지도자가 되었다. 해석을 어떻게 했든 꿈의 내용을 중시했다는 이야기이다.

꿈은 모두 시각적 형상으로 나타나지만, 가끔 청각적인 것이 조금 가미될 수도 있다. 가끔이지만 생각까지 표현될 때가 있으나 시각적 표현에 비하면 훨씬 적다.[11] 실은 그 현상이 일시적 환각과 같아서 프로이트는 그것을 '일시적 조현병'이라고 말할 정도였다. 꿈에서 일어난 시각과 환각은 구별되지 않기 때문이다. 시각적·청각적 인상이 깊은 이유는 잠의 기전으로 잠자는 사이에는 자율적 움직임이 억압되어 있기 때문이다. 그래서 안전하다. 평화는 꿈이 보장한다고 표현하면 과장된 것 같지만 사실이다. 히틀러가 이런 악몽에서 깨어나면서 정신적으로 오산하여 작전 명령을 내렸다고 상상하면 소름이 끼칠 것이다.

꿈의 분석은 정신분석의 왕도이다

꿈에 대한 여러 심리 현상을 이야기했다. 하지만 생리학적인 것과 관계있는 것도 많다. 그런 것을 간단히 설명하겠다. 잠자는 사이에 방광이 차면 물에 관한 꿈을 꿀 것이다. 대양을 항해하며 해적이 되는 꿈이 될 수도 있고 수영장에 뛰어드는 꿈이 될 수도 있다. 잠자는 자세가 불편하면 육체적 고역에 관한 꿈이 될 것이요, 선생님에게 야단맞고 벌 서는 꿈이 될 수 있다. 잠자리가 너무 추우면 북극을 탐험하는 꿈을 꿀 가능성이 있고, 성욕을 만족하는 꿈을 꾸는 것과 몽정은 남자라면 이해할 것이다.

잠의 생리는 뇌전도(腦電圖, Electroencephalogram)와 생리 현상의 양상에 따라 4단계로 나뉜다. 잠이 처음 들 때를 일차적 단계(First Stage)라고 하며, 이것이 바로 렘

---

11 꿈이 마지막으로 형성되는 것이 'REM sleep'이라고 했다. 즉, Rapid Eye Movement라는 말은 이 순간에 어떤 목적이 있어 동공을 한없이 굉장히 빠른 속도로 굴린다는 것이다. 그 것은 중추신경이 무지하게 빠르게 작동하고 있다고 추측할 수 있다. 그러니 시각적인 꿈의 현상이 대부분 꿈을 차지한다는 말은 이해가 갈 것이다.

수면(REM Sleep)이다. 이때는 신체의 자율신경이 깨어 있을 때보다 더 활발하며, 특히 눈의 동공 근육이 빠른 속도로 움직이기 때문에 안구가 초속도로 구른다고 해서 REM(Rapid Eye Movement)이라고 한다. 움직이는 속도가 너무 빨라 도저히 흉내를 낼 수 없다. 이 현상은 마치 대형 컴퓨터에서 발광다이오드가 초속도로 반짝이는 현상과 같다. 이때 꿈을 꾼다. 이 현상이 일어난 직후에 잠에서 깨는 경우가 많다. 사람이 밤에 자다가 몇 번 깨더라도 금방 잠이 다시 들면 그때 꾼 꿈을 기억할 수 없다. 이때는 혈압도 오르고 맥박도 빨라진다. 이것을 또한 일차 수면(First Stage Sleep)이라고도 한다. 그것은 잠이 들 때 처음 일어나기도 하고 잠이 깰 때 일어나기도 한다. 이 현상은 보통 잠자는 사이에 다섯 번에서 일곱 번 정도 일어난다. 우리는 자는 동안 다섯 번에서 일곱 번 정도 꿈을 꾼다는 말이다. 그러나 우리는 꿈을 꾼 직후 잠에서 깨어야만 그 꿈을 기억할 수 있다. 기억하지 못하는 꿈이라고 해서 무용지물이 아니다. 정신분석 학설에 의하면 무슨 꿈이든지 모두 쓸모 있는 심리적 역할을 하며, 그것이 우리의 건강을 보호한다고 이미 지적했다.

꿈은 인간의 정상 생리에 없어서는 안 될 중요한 것이라고 했다. 우리는 가끔 잠이 들려다가 금방 깰 수 있다. 잠시 깜박했는데 몇십 년이 지난 이야기의 꿈을 꿀 수 있다. 흔히 이것을 비몽사몽(非夢似夢)이라고 한다. 로런스 큐비는 많은 문학, 예술 작품이 여기에서 나온다고 했다. 보통 사람에게는 그러려니 하고 넘어갈 것을 창작인들은 그 기억이 없어지기 전에 곧바로 마음속뿐만 아니라 노트에 기록할 것이다. 작가들이 그렇게 한다고 하여 필자도 시험을 해 보았다. 노트에 적힌 것을 며칠 후에 보니 내가 생각해도 신기하게 재치 있는 글이었다. 언제 그것을 썼는지 기억이 없었다. 그 꿈속에서 일어나는 이야기를 더 이끌고 나가고 싶었다.

이차, 삼차, 사차 수면은 점점 잠이 깊어지는 단계이다. 사차 단계는 잠이 아주 깊이 들기 때문에 심한 자극을 주지 않으면 좀처럼 잠에서 깨기 힘들다. '귀신이 잡아가도 모른다.'라는 표현이 이럴 때를 말한다. 그러나 무의식에는 신기한 기전이 있다. 특별한 경계심이 있을 때 잠에서 쉽게 깰 수도 있다. 참으로 중요한 안전장치이다. 앞에서 얘기하였지만 젖먹이 엄마는 깊은 사차 수면의 잠에서도 건너방에서 들릴까 말까 하는 아기의 울음소리에 깬다. 그러나 사차 단계의 잠에서 깨우기 힘든 사람을 억지로 깨우면 정신을 차리는 데 한참 걸린다. 때로는 이상한 말을 중얼거리기도 한다. 잠시 무의식에서 새어 나오는 정신 현상이다. 이때 무엇이라고 말했냐고 물으면 그는 전혀 기억하지 못한다. 이것이 또한 무의식과 잠재몽의 존재를 증명한다. 어떤 학자는 이것은 조현병이 잠시 일어나는 현상이라고 추측해 순간적 조현병이라고까지 칭했다. 스파이를 문초할 때 가끔 쓰는 도구라고 한다.

악몽(惡夢)을 영어로 'Nightmare'라고 한다. 그것은 '밤의 망아지'라는 표현으로 오해해서 꿈에 당나귀가 자는 사람의 가슴 위에 앉아 숨을 못 쉬게 한다는 전설에서 온 말이라고 전해져 왔다. 그러나 'Mare'라는 말은 망아지가 아니라 마귀라는 뜻의 옛말이다. 악몽은 이드에서 방어기제를 뚫고 새어 나오며 광폭하고 무섭고, 무의식에만 나타난다. 이것이 꿈으로 나타나기 때문에 다행이다. 이런 무서운 꿈이 꿈으로만 나타나고 의식에 존재하지 않기 때문에 우리 정신작동의 안전장치 역할을 하는 것이다. 이것이 꿈으로만 나타나기 때문에 다행이다. 만약 깨어 있을 때 일어난다면 그것은 순간이지만 조현병 같은 정신착란(錯亂)으로 나타날 것이다.

정신분석 과정에서 가장 많이 이용하는 것이 꿈의 분석이라고 했다. 꿈의 분석은 정신분석의 왕도라고 한다. 꿈의 해석은 분석가가 피분석자(환자)에게 꿈을 기초로 한 연상을 하게 부추겨 그것을 분석하는 단계이다. 환자가 꿈에서 본 것은 대개 상징적이며 거기서 일어난 현상은 흔히 은유나 비유로 나타난다. 그렇다면 꿈이라는 작동이 우리 마음속에 일어나는 것과 시를 쓰는 것이 어떻게 다를까 생각하지 않을 수 없다. 한밤중에 꾼 그 꿈을 전혀 기억하지 못하더라도 시인이 시를 쓰고 화가가 그림을 그릴 때, 또 작곡가가 작곡을 할 때의 착상이 무의식에 있는 그 감추어진, 잃어버렸다고 생각하는 꿈에서 온 것이 있을 것이다. 베토벤이 제9번 교향곡을 작곡하면서 건너편 벽에 천국의 환상을 보았다는 이야기가 있다. 그 환상의 근원이 꿈이 아니었을까 하는 추측을 할 수 있다.

꿈에서 본 상징, 은유, 비유를 해석할 때는 **연상**이라는 도구로 연결한다. 꿈에서 거북이를 보았다면 거북은 장수(長壽), 인내(忍耐), 지구(地球), 우주(宇宙) 혹은 땅(地) 등을 상징한다. 집은 몸(身體)을 상징한다고 했다. 왕과 왕비(王, 王妃)는 아버지와 어머니를 상징한다. 꿈꾼 환자가 집에 왕이 거북이를 타고 앉았다고 하면 분석가는 금방 이 사람이 아버지의 건강에 대해 고심하고 있다는 것을 짐작할 것이다. 꿈에 짝사랑하고 있는 여자와 기숙사 층계를 오르고 있는 꿈을 꾸었다면 이것은 곧 성적 욕구에 관한 꿈임을 짐작할 수 있다. 이때 몽정을 했다면 그것은 소원의 확정이다. 때로는 한 가지가 연상으로 수십 가지 뜻을 가질 가능성도 있다.

바다를 예로 들어 보면, 바다를 생각하면서 대양을 연상하고, 방대하고 사방으로 둘러싸인 수평선, 멀리 보이는 상선들을 상상할 것이다. 수평선은 흔히 시상에 오르는 영상이다. 물속을 연상하면 한없이 깊고 괴이하며 무섭고 사단 같은 괴물을 상상할 것이며, 죽음도 상상할 것이다. 한편 큰 파도, 작은 파도를 연상하면서 뾰족하게 흰 파도가 해변 바위에 튀는 것을 보았다면 평화로운 돛단배가 상상될 것이며, 갑자기 나는 갈매기의 상징도 될 것이다. 갈매기가 유유히 날면서 함께 놀자고 하는 것 같은 친근감이 들기도 할 것이다. 그러면서 물가의 모래사장을 드나드는 잔잔한 물은 마치 엄마가 아기의 머리를 쓰다듬는 사랑의 표현 같으며, 그것이 돌 바위를 치면서 흰 거품을 내어 뿜으면 마치 포실포실한 새끼 양을 보는 것 같기도 하고 하얀 토끼 같기도 할 것이다.

이렇게 바다라는 말과 영상에 따르는 연상이 시인에게는 수십 가지 정서로 표현될 수 있다. 그것은 정신분석가가 해석하는 것이나 시인이 은유로 표현하는 것이 거의 다르지 않다는 말이다. 정신분석가의 실력은 이 중 어느 것을 고를까 하는 것이고 시인은 어떤 이야기가 더 아름다울까, 시적(詩的)일까, 독자를 움직일 수 있을까 하는 목적에 따라서 한 연(聯)을 이룰 것이다.

어떤 시가 의식에 있는 강력한 감정을 표현했다면 그것은 무의식에서는 더 강력했을 것이다. 그러나 시의 큰 역할은 읽는 사람의 감정을 부드럽고 견디기 쉽게 할 뿐 아니라 감정을 치유하는 효과도 있다. 정신질환 치료에 여러 가지 방법을 쓴다. 의사들은 약물치료나 전기치료를 사용하며 의사가 아닌 치료사들은 심리치료 혹은 상담치료를 수행한다. 이런 치료 중 독특한 것으로 예술치료가 있다. 그중 한 가지가 미술치료(繪畫療法, Art Therapy)이다. 말로 표현하기 힘든 마음속 느낌을 그림으로 표현할 수 있다는 것을 응용한 것이다. 얼른 보면 그림으로 감정을 표현한다는 것은 정신분석 과정과 흡사한 데가 있다. 심리검사에 로르샤흐 검사(Rorschach Test, Ink Blot test)[12]라는 것이 있다. 잉크가 종이에 엎질러진 것같이 나타난 모양에서 생각나는 연상을 구하는 시험이다. 환자들에게 시를 쓰게 하는 것도 그러한 방법의 하나이다. 조각(彫刻)도 그 범주에 속한다. 연극치료법(Play Therapy)도 있다. 만약 정신치료 중에 대인 갈등(Interpersonal Conflict; Personal Complex)이 보였다면 환자와 그 상대를 배우의 역할을 맡겨서 연극하듯이 대질하는 방법이 있다. 이들은 정신분석 과정을 쉽게 하는 응용한 치료법이다. 이 모든 것은 연상을 응용한 것이다. 시작과 흡사한 데가 있다.

창작과 정신치료가 같은 점은 창의성을 이용해서 환자의 증상을 일으키는 정신적 문제를 실타래 풀듯이 연상을 이용해서 알맞게 해석해 나간다는 것이다. 간

---

12 318쪽 참조.

단한 다른 예를 들어 본다. 아이가 아버지가 엄마보다 훨씬 크고 자신이 아버지보다 더 크며 자기가 엄마와 손을 잡은 그림을 그렸다면 그 아이의 고민과 그 아이가 느낀 증오는 오이디푸스 콤플렉스의 적나라한 표현으로 보일 것이다. 그 치료사는 이제 아이의 행동의 원인을 알았으니 이 아이의 행동에 대한 증상 문제를 풀어 줄 수 있으리라 믿을 수 있다. 이 아이에게 그 그림을 설명해 보라고 격려하면 그것이 첫걸음이 될 것이다. 이 아이의 창작은 치료사의 격려로 시원하게 마음(무의식)에 갇혀 있는 갈등이나 고민을 표현할 수 있었다. 정신분석 과정에서 이렇게 문제가 해결되었을 때 환자가 경험하는 것을 해제 반응이라고 했다.

해제 반응은 원래의 갈등을 이해만 해도 일어나며, 치유되었다는 확정이다. 해제 반응은 어른에게 일어나는 현상이지만 아이들에게는 큰 감정적 반응이 없을지라도 그때부터 분명하게 변한 새로운 행동이 나타날 것이다. 아이들은 표현했다는 것만으로도 치유의 효과가 있기 때문이다. 더 쾌활해졌다든가 잠을 잘 잔다든가, 짜증을 덜 낸다든가 하는 변화가 보이면 그 치료사는 성공한 것이다.

이 부분은 지면으로 설명하는 것보다 독자가 하나씩 경험한 것을 상상하면서 연상으로 풀어 보든지 혹은 시로 표현하면 도움이 될 것이다.

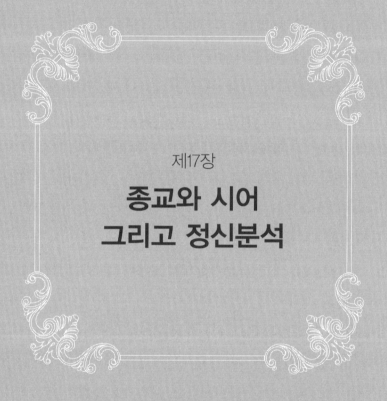

제17장

종교와 시어
그리고 정신분석

정신분석과 종교와의 관계를
볼 때 정신분석은 특히 개신 기독교와는 동떨어진 거리에 있으며 서로 의심하는
태도로 거의 적대시해 왔다. 그러나 언어, 언어의 표현, 정신 구조와 기제들은 종교
에서도 거론되고 종교의 경전이 대개 시로 표현되어 있으므로 이를 함께 토론해
보려 한다.

　불교에서, 특히 선종(禪宗)에서 이용하는 명상(冥想)은 거의 정신분석 과정과 비
슷하게 보인다. 일본의 정신분석 학자들은 선도와 정신분석을 연결하려는 노력이
있었다. 최근에 일어난 유념인지행동치료(Mindful Cognitive Behavioral Therapy)도 그
런 현상에서 시작되었다. 어떤 문화권에서는 종교와 전설이 구별되지 않는다. 대
부분 종교는 심리적 문제를 다룬다. 따라서 이 제목만으로도 한 학문이 될 수 있다
고 본다. 기독교와 불교, 두 종교에 뚜렷한 전제가 있다. 영(靈)은 인간과 언어로 소
통한다는 것이다. 불교에서 진리를 가르치는 것이 목적이라면 기독교에서는 믿음
으로 예수님과 소통하는 것이 중점이다. 두 종교의 경서에는 소통에 관한 이야기
가 많이 포함되어 있다. 요컨대, 불타와 예수 그리스도는 인간에게 진리를 가르치
며 그것으로써 옳은 삶을 이어 가는 길, 해탈과 구원을 지도한다고 본다면 경전(經
典)은 교도(敎徒)들에게 진리와 행동의 지침을 가르치는 교과서와 같다.

　성경은 처음부터 주님이 인간에게 가르치는 말씀을 기초로 해서 일어난다. 창
세기에서는 주님이 말씀하시니 세상이 형성되었다. 즉, 창조는 말에서 일어났다는
뜻이다. 구약성경에서는 주님이 선지자들의 입을 통해 말씀하셨다. 신약성경에서

는 예수 그리스도께서 직접 말씀하셨다. 요한복음 1장 1절에서 주님의 말씀이 화신(化身, Incarnation)한 것이 그리스도라고 했다. 예수 그리스도는 우리 인간에게 진리를 직접 가르치시며 또 기도로써 하나님과의 소통하는 방법을 가르쳤다. 따라서 기독교에서 인간과 신과의 관계를 언어로 소통할 수 있게 하였다는 것을 설명한다. 그리스도는 말씀(Logos)의 화신(化身, Incarnation)이라고 했다.[1] 불교에서 말하는 영원불변의 법(法)은 원래(元來, Infinity)라는 말이 영원히 존재한다는 뜻으로 표현된 것이다. 즉, 시작이 없다는 말이다. 이 부분이 기독교와 다른 점이다. 기독교에서는 분명히 우주가 생기는 시작이 있다. 그러나 하나님은 영원히 존재하셨다고 한다. 그러니 거기에서도 영원(永遠, Infinity)하다는 것은 마찬가지이다. 불교에서는 불타의 탄생으로 처음 그 영원 불변의 법이 말로 표현되었고 다시 글로 표현되었다. 두 종교에서 "말씀(Logos)의 화신(Incarnation)이 예수"요 "법(法, 眞理)의 화신(法身佛)이 불타(佛陀)"라는 것을 보면 그 두 표현이 같게 보인다.

정신분석에서도 이 두 종교에서 말하는 율법은 슈퍼에고에 함께하고 있다. 인간의 모든 율법이 담겨 있는 슈퍼에고의 벌을 피하고자, 율법을 바르게 지키기 위해서는 그 슈퍼에고에 기록된 율법이 언어로 표현되고 이해할 수 있으므로 그 언어와 뜻을 이해하는 것이 인간 성숙에서 무엇보다 정확하게 발달해야 한다. 또한 그것이 언어발달에 중요한 요소라고 이미 지적했다. 다시 말하자면, 아버지는 슈퍼에고처럼 법을 지키는 존재이므로 아버지의 말을 정확히 이해해야 벌을 받지 않을 것이다. 이것은 주님의 말씀, 부처님의 말씀을 정확히 알아야 한다는 것과도 같다. 이러한 이유로 종교와 언어에 관해 잠시 얘기하려고 한다.

---

1   요한복음 1장 1절: 태초에 말씀이 계시니라. 이 말씀이 하나님과 함께 계셨으니 이 말씀은 곧 하나님이시니라. 2절: 그가 태초에 하나님과 함께 계셨고, 3절: 만물이 그로 말미암아 지은 바 되었으니 지은 것이 하나도 그가 없이는 된 것이 없느니라.

종교와 언어

언어가 어떻게 발상했고, 어떻게 진전되었고, 어떻게 인간이 언어로서 신과 소통하게 되었는가를 학문적으로 논하기에는 어려운 일이다. 그러나 여기에서 논의할 수 있는 것은 무의식 속에 있는 현상, 특히 시각적 영상을 말로 이해할 수 있게 나타나려면 복잡한 과정을 거쳐야 한다는 것으로서 이해를 추구해 본다. 이 현상은 마치 구약성경의 창세기 1장 2절의 "땅이 혼돈하고 공허하며 흑암이 깊음 위에 있고……."라는 말씀, 또 영어로는 "the earth was without form and void"라고 하여 혼동 상태였는데 주님의 말씀으로 하나씩 명확하게 창조되었다고 하는 그것과 같은 표현이다. 주님께서는 그렇게 창조한 것들에 이름을 하나씩 만드셨다. 기독교 신학에서는 '무에서 유(Creato ex nihilo)로'라고 표현하였다. 이것은 마치 무의식의 혼돈에서 여러 가지 정신작동, 방어기제로 변형된 것들을 정신분석이라는 과정을 통해 의식에서 이해할 수 있는 모양으로 표출되는 것과 흡사하다는 것이 필자에게 보인다. 필자의 의견이라는 것을 강조한다.

그것이 모두 언어로 표현되었다. 또 그 기기묘묘하며 복잡하고 무질서한 무의식의 내용에서 말로 표현할 수 있는 내용을 찾아내어야 하는 것이 정신분석이다. 이는 형이상학적 학설로서 칸트가 말한 본체(Noumea)와 현상(Phenomenal)과 비교할 수 있는 것이다. 무의식에 잠재해 있는 것이 본체(Noumea)라면 그것을 인간의 의식을 포함한 오관으로 인식할 수 있는 현상(Phenomena)으로 나타나게 해야 우리가 인식할 수 있다. 플라톤도 말하기를 진실이라고 하는 사물이 바깥세상에 있는데 동굴에 갇혀 있는 인간은 바깥의 실물을 직접 볼 수는 없고 동굴에 비춰진 그 실물의 그림자(Shade)만 볼 수 있다고 했다. 즉, 동굴에 갇혀 있는 사람은 그 그림자를 보고 바깥에 있는 실물(진실)을 추측할 수밖에 없다. 우리가 감지할 수 있는 것은 현상뿐이며 본체는 추측하는 길밖에 없다는 말이다. 정신분석에서는 무의식에 있는 것들과 거기서 일어나는 것을 분석해 그것들을 짐작할 수 있다는 것과 상당히 비슷하다. 역시 확증은 불가능하다.

기독교에서 신의 존재를 알 수 있는 길은 성경과 믿음이라고 했다. 자연(Natural Revelation)[2]에서 간접적으로 신을 볼 수 있다고도 했지만 여기서도 신은 볼 수도 없고 확인할 수도 없으나 자연을 보고 신의 존재를 믿을 수는 있다는 말이다. 이 두 세계(무형, 본체, 신의 세계와 현상을 우리가 직감할 수 있는 세상)를 연결하고 해석하고 추정해 우리가 인식할 수 있게 하는 것은 언어와 언어로 엮어진 추상이다. 이것은 정신분석과 상당히 비슷하게 보인다.

기독교에서 성경을 주님의 말씀을 기록한 것이라고 했다. 성경을 쓴 사람들은 주님이 영감을 일으켜 쓰고 싶은 느낌을 주입시켰다는 신학적 설이 있다. 그러한 표현이 원어(原語)인 히브리어에 가까울 것이다.[3] 필자는 정신분석의 기초를 배운 수십 년 후에 성경을 읽었다. 성경에서 무(無)에서 유(有), 혼돈(Chaos)에서 질서(Order)의 순서로 이야기한 창조의 이야기에서 무의식에서 의식으로 옮겨가는 정신적 내용이 정신분석의 학설과 비슷하게 보였다. 불교와 기독교의 역사를 보면 그 두 종교가 발상(發祥)할 때 진리라든가, 우주의 발생 과정, 인간의 행동에 대한 가르침, 마음가짐 등을 가르칠 도구가 있어야 했고, 그래서 그 도구가 무엇이냐 하는 것을 가르쳤다. 그것이 바로 언어(言語: 말과 글)이다. 기도하고 명상을 해도 표현이나 마음속에 새길 것은 역시 언어이다.

---

2 로마서 1장 20절: 그의 영원하신 능력과 신성이 그 만드신 만물에 분명히 보여 알게 되나니…….
3 영어로는 'inspire'라는 표현을 한다. 헬라어로는 'Pneuma'라고 표현한다. 여러 가지로 해석할 수 있지만, 결론은 주님의 뜻을 그 성경을 쓴 사람들의 마음에 불어넣었다고 해석하면 될 것이다.

불교의 으뜸이신 부처님이 이 세상에 인간으로 태어난 이유가 불교의 전체적 지식이라고 보는 불법(佛法, Buddhist Dogma, 眞理)을 말로 설명하기 위해서 인간과 같은 말을 할 수 있는 인간으로 다시 태어나서 그가 직접 설법(說法)하였다고 한다. 그분이 바로 불타(佛陀, Buddha) 석가모니(釋迦牟尼, Sakyamuni)이며, 그분의 가르침을 기초로 한 종교가 불교이다. 그분, 고타마 싯다르타(Godama Sitatra)는 마가다 왕국의 왕자로 태어났지만, 그 이후에 마치 예수 그리스도에게 그러했듯이 불타에게도 많은 이름이 따라다녔다. 마치 그리스도의 한 이름이 말씀(Logos)이라는 것 같이 그분의 이름 중 하나가 법신불(法身佛)[4]이라고 했다. 이것은 글자대로 법을 가진 몸 혹은 법을 가르치는 몸이라고 이해할 수도 있고, 법(法)이 육신(肉身)으로 화신했다는 뜻으로 보기도 한다. 이것은 억만 겁을 내려온 불법이 마침내 불타(佛陀, Buddha)라는 인간을 통해 인간에게 법을 이해할 수 있는 언어로 가르치게 한 것이다. 형이상학적 불교의 진리가 인간이 이해할 수 있는 언어와 문자로 표현할 수 있게 되었으며 그것으로 인해 불교가 파급되기 시작했다. 말씀이 본체요 진실이라는 것이다. 이것은 누구든지 해탈(解脫, Nirvana)할 수 있다는 가능성의 징표이기도 하다.

그와 비슷하게 기독교에서도 천지가 창조된 후 선지자라는 사람들의 입, 출처가 분명치 않은 소리 등으로 신은 인간에게 대부분 신탁(神託, Oracles)이니 언약(言約, Covenant)의 형식으로 일방적으로 전해졌고 선지자의 입을 통해서도 전해졌다. 인간이 그것을 기억해 왔다. 그러나 대부분은 화자(話者)가 번역한 것 혹은 화자의 입을 통해 나온 것이다.[5] 말씀은 대개 일방적이어서 주님을 믿는 인간은 노래와 시

---

4 한국의 여러 사찰 중 법신불을 모신 법당에는 불상이 없고 보통 법당에 불상이 있을 곳에 불단만 있다. 그 법당 뒤에 사리탑이 있다며 이 사리를 적멸보궁(寂滅寶宮)이라 하였다. 마치 진짜가 있는데 가짜 모양이 필요 없다는 뜻 같다. 산스크리트의 뜻은 진리 자체를 말한다. 성경의 로고스(Logos)라는 말과 같은 것으로 여겨진다. 법신=진리의 몸으로 해석된다.

로 응답하고 찬양하였으나 예언하신 대로 창조주(하나님, 주님)는 인간에게 더욱 분명히 가르침을 주기 위해 인간과 소통하는(대화가 오고 가는) 길을 열었다. 신약성경의 요한복음 1장 1절에 "태초에 말씀이 계시니라 이 말씀이 하나님과 함께 계셨으니 이 말씀이 곧 하나님이시니라."라고 했다. 이는 하나님 자신이 말씀(Logos)이라고 하셨고, 그 말씀이 그리스도로 화신(化身, Incarnation)했다는 말씀이다. 이분이 바로 예수 그리스도이시다. 이 사실은 말씀(Logos)이 곧 예수 그리스도라는 말이며, 불교의 법(法)에 해당할 것이요, 법신불(法身佛)이라는 표현이 법의 몸이라는 부처님의 다른 이름이라는 것과 거의 일치한다. 로고스(Logos)와 별로 다름이 없는 이름이다. 그로부터 신과 인간은 자유롭게 대화하게 되었다. 이 역사적 사실은 아기가 엄마 아빠의 말을 정확히 배워 엄마 아빠의 벌, 즉 슈퍼에고의 벌을 받지 않고 사랑을 얻을 수 있는 중요한 성장 과정과 같이 보인다. 언어의 발달, 성장에 어른들의 말을 정확히 이해하는 것이 언어 성숙에 중요한 요소라는 말이다.

　　신과 소통할 수 있는 인간은 믿음이 있어야 한다.[6] 기독교는 믿어야 하며, 특히 개신교는 성경을 믿어야 하는 것이 참 구원의 길이다. 불교가 종교냐 철학이냐를 따지기 보다 진리를 진리로 믿고 받아들여야 하는 것은 마찬가지이다. 정신분석에서도 환자가 분석가를 완전히(100%) 믿고 의지해야만 분석할 수 있다. 분석가는 환자에게 암시를 주면서 해석을 돕는 것이지 설명을 자세히 하는 것이 아니다. 우리가 보통 대화에서 이렇다 저렇다고 얘기하는 것은 따질 수 있지만, 시(詩)와 신(神)의 말씀은 따지고 밝힐 이유가 없다.

　　예수 그리스도의 가르침을 들여다보면 은유와 비유로 엮은 우화(寓話, Parables)로

5　이사야 6장 7절 "그것을 내 입에 대며 가로대……."; 예레미야 1장 9절, "그 손을 내 입에 대시며……."

6　Sola Fide.

가득하다. 필자가 보기에 그 이유는 간단하다. 이야기를 짤막하게 강조할 부분을 짧고도 오래 남게 하기 위함일 것이다. 그 이야기의 골자에 의미가 있는 것이니 마치 속담처럼 몇 자로 큰 사상(思想)을 전할 수 있기 때문이다. 어찌 성경의 표현이 시와 다를 수 있겠는가. 시의 한 연은 긴 이야기를 아주 짤막하고 뜻깊게 표현하는 것이다. 석가모니와 그의 수제자 마하가섭(Kasyapa, 摩訶迦葉) 사이에 상징으로 무언의 소통이 있었다는 것은 잘 알려진 이야기이다. 석가가 꽃 한 송이를 들고 살짝 올렸더니 마하가섭이 미소로 대답을 했다는 이야기이다. 이런 것을 표현한 시 하나를 발견하였다.

> 일고지는 바람 따라 청매 꽃잎이
> 눈치를 내치다 말다 했다
> 바람이 바뀌면
> 돌들이 드러나 생각에 잠겨 있는
> 흙담으로 쏠리기도 했다
> '꽃 지는 소리가 왜 이리 고요하지?'
> 꽃잎을 어깨로 맞고 있고 불타의 말에 예수가 답했다.
> '고요도 소리의 집합 가운데 하나가 아니겠는가?
> 꽃이 울며 지기를 바라시는가?
> 왁자지껄 웃으며 지길 바라시는가?'
> '노래하며 질수도……'
> '그렇지 않아도 막 노래하고 있는 참인데.'
> 말없이 귀 기울이던 불타가 중얼거렸다.
> '음, 후렴이 아닌데!'
>   – 황동규, 「꽃의 고요」

우주의 진리는 말로 표현하는 것이 정도(正道)요, 천지를 위해 인간과 소통할 수 있는 두 분이 태어나셨다는 말씀을 얘기했다.[7] 이런 사실은 불경 자체와 성경 자체에서 그러한 진실이 책 속에 있으므로 우리가 알게 된 것이다. 기독교에서 성경을 주님의 말씀이라고 했으며, 성경은 주님의 영감이 내포되어 있다고도 했다. 즉, 성경은 살아 있는 말씀이라는 뜻이다. 원어로는 '영혼을 불어넣는다(Inspire; εμπνεύσει).'라고 표현했다. 주님이 그 책(성경: Bible, Biblos)에 어떻게 영혼을 불어넣어 그 언어가 주님의 말씀으로 받아들이게 되었느냐 하는 것은 가장 신비한 현상이지만, 인간은 더 알고 싶어 온갖 공상을 한다. 예로, 주님의 영혼이 구술(口述) 역할을 해 글쓰는 사람(代筆者, Amanuensis)이 받아 쓴 것이라는 의견이 있지만 가장 현명한 답은 정확히 알 길이 없다.

믿는 것과 따지는 것은 동떨어진 것이다. 정신분석에서도 마찬가지이다. 종교를 신앙(信仰)이라고 했다. 종교에서 가장 중요한 힘은 믿음이다. 또한 정신분석에서 환자가 분석가를 믿어야 하는 것은 절대적 조건이다. 분석가를 믿고 안심하고 머리에 떠오르는 대로 이야기를 하는 것이 분석이며, 정확히 알려고 따지고 캐묻는 것은 금기이다. 믿음의 한 역할은 바로 해석하기 힘든 것을 이해하게 하는 것이다. 해석은 힘들겠지만, 이해와 느낌으로 전달된다는 것은 시를 읽으며 오는 느낌과 같은 것이다. 창조주는 언어까지도 인간을 위해 인간이 신(神)을 알게 하려고 만들어 주셨다. 그러나 우리는 수천 년 동안 추측만 해 왔다. 그와 같이 전혀 확인할 수 없는 무의식의 내용을 추측밖에 할 수 없는 것이 정신분석이다. 무의식을 정확히 안다는 것은 어불성설이다. 현대 언어가 우리의 심층 사고 내용과 거기에 함께

---

7   종교 지도자들에게는 받아들이기 힘든 예가 아닐까 한다. 왜냐하면 어떤 종파(어느 쪽이든)에서는 이런 그의 절충중의적(Ecumenical) 해설로 보이기 쉽기 때문이다.

하는 정서를 오히려 방해하는 게 아닌가 한다.

다행히 시는 아직도 우리의 깊은 맘을 느끼게 하는 좋은 도구이다. 그리고 그 추측의 결과를 우리가 이해할 수 있는 언어로 엮어 이해하게 하는 것이 정신분석이다. 이는 혼돈한 무의식이 우리에게 보이는 꿈으로 변형해서 나타난다는 말과 같게 보인다. 그 추측이 상당히 진실에 가깝다는 것은 그 해석으로써 일어나는 해제 반응(解除反應; Abreaction)으로 알 수 있다. 해제 반응이 일어났다는 것은 그 해석이 옳았다는 증거이다. 시어를 정확히 해석한다는 것도 어불성설이다. 시를 읽고, 그 읽는 사람에게 강한 혹은 분명한 느낌이 왔다면 그것이 시의 목적이요, 결론이다. 그 느낌 때문에 마음속에 새롭고 유용한 것이 일어났다면 어찌 그것이 해제와 비슷하지 않다고 하겠는가. 누구도 그것을 말리지 못한다. 그러나 그 사람은 읽고 싶고, 읽은 후에 마음속에 남은 것이 있다면 그 시가 목적을 달성했다고 볼 수 있다. 시가 치유의 효력이 있다는 증거이다.

결론으로 성경에서 창조 이전의 우주는 무질서해서 혼돈(混沌, Chaos)이라고 했다. 그것을 질서 있고 이해하기 쉽게 표현할 수 있는 언어로 설명하게 된 것이 주님이라고 말씀하였다. 정신분석의 무의식은 혼돈 그 자체요, 전혀 이해할 수 없으며 전혀 말로 표현할 수 없다. 이것을 정신분석이라는 방법으로 '정신기제'라는 과정을 이해하고 그것을 거쳐 말로 표현할 수 있게 하여 우리의 심층 심리를 이해한다. 이 기제들이 일어나게 하는 힘은 인간의 근본적인 힘, 즉 존재 본능과 번식 본능에서 오는 힘이다. 이 힘의 출발 또한 종교에서 말하는 창조(創造, Creation)와 비슷한 데가 있다. 이는 물리에서 말하는 우주 창조가 빅뱅에서 에너지가 발생했고 아직도 그 여력이 진행되고 있다는 것이다. 인간은 생명이 창조된 순간부터 에너지가 일어나 그것이 계속 팽창하면서 지속되며 심리적 작동을 포함한 모든 생리적 작동을 유지한다. 프로이트는 인간의 이 에너지를 '리비도'라고 하였다. 그것은 학문이었지만 종교만큼 사회와 사상에 영향을 끼쳤다. 이렇게 비유로 설명하는 이유는 이해하기 쉽게 정신분석을 설명하기 위해서이다.

정신분석의 조역, 시

언어는 우주 창조와 함께 인간에게 주려는 교훈을 전달하는 창세기적 진실이 담겨 있다. 정신분석에서 무의식의 혼돈에는 질서가 없고 우리의 보통 생각으로는 도저히 설명할 수 없는 일차 과정(Primary Process)만 작동한다. 이것을 우리의 의식이 이해할 수 있게 변형하는 과정을 이차 과정(Secondary Process)이라 했다. 이 이차 과정과 언어의 발생과 발달은 밀접한 관계가 있다. 슈퍼에고의 발전 과정에서 아기의 이드를 달래기 위해 에고가 슈퍼에고에 복종(계율을 지키면서)하며, 그로부터 벌을 받지 않으려면 슈퍼에고를 정확히 알아(이해해야)야 할 것이라고 재차 설명했다. 따라서 에고는 슈퍼에고와 정확한 소통을 해야 한다. 그러자면 언어의 발달이 정확하여 표현과 이해가 정확해야 한다. 이것은 아기의 언어 발달에 중요한 요소이다. 정신분석학에서 슈퍼에고는 신적(神的)인 존재로서 이드를 저지하고 에고가 도덕적으로 이드를 관장하게 하는 주축적(主軸的) 힘이다.

이 학설은 많은 심리 문제를 이해하는 데 도움이 되었다. 다시 말하자면, 말더듬이 같은 언어장애는 이차 과정 형성에 문제가 생겼기 때문이다. 이는 정신분석에서 발견한 기발한 학설이다. 이 학설은 불타와 그리스도가 인간을 구제하기 위해 율법(律法)과 진리(眞理)의 언어로 인간과 소통하며 가르치는 데 필요한 언어의 발생과 발달이 일어난 것과 다르지 않게 보인다. 정확한 언어의 발전은 정신 속에 자리를 잡은 슈퍼에고의 벌을 두려워하기 때문에 그 형벌을 피하려면 필요한 것이다. 언어장애가 있는 사람이 그의 심정을 시처럼 표현할 수 있다면 다분히 무의식을 더 많이 이해하지 않을까 하는 추측을 할 수 있을 만큼 그 환자가 말로써 자기의 마음을 표현하기 힘들 때 시인의 자유와 창작의 힘이 있다면 보통 말보다 더 쉽게 시로 표현할 수 있을 것이다. 대부분 말을 더듬는 사람은 마음을 진정할 수 있으면 말을 자연스럽게 할 수 있다. 그것으로도 언어장애와 불안과의 관계를 이해할 수 있다. 언어장애의 하나인 말 더듬는 시인의 글이다.

> 난 모래 위에 글을 휘갈겨 낙서한다
> 그 말이 그렇게 하기 힘이 들어
> 곧 바람이 불어왔으면
> 아주 불어 버렸으면
>   －작자 미상

언어가 창조되어 표현을 더 분명히 하고 그것을 기록하기 시작하면서 인간이 처음으로 쓴 문학 방식은 너무 간단해서 상당한 추측이 필요했다. 그렇게 추측하는 방법 대부분이 오늘날 시(詩, poem)라는 형태의 글로 기록되어 있고 표현되어 있다. 고대에는 글을 배울 수 있는 사람이 극히 소수였다. 보통 사람은 듣고 보면서, 또 권력이 있는 사람들의 행동에서 벌을 받으면서 소위 율법이나 무서운 형벌을 배웠다. 그때 천사처럼 이들을 가르치고 달래는 사람들이 있었다. 그들은 노래를 부르며 혹은 희곡을 보며 마음을 달랬다. 그것들의 대부분이 시(詩) 혹은 시가(詩歌)를 읊는 것이었다. 거꾸로 그것은 오늘날 우리가 시와 시가라고 칭송하면서 즐기는 것이 되었다.

서양에서 중세에 시작한 'Villanlle'나 'Sonnelle'도 무식한 평민에게는 귀한 약처럼 들렸을 것이다. Villanelle은 타작 때 부르기 시작한 노래에서 시작했다는 말도 있다. 오늘날 우리가 시를 쓰고 읊는 것은 보통 사용하는 소통의 방법이 아니지만, 고대 문헌 대부분이 시로 표현되었다는 것은 후세에 발견된 방대한 고대 유물에서 볼 수 있다. 인류의 가장 오래된 문헌으로 전설을 시로 표현한 길가메시 서사시(Epic of Gilgamesh)가 있고, 그리스의 문학은 거의 장편 신화이며 서사시(敍事詩, Epic Poetry)로 남아 있다. 중국의 고대 문헌 중에 교훈적인 사서오경(四書五經)이나 제자백가(諸子百家) 외의 대부분의 이야기는 시와 서사시로 남아 있다. 우파니샤드(Upanishad)나 바가바드 기타(Bhagavad-Gita) 같은 인도의 고대 경전은 모두 시의 연(聯)으로 기록되어 있고, 염불하듯 찬송가처럼 음정을 넣은 시가(詩歌) 형식으로 읽는다.

분명히 시는 보통 언어로 표현하기 힘든 정서까지도 표현하기 때문에 시의 형태로 나타내는 생각과 표현은 일반적 소통을 목적으로 하는 언어와 다르지만, 정신분석에는 아주 편리하며 묘한 조역을 할 수 있는 언어이다. 역사적으로 문학의 발전을 보면 처음에는 시로 대화를 하지만 차츰 진보한 형태인 산문체(散文體, Prose)로 건너가 읽으면서 짜증을 내게 할 만큼 복잡한 서술체(敍述體, Narration, Descriptive form)로 옮겨 갔다. 대개의 서술은 의식이 분명히 이해해야 하므로 시에 비하면 훨씬 자유가 없다. 미국 국회의 여러 기록을 보면 간단한 사건의 이야기를 큰 책 한 권으로 기록한다. 그것을 다 읽다 보면 중심 내용이 희미해지는 불편함을 느낄 수 있다.

시와 정신분석과 가까운 연관 관계를 찾다 보니 여기까지 오게 되었다. 필자는 정신분석가와 환자가 분석하면서 연상을 주고받을 때 옛날 성현들이 시를 주고받고 읊는 것 같이 실행한다면 얼마나 편리할까 하는 공상도 한다. 병도 낫고 시도 즐길 수 있지 않을까 하는 공상도 한다. 한편 말을 정확히 알아듣고 정확히 표현해야 하는 이유가 정신분석에서 슈퍼에고를 정확히 알아야 하기 때문이라면 이것은 경서(經書)를 정확히 이해해야 한다는 것과 같을 것이다. 그렇다면 자세하고 긴 서술과 시 중 어느 쪽이 우리의 심리 성숙에 중요한 것일까?

종교의 정신분석 비평

서양, 특히 미국에서 개신 기독교는 정신분석을 적대시하거나 비하하는 경향이 있다. 그 이유는, 첫째, 프로이트의 무신론적 세계관 때문이고, 다음으로는 성(性)의 자유를 일으킨 학설 때문이다. 그러나 정신분석 자체에는 말을 별로 하지 않은 것 같다. 필자가 로욜라 대학교(Loyola University) 대학원 종교상담(Pastoral Counseling) 임상을 지도하면서 비형식적으로 조사해 보니 기독교인 정신과 의사와 목회상담을 하는 분들이 정신분석의 학설을 많이 응용하였다. 필자의 생각으로는 목회자들이 정신분석을 모르기 때문이 아닌가 한다. 아니면 색안경을 끼고 공부하였기 때문이 아닌가 하는 추측도 해 보았다. 정신분석에는 기독교의 눈살을 찌푸리게 하는 학설이 많다. 특히 종교에 대한 학설이다. 종교가 인간의 심리적 욕구로서 만들어 낸 것이라는 학설을 기독교가 받아들일 리 없다. 또 성경에서 정신질환을 귀신 들린 것으로 취급하고, 예수와 제자들이 고친 병 중에 정신질환에 속하는 것이 많다. 기독교가 유럽 사회를 지배하면서 19세기까지도 정신질환을 마귀 들린 것으로 취급해 왔다. 누가복음과 사도행전을 쓴 누가(Luke)는 의사였다. 그는 예수의 제자(Apostle)가 아니었지만, 누가복음과 사도행전을 쓰고 바울 사도의 행적과 교의를 누구보다 자세히 썼다. 즉, 개신 기독교의 신학의 근본을 제일 많이 쓴 사람이다.

그가 의사로서, 역사가로서 한 역할이 컸다는 것은 자명하다. 그는 유대인이 아니었고 그리스 사람이었을 가능성이 크다. 당시 그리스에서는 히포크라테스

(Hippocrates, BC 400)에 의한 의학이 확립되었고, 누가처럼 천재적인 재능과 학식이 있는 의사에게는 그런 의학 지식이 있었을 것이 크게 의심되지 않는다. 오늘날까지도 많은 의학 전문용어는 희랍어로 표현되어 있다. 마태복음 4장 23절에는 예수가 사단의 시험을 이기고 갈릴리를 지나며 제자도 얻고 복음을 전하고 사람들을 치료하기 시작했다고 기록되어 있다. 예수가 병을 치료하는 것을 복음에 버금가는 것으로 여겼다는 것은, 필자도 의료를 복음만큼 중요시하였다고 본다. 그런데 예수께서 치유한 병의 상당 부분이 오늘날 정신의학에 속하는 질병이었다는 것은 우연으로 보이지 않는다.

신학을 공부한 목회자는 병 고치는 것을 부차적 활동으로 볼지 모른다. 예수께서 치유한 그 병의 종목에 심한 통증, 마귀에 시달림, 간질, 마비 등을 모두 함께, 한 방법으로 치료했다고 쓰여 있다. 기도가 가장 중요한 요소였다. 정신과 의사인 필자가 볼 때 이 치료 대상의 대부분이 정신적·신경적 증상(Psychosomatic disease)들로 보인다. 이것을 염두에 두고 사도행전 3장 1~8절을 읽으니 "제 구 시 기도 시간에 하루는 베드로와 요한이 성전에 올라갈 때 나면서 앉은뱅이 된 자를 사람들이 메고 오니 이는 성전에 들어가는 사람에게 구걸하기 위해 날마다 미문(美門)이라는 성전 문에 두는 자라 그가 베드로와 요한이 성전에 들어가려 함을 보고 구걸하거늘 베드로가 요한을 더불어 주목하여 가로되 우리를 보라 하니 그가 저희에게 무엇을 얻을까 하여 바라보거늘 베드로가 가로되 은과 금은 내게 없거니와 내게 있는 것으로 네게 주노니 곧 나사렛 예수 그리스도의 이름으로 걸으라 하고 오른손을 잡아 일으키니 발과 발목이 곧 힘을 얻어 뛰어 서서 걸으며 그들과 함께 성전으로 들어가며 걷기도 하고 뛰기도 하며 하나님을 찬미함……."이라는 구절이 들어온다. 여기서 '나면서'라는 말은 모태(母胎)라는 말이며, 이 질환은 정신적으로 일어날 수 없다. 근육이 전혀 남아 있을리가 없기 때문에 그 치유 순간에 근육이 만들어졌다는 뜻이 된다. 하지만 이런 증상이 후천적으로 흔히 일어날 수 있고 정신분석으로 해석하기 참 좋은 증례(證例)로 보이기도 한다. 정신질환 중에 육체질환처럼 나타나는 병 중에 가장 많이 보는 것이 육체의 마비이다.

가장 흔한 것이 팔다리같이 능동적으로 움직이는 수의근의 마비이며, 다음으로는 눈, 귀, 피부의 감각 같은 감각기관이다. 이런 마비는 정신분석 혹은 최면술로 치유되는 경우가 많다. 성경에 나온 환자에게는 한 가지 다른 문제가 있었을 가능성이 있다. 소위 이차적 이득(二次的 利得, Secondary Gain)이다. 어떤 증상이 그 환자에게 가져다주는 치유 이외의 이득을 말한다. 이것은 히스테리적 전이 증상에 흔한 현상이다. 즉, 그 앉은뱅이는 매일 얻는 동냥으로 가족을 먹여 살렸을지 모른다. 이 동냥이 바로 이차적 이득이었을 가능성이 크다. 이차적 이득도 물론 무의식적 현상이다. 여기서 흔히 오해하는 것은 이차적 이득이 마치 의식적으로 꾀병을 부리는 것 같이 보이지만 사실 본인은 전혀 의식하지 못한다는 사실이다. 여기서 '전혀'라는 말을 강조한다. 이 걸인에게 이차적 이득, 즉 동냥이 생계를 유지하는 데 중요하기 때문에 그 병은 낫기가 무척 힘들었을 가능성이 있었을 거라는 사실을 추측할 만하다. 병이 나으면 동냥을 못하기 때문이다. 정신과 의사가 가장 골치를 앓는 것이 이런 현상이다. 그 병으로 인해 무슨 이득이 있는 한 그 병은 치유되지 않으려고 하기 때문이다.

'나사렛 예수 그리스도의 이름으로……' 라는 것은 모든 무의식적 죄를 사할 수 있고, 또한 진실을 뚜렷이 볼 수 있는 신의 징표이다. 필자는 이 이야기가 너무도 최면치료(催眠治療, Hypnotherapy)의 권유(勸諭, Suggestion)와 같이 보였다. 이 현상은 슈퍼에고에 의해 압박을 받아 발생한 마비 증상이 슈퍼에고의 최고 통치자인 예수 그리스도가 죄 많은 이드를 용서했으니 해제 반응이 즉각적으로 왔다고 연결지을 수 있다고 상상한다. 다소 풍자적 추측으로 보이겠지만 비유를 하다 보니 그렇게 맞아 들어갔다. 필자의 이 해석은 별로 동의를 받지 못하리라고 짐작한다. 그러나 너무도 전형적인 정신질환이 말 한마디로 극적으로 치유되는 것은 마치 프로이트가 샤르코에게서 최면술을 배울 때 참관했던 그 증례(症例)와 같아서 비교해 보았다. 이런 경우 이 한마디의 심리적 이득 혹은 영적 이득이 금전적 이득보다 크기 때문에 이차적 이득을 쉽게 포기하는 것은 말할 나위 없다.

물론 영적 구원이 물질적 이득보다 훨씬 더 가치가 있고 유익하므로 신학적 해석으로 반박할 수 있겠으나, 여기서 하고자 하는 말은 정신분석이 우리에게 일어나는 모든 정신적 현상과 육체적 현상을 해석할 수 있다는 긍정적인 해설로, 종교적 해석이 거기에서 별로 멀지 않음을 시사하며 종교의 정신분석에 대한 비평에 대해 한마디 하려는 토론이다. 이 예에서 강조하고 싶은 것은 언어의 힘, 언어의 역할, 특히 기름 부음 받은 사람의 언어의 역할은 정확한 말씀으로서, 또 권위도덕(權威道德, Authoritarian Moral)의 지도자로서 그 힘은 슈퍼에고만 가질 수 있는 커다란 힘이 있다는 것이 기독교의 믿음이다. 정신분석가의 심리적 암시와 설득력 또한 그만큼 강하다고 본다. 정신분석을 받는 환자에게 분석가의 심리적 힘은 상당하다. 필자는 인용한 성경 말씀이 정신분석 중에 일어나는 해제 반응을 일으키는 분석가의 한마디와 흡사하다고 상상한다.

개신 기독교계에서 정신분석을 비하하는 것을 보고 정신분석학을 변증하려는 의도에서 한마디 한 것이지만 그와 달리 선불교(禪佛敎)가 반영된 정신분석학적 방식으로 정신치료를 구상한 것도 있다. 바로 모리타 치료법(Morita Therapy)[8]이다. 정

---

8   모리타(Shoma Morita, 林田 正馬, 1874~1938)는 일본의 정신의학자이며 철학자로서 모리타 치료법(林田治療法)을 창안했다. 정신분석의 영향을 상당히 받기도 하고 당시의 철학(실존주의)을 적용하고 선도(禪道, Zen)의 방법을 섞어 응용한 치료법으로서, 당시에는 정신분석의 영향을 받은 것으로 보였다.

신분석 자체가 종교와 갈등이 있는 것이 아니라는 것을 다시 주장하고 싶다. 최근에는 다시 선도의 기도와 비슷한 마음챙김(有心, 念頭, Mindfulness Meditation)을 응용해 인지 요법(Cognitive Therapy)을 바탕으로 한 치료법이 우울증의 재발을 막는 데 효과가 있다. 정신분석 자체는 흔히 이용되지 않을지라도 거기에서 나온 심리 현상을 응용한 정신치료 방법은 계속해서 새로이 만들어지고 있다.

제18장

결론
−정신분석이 모든 예술 창작에
이바지하는 바는 크다

문학과 예술의 창작, 특히 시
문학(詩文學)과 정신분석학과의 관계를 정신분석의 기초를 설명하면서 찾아보았
다. 시를 창작하는 것은 정신분석에서 가장 많이 쓰는 연상, 특히 자유연상을 반대
로 엮어 가는 것처럼 보인다. 시인이 가장 많이 쓰는 도구가 은유와 상징이라면 정
신분석이 자주 쓰는 것 또한 은유와 상징의 풀이다. 시인이 시를 창작할 때 시상을
구해 그것을 글로 엮어 표현하는 것이라면 정신분석은 그 반대로 엮어진 표현을
해석해 무의식의 정체를 찾아내는 것이라고 할 수 있다.

우리 마음속의 진실은 무의식에 잠재해 있다

플라톤은 역사보다 시에서 살아 있는 진실에 더 가깝게 접근할 수 있다고 했
다. 서양철학(칸트)에 누메논(Noumenon)이라는 개념이 있다. 우리가 감지할 수
있는 현실을 현상(Phenomenon)이라고 한다면 **누메논**은 그 현실의 진실한 존재,
즉 우리가 감지할 수 없는 본질(본성 혹은 진실)을 말한다. 플라톤은 이것을 이데아
(Idea)라고 하여 동굴의 은유로 표현했다. 우리가 동굴에 갇혀 있다고 비유한다면
진실한 바깥세상이 벽으로 막혀 있더라도 밝은 햇빛에 의한 바깥 물체의 그림자
가 벽에 비추어져 그 그림자로 우리는 바깥에서 일어나는 진실, 그 사물의 본질
을 추측할 수 있다는 것이다. 그림자는 현상이요, 바깥세상이 진실이라는 은유
이다.

정신분석은 무의식에 있는 진실을 모르더라도 정신분석으로 무의식에 있는 그림자의 본체인 진실을 추측할 수 있다는 것이다. 도가(道家)에서는 "말로 하는 것은 진실이 아니다."라고 했다.[1] 달라이 라마(Dalai Lama)도 눈에 보이는 것은 진실이 아니라고 했으며, 불교에서는 우리가 안다고 하는 것은 망상일 뿐이라고 했다. 진실은 우리가 오감으로 감지하는 것이 아니며 의식으로 인식하는 것이 아니라는 말이다. 그러면 우리 마음속에 진실은 어디에 있는가 하고 묻는다면 정신분석에서의 답은 무의식에 잠재해 있다고 답할 수 있다. 그래서 정신분석을 **'무의식의 학문'**이라고도 한다.

시작(詩作)을 가르치는 이들은 무의식을 창작의 금광이라고 하며, 상당한 시상은 무의식에서 얻어 온다고 한다. 시는 표현된 은유로서 그 속 깊이 있는 내용, 즉 감정과 진실을 표현한다. 무의식은 감지할 수는 없어도 정신분석이라는 도구로 우리의 감정과 진실한 생각과 느낌을 은유나 비유를 통해서 볼 수 있다. 이러한 과정을 시로써 엇비슷하게 표현할 수 있는 시인을 비롯한 창작인들과 토론해 보려고 이 글을 썼다.

정신분석은 일반 정신치료에 응용하기는 힘들 때가 많다. 일반 정신질환 임상치료를 위해 이 문제를 해결하려고 노력한 한 현상이 앨버트 앨리스(Albert Ellis, 1913~2007)가 창시한 소위 논리적 정동 요법(Rational Emotive Therapy)이다. 그것이 아론 벡(Aaron Beck, 1921~)에 의해 더 오늘날 널리 쓰이는 인지행동치료(認知行動療法, Cognitive Behavior Therapy)로 발전해 왔다. 또 최근에는 유념인지행동치료(Mindful Cognitive Behavioral Therapy)라는 새 치료법이 나왔다. 이런 식으로 새로운

---

1 "도가도비상도 명가명비상명(道可道非常道 名可名非常名)": 도를 도라고 말할 수 있다면 이미 도가 아니다. 이름이라 붙는 것은 늘 이름이 아니다.

정신치료법이 계속 시도되고 있다. 정신분석을 임상치료에 쓰기에는 어려울지 몰라도 인문 계통, 특히 철학가와 문학 창작인에게는 여전히 관심이 깊을 뿐 아니라 그 혜택으로 그것을 이해하면 창작에 도움이 된다는 것이 널리 알려져 있다. 정신분석이 모든 예술 창작에 이바지하는 바는 크다는 것을 토론하였다.

부록

1. 임상 증상의 예

정신질환 중에 정신분석과 정신분석을 응용한 심리치료로 치료할 수 있는 것과 뇌신경 생리의 질환으로 오는 병과는 차이가 있다는 것을 강조한다. 필자의 경험으로 정신분석은 아니지만, 정신분석의 학술을 바탕으로 무의식을 추측해 진단하고 정신분석적 심리치료(Psycho-analytically oriented psychotherapy)를 응용해 임상 증세를 치유했을 때처럼 통쾌한 적이 없다.

필자는 종합병원에서 정신과를 맡아 일했다. 흔해 보이지 않는 특수 분야이다. 정신과 의사가 일반 의사들과 어울려 그들과 함께 진찰하고 치료하는 임상 분야이다. 필자가 30년 종사했던 병원에는 정신질환을 치료하는 입원실이 별도로 없었다. 외래진료실은 있었다. 그 병원에서 일하게 된 이유 중 하나는 필자가 정신과 의사로서 일반종합병원에서 임상 활동을 하는 전문분야로서 연락-자문 정신의학(Liaison-Consultation Psychiatry)이라는 것을 전공하였기 때문이다.

이런 전문의는 일반 신체질환으로 입원한 환자 가운데 정신적 문제가 있다고 추측되거나 그 육체적 질환이 정신적(심리적) 문제에 원인이 있다고 추측되면 주치의에게 의례를 받아 진단과 치료를 하는 것이 주된 역할이다. 정신의학 용어와 일반 의학 용어 사이에는 차이가 상당하고, 진단 과정의 관점도 달라서 일반 의사들과의 소통이 참으로 중요하다. 사실 소통이라지만 일반 의사들에게 그들의 눈에 보이지 않는 정신 문제, 진단법, 환자와의 소통 같은 것들에 대한 교육이랄까 조언을 해 주는 것은 어려운 일이다.

소통은 참으로 중요하면서도 어려운 임상의학이다. 임상 증상이 육체적으로 나타나지만, 그 원인이 심리적(정신적) 병이라는 것을 확인해야 한다. 따라서 육체적 질환을 충분히 이해하고 진단해야 한다. 또 그것이 육체적 질환인지 정신적(심리적) 원인에 의한 질환인지 분명히 구별할 수 있는 확신이 있어야 한다. 여기서 이야기하는 두 임상의 예는 정신분석적으로 이해하기 좋은 임상 증례이다. 필자가 정식으로 정신분석을 하지 않고 정신분석 학설과 분석 방법을 응용해 치료한 예이다. 정신분석을 별도로 하지 않으면서 정신분석을 공부하는 이유가 여기에 있다.

증례 A

54세 결혼한 백인 여성이 오른쪽 발목에 마비가 와 발목이 굽은 상태로 입원했다. 전혀 걷지 못하게 된 것이다. 정형외과에 입원했고, 주치의는 모든 방법으로 진찰을 해 보았으나 전혀 보지 못한 증상이므로 정신적 문제로 인한 육체적 증상으로 의심하고 필자에게 의뢰했다. 신경외과 의사도 진단하지 못했다. 이런 환자들을 일반 종합병원에서 가끔 본다. 이 환자가 가진 증상을 기립보행불능증(起立步行不能症, Astasia-abasia)이라고 한다. 그 환자는 병력(病歷)을 주저하지 않고 묻는 대로 이야기해 주었다.[1] 이 여인은 25년간 결혼생활을 했으나 아이가 없었다. 남편도 부인과 같은 직장에 다녔다. 이 부부의 평생 염원이 함께 정년퇴직을 하면 크루즈를 타고 세계일주를 하는 것이었다. 얼마 전에 직장에서 조기퇴직을 정년처럼 하는 임시 규정이 나와 그들은 그 기회를 놓치지 않고 동시에 은퇴해 여행 준비를 속

---

[1] 이런 타입의 환자에게서 정확한 병력을 확인하는 것은 참으로 어렵다. 상당한 경험이 필요하다.

속들이 해 놓았다. 출항 날짜까지 정했다. 그날을 즐거운 마음으로 기다렸다. 그런데 여행 출발 약 2주 전에 가까이 사는 부인의 홀어머니가 낙상해서 허벅지관절부골절로 병원에 입원했다.

이 환자에게는 청천벽력이었다. 설령 어머니가 잘 치유되어 퇴원하더라도 한동안은 환자가 홀로 걸을 수 있을 때까지 가족이 병구완을 해야 하는 상태였다. 이 환자가 그 책임을 지지 않으면 안 될 상황이었다. 형제 중에 자기만 아기가 없고 어머니와 가장 가까이 살았다. 이젠 은퇴까지 하였으니 그럴 수밖에 없었다. 평생을 기대했던 그 세계여행은 완전히 수포가 되고 만 것이다. 실망이 너무도 컸다는 것은 불문가지이다. 그 부인은 밤새 울었고 겨우 눈을 조금 붙이고 아침에 일어나니 한쪽 발목이 굽어 일어설 수도, 걸을 수도 없었다. 곧 병원으로 이송되어 입원하였다. 환자와 상담하면서 필자가 동정하는 어조로 "참 안됐군요! 그렇게 기대했던 여행도 못하고 발목이 이렇게 되었으니. 어머니 병간호도 못하게 되었으니 어떻게 하죠?" 그녀는 이상한 쓴웃음을 보였다. 필자는 그 부인의 언니가 뉴저지에, 남동생이 필라델피아에 산다는 것을 알아 내었다. 필자는 부인을 대신해서 그들에게 노모의 간호를 부탁하였다. 필자의 정신치료로 약 한 달 후에 그 부인은 혼자 설 수 있게 되었고, 그 후 얼마 되지 않아 정상적으로 걸을 수도 있게 되었다.

이 증례에서 주목해야 할 것은 어머니의 상처와 어머니가 그렇게 된 것에 대한 증오와 증오의 값을 어떻게 치러야 하는가 하는 것을 심리적으로 보는 것이다. 필자가 한 말과 그의 형제에게 환자 본인이 하기 힘든 말을 대신해 준 것이 치유에 도움이 되었다. 이 부인이 어머니를 돌볼 수 없게 되었으니 두 분(언니와 남동생)께서 이 일을 맡아야 한다고 말한 것이 치유의 시작이 된 것이다. 필자가 이 부인의 어머니 상처 때문에 일어난 사태에서 온 증오감과 거기서 온 죄책감을 심리치료로 상당히 줄여 주었기 때문에 치유할 수 있었다는 말이다. 미국에서 그 당시만 해도 의사의 권유는 명령과 같은 것이었다.

분석적으로 해석하면 이 부인이 어머니의 낙상 때문에 온 낙심은 알 만하다. 그런데 이 부인에게는 낙심 정도가 아니라 어머니의 낙상에서 온 분노가 컸다. 부모에 대한 혹은 부모의 일과 관계가 있는 분노는 늘 죄책감을 자초한다. 이 부인에게는 어머니에 대한 분노가 죄책감을 초래하였다. 세계일주 여행만 기대하지 않았어도 어머니를 간호하는 것은 그리 큰 문제가 아니었을 것이다. 자기에게 닥쳐온 이 증오가 한편으로는 합당할지 모르나 자식으로서 아기도 없으면서, 또 정년퇴직까지 한 현실에서 그 정도 책임은 큰 문제가 아니어야 했다. 오래 준비하고 꿈꾸어 온 세계일주라는 커다란 희망을 버려야 하는 그 실망으로 인한 증오는 성인으로서 인정하기 힘들었을 것이다. 공든 탑이 처참하게 무너진 것을 탓할 사람이 필요했다면, 그것이 그 부인에게 죄책감을 느끼게 하였다면 어머니와 어머니의 사고에 대한 증오가 섞여 그 엉킨 심리에서 온 감정이 컸다는 것을 짐작할 수 있다. 그런 증오가 있는데 어머니 간호까지 맡아야 한다는 것에서 온 증오는 견디기 힘들었을 것이다. 이 모든 것을 해결할 길은 이 병을 앓는 것이다. 그 빌미로 여행 취소 보험에 들었던 선금도 찾고, 미운 어머니를 간호하지 않아도 되며, 감당할 수 없는 어머니에 대한 증오의 감정도 한꺼번에 해결할 수 있었다. 왜 하필이면 발목에 병이 왔을까. 독자는 곧 짐작할 것이다. 어머니의 낙상이 어머니를 걷지 못하게 했다. 이런 노이로제는 증오하는 대상이 가진 증상과 닮은 증상(Copycat)으로 일어나는 것이 흔하다. 정신분석이 재미있는 이유는 이렇게 신화나 연극 같이 줄거리가 엮어지는 심리적 이야기가 늘 내포되어 있기 때문이다. 이 증례는 육체적 질환 중에 심리적으로 일어나는 기립보행불능증이라는 전이질환(Conversion Disorder, 轉移症)의 하나이다. 이런 이야기를 주제로 소설이나 영화나 연극을 창작하면 재미있을 것이다.

증례 B

    22세의 미혼녀가 하수족(下垂足; 족하수, 발 처짐; Foot Drop)으로 정형외과에 입원했다. 주치의는 병의 원인을 찾을 수 없고 정형외과 치료만으로 해결될 것 같지 않아 필자에게 의뢰해 왔다. 필자가 그 환자의 병상을 방문했을 때 병상 옆 의자에 한 남자가 앉아 있었다. 필자가 접근하자 그 남자는 금방 일어나 자리를 내어 주었다. 그의 행동으로 보아 예의 바른 성품을 짐작할 수 있었다. 보기에도 인상이 착한 남자였다. 그가 의자에서 일어나면서 오른쪽 다리를 저는 것을 보았다. 나는 순간 필자가 환자를 잘못 찾았나 하고 혼돈했다. 그 청년은 내게 인사를 하고 자기는 집으로 가야 한다면서 떠났다. 나가는 뒷모습을 보니 다리를 심하게 절었다. 필자가 그것을 주의 깊게 쳐다보면서 '참 이상하다. 이 여자도 비슷한 문제로 입원했는데……' 하고 생각하고 있을 때, 필자의 의아한 표정을 보았는지 그 환자는 묻지도 않은 말을 시작했다. "정신과 의사시지요? 저 남자는 제 약혼자예요. 몇 달 전에 사고로 발가락이 모두 잘렸어요. 참 좋은 사람이지요. 우리는 무척 사랑해요. 발이 저렇게 되어 참 안됐어요." 서로 인사도 나누기 전에 이 여성은 내 의아함을 풀어 주려고 했다.

    인사를 나누고 필자가 방문한 목적을 이야기했다. 그 여성은 자기 발의 사고에 대해 서슴없이 이야기해 주었다. 취미로 춤추기를 참 좋아했다며 매 주말 약혼자와 춤추러 다녔다고 했다. 남자는 별로 춤을 추지 못하는데도 약혼녀를 위해 주말이면 함께 다녔다. 약혼자가 직장의 사고로 오른편 발의 절반이 잘렸다고 했다. 이 남자는 다리를 다친 후 처음으로 며칠 전에 춤을 추러 갔었다고 했다. 물론 남자는 춤을 출 수 없었지만, 약혼녀를 위한 배려였다. 이 여성에게 사고가 나던 날 남자는 댄스홀 의자에 앉아서 구경만 하였고, 이 여성은 다른 남자와 춤을 추었다. 아주 관능적인 멜로디와 박자가 나왔다. 그녀도 그에 따라 다른 남자와 열정적으로 관능적인 춤을 추기 시작했다. 그때 한순간에 벽에 기대어 앉아 있는 약혼자의 모습이 그녀의 눈에 들어왔다. 얼굴을 파트너에게 다시 돌리려는 순간 그녀는 홀 바닥에 넘어졌다. 일어나려고 하니 오른쪽 발이 처져 전혀 디딜 수 없었다. 그녀는 곧 병원으로 이송되었다. 알고 보니 그녀의 다친 발과 약혼자의 다친 발이 같은 쪽이었다. 그 후 치료를 받고 난 후 증상은 많이 좋아졌지만 두 사람은 파혼하고 말았다.

사고 당시의 음악과 거기 맞는 춤이 관능적이었다는 것과 벽에 기대어 앉아 있는 약혼자의 모습이 그녀의 시야에 들어온 그 순간에 넘어졌다. 정신분석의 이런 인과관계는 소설, 영화, 연극 같은 드라마에 많이 이용된다. 이 증례는 독자가 정신분석적으로 해석해 보면 재미있을 것 같다.

증례 C

하루는 출근하자마자 신경외과 과장에게 전화가 왔다. 그 전날 저녁에 입원한 28세 남자 환자를 진찰해 달라는 것이었다. 그의 음성이 당당하게 들렸다. 의뢰한 이유는 그 환자가 전날 갑자기 두통과 함께 몸의 반쪽 머리끝에서 발끝까지 감각을 잃었다는 것이다. 머리통과 몸통이 함께 오른쪽, 즉 몸의 한쪽이 완전히 감각을 잃은 것이다. 이는 편측무감각(片側無感覺, Hemi-anesthesia)이라는 아주 희귀한 증상이다. 대개 신경성으로 몸이 감각을 잃을 때는 머리통과 몸통이 서로 반대쪽에서 일어난다. 같은 쪽에 일어나는 경우는 대부분 심리적 이유에서 오는 히스테리 현상(Hysterical Hemi-anesthesia)일 경우가 많다. 이 남자는 일주일 전에 갑자기 파혼을 당하고 며칠 동안 상당히 우울했다고 했다. 신경외과 과장에게 이 현상이 심리적 문제로 온 정신질환인 전환 히스테리(Conversion Hysteria)로 보인 것은 누구도 책하지 못할 것이며, 크게 의심할 바가 아니었다. 그럴 수밖에 없는 것이 갑작스러운 스트레스가 있었고 전환 현상에 흔한 증세가 있었기 때문이다. 필자도 환자를 보기

전에는 그럴 법한 진단으로 여겼다. 그 신경외과 과장은 그 환자의 진찰을 의뢰하면서 "이 사람 우울증이 심한 것 같아!"라고 자신 있고 당당하게 장담했다. 가엾은 사람이니 치료를 잘해 주기 바란다는 당부까지 했다.

필자가 환자를 방문해 서로 얼굴을 마주 보며 인사를 하고 이야기를 시작하려 할 때 이 환자의 두 동공 크기가 다른 것이 곧바로 보였다. 의사가 환자의 모든 표현행동을 주시해야 한다는 것은 상식이다. 정신과 의사는 늘 환자의 모든 자세한 행동에 관심을 가져야 한다는 것은 정신의학에서는 더욱 중요하다. 정신과 의사는 더욱 관찰력이 있어야 한다. 이 극히 상식적인 진찰 순서를 의과대학에서 가르치지만 요즘 같이 바쁘게 임상 근무를 하는 의사들은 그렇게 하는 것을 보기 힘들다. 의사들이 얼굴의 반이 컴퓨터에 가려 있으니 진찰의 근본인 관찰이 가능할 수가 없다.

이 환자의 눈에서 본 동공부동증(瞳孔不同症, Anisocoria)은 아주 희귀하며 심한 뇌신경 장애의 증상으로만 나타난다. 신체 전체의 무감각증이 머리와 몸통이 같은 쪽에 오는 경우는 대개 심리적 현상일 수가 많다. 그러나 아주 드문 질환 하나가 있으니, 그것은 뇌간(腦幹, Brain Stem)의 조그마하게 국한된 부분에 출혈이 올 때 일어나는 증상이다. 상당히 드문 경우지만, 아주 위험한 병이다. 속히 그 출혈을 막지 않으면 생명을 건지기 힘들다. 인체 생리의 중추가 거의 모두 그곳에 모여 있기 때문이다. 필자의 진단은 10분도 되지 않아 이루어졌다. 비상 응급 상태였다. 주치의가 추측한 심리 문제가 아니었다. 그 환자는 곧바로 중환자실로 옮겨졌다. 중요기관의 중추가 모여 있는 곳이라 이 환자는 병원에 있는 6, 7명의 여러 다른 전문의가 함께 치료했는데도 5일을 지나지 못하고 사망했다.

이 예는 심리적으로 오는 질환의 진단은 상당히 신중해야 하며 신체적 진찰로 현 상황을 철저히 진찰해 확실히 신체적 질환이 아님을 확인한 후에 정신과 의사에게 의뢰해야 한다는 좋은 사례이다. 아무리 눈앞에 금방 보일 것 같은 문제라도 조사를 철저히 해야 한다는 경구적(警句的) 증례이다. 이 증례는 정신과 의사라고 해도 일반 의학의 지식이 없으면 오진하기 쉽다는 걸 보여 준다. 일반 종합병원에서 종사하는 상담연락정신의학(相談連絡精神醫學, Liaison-Consultation Psychiatry)은 독특하게 연수를 많이 받아야 한다. 일반 의사가 이 분야의 전문의에게 환자를 보내더라도 일단 내과적, 외과적 문제가 있는지 없는지 다시 재확인한 뒤에 심리적 진찰을 시작해야 한다.

또 한 가지 큰 문제는 흔히 정신과 의사와 심리학자를 분별하지 못하는 경우이다. 정신과 의사와 정신분석가와도 보통 구별하지 않는다. 심리학자 중에서 임상 심리학자와 연구 심리학자 또한 구별해야 한다. 일반 의사들이 정신과 의사를 비하하는 것은 큰 문제이다. 이런 여러 오해가 많은 사람에게 잘 알려지지 않고 있다. 이 마지막 환자 같은 현상이 몇 번 일어나면 그제야 정신과 의사의 필요성을 인정하게 된다. 이 때문에 웃지 못할 일이 많았다. 여기서 이야기한 것과 같은 사례가 가끔 있으므로 상담자의 태도를 조심해서 다루어야 한다. 의뢰한 의사의 체면을 봐서 신중히 행동해야 한다는 말이다. 정신과 의사가 일반병원에서 일할 때 이 장벽을 넘는 것이 제일 먼저 해야 할 일이다. 즉, 일반 의사의 신임을 얻어야 하며 그들과 편안하게 소통할 수 있어야 한다. 앞에서 말한 그 신경외과 과장은 나의 친구가 되었다.

2. 정동(정서) 장애

이 책을 쓰면서 정신질환에서 가장 흔한 정서질환에 대한 상식적이며 알아둘 만 한 부분을 나누고 싶었다. 왜냐하면 이것이 창작인들이 흔히 갖는 병이기 때문이다. 창작인에게 흔히 보이는 정서적 질환에 대해서 간단히 이야기하려 한다. 질환이니 병이니 하는 어감보다 '증(症)'이라고 하면 좀 부드러운 감이 있다.

사실은 병명 자체가 혼란스럽다. 이것은 정서(情緒: 感情)의 장애(Affective Disorder)가 주 증상인 정신적 임상 질환을 통틀어서 말하는 것이며, 대개 우울증을 말한다. 필자가 자주 질문받는 것 중에 하나가 정상적인 정서와 비정상적(병적)인 정서가 어떻게 다르냐는 것이다. 병적이라는 것은 대개 그 증세의 정도에 따라 생활과 건강에 장애가 함께 올 때 병이라고 할 수 있다. 정서의 장애는 그 비정상 정서의 정도가 폭이 너무도 방대하다. 오래 만나지 않은 친구의 부고를 받고 몇 시간 슬픈 감정이 있는 것에서 너무 심하게는 우울해 죽는 길밖에 보이지 않는 증상까지, 자연적으로 잠시 왔다가 사라지는 것에서부터 치유(회복)가 쉽지 않고 무거운 치료를 받아야 할 경우까지 그 증상의 정도의 차이는 상당히 크다.

임상적으로 분류하면 우울증(憂鬱症, Depressive Disorder), 조울증(躁鬱症, Bipolar Disorder, Manic Depressive Disorder), 조현정동장애(操絃 精動障礙, Schizoaffective Disorder) 등으로 크게 분류한다. 이는 또 몇 가지로 세분할 수 있다. 다음에 그것들을 열거하면서 간단히 설명해 보려 한다. 증세가 심하지 않은 것에서 심한 순서로 열거한다. 혼돈을 피하고자 또 전문가가 아닌 분들에게 이해가 되게끔, 상식적으로 이해가 될 만하게 분류하는 것이 도움이 될 것 같다. 그래서 비교적 단기적으로 증상이 왔다가 치료 없이도 증상이 사라지는 것부터 단계적으로 설명하기로 한다.

적응장애

적응장애(Adjustment Disorder)는 일반적으로 생활에서 어려운 문제가 닥쳐왔을 때 보통 이상으로 단기간이나마 우울한 감정이 일어나면서 때로는 어느 정도의 집중장애, 수면장애, 식욕장애 같은 것이 함께 오는 증세이다. 대개 치료하지 않더라도 나아진다. 물론 원래 있었던 스트레스가 사라지거나 그 스트레스를 가져온 원인이 해결되면 증상이 저절로 사라진다. 그때 일어난 문제가 지속하면서 증상이 더 심해지고 더 지속하면 적극적으로 치료를 받아야 한다. 그러나 다소 지속하더라도 대개는 미량의 항우울제(Antidepressants)나 항불안제(Anxiolytics)를 쓰면서 휴식을 취하면 곧 회복된다. 상담치료만으로도 해결이 된다. 유럽에서는 Spa치료까지도 처방한다. 약물이 없던 예전에는 휴가로도 치유가 되었다. 공식적으로 의사의 진단과 함께 치료로서 온천장 같은 요양지에서 한 달 정도 휴양을 취하게 한다. 어떻게 하든 그 증세를 일으킨 스트레스에서 멀리하는 목적이 대부분의 조처이다. 이런 치료의 전통은 고대 그리스에서 사용하던 치료법과 비슷하다. 요즘과 달리 약물치료가 없던 옛날에는 의사들이 환자에게 실제로 휴양지로 가서 쉬고 오라는 처방도 해 주었다. 유럽에서는 아직도 이용하고 있다.

기분저하장애

필자는 한국어로 번역한 병명이 맞지 않는다고 여기는 경우가 많다. 언어 표현의 차이는 우리를 늘 불편하게 한다. 기분저하장애(Dysthymic Disorder: Persistent Depressive Disorder: Neurotic Depression)는 전형적인 노이로제형 우울증(Neurotic Depression) 혹은 우울증 노이로제(Depressive Neurosis)라고 하던 것을 그 이름을 바꾼 것이다. 정신분석에서는 처음에 모든 우울증을 여기에 포함하였으나 우울증을 더 분리해야 할 이유를 보고 따로 분리해서 새 병명들을 붙였다. 우울증을 오게 한

외적 원인(外的原因)이 짐작되는 경우가 확실한 때도 있고, 외적 원인을 전혀 알 수 없는 때도 있다. 그런 경우 내적(內的) 혹은 생리적(生理的) 이유로 일어난다고 한다. 이 범주에 속하는 우울증은 대개 만성으로 다소 기복이 있더라도 우울한 정서가 오래간다. 이것은 문학가, 특히 시인에게 많이 있는 증상이다.

대개 이 증상이 있는 사람들은 감상적이고, 우수(憂愁, Melancholy)가 늘 함께하는 것 같고, 늘 생각에 잠겨 있다. 대표적인 우울한 모습이다. 불면증이 흔한 증상이다. 때로는 깊이 생각하는 예술가나 학자 같다. 심도가 올랐다 내렸다 하지만 기복은 심하지 않다. 대개의 환자가 그런 증상이 만성적으로 있음에도 그들이 하는 직업적 활약은 그리 심하게 지장을 받지 않기 때문에 그런 환자의 증상을 그들의 성격으로 돌리는 경우가 많다. 그런 문제 때문에 자유롭고 어렵지 않은 직책을 택하는지도 모른다. 다른 사람들이 이해하기 힘들지 몰라도 이런 사람은 직장의 승진을 거부하는 경우가 흔하다. 창작인처럼 조직에 매달리지 않으려는 경우도 많다. 흔한 증세로 잠이 잘 오지 않고 기운이 없고 식욕도 줄어 약물로 치료를 시작하기 전에 술을 마시면 좀 편하고 식욕도 돌아오고 잠도 잘 오기 때문에 술을 즐기게 되는 경향이 있다. 차츰 알코올을 마시는 것이 늘어나는 경우가 많다. 문학가 중에 애주가가 많은 것이 이 때문인지 모른다.

전에는 이 증상이 있는 사람들이 정신분석을 많이 받았다. 이는 우연의 일치가 아니다. 정신분석이 이런 환자를 치료하면서 발전되었다고 해도 과언이 아니기 때문이다. 이런 타입의 우울증은 정신분석으로 치료하기에 적합한 임상 증상의 하나이다. 대부분의 환자가 정신분석치료나 그 유형의 치료를 원한다. 대개 이런 환자들은 직업이 있고 교육을 받아 지식이 있고 언어 표현과 형용을 유식하게 할 수 있는 사람들이다. 정신분석을 받을 좋은 조건이다. 또한 창작인이 되는 조건이기도 하다.

필자의 경험으로 이 증상이 있는 환자에게 흔히 강박적 – 집착적 성격의 경향이 있는 것을 자주 보았다. 그것은 대개 불안증이 함께 오는 경우가 많다는 말이다. 그러니 더욱 정신분석 치료에 안성맞춤이다. 요즘은 일단 이 증상이 진행되면 약물치료로도 충분히 치유될 수 있다. 여기에 쓰이는 약물들이 불안증에도 효과가 있다. 이 병에서 우울증과 불안증이 함께 오거나 구별이 잘 되지 않을 경우가 많다. 그러나 우울증의 양상 때문에 전문가는 불안증으로 돌리지는 않는다. 이런 현상은 이제 교과서에 잘 실리지 않는다. 필자가 가장 많이 치료한 증상이다. 치유가 잘된다. 물론 상담 혹은 정신치료와 약물치료를 함께하는 것이 제일 좋은 길이다. 이런 환자의 상담치료에 정신분석 지식이 상당히 도움이 된다. 어떤 환자는 아예 자기가 정신분석을 받는 줄 착각하기도 한다. 대개 이런 환자는 학식이 있다.

이 책을 쓴 동기가 정신분석과 문학, 특히 무의식의 기전과 시(詩) 창작의 기전에 함께 사용되는 은유와 상징의 무의식적 기전을 이해하고 그 연관성을 밝혀 보고자 함이었다. 노이로제의 심리적 기전을 정신분석으로 이해해 보면 얼마나 그 기전들이 창작과 연관이 있는지를 알 수 있다. 따라서 이런 환자는 정신분석뿐 아니라 인지행동 상담치료도 도움이 된다. 창작인에게 이런 노이로제가 있으면 약물치료보다 정신분석이나 그 변형으로 시행하는 상담치료법을 선호한다. 약물치료는 속히 증상치료가 될지 몰라도 창작력을 희생해야 하는 단점이 있다. 그래서 정상 호전이 느릴지라도 창작인은 상담치료를 선호한다. 필자가 가장 괴로웠던 경우가 바로 이것이었다. 물론 정신분석을 받을 수 있는 형편이면 두말할 것 없는 축복이다. 여기에 잘 듣는 약물로 프로작(Prozac), 렉사프로(Lexapro), 셀렉사(Celexa)[2] 등이 있다. 다른 약물은 필자의 경험으로 볼 때 이차적 약물이다. 그것은 드물게 앞

---

2 미국에서 구할 수 있는 흔한 약품의 약명이다. 한국에서 대부분의 약국에서도 다른 이름으로 판매한다.

의 세 약을 받아들이지 못할 때 대치 혹은 보조로 쓸 만하다.

대개 환자들은 앞에서 말한 것처럼 불안증을 자주 동반한다. 불안뿐 아니라 흔히 우울증이나 불안증이 강박증 – 집착적 성격이 있는 사람에게 올 때 항불안제(抗不安劑, Anxiolytics)로서 바륨(Valium), 자낙스(Xanax), 로라제팜(Lorazepam), 클로나핀(Klonapin) 등을 가미하면 마음이 훨씬 안정되며 도움이 된다.

주요우울장애

주요우울장애(Major Depressive Disorder) 범주의 우울증은 원인이 외적 이유로 일어나는 것 같이 보일지 모르나 대부분은 내적(생리적) 원인에서 오는 심한 우울증을 말한다. 즉, 크게 스트레스를 받은 기억이 없이 닥쳐오는 질병이다. 주된 증상은 전형적인 우울증의 증상이다. 심리적으로 심히 슬프고, 절망적인 느낌이 지속되며 아무것도 그 정서를 제거하지 못할 것 같이 느껴져 희망이 없어지고, 잠도 오지 않고, 계속 악몽을 꾸고, 식욕도 줄고, 심하면 망상까지 올 수 있다. 무엇보다도 일이 손에 잡히지 않고 누가 봐도 하는 일(직장 등)의 효율이 심하게 줄어든다. 정신집중이 잘 되지 않고 무엇보다도 기력이 없어진다. 만사가 귀찮다. 사람들을 만나기도 싫다. 늘 즐기던 음악도 싫고, 음식 맛도 없고, 성욕은 말할 것도 없다. 가장 무서운 증상은 치료를 제때 하지 않아 오는 자살충동이다. 너무 괴로워 죽고 싶은 생각이 일어난다. 이 이유 하나만으로도 이 병은 적극적으로 치료를 해야 한다. 망상증은 일시적이며 곧 약물로 해결할 수 있으므로 조현병에서 오는 전형적 망상과는 다르다. 흔히 오는 망상 때문에 조현병과 혼동하는 경우가 종종 있다. 조현병의 망상과 구별되는 것이 대개 우울하게 하는 상태나 절망적인 상태가 온 것 같은 망상이다. 조현병에서는 피해망상이 더 흔하다. 요즘은 좋은 약물이 많아 선택을 잘하면 비교적 쉽게 치유할 수 있다.

치료하지 않거나 잘못하여 오래 내버려 두면 점점 낫기가 어려워진다. 전에는 이런 질병이 뇌에서 어떤 현상을 일으키는지 몰랐으나 요즈음에는 뇌 조직과 생리에 변화가 있다는 것이 알려졌다. 이 범주 안에도 또 분류해야 할 다른 양상이 있다. 예를 들면, 치료하지 않는데도 저절로 회복될 수도 있고 점점 더 심해져서 조현병처럼 될 정도로 진전할 수도 있다. 대개 한 번 치료하고 낫더라도 약물을 끊고 나서 재발하는 경우가 있다. 임상에서 심한 우울증이라면 이런 타입을 말한다. 내적 원인으로 오는 심한 우울증은 사실 뇌의 질환이라고도 할 수 있다. 이런 추측을 처음 얘기한 사람이 크레펠린(Emile Kraepelin)이다. 이런 우울증에는 약물치료가 필요불가결이다. 병의 원인이나 결과를 보면 뇌신경 생리에 장애가 있다는 것이 발견되

었기 때문이다. 이것이 뒤에 말할 조울증의 한 양상이기도 하다. 즉, 조울증에 조증
이 없이 일어나면 그것과 꼭 같은 증상이 오기 때문이다.

조울증

조울증(燥鬱症, Bipolar Disorder)은 한 사람에게 심한 정서적 기복이 일어나는 증
상이다. 심하게 우울한 상태로부터 심하게 도취감이 올 정도로 광적인 정서에 이
르는 조증이라는 증상이 반복해서 일어나는 것이 전형적이고, 그 사이에 여러 양
상으로 여러 병세로 나타나기도 하는 질환이다. 어떤 사람은 여러 강도의 우울증
이 예측할 수 없이 나타났다가 다시 사라지고, 어떤 경우는 심히 우울한 상태와 광
적으로 도취할 정도로 기분 좋은 상태가 섞여서 나타나는 등 여러 모양의 증세가
한 사람에게 번갈아 나타나거나, 우울한 상태로만 따로따로 반복해서 나타나거나
완전히 조증(燥症)만 나타날 수 있다. 이 극단의 두 상태, 우울증과 조증이 교대로
반복해서 거의 주기적으로 나타날 수도 있다. 이 질환이 역사적으로 잘 알려진 창
작인들에게 많이 일어났다는 사실을 정신의학자들은 동의한다. 이것에 대해서 좀
더 자세히 얘기해 보기로 한다.

우선 각 증상이 어떻게 나타나는지 살펴보겠다. 우울증은 앞에서 말한 주요우
울장애와 크게 다르지 않다. 조울증이 창작인에게 비교적 더 나타나기 때문에 중
복되더라도 다시 첨가해서 얘기해 보려 한다.

현대의학이 시작하기 전, 즉 1952년 전까지는 결핵과 우울증과는 거의 침선(針
線)의 관계가 있었다. 과거에 신체적 면역이 약해져서 자주 감염되는 것이 결핵
(Tuberculosis, Consumption)이었다. 이때 우울증이 함께 오는 경우가 상당히 많았다.

이런 경우의 정서는 우리말로 우수(憂愁)라고 하고, 영어로는 멜랑콜리(Melancholy)라고 하였다. 원래 이 말은 서양의학의 선조인 히포크라테스(Hippocrates)가 심한 우울증을 서술하면서 이 증상이 검은(melan) 담즙(col)에서 온다고 믿고 지은 말이다. 멜랑콜리는 시인과 아주 밀접한 정서이다. 서양 시인, 특히 영국 시인들 사이에 많이 일어났던 문제였다. 기후 때문인지 모른다. 시인과 우수와 결핵(Poet, Melancholy, Consumption)과의 연결은 너무도 흔하다. 그것은 또한 많은 한국의 유명한 시인들이 겪은 것이기도 하다. 이것이 조울증의 증세로 나타났다면 우울증만 치료하면 실패할 경우가 많다. 항조울증 약품을 함께 써야 한다. 문제는 우울증과 마찬가지로 이 약물치료가 흔히 창작력을 감소시킨다. 그래서 작가들이 치료를 피하는 경우가 많다. 우울증의 증세는 이미 설명했기 때문에 조증을 이야기해 본다.

조증(躁症, Mania)은 우울증의 정반대 증상으로서, 희열(喜悅)의 감정이 주 증상이다. 기분이 너무 좋아서 하면 안 될 것이 없을 것 같이 자신감이 넘치고 자신을 믿으며, 현실보다 자신에게 훨씬 더 큰 능력이 있다고 믿고, 정력도 넘치는 느낌이 오고, 또 자기가 매력적이라고 믿는다. 뭐든지 하면 다 성취될 것 같고, 무엇보다도 힘이 넘친다. 스스로 전능하다고 믿으며 창작인에게 조증이 오면 짧은 시간에 상당한 분량의 우수한 작품을 만들어 내어 거의 기적적인 분량의 창작을 내어놓는다. 대개 잠이 없는데도 정력이 넘친다. 흔히 성욕까지도 넘쳐 나서 자기가 성적으로 매력이 있다고 자부한다. 남자가 여자를 범하는 경우가 많고 여자는 남자를 거리낌 없이 유혹하려 한다. 넘쳐 나는 정욕과 자신감이 실수를 저지르게 할 경우가 많다. 무서움 없이 범법행동을 하기 때문이다. 교도소에 가기 쉬운 증상이다. 실제로 미국의 교도소에 상당히 많은 조울증 환자가 감금되어 있다. 자기가 제일 매력적이라는 과대망상과 자신감 때문에 저지르는 행위로 후회할 문제를 일으키는 경우가 많기 때문이다. 특히, 성적으로 난잡한 문제를 일으키는 경우가 흔하다. 옛날

416

에는 이런 사람 중에 유명한 학자나 작가나 예술가가 성병으로 곤욕을 치르는 경우가 많았다. 과대망상이 함께 와서 사회적·정치적·종교적·경제적으로 뛰어나고, 지위와 능력이 최고라고 믿는 오만한 과대망상을 갖기 때문이다. 자기가 큰 부자가 되었다고 믿고 은행에 집을 저당잡히고 큰돈을 빌려 사업을 한답시고 며칠 만에 그 돈을 다 날려 버린다. 오만하고 광폭해지는 경우가 많아 폭력을 쓰기 때문에 법망에 자주 걸린다. 영어로 이런 상태를 'Manic' 혹은 'Mania'라고 한다. '미치광이'라는 말 그 자체이다.

치료하지 않고 방치하면 법의 신세를 지는 것은 시간문제이다. 자기가 예수라고 믿는 사람, 자기가 아무개 대부의 상속자라든가, 국회의원에 출마했다는 등의 과대망상이 그런 사고를 치르게 한다. 지능이 높고, 교육을 잘 받은 사람에게 이런 현상이 오면 그 사람은 짧은 시간에 사회적으로 크게 성공한 것처럼 보일 수도 있겠지만 아무도 지속을 장담할 수 없다. 이들에게 언제 그 정반대로 심한 우울증이 닥쳐올지 모른다. 상당히 위험한 병이다. 그러나 환자를 설득해서 약물치료를 하면 충분히 나을 수 있다.

낫는다는 것은 그런 심한 증세를 억제한다는 말이다. 다 나았다가도 약을 중단하면 재발이 잦다. 어떤 경우에는 한평생 조증이 단 한 번만 올 수도 있고 우울증도 단 한 번만 올 수도 있다. 창작인 중에 이 병을 가진 비율은 전체 인구보다 높다. 조증이 있을 때는 그 사람의 모든 역량이 평소의 몇 배로 오르니 밤을 새워가면서 작업을 하다 보면 우수한 작품이 상당히 생산된다. 그뿐만 아니라 조증이 있으면 상상력, 창작력이 높아진다. 제이미슨 교수는 창작인 중에 이러한 증상이 있었던 사람이 많았다는 것을 저서[3]에서 발표했다. 대표적으로 괴테와 헤밍웨이를 들 수 있겠다. 상당히 많은, 우리가 잘 아는 작가들이 여기에 속한다. 지면상 그들을 여기에 다 열거하지 않겠다.

헤밍웨이는 조증에서 우울증으로 넘어와서 결국 광폭하게 자살하고 말았다. 헤밍웨이가 구미를 누비며 한량 같은 생활을 하며 수많은 우수한 창작을 만들어 내고 수많은 인적 관계가 있었고, 호주가(好酒家)였다는 것은 잘 알려진 사실이다. 그중에서도 "해는 떴다가 지며 그 떴던 곳으로 빨리 돌아가고(The Sun rise and the sun goes down)"라는 구약성경의 전도서(Ecclesiastes, 1:4)의 말에서 제목을 끌어낸 소설 『태양은 다시 떠오른다』를 썼다. 제1차 세계대전 후의 허탈감을 그려냈다. 우울한 절망적인 인간상을 잘 그린 이야기이다. 그의 인생에 조증 아니면 경조증이 있었다는 것은 거의 알려진 사실이다. 결국 그는 광폭하게 자살했다.

괴테는 우울할 때 슬픈 작품 『젊은 베르테르의 슬픔(Die Leiden des jungen Werther)』을 쓰고, 조증이 있을 때 『파우스트(Faust)』를 쓴 것으로 알려졌다. 필자가 보아도 『파우스트』는 조증의 모든 양상을 그렸고, 『젊은 베르테르의 슬픔』은 우울함을 참으로 잘 표현한 작품이다. 괴테가 주기적으로 두문불출하였다는 이야기는 전해져 왔다. 때때로 커튼을 내리고 문을 잠그고 아무도 만나지 않고 집에서만 2~3개월 지내다 갑자기 마치 정력이 넘치듯 이곳저곳을 다니며 짧은 시간에 많은 천재적 작품을 내놓았다고 했다.

화가의 경우 비교적 뚜렷한 예가 고흐이다. 그가 조울증이 있었다는 것도 동생 테오에게 보낸 수많은 편지에서 나타난 심정에서 알 수 있다. 고흐는 솔직히 자기의 '미치광이' 증상(조증)에서 작품이 나왔다고 고백하기도 했다. 여러 추측이 많지만, 그에게 조울증이 있었을 거라는 의견이 제일 많다. 그의 작품 〈별이 빛나는 밤〉[4]을 보면 강력하고 자신 있게 펼쳐 나간 붓질이 눈에 보이는 것 같다. 고흐도

---

3 K. R. Jamison (1993). *Touched with Fire*. 존스 홉킨스 의과대학 정신의학 교수인 제이 미슨은 저자 자신이 조울증이 있다고 인정하였다.

4 218쪽 참조.

권총으로 자살을 했다. 앞에서 제시한 그 그림이 전형적인 그의 표현이다. 제이미슨 교수는 자신이 조울증이 있다고 했다.

약물이 발견될 때까지는 치료 방도가 없어 증상이 심하면 정신병원에 입원하는 길밖에 없었다. 그러나 1970년 초에 리튬(Lithium Bicarbonate)이 시판되면서 치료가 쉬워졌다. 약물을 조심스럽게 잘 쓰면 재발을 방지할 수 있다. 그러나 이는 창작인에게는 고맙지 않은 혜택이다. 조증에 들락거리면서 창작을 즐기던 사람들이 약물치료로 창작력이 줄어드는 것을 경험하기 때문이다. 필자가 1968년 리튬 연구에 가담했을 때 담당했던 한 환자가 영문학 교수였다. 그 사람은 리튬 치료를 하기 전까지는 해마다 병원에 입원해야 했었다. 책도 많이 썼다. 이 약을 복용하고 난 뒤 첫해에 그는 입원을 피할 수 있어 좋다고 하면서도 실망감을 고백했다. 작품이 나오지 않는다는 것이었다.

조울증이란 말은 조증과 우울증의 두 증상이 번갈아 오거나 여러 양상으로 섞여 온다는 것에서 나온 것이다. 그러나 평생 조증만 단 한 번 겪은 예부터 조증과 울증이 여러 번 번갈아 수십 번 올 수도 있다. 가장 흔한 것은 우울증만 여러 번 오는 것이다. 우울증만 오는 것이 아니라 조증도 왔겠지만, 그 조증의 병세가 아주 약해 증상이 잘 나타나지 않기 때문이다. 이런 경우에는 주위 사람들을 놀라게 한다. 실력 있고 일 잘하던 사람이 갑자기 주눅이 든 사람처럼 기력이 없이 작업 성과가 떨어진다. 이는 처참해서 보기 안타깝다. 이 중에서도 진찰과 치료가 힘든 경우가 있는데, 증상이 섞여 올 때이다. 이때는 조증에서 오는 광증이 자살하고 싶을 정도로 우울한 정서가 섞여 오면 광증의 용기로 충동적으로 자살하거나 자학하는 경우가 있다. 가장 무서운 상태 중 하나이다. 필자는 헤밍웨이가 이렇게 자살한 것으로 믿어 왔다.

또 한 종류는 소위 경조증(輕躁症, Hypomania)이다. 약한 조증이라는 말이다. 기분이 좋고, 원기가 있고, 자신감이 있고, 창의력이 오래 연속되는 현상이다. 이 증상은 오래가기 때문에 그 사람이 하는 여러 일에 성공적으로 성취할 때가 많다. 이 상태는 오래 혹은 거의 한평생 지속하기 때문에 그 사람의 성격으로 본다. 큰 사업가나 정치가에게서 흔히 본다. 그들은 인기가 있고, 늘 쾌활하므로 대인관계가 좋아 인맥이 넓고 사업을 척척 해 나가면서 어느 정도 도에 넘치는 행위가 있을지라도 뒤처리를 용감하게 잘 해 나간다. 이런 사람은 우울증이 좀처럼 오지 않는다. 그 사람이 그런 증세 때문에 성공했다고 보지 않고 실력과 성품 때문에 성공했다고 보는 경우가 많다. 그런 증상이 평생 지속되기 때문에 그것을 그 사람의 성격으로 볼 때가 많다는 것은 이해할 만하다. 그러나 생각하지 않은 우울증이 오면 그는 치명적인 실수를 하게 되어 공든 탑이 하루아침에 무너질 때가 종종 있다. 성공한 사람 중에서 이런 사람을 가끔 본다.

예술가에게서도 가끔 볼 수 있는 현상이다. 크게 성공한 사람 중에 조그마한, 참으로 믿기 어려운 실수로 땅바닥으로 떨어져 재기하지 못하는 경우가 있다. 이들의 병에 대해서 누구도 얘기하지 않지만, 필자와 같은 직업을 가진 사람들에게는 이런 인격이 보이기도 한다. 성공한 사람이 어처구니없는 실수로 성공을 해치는 것은 대개 이런 경우이다.

앞에서 말한 것처럼 우울증과 결핵은 침선(針線)의 관계가 있다. 과거에 결핵은 면역이 약해지면 누구에게나 오는 감염질환이었다. 서양뿐만 아니라 우리나라에도 20세기 전반의 시인들에게 많이 있었던 현상이다. 김소월, 이상, 이광수 등 모두가 자살 아니면 결핵으로 사망했다. 결핵은 누구든지 우울하게 한다. 창작인들이 결핵으로 사망하는 것과 우울증으로 자살하는 것이 다르지 않다는 말이다. 자살한다는 것에 거부감을 느낄지 모르나 카뮈나 사르트르 같은 몇몇 유명한 실존주의 문학가와 철학가는 자살이 인간의 제일 나은 선택이라고까지 말했다. 프로이트는 이러한 충동은 타고난다고 추측했지만, 상당히 주저했다. 이 발언은 함께 깊이 생각해 볼 만한 과제이다.

창작인들이 정신분석을 배우고 분석한 이유가 여기 있다. 창작인 중에 왜 호주가가 많았는지도 여기서 볼 수 있다. 잘 알려진 에드거 앨런 포, 윌리엄 포크너, 어니스트 헤밍웨이 등 수없이 많다. 창작인, 특히 시인 – 우울증 – 결핵 – 호주의 연결이 일반 대중보다 빈도가 높다는 사실은 잘 알려져 왔다. 이것을 조사한 학자도 많다. 그중 내게 가장 신빙성 있게 보인 학자가 제이미슨 존스 홉킨스 의과대학 정신과 교수이다. 제이미슨 교수는 스스로 조울증 환자라고 세상에 알렸다. 조울증 환자의 고백을 학문적으로 표현했다면 그것보다 더 신빙성 있는 연구 자료가 더 있을까?

참고문헌

趙斗英(1985). **臨床行動科學**. 一潮閣.

趙斗英(1999). **프로이트와 한국문학(정신분석과 문학예술과의 접목)**. 一潮閣.

Brenner, C. (1974). *The Elementary Textbook of Psychoanalysis*. Anchor Books, A Division
    of Random House, Inc.

Chesterton, G. K. (2010). *The Poet and the Lunatics(Episodes in the life of Gabriel Gale)*.
    Dover Publishing.

Freud, S. (1963). *The Complete Introductory Lecture on Psychoanalysis, Translated by James
    Strachey*. W. W. Norton.

Freud, S. (1964). *The Complete Psychological Work of Sigmund Freud*(Vol. I-Vol. XXIV).
    The Hogath Press, London.

Ghiselin, B. (1952). *The Creative Process*. New America Library.

Jamison, K. R. (1996). *Touched with Fire(Manic Depressive Illness and the Artistic
    Temperament)*. Free Press.

Kaplan, H., Saddock, B., & Wilkins, W. (1995). *Comprehensive Textbook of Psychiatry VI*.

Kubie, L. (1958). *Neurotic Distortion of The Creative Process*. The Noonday Press.

Lawrence, D. H. (1958). *Son and Lovers(Bond by devotion tortured by passion)*. Penguin.

Luciano, P. R., & Santiago, M. D. (1973). *Children of Oedipus*. Libra.

Oliver, M. (1994). *Poetry Handbook*. Houghton Miffin Harcourt.

Strand, M., & Boland, E. (2000). *The Making of A Poem*. Norton.

찾아보기

인명

내용

저자 소개

강창욱(Chang-Wuk Kang, M.D.)

1937년 부산시 영주동에서 태어났다. 1961년 서울대학교 의과대학을 졸업하고 대한민국 해군 군의관으로 입대했다. 1965년 미국으로 건너가 뉴욕 Methodist Hospital에서 인턴을, 코네티컷 Fairfield Hospital에서 정신의학 레지던트 연수 과정을 밟았다. Yale University Medical School에서 정신의학 펠로우십, 볼티모어 The Seton Institute에서 펠로우십 연수를 마쳤다. 1972년 Johns Hopkins University에서 5년간 외래조교수로 재직하였으며, 1999년 정년퇴임할 때까지 볼티모어 Saint Agnes Hospital에서 정신과 과장으로 있었다. 현재 미국 연방정부 사회보장부 정신의학 자문을 맡고 있다.

저서로는 『The Last Journey of C. S. Lewis』, 『The Best Short Stories of Yi Kwangsu』, 『기도, 영혼의 숨결』 등이 있고, 논문으로 「춘원 이광수의 소설과 정신의학(춘원연구학회)」 등이 있다.

cwkangmd@gmail.com

예술가를 위한

정신분석과 창작
Psychoanalysis and Creativity

2020년 3월 5일 1판 1쇄 인쇄
2020년 3월 10일 1판 1쇄 발행

지은이 • 강창욱
펴낸곳 • ㈜ 학지사
　　　　04031 서울특별시 마포구 양화로 15길 20 마인드월드빌딩
대표전화 • 02)330-5114　　　팩스 • 02)324-2345
등록번호 • 제313-2006-000265호

홈페이지 • http://www.hakjisa.co.kr
페이스북 • https://www.facebook.com/hakjisabook

ISBN 978-89-997-2039-0 03180

정가 19,000원

이 도서의 국립중앙도서관 출판시도서목록(CIP)은 서지정보유통지
원시스템 홈페이지(http://seoji.nl.go.kr)와 국가자료공동목록시스템
(http://www.nl.go.kr/kolisnet)에서 이용하실 수 있습니다.
(CIP제어번호: 2020005192)

출판 · 교육 · 미디어기업 학지사

간호보건의학출판 학지사메디컬 www.hakjisamd.co.kr
심리검사연구소 인싸이트 www.inpsyt.co.kr
학술논문서비스 뉴논문 www.newnonmun.com
원격교육연수원 카운피아 www.counpia.com